W0262288

MÉMOIRES DE GUERRE

* * *

LE SALUT

1944-1946

DU MÊME AUTEUR
CHEZ POCKET

MÉMOIRES DE GUERRE

1. L'APPEL 1940-1942
2. L'UNITÉ 1942-1944
3. LE SALUT 1944-1946

CHARLES DE GAULLE

MÉMOIRES DE GUERRE

* * *

LE SALUT

1944-1946

PLON

Le papier de cet ouvrage est composé de fibres naturelles, renouvelables, recyclables et fabriquées à partir de bois provenant de forêts plantées et cultivées durablement pour la fabrication du papier.

Le Code de la propriété intellectuelle n'autorisant aux termes de l'article L. 122-5 (2e et 3e a), d'une part, que les « copies ou reproductions strictement réservées à l'usage privé du copiste et non destinées à une utilisation collective » et, d'autre part, que les analyses et les courtes citations dans un but d'exemple ou d'illustration, « toute représentation ou reproduction intégrale ou partielle faite sans le consentement de l'auteur ou de ses ayants droit ou ayants cause est illicite » (art. L. 122-4).
Cette représentation ou reproduction, par quelque procédé que ce soit, constituerait donc une contrefaçon sanctionnée par les articles L. 335-2 et suivants du Code de la propriété intellectuelle.

Copyright 1959 by Librairie Plon.
Droits de reproduction et de traduction réservée
pour tous pays, y compris l'U.R.S.S.
ISBN : 978-2-266-22294-5

LA LIBÉRATION

Le rythme de la libération est d'une extrême rapidité. Six semaines après qu'Alliés et Français ont réussi la percée d'Avranches et débarqué dans le Midi, ils atteignent Anvers, débouchent en Lorraine, pénètrent dans les Vosges. Fin septembre, sauf l'Alsace et ses avancées, ainsi que les cols des Alpes et les réduits de la côte atlantique, le territoire tout entier est purgé d'envahisseurs. L'armée allemande, brisée par la force mécanique des alliés, assaillie en détail par la résistance française, se voit chassée de notre sol en moins de temps qu'elle n'avait mis, naguère, à s'en emparer. Elle ne se rétablira que sur la frontière du Reich, là où l'insurrection ne paralyse plus ses arrières. La marée, en se retirant, découvre donc soudain, d'un bout à l'autre, le corps bouleversé de la France.

Il en résulte que les problèmes innombrables et d'une urgence extrême que comporte la conduite du pays émergeant du fond de l'abîme se posent au pouvoir, à la fois, de la manière la plus pressante, et cela dans le temps même où il est aussi malaisé que possible de les résoudre.

D'abord, pour que l'autorité centrale puisse s'exercer normalement, il faudrait qu'elle fût en mesure d'être informée, de faire parvenir ses ordres, de contrôler leur exécution. Or, pendant de longues semaines, la capitale restera sans moyens de communiquer régulièrement avec les provinces. Les lignes télégraphiques et téléphoniques ont subi des coupures sans nombre. Les postes-radio sont détruits. Il n'y a pas d'avions de liaison français sur les terrains criblés d'entonnoirs. Les chemins de fer sont quasi bloqués. De nos 12 000 locomotives, il nous en reste 2 800. Aucun train, partant de Paris, ne peut atteindre Lyon, Marseille, Toulouse, Bordeaux, Nantes, Lille, Nancy. Aucun ne traverse la Loire entre Nevers et l'Atlantique, ni la Seine entre Mantes et la Manche, ni le Rhône entre Lyon et la Méditerranée. Quant aux routes, 3 000 ponts ont sauté ; 300 000 véhicules, à peine, sont en état de rouler sur 3 millions que nous avions eus ; enfin, le manque d'essence fait qu'un voyage en auto est une véritable aventure. Il faudra deux mois, au moins, pour que s'établisse l'échange régulier des ordres et des rapports, faute duquel le pouvoir ne saurait agir que par saccades.

En même temps, l'arrêt des transports désorganise le ravitaillement. D'autant plus que les stocks avoués de vivres, de matières premières, de combustibles, d'objets fabriqués, ont entièrement disparu. Sans doute un plan « de six mois », prévoyant une première série d'importations américaines, avait-il été dressé par accord entre Alger et Washington. Mais comment le faire jouer alors que nos ports sont inutilisables ? Tandis que Dunkerque, Brest, Lorient, Saint-Nazaire, La Rochelle, ainsi que l'accès de Bordeaux, restent aux mains de l'ennemi, Calais, Boulogne, Dieppe, Rouen, Le Havre, Cherbourg, Nantes, Marseille, Toulon, écrasés par les bombardements britanniques et américains et, ensuite, détruits de fond en comble par les garnisons allemandes avant qu'elles mettent bas les armes, n'offrent plus que quais en ruine, bassins crevés, écluses bloquées, chenaux encombrés d'épaves.

Il est vrai que les alliés s'empressent de nous apporter le concours de leur outillage pour rétablir routes et voies ferrées sur les axes stratégiques : Rouen-Lille-Bruxelles et Marseille-Lyon-Nancy ; qu'ils nous aident sans délai à aménager nos aérodromes, dans le Nord, dans l'Est et autour de Paris ; qu'ils poseront bientôt un pipe-line du Cotentin à la Lorraine ; que, disposant déjà des ports artificiels d'Arromanches et de Saint-Laurent-sur-Mer, ils ont hâte de prendre Brest et de déblayer Cherbourg, Le Havre et Marseille, afin qu'un tonnage suffisant soit déchargé sur nos côtes. Mais les trains et les camions qui roulent, les avions qui atterrissent et les navires qui abordent sont destinés essentiellement aux forces en opérations. Même, à la demande pressante du commandement militaire, nous sommes amenés à lui fournir une partie du charbon resté sur le carreau des mines, à lui permettre d'utiliser un certain nombre de nos usines en état de fonctionner, à mettre à sa disposition une importante fraction de la main-d'œuvre qui nous reste. Ainsi qu'on pouvait le prévoir, la libération ne va, tout d'abord, apporter au pays, disloqué et vidé de tout, aucune aisance matérielle.

Du moins lui procure-t-elle une subite détente morale. Cet événement quasi surnaturel, dont on avait tant rêvé, le voilà venu tout à coup ! Aussitôt, disparaît dans la masse la psychologie du silence où la plongeaient, depuis quatre ans, les contraintes de l'occupation. Eh quoi ? On peut, du jour au lendemain, parler tout haut, rencontrer qui l'on veut, aller et venir à son gré ! Avec un étonnement ravi, chacun voit s'ouvrir à lui des perspectives auxquelles il n'osait plus penser. Mais, comme le convalescent oublie la crise surmontée et croit la santé revenue, ainsi le peuple français, savourant la joie d'être libre, incline à croire que toutes les épreuves sont finies. Dans l'immédiat, cet état d'esprit porte les gens à une euphorie où le calme trouve son compte. Mais, en même temps, beaucoup se laissent aller à de multiples illusions, d'où résulteront bientôt autant de malentendus.

C'est ainsi que de nombreux Français tendent à confondre la libération avec le terme de la guerre. Les batailles qu'il va falloir livrer, les pertes qu'on devra subir, les restrictions à supporter, jusqu'à ce que l'ennemi soit abattu, on sera porté à les tenir pour des formalités assez vaines et d'autant plus pesantes. Mesurant mal l'étendue de nos ruines, l'effroyable pénurie dans laquelle nous nous trouvons, les servitudes que fait peser sur nous la poursuite du conflit, on suppose que la production va reprendre en grand et rapidement, que le ravitaillement s'améliorera très vite, que tous les éléments d'un renouveau confortable seront bientôt rassemblés. On imagine les alliés, comme des figures d'images d'Épinal, pourvus de ressources inépuisables, tout prêts à les prodiguer au profit de cette France que, pense-t-on, leur amour pour elle les aurait conduits à délivrer et qu'ils voudraient refaire puissante à leurs côtés. Quant à de Gaulle, personnage quelque peu fabuleux, incorporant aux yeux de tous cette prodigieuse libération, on compte qu'il saura accomplir par lui-même tous les miracles attendus.

Pour moi, parvenu en cette fin d'un dramatique été dans un Paris misérable, je ne m'en fais point accroire. Voyant les rations à des taux de famine, les habits élimés, les foyers froids, les lampes éteintes ; passant devant des boutiques vides, des usines arrêtées, des gares mortes ; entendant s'élever, déjà, les plaintes des masses, les revendications des groupes, les surenchères des démagogues ; certain que, si nous disposons de sympathies chez les peuples, la règle de fer des États est de ne donner rien pour rien et que nous ne reprendrons rang qu'à condition de payer ; évaluant les sacrifices à faire avant que nous ayons arraché notre part de la victoire, puis accompli un premier redressement, je ne puis me bercer d'illusions. D'autant moins que je me sais dépourvu de tout talisman qui permettrait à la nation d'atteindre le but sans douleur. Par contre, le crédit que m'ouvre la France, j'entends l'engager tout entier pour la conduire au salut. Pour commencer, cela consiste à mettre en place le pouvoir ; à provoquer autour de moi l'adhésion de toutes les régions et de toutes les catégories ; à fondre en une seule armée les troupes venues de l'Empire et les forces de l'intérieur ; à faire en sorte que le pays reprenne sa vie et son travail sans glisser aux secousses qui le mèneraient à d'autres malheurs.

Il faut agir de haut en bas, mettre au travail le gouvernement. La plupart des « commissaires » d'Alger, qu'ils aient été à mes côtés depuis le temps de « la France Libre » ou qu'ils soient venus me rejoindre en Afrique du Nord, vont rester ministres à Paris. Mais tout me commande d'appeler au pouvoir d'autres personnalités, consacrées elles aussi par la résistance et demeurées à l'intérieur. Cependant, le remaniement ne pourra être immédiat, les ministres en fonction n'arrivant d'Alger que tour à tour. Quatre d'entre eux : Diethelm, Jacquinot, d'Astier, Philip, ont été visiter les troupes de la Ire Armée et les départements du Midi.

Massigli s'est rendu à Londres lors de la libération de Paris pour entretenir plus facilement nos rapports avec l'extérieur. Pleven a pu me rejoindre. Mais les autres ont été amenés à différer leur départ. Quant à ceux que je choisis dans la Métropole, plusieurs sortent à peine de la clandestinité et ne peuvent être aussitôt à Paris. C'est seulement le 9 septembre, soit deux semaines après mon arrivée rue Saint-Dominique, que le gouvernement reçoit sa composition nouvelle.

Il comprend deux ministres d'État : le président Jeanneney et le général Catroux. Le premier, qu'on est allé chercher en Haute-Saône où l'ennemi se trouve encore, aura pour tâche d'élaborer les mesures successives qui dirigeront vers l'ordre normal les pouvoirs de la République ; le second restera chargé à la fois de la coordination des Affaires musulmanes et du gouvernement général de l'Algérie. François de Menthon conserve la Justice, André Diethelm la Guerre, Louis Jacquinot la Marine, René Pleven les Colonies, René Mayer les Transports et les Travaux publics, René Capitant l'Éducation nationale, Paul Giacobbi le Ravitaillement, Henri Frenay les Prisonniers, Déportés et Réfugiés. D'autre part, l'Économie nationale devient le domaine de Pierre Mendès-France, l'Intérieur celui d'Adrien Tixier, la Santé publique celui de François Billoux. Huit ministères sont confiés à des hommes qui viennent d'émerger de la lutte : Affaires étrangères à Georges Bidault, Finances à André Lepercq, Air à Charles Tillon, Production à Robert Lacoste, Agriculture à François Tanguy-Prigent, Travail à Alexandre Parodi, Postes à Augustin Laurent, Information à Pierre-Henri Teitgen.

Par contre, huit des commissaires nationaux d'Alger cessent de faire partie du Conseil : Henri Queuille a demandé à le quitter ; René Massigli va nous représenter à Londres, où Pierre Viénot est mort à la peine en juillet ; Henri Bonnet prendra à Washington la charge de notre ambassade, reconnue enfin comme telle par les États-Unis ; André Le Troquer devient président du Conseil municipal de Paris ; Emmanuel d'Astier, que j'aurais souhaité détourner des jeux politiques, a décliné le poste diplomatique qui lui était offert ; André Philip, dont les bouillantes aptitudes s'accommodent mal du cadre administratif, n'a pu garder de portefeuille ; Fernand Grenier non plus, qu'une manœuvre de son parti à l'occasion des combats du Vercors avait conduit à prendre à Alger – quitte à s'en excuser ensuite – une attitude publique contraire à la solidarité du gouvernement ; Jean Monnet, dont la mission de négociateur économique aux États-Unis devient incompatible avec une fonction ministérielle, dès lors qu'est créé le département de l'Économie nationale.

Autour de moi 21 ministres se mettent à l'œuvre avec le sentiment que celle-ci n'a pas de limites. Il est d'autant plus nécessaire d'en préciser le but. Depuis juin 1940, c'est vers la libération que j'avais conduit la France et c'est la résistance qui en était le moyen. Il s'agit, maintenant, d'entreprendre une étape nouvelle qui, celle-là, implique l'effort de toute la nation.

Le 12 septembre, au palais de Chaillot, une réunion de 8 000 assistants : conseil de la résistance, comités directeurs des mouvements et des réseaux, conseil municipal, corps de l'État, principaux fonctionnaires, Université de Paris, représentants de l'économie, du syndicalisme, de la presse, du barreau, etc., me donne l'occasion d'exposer ma politique. Je le fais d'autant plus nettement que, dans un air où, déjà, s'élèvent les vols des chimères, je me sens tenu, quant à moi, de dire les choses telles qu'elles sont.

Ayant évoqué « la vague de joie, de fierté, d'espérance » qui soulève la nation et salué la résistance, les alliés, l'armée française, c'est sur les obstacles à vaincre et les efforts à fournir que je dirige le projecteur. Point de facilité ni de dispersion qui tiennent ! Aucune latitude accordée à aucune organisation qui prétendrait, indépendamment de l'État, intervenir dans la justice et dans l'administration. Et de poser la brûlante question des « milices ». « Nous faisons la guerre ! » m'écrié-je. « À la bataille en cours et à celles qui suivront nous entendons participer dans la plus large mesure possible. Il en sera de même, plus tard, de l'occupation de l'Allemagne… Pour cela, nous avons besoin de grandes unités, aptes à manœuvrer, à combattre et à vaincre, où sera incorporée l'ardente jeunesse qui s'est groupée dans nos forces de l'intérieur… Tous les soldats de France font partie de l'armée française et celle-ci doit, comme la France, rester une et indivisible. »

Abordant la question de nos relations extérieures, je ne manque pas de mettre l'accent sur les difficultés, quelque choc qu'en doivent éprouver ceux qui, chez nous, préfèrent l'illusion à la lucidité. « Nous voulons croire, dis-je, que le droit qu'a la France de prendre part au règlement futur du conflit ne lui sera plus, finalement, contesté, et que l'espèce de relégation officielle qui lui est infligée au-dehors va faire place à la même sorte de relations que nous avons, depuis quelques siècles, l'honneur et l'habitude d'entretenir avec les autres grandes nations… Nous croyons qu'il est de l'intérêt supérieur des hommes que les dispositions qui régleront demain le sort de l'Allemagne ne soient pas discutées et adoptées sans la France… Nous croyons que décider sans la France de quoi que ce soit qui concerne l'Europe serait une grave erreur… Nous croyons que déterminer sans la France les conditions politiques, économiques, morales, dans lesquelles les habitants de la terre auront à vivre après le drame, serait assez aventuré,… car, après tout, 100 millions d'hommes vivent sous notre drapeau, et toute grande construction humaine serait arbitraire et fragile s'il y manquait le sceau de la France. »

Ce n'est pas tout de reprendre son rang. Encore faut-il être capable de le tenir. Cela non plus, cela surtout, n'ira pas sans peines et sans rigueurs. Ayant fait le tableau des ravages que nous avons subis et des conditions qui entravent notre relèvement, je déclare que « nous nous trouvons dans une période très difficile, où la libération ne nous permet nullement l'aisance mais comporte, au contraire, le maintien de sévères restrictions et exige de grands efforts de travail et d'organisation en même temps que de discipline ». J'ajoute que « le gouvernement entend, à cet égard, imposer les règles nécessaires ». Puis, je précise les objectifs que se fixe le pouvoir : « Faire en sorte que le niveau de vie des travailleurs monte à mesure que montera le taux de la production ; placer, par réquisition ou par séquestre, à la disposition directe de l'État l'activité de certains services publics et de certaines entreprises ; faire verser à la collectivité nationale les enrichissements coupables obtenus par ceux qui travaillaient pour l'ennemi ; fixer les prix des denrées et contrôler les échanges aussi longtemps que ce qui est produit et transportable n'équivaut point aux demandes de la consommation… »

Ce sont là, sans doute, des mesures de circonstance. Mais elles s'accordent avec les principes de rénovation que la résistance a, dans son combat, rêvé de voir réaliser : « Faire en sorte que l'intérêt particulier soit contraint de céder à l'intérêt général ; que les grandes ressources de la richesse commune soient exploitées et dirigées à l'avantage de tous ; que les coalitions d'intérêts soient abolies, une fois pour toutes ; qu'enfin chacun des fils et chacune des filles de la France puissent vivre, travailler, élever leurs enfants dans la sécurité et dans la dignité. »

Pour terminer, j'en appelle « aux hommes et aux femmes de la résistance ». – « Et vous, croisés, à la croix de Lorraine ! Vous qui êtes le ferment de la nation dans son combat pour l'honneur et pour la liberté, il vous appartiendra, demain, de l'entraîner vers l'effort et vers la grandeur. C'est alors, et alors seulement, que sera remportée la grande victoire de la France. »

Cette fois, j'avais parlé, non plus d'intentions formulées en vue de l'avenir, mais de mesures qui engageaient immédiatement les intérêts et les personnes. Hier, à Londres ou en Afrique, il était question de ce qu'un jour on pourrait faire. Maintenant, à Paris, il s'agissait de ce qu'on faisait. La mystique avait inspiré les élans de la France Libre. Elle s'était, par force, estompée dans les projets du Comité d'Alger. À présent, c'est la politique qui dominait les actes du gouvernement. Mais les mêmes réalités impérieuses et contradictoires, auxquelles, désormais, étaient en proie les dirigeants, n'allaient-elles pas partager en courants séparés les ambitions et les groupes ? Cette cohésion du sentiment qui s'était finalement établie dans la résistance pourrait-elle se maintenir dès lors que s'éloignait le grand péril national ? Les impressions que j'emportais de la réunion de Chaillot m'amenaient à en douter.

Il est vrai, qu'entrant dans la salle, prenant place, prononçant mon discours après l'allocution éloquente de Georges Bidault, j'avais été l'objet d'ovations retentissantes. À n'écouter que les vivats, j'aurais pu me croire reporté aux assemblées unanimes de l'Albert Hall et de Brazzaville ou aux auditoires bien accordés d'Alger, de Tunis, d'Ajaccio. Pourtant, je ne sais quelle tonalité différente de l'enthousiasme, une sorte de dosage des applaudissements, les signes et les coups d'œil échangés entre les assistants, les jeux de physionomie calculés suivant mes propos, m'avaient fait sentir que les « politiques », qu'ils fussent anciens ou nouveaux, nuançaient leur approbation. On discernait que, de ce côté, l'action commune irait se compliquant de réserves et de conditions.

Plus que jamais, il me fallait donc prendre appui dans le peuple plutôt que dans les « élites » qui, entre lui et moi, tendaient à s'interposer. Ma popularité était comme un capital qui solderait les déboires, inévitables au milieu des ruines. Pour commencer, j'avais à m'en servir pour établir dans les provinces, comme je l'avais fait à Paris, l'autorité de l'État.

Or, les nouvelles parvenues d'un grand nombre de départements y révélaient une vaste confusion. Sans doute les commissaires de la République et les préfets nommés d'avance occupaient-ils partout leur poste. Mais ils avaient le plus grand mal à mettre gens et choses à leur place. Trop d'indignations, accumulées depuis quatre ans, fermentaient sous le couvercle pour qu'il n'y eût pas d'explosion dans le bouleversement qui suivait la fuite de l'ennemi et la déconfiture de ses complices. Beaucoup d'éléments de la résistance entendaient procéder eux-mêmes aux sanctions et à l'épuration. Des groupes armés, sortant des maquis, cédaient à l'impulsion de faire justice, sans forme de procès, à l'encontre de leurs persécuteurs. En maints endroits, la colère publique débordait en réactions brutales. Bien entendu, les calculs politiques, les concurrences professionnelles, les représailles personnelles, utilisaient les circonstances. Bref, des arrestations irrégulières, des amendes arbitraires, des exécutions sommaires, venaient ajouter leur trouble à celui qui résultait de la pénurie générale.

Les autorités locales avaient d'autant plus de peine à dominer la situation que la force publique leur faisait gravement défaut. De toute façon, la garde mobile et la gendarmerie, eussent-elles été complètes et sûres d'elles-mêmes, n'auraient pu faire face à tout. A fortiori n'y suffisaient-elles pas, réduites comme elles l'étaient par le départ au maquis de bon nombre de leurs éléments et, en outre, moralement gênées par l'emploi que Vichy avait fait d'elles. Là où passaient les corps de l'armée : en Normandie, en Provence, à Paris, le long du Rhône, de la Saône, du Doubs, la seule présence des troupes empêchait la plupart des incidents fâcheux. Mais, dans les régions où ne pénétraient pas les unités régulières, commissaires de la République et préfets se trouvaient dépourvus des moyens d'assurer l'ordre. J'aurais pu, certes, les leur donner en répartissant à l'intérieur du territoire les forces venues d'Afrique. Mais c'eût été soustraire l'armée française à la bataille et, du même coup, compromettre la participation de nos armes à la victoire. À ce renoncement désastreux je préférai le risque de bouillonnements plus ou moins violents.

Ce risque eût été, à vrai dire, limité si le parti communiste n'avait pas pris à tâche d'exploiter le tumulte afin de saisir le pouvoir en province comme il avait essayé de le faire à Paris. Tandis que les ordonnances du gouvernement prescrivaient la formation, dans chaque département, d'un seul comité de libération destiné à assister provisoirement le préfet et composé de représentants de tous les mouvements, partis et syndicats, on avait vu paraître, dans les localités, les entreprises, les services publics, les administrations, un foisonnement de comités qui prétendaient donner l'impulsion, contrôler les maires, les patrons, les directeurs, rechercher coupables et suspects. Les communistes, habiles et cohérents, revêtant des étiquettes variées, utilisant les sympathies et les camaraderies que beaucoup d'entre eux avaient, au cours de la lutte, acquises dans tous les milieux, ne manquaient pas de susciter et d'inspirer ces organismes appuyés par des groupes armés. Le « Cornac », jouant de l'équivoque quant aux pouvoirs respectifs du gouvernement et du conseil de la résistance, continuait secrètement de déléguer des chargés de mission, de donner des ordres, de conférer des grades. Je décidai de me rendre tout de suite aux points les plus sensibles pour mettre la machine en route dans le sens qui convenait. Pendant deux mois, une série de déplacements allait me mettre en contact avec les provinces, tandis que dans les intervalles je dirigeais, à Paris, le travail du gouvernement.

Le 14 septembre, j'atterris sur l'aérodrome de Bron couvert de la ferraille de ses hangars démolis. André Diethelm, ministre de la Guerre, se trouvait à mes côtés. Dix jours auparavant, la ville de Lyon avait été libérée par la Iʳᵉ Armée française et par les Américains. Elle s'efforçait maintenant de revivre. C'était un problème ardu. Tous les ponts lyonnais de la Saône et du Rhône avaient été détruits, sauf celui de l'Homme de la Roche, seul intact, et celui de la

Guillotière utilisable par les seuls piétons. Les gares de Vaise, des Brotteaux, de Perrache et les voies ferrées desservant la cité se trouvaient hors d'usage. Les faubourgs industriels, en particulier Villeurbanne, étalaient leurs usines éventrées. Mais l'enthousiasme de la population faisait contraste avec ces ruines.

Le commissaire de la République, Yves Farge, l'un des chefs de la résistance dans une région qui venait de s'y distinguer, était bien à son affaire. Imaginatif et ardent, il s'accommodait volontiers de ce que la situation avait de révolutionnaire, mais se gardait des actes extrêmes. Je lui prescrivis de les interdire aux autres. Au reste, recueillant au long des rues les acclamations de toutes les catégories, recevant à la Préfecture fonctionnaires et corps constitués que me présentait le préfet Longchambon, prenant contact, à l'Hôtel de ville, avec Justin Godart maire « provisoire » – « en attendant, me dit-il, le retour d'Édouard Herriot » – le Conseil municipal, le cardinal Gerlier, les représentants de l'industrie, du commerce, des syndicats ouvriers, des professions libérales, de l'artisanat, je constatai que, dans leur ensemble, les Lyonnais ne méditaient nullement de bouleverser la vie nationale. Sous réserve de certains changements, spectaculaires mais mal définis, et de quelques châtiments, exemplaires mais imprécis, ils souhaitaient au contraire l'équilibre.

Le lendemain, je passai en revue les forces de l'intérieur. Le colonel Descour, qui s'était signalé dans les combats des maquis et, tout récemment, lors de la reprise de Lyon et qui, maintenant, commandait la région militaire, fit défiler devant moi des troupes aussi émues qu'émouvantes. Il était touchant de les voir, en dépit de leur disparate, s'efforcer de prendre l'aspect d'unités régulières. La tradition militaire imprégnait cette force qui s'était créée elle-même. Je quittai Lyon, convaincu que le gouvernement, à condition de gouverner, y surmonterait les obstacles et laissant la ville dans l'impression que l'ordre avait de l'avenir puisque l'État reparaissait à la tête de la nation.

À Marseille, cependant, l'atmosphère était très lourde. J'y arrivai le matin du 15, accompagné de trois ministres : Diethelm, Jacquinot et Billoux. La destruction par les Allemands du quartier du Vieux-Port en 1943, puis les bombardements alliés, enfin la bataille du mois d'août, avaient démoli complètement de larges secteurs de la ville, les bassins et les jetées. Il faut ajouter que la rade était remplie de mines et que, sur les quais effondrés, tous les moyens de levage avaient été sabotés par l'ennemi. Sans doute les services publics, aidés par les Américains qui désiraient utiliser cette base, s'employaient-ils à déblayer. Mais les dégâts étaient tels qu'en les voyant on doutait que, de longtemps, le port se ranimât. Quant à la population, ravitaillée à grand-peine et très mal, elle végétait dans la misère. En outre, il flottait sur Marseille un air de tension et presque d'oppression qu'entretenaient des actes abusifs. Les communistes, en effet, exploitant d'anciennes divisions locales et faisant état des persécutions auxquelles s'étaient acharnés les agents de Vichy, avaient établi à Marseille une dictature anonyme. Celle-ci prenait à son compte des arrestations, procédait même à des exécutions, sans que l'autorité publique s'y opposât avec vigueur.

À cet égard, le commissaire de la République Raymond Aubrac, qui s'était prodigué dans la résistance, adoptait malaisément la psychologie du haut fonctionnaire. À lui, aux préfets de la région, à leurs collaborateurs, réunis à la Préfecture, je marquai sur le ton voulu que le gouvernement attendait d'eux qu'ils fassent leur métier, qu'il s'agissait désormais d'appliquer les lois et ordonnances, en un mot d'administrer, qu'ils en étaient responsables à l'exclusion de tous les tiers. Les forces de l'intérieur avaient vaillamment aidé les troupes de Monsabert à s'emparer de Marseille. Je les en félicitai en en passant l'inspection. Il était facile de voir quelles unités – c'était le plus grand nombre – souhaitaient d'être portées à la bataille en Alsace et quelles fractions, soumises à une obédience cachée, voulaient demeurer sur place. Je prescrivis au général Chadebec de Lavalade, appelé du Levant pour commander la région militaire, de donner au plus tôt satisfaction aux premières et de dissoudre les secondes, et au ministre de la Guerre d'envoyer tout de suite à Marseille un régiment d'Algérie pour faciliter les choses.

Nulle part, mieux que dans cette grande cité tumultueuse et blessée, je n'ai senti que seul le mouvement de la résistance pouvait déterminer le renouveau de la France, mais que cette espérance suprême ne manquerait pas de sombrer si la libération se confondait avec le désordre. Au reste, les mêmes autorités qui, à Marseille, pratiquaient le compromis se montraient fort satisfaites de ma propre fermeté. Il faut dire que l'apparition du général de Gaulle, parlant à la foule rassemblée place du Muy et rue Saint-Ferréol, ou parcourant la Canebière, ou reçu à l'Hôtel de ville par le maire Gaston Defferre, soulevait une vague d'adhésion populaire qui donnait aux problèmes l'apparence d'être simplifiés. Sans doute l'étaient-ils, en effet, dès lors qu'ils en avaient l'air.

Au cours de l'après-midi, un vol rapide m'amena à Toulon. En fait de désolation, rien ne dépassait le spectacle offert par l'arsenal, le quai Cronstadt, les quartiers voisins, ruinés de fond en comble, et la vue des épaves des navires sabordés en rade ou au bassin. Mais rien, par comparaison, n'était plus réconfortant que l'aspect de l'escadre rangée au large pour la revue. Trois divisions m'étaient présentées, respectivement aux ordres des amiraux Auboyneau et Jaujard et du capitaine de vaisseau Lancelot. Elles comprenaient, au total : le cuirassé *Lorraine ;* les croiseurs : *Georges Leygues, Duguay-Trouin, Emile-Bertin, Jeanne-d'Arc, Montcalm, Gloire ;* les croiseurs légers : *Fantasque, Malin, Terrible ;* une trentaine de torpilleurs, sous-marins, escorteurs, dragueurs. Accompagné de Louis Jacquinot ministre de la Marine, de l'amiral Lemonnier chef d'état-major général et commandant les forces navales, de l'amiral Lambert préfet maritime, je montai à bord de l'escorteur *La Pique* et longeai lentement la ligne. Passant devant les quarante bâtiments qui arboraient le grand pavois, recevant les saluts que, des passerelles, m'adressaient les états-majors, entendant les hourras poussés par les équipages alignés à la bande des navires, je sentais que notre marine avait dévoré ses chagrins et retrouvé ses espérances.

Le 16 septembre, j'étais à Toulouse, ville passablement agitée. Dans le Sud-Ouest, de tout temps, les divisions étaient vives. Mais la politique de Vichy et le drame de l'occupation les avaient exaspérées. En outre, il s'était trouvé que les maquis, nombreux dans la région, avaient mené une lutte très dure. De là de profonds remous et beaucoup de comptes à régler. D'autant plus que les troupes ennemies qui opéraient en Aquitaine s'étaient livrées à des sévices particulièrement cruels, non sans d'odieuses complicités. Encore, parmi les forces de l'intérieur, les meilleures unités couraient déjà vers la Bourgogne pour rejoindre la

Ier Armée. Restaient sur place des groupes plus mélangés. Enfin, la proximité immédiate de l'Espagne rendait la tension plus aiguë. Car beaucoup d'Espagnols, réfugiés depuis la guerre civile dans le Gers, l'Ariège, la Haute-Garonne, avaient naguère gagné le maquis. Ils en sortaient, à présent, affichant le projet de rentrer en armes dans leur pays. Naturellement, les communistes, bien placés et bien organisés, attisaient les foyers de trouble afin de prendre en main les affaires. Ils y avaient en partie réussi.

Je trouvai le commissaire de la République en proie aux empiétements de certains chefs des forces de l'intérieur. Pierre Bertaux, qui dans la résistance dirigeait un important réseau, s'était vu désigné pour occuper le poste quand le titulaire, Jean Cassou, avait été grièvement blessé au milieu des bagarres marquant la fuite des Allemands. À présent, Bertaux s'efforçait de tenir les leviers de commande. Mais le colonel Asher, alias Ravanel, chef des maquis de la Haute-Garonne, avait pris le commandement de la région militaire et exerçait une autorité aussi vaste que mal définie.

Autour de Ravanel, des chefs de fractions armées constituaient comme un soviet. Les membres de ce conseil prétendaient assurer eux-mêmes avec leurs hommes l'épuration, tandis que la gendarmerie et la garde mobile étaient consignées dans des casernes éloignées. Il est vrai que le chef d'état-major, colonel Noetinger, officier de grande expérience, s'appliquait à égarer les abus dans le dédale administratif. Mais il n'y réussissait pas toujours. En outre, une « division » espagnole se formait dans la région avec le but, hautement publié, de marcher sur Barcelone. Pour comble, un lieutenant-colonel anglais intitulé « colonel Hilaire » et introduit dans les maquis du Gers par les services britanniques, tenait sous sa coupe des unités qui n'attendaient d'ordres que de Londres.

Le 17 au matin, avec une solennité calculée, je passai la revue de tous les éléments. En prenant le contact direct des maquisards je comptais susciter en chacun d'eux le soldat qu'il voulait être. À mesure que j'abordais les rangs, un certain frémissement me faisait voir qu'on m'avait compris. Puis, le colonel Ravanel fit défiler tout le monde. Le cortège était pittoresque. En tête, baïonnettes croisées, marchait un bataillon russe formé d'hommes de « l'armée Vlassov » engagés, naguère, chez les Allemands et qui avaient déserté à temps pour rejoindre notre résistance. Venaient ensuite les Espagnols, conduits par leurs généraux. Après quoi, passèrent les forces françaises de l'intérieur. La vue de leurs drapeaux et fanions improvisés, leur souci de s'organiser en sections, compagnies, bataillons réglementaires, l'effort qu'elles avaient fait pour donner à leurs vêtements une apparence uniforme, par-dessus tout les attitudes, les regards, les larmes des hommes qui défilaient devant moi, montraient combien la règle militaire a de vertu et d'efficacité. Mais, aussi, il y avait là, à mon égard, la même sorte de plébiscite qui se manifestait partout.

J'avais pu, la veille, recueillir un témoignage semblable à la Préfecture et à l'Hôtel de ville où je recevais les cadres et les notables, au premier rang desquels se tenait le vaillant archevêque Mgr Saliège. Quant à la foule, criant sa joie sur la place du Capitole où elle s'était massée pour m'entendre, ou bien rangée dans les rues en deux haies d'acclamations, elle avait fourni la même démonstration. J'étais, certes, rien moins que sûr que cette adhésion suppléerait à tout ce qui manquait pour assurer l'ordre public. Du moins pouvais-je compter qu'elle permettrait d'empêcher, soit la dictature de certains, soit l'anarchie générale.

Avant de quitter Toulouse, je fis lever la consigne qui reléguait les gendarmes et remettre ces braves gens à leur service normal. Je décidai de nommer le général Collet, appelé du Maroc, au commandement de la région militaire. Je fis connaître aux chefs espagnols que le gouvernement français n'oublierait pas les services qu'eux-mêmes et leurs hommes avaient rendus dans nos maquis, mais que l'accès de la frontière des Pyrénées leur était interdit. D'ailleurs, suivant mes instructions, la Ier Armée avait détaché vers Tarbes et Perpignan un solide groupement pour affermir le service d'ordre aux passages des Pyrénées. Quant au « colonel Hilaire », il fut dirigé sur Lyon, pour regagner ensuite l'Angleterre.

À Bordeaux, le 17 septembre, je trouvai les esprits tendus. Les Allemands s'en étaient retirés. Mais ils restaient à proximité, retranchés à Royan et à la pointe de Grave, interdisant l'accès du port et menaçant de revenir. Sous le commandement du colonel Adeline, les forces de l'intérieur de Bordeaux et des environs s'étaient, pour la plupart, portées au contact de l'ennemi sur les deux rives de la Gironde, tandis que le colonel Druille, commandant la région militaire, s'efforçait d'assurer leur équipement et leur encadrement. À vrai dire, l'amiral allemand Meyer, pendant qu'il évacuait l'agglomération bordelaise et occupait les réduits préparés sur la côte de l'Océan, avait donné à croire qu'il songeait à se rendre. Il poursuivait encore les pourparlers au moment de mon arrivée. Mais on s'aperçut bientôt qu'il ne s'agissait que d'une ruse employée par l'ennemi pour se dégager sans dommage. Comme celui-ci disposait d'un matériel et d'effectifs considérables et que nos forces de l'intérieur n'étaient ni organisées, ni armées, pour soutenir une bataille rangée, Bordeaux mêlait la joie de se trouver libre à la crainte de cesser de l'être. En outre, beaucoup de griefs, accumulés durant l'occupation au sein d'une cité dont le maire, Marquet, était un « collaborateur » notoire, apparaissaient au grand jour. Dans cette atmosphère troublée évoluaient divers groupes armés qui refusaient d'obéir aux autorités officielles.

Ces autorités, là comme ailleurs, je m'appliquai à les consacrer. Gaston Cusin, commissaire de la République, au demeurant plein de bon sens et de sang-froid, me présenta, à la Préfecture, l'habituel cortège des fonctionnaires, des officiers et des délégations. L'archevêque, Mgr Feltin, était en tête des visiteurs. Du même balcon d'où Gambetta avait harangué la foule en 1870, je m'adressai aux Bordelais. Je me rendis à l'Hôtel de ville où m'attendait le nouveau maire, Fernand Audeguil, et parcourus les divers quartiers. Enfin, j'inspectai, sur le cours de l'Intendance, celles des forces de l'intérieur qui se trouvaient encore là. Presque toutes avaient une très bonne attitude dont je leur fis compliment. À quelques chefs affectant d'être réfractaires j'offris le choix immédiat entre deux solutions : ou se soumettre aux ordres du colonel commandant la région, ou bien aller en prison. Tous préférèrent la première. En quittant Bordeaux, il me semblait que le sol s'était raffermi.

Je me dirigeai vers Saintes afin d'y prendre le contact des troupes du colonel Adeline. La Saintonge, sous les drapeaux de la libération qui paraissaient partout aux fenêtres, vivait en état d'alarme. Car les Allemands occupaient, d'une part Royan et l'île d'Oléron, d'autre part La Rochelle et Ré. Ils s'y étaient installés à l'abri d'importants ouvrages, croyant d'abord à l'intervention de grandes unités alliées. Le général Chevance-Bertin, chargé dans le tumulte des premiers jours de coordonner, autant que possible, les actions de nos forces de l'intérieur du Sud-Ouest, avait pu impressionner l'amiral Schirlitz, commandant du centre de résistance de La Rochelle, au point de le déterminer à évacuer Rochefort. Mais les jours passaient sans que les Allemands vissent devant eux autre chose que nos partisans, complètement dépourvus d'armes lourdes, de canons, de blindés, d'avions. D'un moment à l'autre l'ennemi pouvait redevenir offensif. Quant aux nôtres, formés en bandes comme ils l'étaient au maquis, ils affluaient de la Gironde, des deux Charentes, de la Vienne, de la Dordogne, etc., très désireux de combattre mais privés de ce qu'il fallait pour opérer sur un front. En outre, n'ayant ni services, ni magasins, ni convois, ils vivaient de ce qu'ils prenaient sur place. D'où un désordre fréquent, qu'aggravaient des abus commis par tels ou tels chefs qui jugeaient que la hiérarchie n'allait pas plus haut qu'eux-mêmes. Enfin, les interventions du « Cornac » et de ses agents faisaient sentir leurs effets. Jean Schuhler, commissaire de la République pour la région de Poitiers, le préfet Verneuil, les maires, étaient aux prises avec maints embarras.

Le colonel Adeline s'employait à faire cesser la confusion. Au contact des deux poches allemandes de Royan et de La Rochelle, il installait des postes, constituait des unités aussi régulières que possible et tâchait d'organiser leur ravitaillement. Quand cet ensemble aurait reçu des armes et pris de la consistance, on pourrait songer à l'attaque. Je passai en revue, à Saintes, plusieurs milliers d'hommes mal pourvus mais pleins d'ardeur. Le défilé fut impressionnant. Je réunis ensuite autour de moi les officiers de toutes origines, la plupart arborant des grades improvisés, mais tous fiers, à juste titre, d'être là volontairement et vibrants de voir au milieu d'eux de Gaulle qui, sous les dehors d'une sérénité voulue, ne se sentait pas moins ému. Je leur dis ce que j'avais à dire. Puis, je quittai cette force en gestation, résolu à faire en sorte que les combats de la côte atlantique finissent par une victoire française.

Orléans fut la dernière étape de ce voyage. Le cœur serré à la vue des décombres, je parcourus la ville massacrée. Le commissaire de la République André Mars m'exposa les problèmes qu'il affrontait avec calme. D'ailleurs, sa région, si éprouvée qu'elle fût, ne se montrait guère agitée. Par contraste avec ce qui se passait sur la Garonne, les riverains de la Loire paraissaient fort modérés. Il faut dire que les colonels Bertrand et Chomel, commandant les forces de l'intérieur de la Beauce, du Berri et de la Touraine, les avaient organisées en bataillons réguliers, puis conduites à de brillants combats contre les troupes allemandes en retraite au sud de la Loire. Du coup, les maquisards, disciplinés et fiers d'eux-mêmes, servaient de recours au bon ordre. En voyant, sur le terrain de Bricy, le beau détachement qui me présentait les armes, je pensais avec mélancolie à ce qu'eussent été les forces de la résistance si Vichy n'avait pas empêché les cadres militaires de prendre partout la tête de ces jeunes troupes. Le 18 septembre au soir, je rentrai dans la capitale.

Le 25, après avoir passé deux jours dans la Ire Armée, je me rendis à Nancy que les troupes du général Patton venaient tout juste de libérer. Pour la Lorraine, l'envahisseur n'avait jamais été autre chose que l'ennemi. C'est pourquoi aucun problème politique ne s'y posait. L'ordre public ne courait pas de risque. Le civisme était tout naturel. Ce jour-là, les acclamations de la foule dans les rues de Mirecourt, de Strasbourg, Saint-Dizier, Saint-Georges et des Dominicains, par où je traversai la capitale lorraine, puis sur la place Stanislas où je me fis entendre du balcon de l'Hôtel de ville, les allocutions du commissaire de la République Chailley-Bert et du maire Prouvé, les adresses des délégations, l'attitude des 2 000 maquisards que leur chef, le colonel Grandval, fit défiler devant moi, témoignaient de la foi en la France de cette province ravagée et dont une partie était encore entre les mains germaniques.

Revenu à Paris, j'en repartis le 30 septembre en compagnie des ministres : Tixier, Mayer et Laurent, cette fois pour me rendre en Flandre. Nous passâmes par Soissons et Saint-Quentin où Pierre Pène, commissaire de la République, nous guida dans la visite de ces cités démolies. À Lille, François Closon, son collègue pour le Nord et le Pas-de-Calais, s'efforçait de fournir les moyens de travailler à tout un peuple qui les avait perdus. À peine arrivé, je fus saisi par ce que le problème de la subsistance ouvrière avait, dans la région, de dramatique et de pressant. Les masses laborieuses s'étaient vues, pendant l'occupation, condamnées à des salaires que les ordres de l'ennemi tenaient bloqués au plus bas. Et voici que beaucoup d'ouvriers se trouvaient en chômage au milieu d'usines sans charbon et d'ateliers sans outillage. En outre, le ravitaillement était tombé au-dessous du minimum vital. En parcourant ma ville natale où les Lillois me faisaient fête, je voyais trop de visages dont le sourire n'effaçait ni la pâleur ni la maigreur.

Le sentiment et la réflexion m'avaient, d'avance, convaincu que la libération du pays devrait être accompagnée d'une profonde transformation sociale. Mais, à Lille, j'en discernai, imprimée sur les traits des gens, l'absolue nécessité. Ou bien il serait procédé d'office et rapidement à un changement notable de la condition ouvrière et à des coupes sombres dans les privilèges de l'argent, ou bien la masse souffrante et amère des travailleurs glisserait à des bouleversements où la France risquerait de perdre ce qui lui restait de substance.

Le dimanche 1er octobre, ayant assisté en l'église Saint-Michel à l'office célébré par le cardinal Liénart, visité l'Hôtel de ville où m'accueillait le maire Cordonnier, passé en revue sur la place de la République les forces de l'intérieur, reçu les autorités, comités, notabilités, je fis connaître à la foule massée devant la Préfecture sur quelles bases le gouvernement entreprenait le redressement économique du pays : « Prise en main par l'État de la direction des grandes richesses communes ;... sécurité et dignité assurées à chaque travailleur. » L'espèce de houle passionnée qui souleva la multitude en entendant ces promesses me fit sentir qu'elles la touchaient au vif.

Sur le chemin du retour à Paris, j'allai voir les mines de Lens. Les dégâts des installations, l'absence d'une moitié des mineurs, l'agitation du personnel, maintenaient le rendement à un niveau pire que médiocre. En fait de charbon, il sortait des carreaux à peine le tiers des quantités d'avant-guerre. Pour rétablir la production houillère, il fallait évidemment une réforme de principe propre à changer l'état des esprits et, d'autre part, des travaux impliquant des crédits tels que seule la collectivité nationale était en mesure de le fournir. Que celle-ci devînt propriétaire des charbonnages, c'était l'unique solution. Par Arras, je revins dans la capitale avec mes résolutions.

Une semaine plus tard, j'étais en Normandie, province qui battait le record de la dévastation. Les ruines y semblaient d'autant plus lamentables qu'il s'agissait d'une région pleine de richesses anciennes et récentes. Accompagné de Mendès-France et de Tanguy-Prigent, conduit par Bourdeau de Fontenay commissaire de la République et le général Legentilhomme commandant la région militaire, je visitai, en particulier, Le Havre, Rouen, Évreux, Lisieux et Caen ou, pour mieux dire, leurs décombres. Si, quelques jours auparavant, le contact des foules du Nord m'avait confirmé dans l'idée que l'effort national exigeait de grands changements sociaux, l'étendue des dommages subis par la Normandie m'affermissait dans ma volonté de remettre l'État debout, condition *sine qua non* de la reconstruction du pays.

D'ailleurs, par contraste avec les cités écroulées, la campagne offrait un spectacle encourageant. Au mois d'août, en pleine bataille, on avait trouvé moyen de faire et de rentrer les récoltes. Bien que les villages et les fermes eussent beaucoup souffert et en dépit de tout ce qui faisait défaut aux exploitants, on pouvait voir partout les champs cultivés, le bétail soigné, aussi bien que possible. Au Neubourg, les agriculteurs qui s'y étaient rassemblés me parurent résolus à laisser leurs manches retroussées. Cette obstination au labeur de la paysannerie française éclaircissait les perspectives du ravitaillement et constituait, pour l'avenir, un élément essentiel de redressement.

Le 23 octobre, j'éprouvai la même impression en traversant la Brie et la Champagne. Une fois quitté Boissy-Saint-Léger, les plateaux, en se découvrant, apparaissaient sous l'aspect productif qu'ils revêtaient de tout temps. Comme naguère, une forêt de meules annonçait Brie-Comte-Robert. Provins était toujours entouré de labours pour le blé et la betterave. Autant de sillons bien tracés et pas plus de friches qu'autrefois dans les plaines de Romilly-sur-Seine. La pluie, qui tombait à Troyes lorsque j'y fis mon entrée, chagrinait Marcel Grégoire commissaire de la République et les citadins réunis pour crier leur joie, mais, comme d'usage, enchantait les ruraux. Suivant la tradition, des bovins appétissants paissaient dans les prairies de Vendeuvre et de Bar-sur-Aube. À Colombey-les-deux-Églises, je fis halte dans le bourg. Les habitants, groupés autour du maire Demarson, m'accueillirent avec transport. Enchantés par la libération, ils s'apprêtaient à en profiter pour mieux travailler les terres. Tandis que j'atteignais Chaumont où m'attendait la réception officielle de la Haute-Marne, c'est l'esprit réconforté que je voyais la nuit descendre sur cette campagne fidèle et familière.

Ayant, de là, fait une nouvelle visite à la Ier Armée, je regagnai Paris par Dijon. Cette grande ville n'avait subi que des dégâts relativement restreints. Mais elle était encore toute vibrante d'avoir assisté à la déroute de l'envahisseur. Pendant que les rues et les places retentissaient de vivats, les corps constitués m'étaient présentés dans le palais des Ducs par le commissaire de la République Jean Mairey – remplaçant Jean Bouhey grièvement blessé lors de la libération de la ville – et le chanoine Kir, maire populaire et truculent. Le général Giraud, qui retrouvait les siens dans la capitale bourguignonne, était en tête des notabilités. « Comme les choses ont changé ! » me dit-il. – « C'est vrai pour les choses », pensais-je. Mais, voyant l'assistance, mobile et bruissante, je doutais que ce fût le cas pour les Français.

Les 4, 5, 6 novembre, voyage dans les Alpes. On s'y était battu partout. On s'y battait encore aux abords des cols menant en Italie. Nos montagnes, avec leur population passionnée de liberté, avaient fourni à la résistance maintes citadelles et beaucoup de combattants. À présent, l'existence commençait à y reprendre un cours normal, au milieu de grandes difficultés d'approvisionnement, de l'action menée contre l'ennemi par les troupes marocaines et les maquisards alpins, d'incidents tumultueux causés par des clandestins qui voulaient faire justice eux-mêmes. Ayant à mes côtés les ministres Diethelm et de Menthon, le commissaire de la République Farge, les généraux Juin et de Lattre, je me rendis d'abord à Ambérieu. Ce furent ensuite Annecy et Albertville où je passai en revue la Division Dody et les tabors. Chambéry, débordant de ferveur, me donna la mesure du loyalisme savoyard. Enfin, j'entrai à Grenoble.

On ne pourrait décrire l'enthousiasme qui soulevait les « Allobroges » sur la place de la Bastille et le boulevard Gambetta, que je parcourus à pied, et sur la place Rivet où la foule s'était massée pour entendre les allocutions. Je remis entre les mains du maire Lafleur la croix de la Libération décernée à la ville de Grenoble. Ensuite, défila la 27e Division alpine. Je la saluai avec une particulière satisfaction. Car, voulant assurer à la France les enclaves naguère possédées par l'Italie sur notre versant et sachant que, dans le concert allié, nous ne les obtiendrions qu'à condition de les prendre, j'avais des vues sur cette force naissante. Le 6 novembre, j'étais à Paris.

Ainsi avais-je, en quelques semaines, parcouru une grande partie du territoire, paru aux yeux de 10 millions de Français dans l'appareil du pouvoir et au milieu des démonstrations de l'adhésion nationale, ordonné sur place d'urgentes mesures d'autorité, montré aux gens en fonction que l'État avait une tête, fait sentir aux éléments épars de nos forces qu'il n'y avait pour elles d'autre avenir que l'unité, d'autre devoir que la discipline. Mais combien paraissait cruelle la réalité française ! Ce que j'avais constaté, sous les discours, les hourras, les drapeaux, me laissait l'impression de dégâts matériels immenses et d'un éclatement profond de la structure politique, administrative, sociale, morale du pays. Il était clair que, dans ces conditions, le peuple, pour ravi qu'il fût de sa libération, aurait à subir longtemps de dures épreuves que ne manqueraient pas d'exploiter la démagogie des partis et l'ambition des communistes.

Mais, aussi, j'avais pu voir, en province comme à Paris, quelle ferveur se portait vers moi. La nation discernait, d'instinct, que dans le trouble où elle était plongée elle serait à la merci de l'anarchie, puis de la dictature, si je ne me trouvais là pour lui servir de guide et de centre de ralliement. Elle s'attachait aujourd'hui à de Gaulle pour échapper à la subversion comme elle l'avait fait, hier, pour être débarrassée de l'ennemi. De ce fait, je me sentais réinvesti par les Français libérés de la même responsabilité insigne et sans précédent que j'avais assumée tout au long de leur servitude. Il en serait ainsi jusqu'au jour où, toute menace immédiate écartée, le peuple français se disperserait de nouveau dans la facilité.

Cette légitimité de salut public, clamée par la voix du peuple, reconnue sans réserve, sinon sans murmure, par tout ce qui était politique, ne se trouvait contestée par aucune institution. Il n'y avait, dans l'administration, la magistrature, l'enseignement, non plus que dans les armées, aucune réticence à l'égard de mon autorité. Le Conseil d'État, à la tête duquel se trouvait maintenant le président Cassin, donnait l'exemple d'un complet loyalisme. La Cour des comptes en faisant autant. Où qu'il m'arrivât de paraître, le clergé s'empressait à déployer ses hommages officiels. Le 20 septembre, j'avais reçu le cardinal Suhard et recueilli l'assurance du concours moral de l'épiscopat. Par l'organe de Georges Duhamel, secrétaire perpétuel, l'Académie française recourait à mon appui. Il n'était pas jusqu'aux représentants de tous les régimes antérieurs qui ne voulussent marquer leur adhésion. Le comte de Paris, l'esprit rempli du souci national, m'écrivait pour m'annoncer l'envoi d'un mandataire. Le prince Napoléon, maquisard exemplaire et capitaine de chasseurs alpins, venait m'offrir son témoignage. Le général Giraud, arrivé d'Algérie où il avait échappé au coup de fusil d'un fanatique, se présentait aussitôt à moi. Les anciens tenants de Vichy s'inclinaient devant l'évidence : Pétain, en Allemange, gardait le silence et ceux des fonctionnaires, des diplomates, des militaires, des publicistes qui l'avaient assidûment servi prodiguaient, à l'adresse du pouvoir, révérences et justifications. Enfin, M. Albert Lebrun vint joindre à l'approbation générale celle du fantôme mélancolique de la IIIe République.

Je le reçus le 13 octobre. « J'ai toujours été, je suis », me déclara le président, « en plein accord avec ce que vous faites. Sans vous, tout était perdu. Grâce à vous, tout peut être sauvé. Personnellement, je ne saurais me manifester d'aucune manière, sauf toutefois par cette visite que je vous prie de faire publier. Il est vrai que, formellement, je n'ai jamais donné ma démission. À qui, d'ailleurs, l'aurais-je remise, puisqu'il n'existait plus d'Assemblée nationale qualifiée pour me remplacer ? Mais je tiens à vous attester que je vous suis tout acquis. »

Nous parlâmes des événements de 1940. Albert Lebrun revint avec chagrin sur cette journée du 16 juin où il avait accepté la démission de M. Paul Reynaud et chargé le Maréchal de former le nouveau ministère. Les larmes aux yeux, levant les bras au ciel, il confessait son erreur. « Ce qui m'a, dit-il, décidé dans le mauvais sens, comme la plupart des ministres, ce fut l'attitude de Weygand. Il était si catégorique en exigeant l'armistice ! Il affirmait si péremptoirement qu'il n'y avait rien d'autre à faire ! Pourtant, je croyais, comme Reynaud, Jeanneney, Herriot, Mandel, vous-même, qu'il fallait aller en Afrique, qu'on pouvait poursuivre la guerre avec l'armée qui s'y trouvait, les forces que l'on avait encore les moyens d'y transporter, notre flotte intacte, notre empire, nos alliée ! Mais le Conseil a cédé aux arguments véhéments du Commandant en chef. Que voulez-vous ? On lui avait fait une telle réputation ! Ah ! quel malheur quand, dans l'extrême péril, ce sont les généraux qui se refusent à combattre ! »

Le président Lebrun prit congé. Je lui serrai la main avec compassion et cordialité. Au fond, comme chef de l'État, deux choses lui avaient manqué : qu'il fût un chef ; qu'il y eût un État.

Tandis qu'au-dedans du pays cristallisaient les passions, l'action militaire des alliés se poursuivait dans l'Est et dans le Nord. Eisenhower, portant l'effort principal sur la gauche, visait à traverser promptement la Belgique, puis à franchir le Rhin auprès de son embouchure, enfin à se saisir de la Ruhr et, par là, de la victoire. Telle était, à la fin d'août, la mission confiée au général Montgomery, à qui l'aviation fournissait l'appui maximum. Au centre, le général Bradley devait atteindre le fleuve entre Düsseldorf et Mayence, en liant son mouvement à celui des armées du Nord. Quant à la Ire Armée française et à la VIIe Armée américaine, destinées à se grouper sous les ordres du général Devers, elles viendraient quand elles pourraient, depuis la Méditerranée, prendre la droite du dispositif et aborder le Rhin par l'Alsace. Mon désir était, naturellement, que la progression allât aussi vite que possible, qu'elle menât les armées alliées directement au cœur de l'Allemagne et que les forces françaises eussent leur large part dans les opérations. C'est ce que, dès le 6 septembre, j'avais écrit à Eisenhower, en le pressant de hâter le mouvement de notre Ire Armée, en lui rendant la disposition de la 2e Division blindée, et en lui faisant connaître la volonté du gouvernement français de voir nos troupes pénétrer en territoire allemand en même temps que celles des Américains et des Britanniques. Mais la marche, menée rapidement jusqu'aux abords de la frontière, allait être arrêtée avant d'atteindre le pays ennemi.

En effet, dans les Pays-Bas, l'Ardenne, la Lorraine, les Vosges, l'adversaire trouvait moyen de rétablir sa ligne de bataille. Hitler lui-même, qui avait souffert dans son prestige comme dans son état physique de l'attentat commis contre lui en juillet, reprenait maintenant le dessus. Escomptant l'effet des « armes secrètes » : avions à réaction, fusées V 2, chars nouveaux, peut-être même bombes atomiques, que le Reich préparait fébrilement, le Führer méditait de reprendre l'offensive et obtenait du peuple allemand un suprême crédit de confiance. D'ailleurs, les alliés, réduits à des ravitaillements précaires à mesure de leur avance, voyaient le manque de carburants, d'obus et de rechanges contrarier leurs opérations.

C'était, notamment, le cas pour notre Ire Armée. En ce qui concernait les forces marchant du Midi vers le Nord, le commandement allié avait prévu une progression difficile. On admettait que les ensembles fortifiés de Toulon et de Marseille ne pourraient être pris qu'après plusieurs semaines d'efforts, qu'ensuite la nécessité de se couvrir tout au long de la frontière italienne imposerait à Patch et à de Lattre des servitudes et des retards, enfin que les XIXe et Ire Armées allemandes, totalisant 10 divisions et occupant, l'une la Provence, l'autre l'Aquitaine, le Languedoc et le Limousin, seraient en mesure de tenir longtemps en échec les Français et les Américains sur les contreforts des Alpes, en maints endroits du couloir du Rhône et dans le Massif central. C'est pourquoi les plans de transport des troupes et du matériel depuis l'Afrique, la Corse et l'Italie, puis des approvisionnements à partir de la côte et jusqu'aux grandes unités, comportaient des délais prolongés. Or, il se trouva que les forces des généraux de Laure et Patch avancèrent à une cadence qui infirma tous les calculs. Le revers de la médaille fut, pour les combattants, une continuelle pénurie d'essence et de munitions.

La Ire Armée française, qui avait débarqué ses premiers éléments à Saint-Tropez et aux environs dans la journée du 15 août, était, dès le 28, en possession complète de Toulon et, le 30, maîtresse de la totalité de Marseille. Quarante mille prisonniers et des monceaux d'armes et de matériel étaient tombés entre ses mains. Or, l'intention initiale du général Patch, chargé de coordonner les forces dans le Midi, consistait à faire marcher les Américains droit vers le Nord, tandis que les Français, une fois repris par eux les deux grands ports de la Méditerranée, assureraient, aux débouchés des Alpes, la couverture de leurs alliés. Mais le général de Lattre, fort des succès remportés à Toulon et à Marseille, ne s'était pas contenté de la mission secondaire que l'on envisageait pour lui. Il entendait encadrer à droite et à gauche les Américains et progresser à leur hauteur. J'avais, bien entendu, appuyé cette manière de voir. Quant à Patch, désormais rempli de considération pour la Iʳᵉ Armée française, il s'était, de bonne grâce, rangé à notre avis.

C'est ainsi que notre 2ᵉ Corps, commandé par Monsabert et comprenant d'abord essentiellement les Divisions du Vigier et Brosset, franchissait le Rhône à Avignon, puis, opérant par la rive droite, chassait l'ennemi de Lyon les 2 et 3 septembre. Peu après, dans la région d'Autun, la gauche de ce corps d'armée barrait le passage aux arrière-gardes de la Iʳᵉ Armée allemande, qui, fuyant par le Massif central, essayaient de se frayer la route de la Bourgogne. Mais la porte était fermée par la Division du Vigier, tant celle-ci avait marché vite. Après quatre jours de combats désespérés, les derniers échelons ennemis, ayant à leurs trousses les forces de l'intérieur du Sud-Ouest, ainsi que celles du Berri, ne pouvaient trouver d'issue et finissaient par capituler. Toutefois, leur chef, le général Elster, se sentant la conscience lourde et épouvanté à l'idée de se rendre aux Français, était entré en contact avec des officiers américains détachés à Orléans. Le 11 septembre, il leur remettait les 22 000 hommes valides qu'il avait encore sous ses ordres. Le même jour, du Vigier libérait Dijon. Le lendemain, la Division Brosset, devenue la gauche de l'armée de Lattre, prenait, à Montbard, la liaison avec Leclerc qui arrivait de Paris à la droite des forces de Bradley. Le 13 septembre, Langres était pris par des troupes du 2e Corps et les maquis de la Haute-Marne. Après quoi, les avant-gardes du général de Monsabert abordaient la haute Saône de Jussey et de Port-sur-Saône.

Pendant ce temps, les Américains avaient marché à la même allure suivant l'axe : Grenoble-Bourg-Besançon, forçant le passage du Rhône entre Lyon et Ambérieu. Mais il avait fallu couvrir sur les Alpes l'ensemble du dispositif. C'est qu'en effet les troupes du maréchal Kesselring, tenant toujours en Italie du Nord, occupaient les passages vers la France, débordaient dans les Hautes-Alpes, la Savoie, la Haute-Savoie et menaçaient nos communications. Il est vrai que les forces de l'intérieur de la région escarmouchaient sans relâche contre les détachements allemands et les éléments fascistes italiens qui opéraient sur le versant français. Mais cette action de flanc-garde devait être complétée. Y avaient été employées : une division américaine et la 2e Division marocaine de Dody. Celle-ci, aidée par les forces de l'intérieur et par les tabors marocains, s'était emparée de Briançon, de Modane, de Bourg-Saint-Maurice.

Dès lors, le général Béthouart pouvait, le 5 septembre, prendre le commandement du Ier Corps d'armée et le déployer sur le Rhône entre Ambérieu et la frontière suisse, à la droite des Américains. Disposant, pour commencer, de la 3e Division nord-africaine de Guillaume et de la 9e Division coloniale de Magnan, il poussait à travers le Jura et, le 12 septembre, atteignait la vallée du Doubs.

Ainsi s'achevait l'extraordinaire poursuite que Français et Américains avaient menée en trois semaines sur 700 kilomètres. Ils eussent été plus vite encore si le manque de carburants ne les avait constamment retardés. C'est à Marseille, à Toulon, à Nice que l'essence débarquait à grand-peine. Il fallait aller l'y chercher. Comme les voies ferrées étaient détruites sur les deux rives du Rhône, seuls des convois de camions assuraient les ravitaillements, soit, pour la Ire Armée française, 1500 tonnes en moyenne par jour. Encore les services américains, qui répartissaient les choses entre Patch et de Lattre, se montraient-ils, comme c'était humain, assez portés à pourvoir nos alliés par priorités. On imagine par quelles crises d'impatience, succédant aux heures d'enthousiasme, passaient les troupes, les états-majors, le général commandant l'armée, quand ils se voyaient frustrés de succès dont ils discernaient l'occasion. La même pénurie de carburants fit que trois grandes unités : 9e Division coloniale, 4e Division marocaine, 5e Division blindée ainsi que de nombreux éléments de réserve générale, ne purent rattraper le gros de la Ire Armée qu'après des retards prolongés.

Ces servitudes doivent entrer en compte pour juger à sa valeur le record que représenta la progression accomplie depuis la Méditerranée jusqu'à l'entrée de l'Alsace. En revanche, la marche en avant fut grandement facilitée par l'action des maquisards. L'usure à laquelle ceux-ci avaient soumis l'ennemi, le fait qu'ils s'étaient, à mesure, rendus maîtres d'une grande partie des itinéraires à suivre, le renfort qu'ils apportaient aux unités régulières, avaient compté pour beaucoup dans ce résultat foudroyant. Le 12 septembre, au terme de la grande poursuite, 120000 Allemands se trouvaient en captivité française, pris tant par la Ire Armée que par les forces de l'intérieur et par la 5e Division blindée. C'était le tiers du total des prisonniers faits par l'ensemble des armées alliées.

Le 13 septembre, le général John Lewis, détaché auprès de moi par Eisenhower, m'apportait une lettre du Commandant en chef. Celui-ci m'annonçait que le dispositif des alliés était maintenant soudé depuis la Suisse jusqu'à la mer du Nord, la Ire Armée française et la VIIe Armée américaine constituant, désormais, le Groupe d'armées du Sud. À l'intérieur de ce Groupe, les Américains devaient former la gauche et prendre pour direction Saverne, plus tard Strasbourg. Quant aux Français, ils avaient à se regrouper sur la droite dans la région de Vesoul, puis à s'emparer de Belfort et, ultérieurement, de Colmar. Eisenhower me demandait mon agrément quant à cet emploi de nos forces. Je le lui donnai, dans l'ensemble, le 21 septembre, estimant satisfaisant que les Français eussent leur propre zone d'action, tout comme les Britanniques et les Américains avaient respectivement la leur, et trouvant bon que cette zone fût l'Alsace. Cependant, je faisais connaître au Commandant en chef que je plaçais une hypothèque sur la Ire Division française libre, me réservant de la faire venir à Paris en cas de nécessité. D'autre part, j'invitais Eisenhower à diriger sur Bordeaux, dès que possible, une de nos divisions afin de prendre Royan et Grave. Par là le grand port serait dégagé et nous pourrions l'utiliser au ravitaillement de la France. Enfin, j'indiquais au Commandant en chef qu'il y avait lieu de placer une grande unité française sur la direction de Strasbourg.

Ce devait être la Division Leclerc. Après l'avoir maintenue quelques jours à Paris, je l'avais, le 6 septembre, remise à la disposition du haut commandement allié. À présent, je tenais à la voir opérer avec la VIIe Année américaine. En effet, la capitale alsacienne était l'objectif de Patch. Pour d'évidentes raisons nationales, je voulais qu'elle fût, un jour, libérée par des troupes françaises et je ne doutais pas que Leclerc, dès lors qu'il serait axé comme il fallait, saurait en trouver l'occasion. La 2e Division blindée continua donc d'agir dans le secteur américain.

Mais tout faisait prévoir que l'affaire de Strasbourg ne serait pas pour demain. Sur les pentes des Vosges, la XIXe Armée allemande avait pris solidement position. Son chef, le général Wiese, reprenant en main les troupes qu'il ramenait de Provence et renforcé d'éléments qui lui venaient de l'intérieur, faisait tête dans toute sa zone. Pour les nôtres, une dure bataille allait, sans transition, succéder à une triomphale poursuite. Il en était, du reste, ainsi d'un bout à l'autre du front allié. À l'embouchure de la Meuse, l'offensive déclenchée le 20 septembre par Montgomery se terminait par un échec. En Lorraine et dans le Luxembourg, Bradley devait, lui aussi, s'arrêter. Il était clair qu'à l'Ouest, l'issue se trouvait reportée à plusieurs mois. À l'Est, on devait penser qu'elle ne viendrait pas plus tôt. Car, si les Russes avaient occupé la Roumanie et la Bulgarie, refoulé les Allemands d'une grande partie de la Pologne et de la Yougoslavie, pris pied en Hongrie et dans les Pays Baltes, nulle part encore ils ne pénétraient sur le territoire du Reich.

Que la guerre dût se poursuivre, c'était assurément douloureux sous le rapport des pertes, des dommages, des dépenses que nous, Français, aurions encore à supporter. Mais, à considérer l'intérêt supérieur de la France – lequel est tout autre chose que l'avantage immédiat des Français – je ne le regrettais pas. Car, les combats se prolongeant, notre concours serait nécessaire dans la bataille du Rhin et du Danube, comme ç'avait été le cas en Afrique et en Italie. Notre rang dans le monde et, plus encore, l'opinion que notre peuple aurait de lui-même pour de longues générations en dépendaient essentiellement. D'autre part, le délai à courir avant la fin des hostilités allait nous permettre de faire valoir à temps ce qui nous était dû. Quelle chance, enfin, offrait à l'unité nationale cette phase suprême où tous les Français traverseraient l'épreuve, non plus séparés, comme ils l'étaient hier, entre l'Empire libre et la Métropole opprimée, mais désormais placés dans des conditions identiques et régis par un seul pouvoir ! Pour commencer, il nous était possible de résoudre en temps voulu le problème de notre organisation militaire, si chargé d'hypothèques politiques, bref de fondre en un tout nos forces de toutes origines.

À la Ire Armée, des dispositions fragmentaires avaient été prises dans ce sens. Tant bien que mal, un certain jumelage s'était établi entre les divisions d'Afrique et les groupements de maquisards. Déjà, vers le 20 septembre, plus de 50000 hommes des forces de l'intérieur prenaient part aux opérations du général de Lattre. Cinquante mille autres s'apprêtaient à en faire autant. S'étaient ainsi accolés aux troupes régulières : 13 bataillons alpins formés en Savoie, dans l'Isère, l'Ain, la Drôme, l'Ardèche ; les « maquis » dits : de Provence, de Chambarrand, de la Haute-Marne, du Morvan, des Ardennes ; les « groupements » du Charolais, du Lomont, de l'Yonne, de Franche-Comté ; des « commandos » aux noms divers ; beaucoup de menus groupes et un grand nombre d'isolés. Mais, aussi, voici qu'arrivaient les imposantes colonnes de maquisards du Centre et de l'Aquitaine.

À la fin du mois d'août, j'avais reçu à Paris le général Chevance-Bertin, délégué militaire dans le Sud-Ouest, et lui avais donné la mission de porter vers la

Ire Armée la plus grande partie possible des forces de l'intérieur de sa région. Chevance-Bertin l'avait fait et confié à son adjoint, Schneider, la conduite de ce vaste et tumultueux groupement. Tant bien que mal, Schneider amenait en Bourgogne la « Division légère de Toulouse », comprenant, en particulier, le « Corps franc des Pyrénées », la « Brigade Alsace-Lorraine », des contingents du Tarn, du Tarn-et-Garonne, de l'Aveyron. Il en faisait autant des « Brigades » du Languedoc, du Lot-et-Garonne, de la Corrèze. Enfin, il dirigeait vers la même destination les « Brigades du Massif central », l'« Artillerie du Puy-de-Dôme », voire les « Gardes mobiles de Vichy », formant ensemble le « Groupe d'Auvergne ».

L'afflux de ces éléments, si divers à tous égards, réjouissait évidemment le commandement de la Ire Armée, les états-majors, les services, mais les plongeait d'autre part dans de grandes difficultés. Il est vrai que les questions de subordination étaient bientôt résolues. Le général Cochet, chargé par moi des forces de l'intérieur au sud de la Loire, avait coupé court aux velléités d'indépendance que manifestaient certains chefs et mis directement aux ordres du général de Lattre tous les éléments parvenus dans sa zone d'action. Mais, ces forces, comment les organiser, les équiper, les employer dans des conditions normales ? Il fallait que les règles fussent posées et les moyens fournis par le gouvernement lui-même, suivant le plan qu'il avait adopté pour cette ultime phase de la guerre.

Une certaine démagogie nous requérait alors bruyamment de mobiliser les classes en âge de porter les armes. Cette levée en masse, renouvelée de l'époque révolutionnaire, eût procuré, assurément, des effectifs considérables, en dépit du fait que 2 millions et demi d'hommes étaient aux mains de l'ennemi comme prisonniers de guerre, déportés de la résistance ou requis du travail et que 300 000 autres avaient été tués ou gravement blessés depuis le début du conflit. Mais on n'était plus au temps où le nombre comptait plus que tout. Qu'eussions-nous fait de la foule des appelés, quand nous n'avions à lui donner ni armes, ni cadres, ni équipement et qu'il eût été à la fois criminel et dérisoire de la pousser telle quelle, en rase campagne, devant les canons, les chars, les mitrailleuses, les avions de l'armée allemande ? Tirant des circonstances ce qu'elles offraient mais prenant les choses comme elles étaient, j'avais fixé mes intentions.

Organiser pour la bataille la bouillante et vaillante jeunesse qui avait mené la lutte clandestine et la joindre aux troupes venues d'Afrique, voilà ce qui me paraissait réalisable au point de vue militaire et nécessaire au point de vue national. Dans l'état d'extrême dénuement matériel où nous nous trouvions, ce serait là tout le possible pour l'automne et l'hiver. S'il arrivait que la guerre parût devoir durer plus longtemps, on aviserait au moment voulu. En pratique, je comptais incorporer à la Ire Armée autant de maquisards qu'elle pourrait en absorber et constituer, avec le reliquat, de grandes unités nouvelles.

Dès que nous avions pu connaître avec assez de précision la situation réelle des éléments paramilitaires, c'est-à-dire au retour de mon voyage sur le Rhône et dans le Midi, j'avais arrêté, en Comité de Défense nationale, le plan de cette transformation. Quatre cent mille, tel était le total approximatif des hommes comptant aux forces de l'intérieur. On peut penser qu'un pareil flot de combattants, surgis volontairement pour courir les risques des maquis, faisait honneur à la

France, étant donné le nombre des jeunes gens qui se trouvaient hors de combat et le fait que l'appareil officiel de Vichy avait, jusqu'à sa dernière heure, traqué et condamné ceux qui luttaient contre l'ennemi. Nous décidâmes d'abord, par décret du 23 septembre, que les hommes restant sous les armes auraient à contracter un engagement en bonne et due forme pour la durée de la guerre. De ce fait, la situation des maquisards se trouvait légalement réglée. Quarante mille d'entre eux étaient versés dans la Marine ou l'armée de l'Air. Pour aider le ministre de l'Intérieur à maintenir l'ordre public, les gendarmes et les gardes mobiles passés aux maquis retournaient, d'office, à leur corps d'origine, étaient, en outre, formées 60 « Compagnies républicaines de sécurité », innovation qui, sur le moment, fut blâmée de toutes parts mais qui dure encore aujourd'hui. Enfin, certains spécialistes, dont l'économie du pays avait le plus extrême besoin : mineurs, cheminots, etc., étaient invités à reprendre leur profession. En définitive, l'armée de terre garda, pour son seul compte, plus de 300 000 soldats venus spontanément des forces de l'intérieur.

De ceux-là, suivant ma décision, de Lattre prendrait aussitôt une centaine de mille en charge. Les autres constitueraient 7 nouvelles divisions. Déjà, étaient en formation : dans les Alpes la 27e Division sous les ordres de Valette d'Ozia, à Paris la 10e ayant à sa tête Billotte, en Bretagne la 19e que commandait Borgnis-Desbordes. Les maquisards qui se trouvaient au contact des réduits allemands de Saint-Nazaire, La Rochelle, Royan, la pointe de Grave devraient former la 25e avec Chomel et la 23e sous d'Anselme. Au début du printemps, la Ire confiée à Caillies et la 14e aux ordres de Salan seraient mises sur pied respectivement dans le Berri et en Alsace. En dehors de ces grandes unités, le ministre de la Guerre recréerait des régiments de toutes armes, afin d'assurer l'instruction dans les régions de l'intérieur et de combler les pertes sur le front. En décembre, la classe 1943 devait être appelée sous les drapeaux. En avril, ce serait le tour des classes 1940, 1941, 1942, pour autant que les jeunes gens qui en faisaient partie ne se fussent pas engagés déjà. Quant aux écoles militaires, elles étaient rouvertes sans délai.

Ce programme fut réalisé. Mais le problème était moins de créer des corps de troupe que de les armer et de les équiper. Les fusils de tous modèles, les rares mitrailleuses et mortiers, les quelques touchantes autos, que détenaient les maquisards et qu'ils avaient utilisés aux escarmouches et embuscades, n'étaient plus que dérisoires s'il s'agissait de prendre part à des batailles rangées. En regroupant ces moyens de fortune, en faisant venir d'Afrique les quelques disponibilités qui s'y trouvaient encore en fait d'armement français, en collectant et réparant le matériel pris en France à l'ennemi et même celui que, naguère, nous avions pu ramasser en Tunisie et en Italie, on parviendrait à assurer une dotation élémentaire aux unités de formation. Mais ce n'était pas suffisant pour qu'elles puissent se mesurer avec les forces de la Wehrmacht. Il leur fallait de l'armement lourd. Or, il n'existait plus, en France, un seul établissement capable d'en fabriquer. Installations et outillages de nos usines spécialisées avaient été démontés et emportés par les Allemands, les ateliers qui subsistaient n'ayant gardé que ce qu'il fallait pour des travaux accessoires exécutés au compte de l'ennemi. En attendant que nous ayons remis des fabrications en marche – ce qui durerait de longs mois –

nous étions donc contraints de recourir au bon vouloir des États-Unis.

Ce bon vouloir était mince. Il faut dire que nos alliés éprouvaient d'incontestables difficultés à transporter, depuis l'Amérique, l'énorme tonnage de matériel qui alimentait la bataille. Ils se souciaient donc fort peu d'y ajouter, à l'improviste, des lots à livrer aux Français. D'autant plus que c'eût été au profit d'unités tirées de nos forces de l'intérieur. Or, pour les Anglo-Saxons, celles-ci ne laissaient pas de paraître choquantes aux états-majors et inquiétantes aux politiques. Sans doute avait-on, lors des combats de la libération, fait passer quelques moyens aux « troupes de la révolte ». Mais, à Washington et à Londres, il n'était pas question, maintenant, de leur fournir de l'armement lourd qu'on devrait faire venir d'Amérique en surchargeant les convois. Et qui pouvait assurer qu'un jour ces forces hors série n'emploieraient pas à des fins subversives la puissance qu'elles auraient acquise ? Surtout, en remettant au gouvernement du général de Gaulle de quoi équiper 8 ou 10 divisions nouvelles, il faudrait prévoir qu'à la fin de l'hiver l'armée française aurait doublé, qu'elle jouerait dans la bataille un rôle accru, peut-être décisif, et qu'alors on devrait admettre la France au règlement de l'armistice, ce que voulait éviter Roosevelt. Ces motifs firent que nos démarches auprès des gouvernements américain et britannique n'obtinrent aucun résultat. Depuis le jour du débarquement jusqu'à celui de la capitulation allemande, nos alliés ne nous procurèrent pas de quoi équiper une seule grande unité de plus. Dès octobre, le général Marshall, passant nous voir à Paris, ne nous avait sur ce point laissé aucune illusion.

Les alliés accepteraient-ils, au moins, de pourvoir les 100 000 hommes de renfort que notre Ire Armée tâchait d'absorber dans ses divisions, ses services et ses réserves ? Pas davantage. Se référant aux plans d'approvisionnement que leurs bureaux avaient établis, ils se refusèrent toujours à tenir compte de cet accroissement. Pour ce qui était des vivres et de l'habillement, notre Intendance fournit à la Ire Armée les suppléments nécessaires. Mais, pour le reste, il nous fallut recourir à des expédients.

Comme l'hiver dans les Vosges comportait des risques pour l'état sanitaire des Noirs, nous envoyâmes dans le Midi les 20000 soldats originaires d'Afrique centrale et d'Afrique occidentale qui servaient à la Ire Division française libre et à la 9e Division coloniale. Ils y furent remplacés par autant de maquisards qui se trouvèrent équipés du coup. Plusieurs régiments nord-africains, particulièrement éprouvés par deux années de combat, retournèrent dans leurs garnisons de départ, tandis que des corps tirés des forces de l'intérieur héritaient de leurs armes et de leur rang dans l'ordre de bataille. De Lattre, jouant avec art des volants de matériel alloués d'avance à son armée, en répartit le contenu entre de nouveaux éléments. Enfin, l'ingéniosité déployée à tous les échelons, soit pour tirer des parcs américains un peu de matériel neuf en compensation d'engins déclarés hors d'usage, remettre ceux-ci en état et, ensuite, les aligner à côté des remplacements, soit pour adopter, sans souci d'état civil, tous blindés, canons, véhicules alliés qui traînaient à portée des nôtres, procura certaines ressources. Hélas ! dans notre misère, tous les moyens nous étaient bons pour redresser notre force qui avait, au long des siècles, souvent connu le superflu, voire pratiqué le gaspillage, et se trouvait à présent si affreusement démunie. Au total, la Ire Armée fut, vaille que vaille, dotée du nécessaire pour ses effectifs renforcés.

J'allai la voir, le 23 septembre. Avec Diethelm et Juin, j'atterris à Tavaux près de Dole. Nous gagnâmes d'abord le quartier général à Besançon et, le lendemain, parcourûmes le terrain. C'était le moment où la Ire Armée resserrait le contact avec les positions allemandes. Le général de Lattre, encore tout chaud de son avance rapide depuis la Méditerranée, croyait pouvoir déboucher en Alsace, tambour battant, par sa gauche qui franchirait les Vosges. Dans ce secteur – celui du 2e Corps – le général de Monsabert menait de vives actions sur les contreforts du massif, vers Servance et vers Ronchamp. Optimiste et gaillard, payant beaucoup de sa personne, promenant, de secteur en secteur, un élan, un coup d'œil, un sens du combat, qui n'étaient jamais en défaut, il employait chacun au maximum. Au demeurant, dévoué aux siens de toute son âme et complètement désintéressé en ce qui concernait sa personne. En un temps où il m'appartenait d'attribuer ce qui se donne, je l'entendis souvent me faire valoir les mérites des autres ; jamais il ne me parla de lui.

Le 1er Corps formait la droite de la Ire Armée depuis Lure jusqu'au Lomont. Je le trouvai en train d'organiser sa base pour forcer la trouée de Belfort. L'entreprise serait ardue, étant donné l'étroitesse du terrain où il faudrait l'engager et la puissance des organisations allemandes. Mais le chef qui en était chargé semblait fait pour la mener à bien. Le général Béthouart ne laissait rien au hasard. Il était l'homme des plans conçus méthodiquement et poursuivis d'une âme égale. Cela lui valait la confiance de ses subordonnés et aussi, quelquefois, l'impatience de son supérieur.

Seule une réussite parfaite aurait pu, en effet, satisfaire le général de Lattre. Ardent jusqu'à l'effervescence, susceptible autant que brillant, il était tendu à l'extrême dans le désir que rien ne manquât et dans l'impression que les péripéties lui étaient affaires personnelles. Ceux qui dépendaient de lui en recevaient maintes rebuffades ou coups d'aiguillon. Mais leur rancune ne durait pas tant sa valeur en imposait.

À l'occasion de mes inspections je pris maintes fois contact avec le général de Lattre dans l'exercice de son commandement. En dépit des travers qu'on lui reprochait et qui étaient surtout les excès de ses qualités, je le jugeai toujours comme qualifié par excellence pour diriger les opérations. Sans me laisser aller aux préventions favorables de mon amitié pour lui et tout en intervenant parfois dans son domaine quand des raisons d'intérêt national l'exigeaient, je ne cesserai pas de lui faire confiance dans la tâche à laquelle je l'avais appelé. Au reste, il ne manqua jamais de marquer, dans ses rapports avec moi et tant que je fus en place, non seulement son loyalisme, mais encore sa conviction quant au caractère insigne de la mission dont je portais la charge.

Ce jour-là, en sa compagnie, je rendis visite aux troupes et aux services. Tous y faisaient plaisir à voir. Certes, après la poursuite victorieuse, ils avaient de quoi être fiers. Mais, en outre, ils rayonnaient, littéralement, de bonne humeur. Au reste, techniquement parlant, ils ne le cédaient à personne. On vérifiait aisément que les Français obtenaient, toutes choses égales d'ailleurs, des succès au moins comparables à ceux que remportaient Britanniques et Américains. Les

Allemands étaient, bien entendu, les derniers à l'ignorer, qui opposaient aux nôtres une proportion de forces relativement très élevée.

Mais je constatai aussi que l'amalgame des troupes venues d'Afrique et des forces de l'intérieur pourrait être mené à bien. Non point que les préventions réciproques eussent disparu entre éléments d'origines diverses. Les « Français libres » conservaient, vis-à-vis de quiconque, une fierté assez exclusive. Les hommes de la clandestinité, longtemps traqués, fiévreux, miséreux, auraient volontiers prétendu au monopole de la résistance. Les régiments d'Algérie, du Maroc, de Tunisie, bien qu'ils aient été naguère partagés en tendances variées, se montraient unanimement ombrageux de leur esprit de corps. Mais, quels que fussent les détours par où le destin avait mené les uns et les autres, la satisfaction de se trouver côte à côte, engagés dans le même combat, l'emportait sur tout le reste dans l'âme des soldats, des officiers, des généraux. Il faut dire que, dans les villes et les villages traversés, l'accueil de la population ne laissait pas le moindre doute sur le sentiment public. En vérité, l'armée française, dans les proportions malheureusement réduites où il était possible de la refaire, montrait une qualité qu'elle n'avait jamais dépassée.

C'était le cas, au premier chef, pour la 2ᵉ Division blindée. Le 25 septembre, quittant la zone du général de Lattre, j'allai la voir à Moyen, Vathiménil, Gerbéviller. Pendant son court séjour à Paris, cette division avait recruté plusieurs milliers de jeunes engagés. D'autre part, elle attirait naturellement le matériel comme l'aimant attire le fer. Bref, il ne lui manquait rien. Le 10 septembre, elle avait franchi la Marne au nord de Chaumont, puis, au cours des journées suivantes, atteint, en combattant, Andelot et Vittel, repoussé vers Dompaire les contre-attaques de nombreux chars allemands, enfin abordé la Meurthe pour y tenir un secteur du front. Leclerc et ses lieutenants s'accommodaient mal de cette stabilisation. Je fis appel à leur sagesse. Car, tout comme le génie, l'action d'éclat est une longue patience. Dès lors, Leclerc, voyant devant lui Baccarat, ville prisonnière, concentra sur elle ses désirs, pour la prendre au bon moment.

Un mois plus tard, revenant voir nos troupes, je les trouvai prêtes à l'offensive générale qu'Eisenhower entamerait sous peu. En cette fin d'octobre, dans le secteur français, on se montrait impatient. D'autant plus que, des Vosges, de Belfort, d'Alsace, arrivaient, soit par la Suisse, soit à travers les lignes, des émissaires adjurant les nôtres de se porter en avant. Je rendis d'abord visite à notre Groupement d'aviation, que commandait Gérardot, et m'assurai qu'il avait reçu, comme nous y avions invité le commandement allié, la mission d'appuyer principalement l'armée française. Sur les positions de départ que je parcourus ensuite, tout le monde baignait dans l'optimisme. « Lors du désastre, me demanda de Lattre, imaginiez-vous cela ? – C'est, répondis-je, parce que j'y comptais, que nous sommes ici tous les deux. »

Mes déplacements à travers le pays et mes visites aux armées avaient pu produire leur effet. Mais celui-ci serait épisodique si des dispositions pratiques ne suivaient pas. Or, à cet égard, notre plan était fixé depuis Alger. Nous pouvions nous en féliciter. Car, en dépit des conditions confuses où le pouvoir s'installait à Paris, les Conseils que je réunis au cours d'un automne surchargé ne se perdirent pas en tergiversations. En l'espace de quelques semaines, le gouvernement prit un ensemble de mesures qui empêchèrent que la nation s'en allât à la dérive.

Plus le trouble est grand, plus il faut gouverner. Sortant d'un immense tumulte, ce qui s'impose, d'abord, c'est de remettre le pays au travail. Mais la première condition est que les travailleurs puissent vivre. Le 16 juillet, à Alger, le gouvernement avait décidé « qu'à la libération il y aurait lieu de procéder à une majoration immédiate et substantielle des salaires ». Le 28 août, surlendemain de la libération de Paris, une réunion des secrétaires généraux des ministères, présidée par Le Troquer, ministre délégué dans les territoires libérés, propose que la majoration soit de l'ordre de 40 %. C'est ce coefficient moyen que le Conseil des ministres adopte le 13 septembre. Le 17 octobre, une ordonnance procède, en outre, à la refonte des allocations familiales et les accroît de 50 %. Cette augmentation des salaires et des allocations, pour massive qu'elle puisse paraître, n'en est pas moins modeste puisqu'elle porte à 225, par rapport à l'indice 100 d'octobre 1938, le niveau moyen de rémunération, alors que, dans le même temps, les prix officiels ont monté de 100 à 300 et que certains prix réels s'élèvent jusqu'à 1000.

Mais à quoi bon mieux payer les gens si la monnaie s'effondre et si l'État fait faillite ? À ce point de vue, nous nous faisons l'effet de marcher au bord d'un gouffre. Il est vrai qu'ont cessé les prélèvements – 520 milliards ! – opérés par l'ennemi sur les fonds publics. Mais, en revanche, il faut financer l'effort de guerre et payer, à mesure, la reconstruction des chemins de fer, des ports, des canaux, des centrales, des ouvrages d'art, sans laquelle aucune reprise ne saurait être imaginée. En regard d'écrasantes dépenses s'alignent des recettes gravement insuffisantes. L'activité économique du pays est tombée, au mois de septembre, à environ 40 % du niveau de 1938. D'autre part, la circulation fiduciaire et la dette à court terme atteignent respectivement 630 et 602 milliards, soit trois fois plus qu'avant la guerre. Cet énorme total de moyens de paiement, complètement disproportionné à une production très réduite, entretient une poussée des prix qui menace de devenir, d'un jour à l'autre, irrésistible. Pour procurer des fonds au Trésor et, en même temps, maîtriser l'inflation, il faut un grand emprunt public.

C'est « l'emprunt de la libération ». André Lepercq, ministre des Finances, nous en fait adopter les modalités : rentes perpétuelles 3 % et au pair. L'émission, ouverte le 6 novembre, est close le 20. L'opération fait une victime en la personne de celui-là même qui la dirige. André Lepercq, homme de foi et d'espérance, est tué dans un accident au cours d'une tournée qu'il accomplit dans le Nord pour pousser les souscriptions. Le 19 novembre, trente heures avant la fin de l'émission, j'annonce au pays par radio que les chiffres déjà atteints équivalent à une réussite, mais j'ajoute : « C'est un triomphe que je demande ! »

Tous comptes faits, l'emprunt de la libération produit 165 milliards qui en feraient 1200 d'aujourd'hui. Là-dessus, 127 milliards sont en « argent frais », le reste en bons du trésor. Un tiers du total a été souscrit au cours de la dernière journée. Si l'on songe à l'immense détresse économique où le pays se trouve alors plongé et qui limite à l'extrême les possibilités de presque tous les Français, si l'on note que, depuis la Grande Guerre, jamais aucune opération de crédit n'avait rapporté autant et qu'aucune de celles qui suivront n'approchera de ce résultat, on peut penser que c'est, en effet, un triomphe de la confiance que les Français ont en la France. La circulation des billets va être ramenée aussitôt de 630 à 560 milliards et la dette à court terme de 601 à 555. La catastrophe qu'eût entraînée une inflation effrénée se trouve écartée, du coup. D'autre part, les fonds fournis au trésor par l'emprunt, ainsi que par la confiscation des profits illicites ordonnée le 18 octobre, nous procurent ce qu'il faut pour financer, tant bien que mal, les dépenses exceptionnelles : effort de guerre et remise en état de nos sources d'énergie et de nos communications. Compte tenu du rendement des impôts, l'État a donc de quoi payer ce qui doit l'être.

Encore faut-il qu'il soit maître chez lui. Au milieu des courants qui soulèvent les passions et, au moindre fléchissement, emporteraient son autorité, il lui faut s'acquitter de deux devoirs impératifs : que la justice soit rendue et l'ordre public assuré. Cela doit être fait vigoureusement et sans tarder sous peine qu'on ne le fasse jamais. Les mesures nécessaires sont prises.

Dès le 13 septembre, le gouvernement prescrit de constituer les cours spéciales de justice prévues par l'ordonnance du 24 juin. Dans chaque région va siéger un tribunal présidé par un magistrat et comprenant un jury désigné par le président de la Cour d'appel. La liste des citoyens qui peuvent en faire partie est établie par le commissaire de la République. Ce tribunal doit juger les actes d'intelligence avec l'ennemi, sous les formes et garanties légales : droits de la défense, possibilité d'instance auprès de la Cour de cassation, recours au chef de l'État. À mesure que les cours de justice font leur office, les autorités locales achèvent de dissoudre les cours martiales constituées au cours de la lutte par les forces de l'intérieur ; les arrestations arbitraires deviennent formellement illicites ; les amendes doivent être tenues pour de simples escroqueries ; les exécutions sommaires ne sont plus que des crimes qualifiés. Peu à peu, cessent les représailles où la résistance risquait d'être déshonorée. Il y aura encore quelques séquestrations, pillages ou assassinats, dont les auteurs subiront, d'ailleurs, la rigueur des lois. Mais ces derniers soubresauts seront très exceptionnels.

Parmi les Français qui ont, par le meurtre ou par la délation, causé la mort de combattants de la résistance, il en aura été tué, sans procès régulier, 10 842, dont 6 675 pendant les combats des maquis avant la libération, le reste après, au cours de représailles. D'autre part, 779 auront été exécutés en vertu de jugements normalement rendus par les cours de justice et les tribunaux militaires. Total en soi douloureux, très limité, il est vrai, par rapport au nombre des crimes commis et à leurs affreuses conséquences, très éloigné, bien entendu, des chiffres extravagants qu'avanceront plus tard les amants inconsolables de la défaite et de la collaboration, mais attristant par le fait qu'il s'agissait d'hommes dont la conduite ne fut pas toujours inspirée par des motifs de bas étage. De ces miliciens, fonctionnaires, policiers, propagandistes, il en fut qui répondirent aveuglément au postulat de l'obéissance. Certains se laissèrent entraîner par le mirage de l'aventure. Quelques-uns crurent défendre une cause assez haute pour justifier tout. S'ils furent des coupables, nombre d'entre eux n'ont pas été des lâches. Une fois de plus, dans le drame national, le sang français coula des deux côtés. La patrie vit les meilleurs des siens mourir en la défendant. Avec honneur, avec amour, elle les berce en son chagrin. Hélas ! certains de ses fils tombèrent dans le camp opposé. Elle approuve leur châtiment, mais pleure tout bas ces enfants morts. Voici que le temps fait son œuvre. Un jour, les larmes seront taries, les fureurs éteintes, les tombes effacées. Mais il restera la France.

Dès lors que la justice fonctionne, il ne subsiste aucun prétexte au maintien des forces armées qui ne sont pas régulières. Or, en dépit des instructions données, plusieurs organisations, avant tout le « Front national », s'obstinent à conserver à leur disposition des éléments paramilitaires. Ces « milices patriotiques » prétendent empêcher « un retour offensif du fascisme ». Mais, aussi, on les sent prêtes à appuyer une pression qui serait tentée sur le pouvoir pour le contraindre ou pour le conquérir. Bien entendu, sous le camouflage, c'est le « Cornac » qui tient les commandes. L'ultime équivoque doit cesser. Passant outre aux objections de plusieurs ministres et aux démarches de divers comités, j'amène le gouvernement à ordonner formellement la dissolution des milices. Le 28 octobre, c'est fait, notifié et publié.

Comme je m'y attends, les réactions sont vives. Le dimanche 29, le Conseil national de la résistance me demande audience. Je reçois à mon domicile, avec égard et amitié, ces compagnons de la lutte d'hier. Mais, aux objurgations qu'ils m'adressent unanimement de revenir sur la décision prise, je ne puis qu'opposer une fin de non-recevoir. Est-ce l'effet de l'intimidation qu'exercent les communistes ou celui des illusions fréquentes chez les « bien-pensants » ? les plus ardents à protester sont ceux qui représentent les formations modérées. Au contraire, les mandataires du « parti » gardent, au cours de l'entrevue, une attitude réservée, soit qu'ils discernent que l'issue est fixée d'avance, soit qu'ils méditent de manifester leur irritation d'une autre manière. Le 31, des dispositions détaillées sont arrêtées en conseil des ministres. Toute force qui ne fait pas partie de l'armée ou de la police doit être immédiatement dissoute, au besoin par voie d'autorité. Il est interdit, sous peine de sanctions graves, de détenir des armes sans autorisation motivée des préfets. Tout l'armement qui se trouve en possession des particuliers est à verser, dans le délai d'une semaine, aux commissariats de police et aux brigades de gendarmerie. Sont invités à s'y inscrire – mais il s'en inscrira fort peu – « les citoyens qui désirent contribuer à la défense des institutions et libertés républicaines », afin que les autorités puissent, éventuellement, faire appel à leur concours.

Coïncidence ou provocation, le lendemain, 1er novembre, un train de munitions fait explosion à Vitry-sur-Seine. On relève une trentaine de tués et une centaine de blessés. Le sinistre s'est produit pendant la matinée même où je me suis rendu au mont Valérien, au cimetière d'Ivry et au château de Vincennes pour rendre l'hommage de la Toussaint aux morts de la résistance. Les communistes ne manquent pas d'affirmer que c'est là « un méfait de la 5e colonne fasciste ». Le 2 novembre, le bureau politique du « parti », évoquant « l'attentat de Vitry », attaque vivement dans un communiqué le général de Gaulle qui veut dissoudre les milices. « Une fois de plus, déclare le bureau, le président du gouvernement a pris la responsabilité de traiter comme quantité négligeable la résistance française. » Deux jours après, au Vélodrome d'Hiver, se tient une réunion publique organisée par le Front national. Les orateurs y clament leurs protestations. Le 25 novembre, dans le Vaucluse, au château de la Timone où cantonne une compagnie des forces de l'intérieur, une bombe éclate, tuant 31 soldats. L'enquête ne réussira pas à en découvrir les auteurs. Mais tout se passe comme si c'était là l'épilogue de l'affaire des milices. Les derniers groupes indûment armés ont disparu. Nulle explosion mystérieuse n'aura plus lieu, désormais.

Pourtant, il est d'intérêt national que les hommes qui ont mené la lutte au premier rang participent également à l'œuvre du redressement. Or, mis à part les dirigeants communistes qui visent un but très défini, les résistants, dans leur ensemble, sont quelque peu désorientés. Tandis que l'ennemi fuyait et que Vichy s'anéantissait, ils avaient été tentés de dire, comme le Faust de Goethe : « Instant ! arrête-toi. Tu es si beau ! » La libération, en effet, retire à leur activité ses principaux points d'application. Pour eux, la nostalgie commence. Et d'autant plus que ces hommes ardents et aventureux ont éprouvé, au plus fort du danger, les sombres attraits de la lutte clandestine dont ils ne se déprendront plus. Ceux d'entre eux qui sont, surtout, des combattants vont s'absorber dans les rangs de l'armée. Mais la plupart des « politiques », qu'ils le fussent naguère ou qu'ils le soient devenus, ont hâte de voir renaître la vie publique. Ils aspirent à trouver une enceinte où ils puissent se faire entendre et, pour certains, se ménager l'accès aux postes de commande.

De mon côté, je tiens à placer en contact avec le ministère une assemblée aussi représentative que possible. Les ordonnances réglant l'établissement des pouvoirs dans la Métropole prévoient, d'ailleurs, que l'assemblée d'Alger viendra siéger à Paris après avoir été élargie. Ce n'est pas que je prête à un tel collège la capacité d'agir. N'ignorant pas que les assemblées, sous le tranchant des mots, sont dominées par la crainte des actes et connaissant les rivalités qui, déjà, divisent les résistants, je ne m'attends nullement à ce que leurs mandataires appuient effectivement une politique déterminée. Mais, tout au moins, j'espère qu'ils soutiendront une mystique du renouveau dont s'inspirera notre peuple. En tout cas, il me paraît bon d'offrir un exutoire à leurs bouillonnements. Et puis, comment négliger les suggestions qu'une assemblée de cette sorte fournira au gouvernement et le crédit extérieur qu'elle pourra lui procurer ? Le 12 octobre, une ordonnance fixe la composition de l'Assemblée consultative nouvelle.

Celle-ci comprend 248 membres, dont 173 représentants des organisations de résistance, 60 parlementaires, 12 conseillers généraux d'outre-mer. En font partie, notamment, les 18 membres du Conseil national de la résistance. L'assemblée se réunit le 7 novembre. Elle siège au Luxembourg, car, symboliquement, j'ai tenu à réserver le Palais-Bourbon à la future Assemblée nationale. Félix Gouin est élu président, comme il l'avait été à Alger. Le 9, je viens inaugurer la première séance de travail.

De la tribune, où je suis monté pour adresser à l'assemblée le salut du gouvernement, je vois l'hémicycle rempli de compagnons délégués par tous les mouvements de la résistance nationale et appartenant à toutes les tendances de l'opinion. D'un bout à l'autre des travées, tous me font l'honneur d'applaudir. Les assistants sont, comme moi-même, pénétrés du sentiment que leur réunion consacre une grande réussite française succédant à un malheur démesuré. Voici, en effet, le terme de l'oppression de la France, mais aussi le dénouement de la dramatique secousse que fut sa libération. Des faits sont accomplis qui rouvrent au vaisseau la mer libre, après lui avoir évité d'être coulé au départ.

Depuis que Paris est repris, dix semaines se sont écoulées. Que de choses auront dépendu de ce qui put être fait dans ce court espace de temps ! Entre le peuple et son guide le contact s'est établi. Par là, se trouve tranchée toute espèce de contestation, quant à l'autorité nationale. L'État exerce ses pouvoirs. Le gouvernement est à l'œuvre. L'armée, réunifiée, accrue, plus ardente que jamais, combat aux portes de l'Alsace, dans les Alpes, sur la côte atlantique, coude à coude avec nos alliés. L'administration fonctionne. La justice fait son office. L'ordre public s'établit. De vastes réformes sont en cours, écartant la menace du bouleversement qui pesait sur la nation. La banqueroute est conjurée ; le trésor passablement rempli ; la monnaie sauvée pour un temps. Surtout, la France reprend conscience d'elle-même et regarde vers l'avenir.

L'avenir ? Il va se préparer à travers les épreuves qui nous séparent de la victoire et, plus tard, du renouveau. Tant que dure la guerre, j'en réponds. Mais, ensuite, l'essentiel dépendra de ceux-là mêmes qui sont, aujourd'hui, assemblés autour de moi dans cette salle du Luxembourg. Car, demain, le peuple fera d'eux ses mandataires élus et légaux. Qu'ils restent unis pour le redressement, comme ils le sont encore pour le combat, tous les espoirs resteront permis. Qu'ils me quittent et se divisent pour s'arracher les uns aux autres les apparences du pouvoir, le déclin reprendra son cours.

Mais nous ne sommes qu'au présent ! La France en guerre se retrouve chez elle. Il s'agit, maintenant, qu'elle reparaisse au-dehors.

LE RANG

VERS la France libérée tous les États portaient leurs regards. Cette nation, que depuis tant de siècles on voyait à la première place, qui hier s'était effondrée dans un désastre invraisemblable, mais pour qui certains de ses fils n'avaient pas cessé de combattre, qui aujourd'hui se déclarait souveraine et belligérante, dans quel état reparaissait-elle, quelle route allait-elle prendre, à quel rang la reverrait-on ?

Sans doute croyait-on que le général de Gaulle, maintenant installé à Paris, s'y maintiendrait pour un temps à la tête de quelque exécutif. Mais sur qui et sur quoi, au juste, s'exercerait son autorité ? Ce chef, que n'avaient investi nul souverain, nul parlement, nul plébiscite, et qui ne disposait en propre d'aucune organisation politique, serait-il longtemps suivi par le peuple le plus mobile et indocile de la terre ? Sur un territoire ravagé, au milieu d'une population recrue de privations, en face d'une opinion profondément divisée, n'allait-il pas se heurter à des difficultés telles qu'il se trouverait impuissant ? Enfin, qui pouvait dire si les communistes, grandis dans la résistance et n'ayant devant eux que des lambeaux de partis et des débris de police, de justice, d'administration, ne s'empareraient pas du pouvoir ? Avant de prendre, à l'égard du Gouvernement provisoire, une attitude déterminée, les chancelleries voulaient voir comment tournerait la France.

Or, on devait convenir qu'elle tournait bien. Point de guerre civile, de soulèvement social, de désordre militaire, de déroute économique, d'anarchie gouvernementale. Au contraire ! Un pays retrouvant l'équilibre malgré sa misère, empressé à se reconstruire, développant son effort de guerre, sous la conduite d'un gouvernement pratiquement incontesté, voilà, en dépit des ombres, le spectacle que nous offrions aux autres. Les alliés et les neutres ne pouvaient plus tarder davantage à donner une forme normale à leurs relations avec nous.

Certes, en le faisant plus tôt, celles des grandes puissances qui combattaient à nos côtés auraient pu nous apporter un important appui moral dans la situation critique que nous venions de surmonter. Mais les susceptibilités du président des États-Unis et les griefs du Premier ministre anglais avaient tenu en suspens la décision jusqu'à l'extrême limite. À présent, plus moyen d'attendre ! D'ailleurs, Franklin Roosevelt lui-même était contraint de régler l'affaire, en considération des électeurs américains auxquels il allait demander un nouveau mandat présidentiel et qui s'impatientaient d'une attitude injustifiable vis-à-vis de la France amie. L'élection devait avoir lieu le 7 novembre. C'est le 23 octobre que Washington, Londres et Moscou reconnurent, en bonne et due forme, le Gouvernement provisoire de la République française. À la Maison-cBlanche et à Downing Street, on allégua, pour sauver la face, qu'Eisenhower jugeait maintenant possible de « transmettre son autorité sur le territoire français au gouvernement de Gaulle », comme si, cette autorité, le Commandant en chef l'avait jamais exercée, fût-ce une seule minute, sur d'autres que ses soldats. Voyant que les « grands » s'inclinaient devant l'inévitable, tous les États retardataires se mirent en règle à leur tour. Nous nous gardâmes, naturellement, de remercier qui que ce fût pour cette formalité accomplie *in extremis*. Lors d'une conférence de presse que je fis, précisément, le 25 octobre, comme on me demandait « quelles étaient mes impressions quant à la reconnaissance du gouvernement par les alliés ? » Je me bornai à répondre : « Le Gouvernement français est satisfait qu'on veuille bien l'appeler par son nom. »

Paris vit, alors, se rouvrir toutes grandes les portes des ambassades qui s'étaient tenues fermées pendant l'occupation et seulement entrebâillées depuis. Les mêmes diplomates, qui avaient été délégués auprès de nous à Alger, défilèrent devant moi pour me remettre leurs lettres de créance, mais cette fois, sous des titres qui n'étaient plus ambigus. M. Jefferson Caffery, envoyé par Washington pour remplacer M. Edwin Wilson, fut, parmi les alliés, le seul ambassadeur que nous ne connaissions pas encore. Quant aux neutres, on vit s'évanouir le corps diplomatique qu'ils constituaient à Vichy, et c'est avec bonhomie que le Gouvernement français accueillit leurs nouveaux mandataires. Il n'y eut de difficulté qu'au sujet du nonce apostolique. Le Vatican, en effet, eût souhaité que Mgr Valerio Valeri fût accrédité auprès du général de Gaulle après l'avoir été auprès du maréchal Pétain. C'était, à nos yeux, impossible. Après diverses péripéties, le Saint-Siège demanda notre agrément pour Mgr Roncalli. Nous le lui donnâmes tout de suite, non sans que j'eusse exprimé à Mgr Valerio Valeri, au moment de son départ, notre haute considération pour sa personne.

De notre côté, nous eûmes à compléter et à remanier notre représentation dans les capitales étrangères. René Massigli s'installa à Londres, Henri Bonnet à Washington, Jacques Maritain au Vatican, le général Pechkoff à Tchoung-King. Auprès des alliés, nos représentants portèrent, désormais, les titres traditionnels, tandis qu'à Madrid, Ankara, Berne, Stockholm, Lisbonne, etc., nos ambassadeurs prenaient officiellement leurs fonctions. Le Quai d'Orsay, longtemps château de la Belle au bois dormant, s'éveillait à l'activité. Le ministre, Georges Bidault, secondé par le secrétaire général Raymond Brugère, prenait contact avec les affaires, posées soudain toutes à la fois.

Qu'adviendrait-il de l'Europe après la défaite de l'Allemagne et quel sort serait fait à celle-ci ? C'était le problème capital que les événements allaient poser d'un jour à l'autre et dont, on peut le croire, je m'occupais avant tout.

En l'espace d'une vie d'homme, la France avait subi trois guerres par le fait du voisin d'outre-Rhin. La première s'était terminée par la mutilation du territoire national et une écrasante humiliation. Victorieux dans la seconde, nous avions, il est vrai, repris l'Alsace et la Lorraine, mais au prix de pertes et de destructions qui nous laissaient exsangues et ruinés. Encore, la malveillance des puissances anglo-saxonnes, utilisant l'inconsistance de notre régime, nous amenait-elle, par la suite, à renoncer aux garanties et aux réparations qu'on nous avait consenties en échange du contrôle du Reich et de la frontière du Rhin. La troisième guerre avait vu notre armée voler en éclats au premier choc, l'État officiel se ruer à la capitulation, le pays subir l'occupation, le pillage organisé, le travail forcé, la détention de 2 millions d'hommes. Sans doute, en vertu d'une sorte de miracle, l'indépendance et la souveraineté se maintenaient-elles au plus profond de l'Empire. Peu à peu, une armée s'y était reconstituée, tandis que la résistance s'étendait dans la Métropole. La France contribuait à sa propre libération avec des forces importantes, un gouvernement solide, une opinion rassemblée. Elle avait, désormais, la certitude d'être présente à la victoire. Mais il était trop évident qu'elle se trouverait, alors, réduite à un tel état d'affaiblissement que sa situation dans le monde, l'adhésion de ses terres d'outre-mer et même les sources de sa vie en seraient compromises pour longtemps. À moins qu'en cette occasion – la dernière peut-être – elle ne refît sa puissance. C'est à quoi je voulais aboutir.

Pour que le redressement de la France fût possible, il fallait que le germanisme perdît sa capacité d'agression. Dans le monde dangereux qui se dessinait déjà, vivre à nouveau sous la menace de la guerre du fait d'un voisin qui en avait si souvent montré le goût et le génie, ce serait, pour notre pays, incompatible avec l'essor économique, la stabilité politique, l'équilibre moral, sans lesquels l'effort demeurerait vain. Il est vrai que l'épuisement de l'Allemagne, l'occupation alliée, l'annexion des territoires de l'Est empêcheraient le pire pendant de nombreuses années. Mais ensuite ? Quelle évolution allait suivre le peuple allemand après sa défaite imminente ? Peut-être choisirait-il la sagesse et la paix ? Peut-être ce changement se révélerait-il durable ? Suivant ce que l'avenir apporterait à ce point de vue, les conditions de notre sécurité varieraient, évidemment. Mais, tant qu'on ne le savait pas, il fallait procéder comme si le germanisme pouvait rester dangereux. De quelles garanties devions-nous nous assurer, tout en laissant au grand peuple allemand la possibilité de vivre, de progresser, de coopérer avec nous-même et avec le monde ?

Plus de Reich centralisé ! C'était, à mon sens, la première condition pour empêcher que l'Allemagne retournât à ses mauvais penchants. Chaque fois qu'un État dominateur et ambitieux s'était saisi des pays allemands en contraignant leur diversité, l'impérialisme avait jailli. On ne l'avait que trop vu sous Guillaume II et sous Hitler. Au contraire, que chacun des États appartenant au corps germanique pût exister par lui-même, se gouverner à sa manière, traiter de ses propres intérêts, il y aurait beaucoup de chances pour que l'ensemble fédéral ne fût pas porté à subjuguer ses voisins. Il y en aurait plus encore si la Ruhr, arsenal de matières stratégiques recevait un statut spécial sous contrôle international. D'autre part, les territoires rhénans seraient, certes occupés par les armées française, britannique, belge et hollandaise. Mais, si leur économie était, en outre, liée à un groupement formé par les Occidentaux – rien ne s'opposant, d'ailleurs, à ce que les autres éléments de l'Allemagne vinssent s'y joindre, eux aussi – et si le Rhin lui-même devenait une voie libre internationale, on verrait s'instituer la coopération des activités entre pays complémentaires. Tout commandait enfin que la Sarre, gardant son caractère allemand, s'érigeât elle-même en État et s'unît à la France dans le domaine économique, ce qui, grâce au charbon, réglerait la question de nos réparations. Ainsi, le monde germanique, retrouvant sa diversité et tourné vers l'Occident, perdrait les moyens de la guerre mais non ceux de son développement. Au surplus, aucune de ses parcelles ne serait annexée par les Français, ce qui laisserait la porte ouverte à la réconciliation.

Cette conception de l'Allemagne de demain se rattachait à l'idée que je me faisais de l'Europe. Celle-ci, après les déchirements horribles qu'elle avait subis en trente ans et les vastes changements qui s'opéraient dans l'univers, ne pourrait trouver l'équilibre et la paix que moyennant l'association entre Slaves, Germains, Gaulois et Latins. Sans doute fallait-il tenir compte de ce que le régime russe avait, sur le moment, de tyrannique et de conquérant. Utilisant les procédés de l'opression totalitaire et, d'autre part, invoquant la solidarité des peuples du Centre et de l'Est vis-à-vis du péril allemand, le bolchevisme allait, selon toute vraisemblance, tenter de soumettre à sa loi la Vistule, le Danube et les Balkans. Mais, dès lors que l'Allemagne aurait cessé d'être une menace, cette subordination, dépourvue de raison d'être, paraîtrait tôt ou tard intolérable aux vassaux, tandis que les Russes eux-mêmes perdraient toute envie de dépasser leurs frontières. Si le Kremlin persistait dans son entreprise de domination, ce serait contre le gré des nations soumises à son gouvernement. Or il n'est point, à la longue, de régime qui puisse tenir contre les volontés nationales. J'estimais, en outre, qu'une action menée à temps auprès des maîtres du Kremlin par les alliés occidentaux, à condition qu'elle fût concertée et catégorique, sauvegarderait l'indépendance des Polonais, des Tchèques, des Hongrois et des Balkaniques. Après quoi, l'unité de l'Europe pourrait être mise en chantier sous forme d'une association organisée de ses peuples, depuis l'Islande jusqu'à Stamboul et de Gibraltar à l'Oural.

Tel était le plan que je m'étais formé, sachant fort bien qu'en pareille matière rien ne s'accomplit jamais exactement comme on l'a voulu, mesurant ce qui manquait à ma politique de crédit au-dehors et de soutien au-dedans en raison de notre affaiblissement, mais convaincu, néanmoins, que la France pouvait, dans ce sens, exercer une grande action, prendre une grande figure, servir grandement son intérêt et celui du genre humain. Mais il fallait pour commencer, nous introduire dans le débat dissimulé et discordant où l'Amérique, la Russie, l'Angleterre traitaient sans nous de ce qui était en jeu.

Pour accéder à leur étage nous partions vraiment de très bas. La conférence de Dumbarton Oaks, destinée à préparer la future « Organisation des Nations Unies » avait réuni, en septembre et octobre, les représentants des États-Unis, de la Grande-Bretagne, de la Russie et de la Chine, à l'exclusion de la France. Traitant de la composition du « Conseil de sécurité » qui exercerait la direction du système, la conférence avait conclu que ce Conseil serait formé uniquement des mêmes quatre « grands ». – « C'est très bien ainsi ! » déclarait M. Connally, président de la commission des Affaires étrangères du Sénat américain, « car les États-Unis, l'Angleterre, la Russie et la Chine sont les quatre nations qui ont versé leur sang pour le reste du monde, tandis que la France n'a eu dans cette guerre que la part d'un petit pays. » À Londres, siégeait depuis plus d'un an, la « Commission européenne », où les délégués des gouvernements britannique, américain et soviétique étudiaient, en dehors de nous, les questions concernant l'Europe et, en particulier, l'Allemagne. En septembre, le Président et le Premier ministre s'étaient rencontrés à Québec pour fixer leur position en se gardant de nous en faire part. En octobre, Churchill et Eden étaient allés à Moscou pour se mettre d'accord avec Staline et Molotov sans que personne nous ait informés de ce à quoi l'on avait abouti. Tout se passait comme si nos alliés persistaient à tenir la France à l'écart de leurs arrangements.

Nous ne pouvions directement faire cesser cette relégation, mais il ne tenait qu'à nous de la rendre insupportable à ceux qui nous l'infligeaient. Car rien de ce qu'ils décideraient au sujet de l'Europe et, au premier chef, de l'Allemagne, ne saurait être appliqué si la France ne s'y prêtait pas. Nous allions être, avant peu, sur le Rhin et sur le Danube avec une solide armée. D'ailleurs, la fin de la guerre nous laisserait debout sur le vieux continent, tandis que l'Amérique se retrouverait dans son hémisphère et l'Angleterre dans son île. Pour peu que nous sachions vouloir, nous aurions donc les moyens de rompre le cercle d'acceptation résignée et de docile renoncement où nos trois partenaires entendaient nous enfermer. Déjà, la libération du territoire, la restauration de l'État, la remise en ordre du pays, nous mettaient en mesure d'entrer en ligne. Le 30 octobre, nous invitâmes MM. Churchill et Eden à venir nous voir à Paris. Pour la forme et sans illusion, nous avions, en même temps, adressé à MM. Roosevelt et Cordell Hull une invitation semblable qui fut, celle-là, déclinée.

Churchill et Eden arrivèrent le 10 novembre. Nous les reçûmes de notre mieux. Paris, pour les acclamer, donna de toute sa voix. Avec Bidault et plusieurs ministres, j'allai les accueillir à Orly et conduisis le Premier au Quai d'Orsay où nous l'installions. Le lendemain était la fête de la Victoire. Après la visite au Soldat Inconnu et le défilé des troupes, nous descendîmes la voie triomphale, Churchill et moi dans la même voiture, sous une tempête de vivats. À la statue de Clemenceau, le Premier ministre déposa une gerbe de fleurs, tandis que, sur mon ordre, la musique jouait :

Le *Père la Victoire*. – « *For you !* » lui dis-je. C'était justice. Et puis, je me souvenais qu'aux Chequers, le soir d'un mauvais jour, il m'avait chanté l'ancienne chanson de Paulus sans en manquer un seul mot. Nous fûmes aux Invalides nous incliner devant la dalle de Foch. Après quoi, l'illustre Anglais se pencha, un long moment, sur le tombeau de Napoléon. « Dans le monde, me dit-il, il n'y a rien de plus grand ! » Le déjeuner officiel au ministère de la Guerre, siège de la Présidence, se termina par des allocutions où, de part et d'autre, retentissait l'amitié.

Après le repas, Winston Churchill me dit avoir été profondément touché de ce qu'il venait de voir et d'entendre. « Voudriez-vous m'indiquer, demandai-je, ce qui vous a le plus frappé ? – Ah ! répondit-il, c'est l'unanimité ! Après de tels événements, où nous avons été vous et moi, si attaqués et outragés en France par tant d'écrits et de paroles, j'ai constaté que, seul, l'enthousiasme se levait à notre passage. C'est donc, qu'au fond de son âme, le peuple français était avec vous qui l'avez servi et avec moi qui vous y ai aidé. » Churchill ajouta qu'il était impressionné par le bon ordre des cérémonies. Il m'avoua que le Cabinet britannique avait longuement délibéré avant d'approuver son voyage, tant on appréhendait le tumulte à Paris. Et voilà qu'il avait pu voir chacun à sa place, la foule respectant les barrages et sachant parfaitement se déchaîner ou se taire suivant ce qui convenait, enfin de belles troupes – les F.F.I. d'hier – défiler en bonne ordonnance. « Je croyais, déclara-t-il, assister à une résurrection. »

Dans la journée, nous eûmes, dans mon bureau de la rue Saint-Dominique, une conférence où fut examinée la possibilité d'une coopération franco-britannique pour les règlements mondiaux. Auprès de Churchill étaient

Eden et Duff Cooper ; auprès de moi, Bidault et Massigli. Il s'agissait, cette fois, d'affaires et non plus de sentiment. Aussi trouvâmes-nous nos interlocuteurs réticents.

Pour ce qui concernait l'armement de l'armée française, ils ne nous consentirent aucune aide appréciable et ne se montrèrent pas disposés à joindre leurs efforts aux nôtres auprès des États-Unis pour en obtenir un concours. Au sujet de l'Allemagne, ils reconnurent que la France devrait y avoir, elle aussi, une zone d'occupation, mais demeurèrent évasifs sur ce que cette zone pourrait être. Encore moins voulurent-ils envisager avec nous rien de précis quant au régime futur des pays germaniques, à la Ruhr, au Rhin, à la Sarre, etc. Par contre, ils ne nous cachèrent pas qu'à Moscou, quelques jours plus tôt, ils avaient souscrit aux projets de Staline relativement aux futures frontières de la Russie et de la Pologne, fait venir de Londres dans la capitale soviétique trois ministres polonais : MM. Mikolajczyk, de Romer et Grabski, pour les sommer de s'arranger avec le « Comité de Lublin » ainsi que l'exigeaient les Russes, conclu enfin avec le Kremlin une sorte d'agrément pour le partage des Balkans en deux zones d'influence. « En Roumanie, dit Churchill, les Russes auront 90 %, nous autres Anglais 10 %. En Bulgarie, ils auront 75 %, nous 25 %. Mais, en Grèce, nous aurons 90 %, eux 10 %. En Hongrie et en Yougoslavie, nous serons à part égale. » À nos tentatives d'aborder le fond des choses sur la question du Levant, les ministres britanniques opposèrent une attitude fuyante. Enfin, ils restèrent dans l'imprécision pour ce qui se rapportait à l'Indochine et, d'une manière générale, à l'Extrême-Orient.

Sous la prudence courtoise des réponses de Churchill et d'Eden, on sentait qu'ils se considéraient comme les participants d'un jeu auquel nous-mêmes n'étions pas admis et qu'ils observaient vis-à-vis de nous une réserve imposée par d'autres. Cependant, ils ne laissaient pas d'attester leur confiance en la France et la certitude de la voir reprendre sa place parmi les grands États. Ils proposaient d'entamer tout de suite des pourparlers en vue d'un traité d'alliance franco-britannique. Même, ils nous apportaient l'invitation conjointe de l'Angleterre, des États-Unis et de la Russie soviétique à faire partie, à leurs côtés, de la « Commission européenne » de Londres.

Ce premier pas n'était pas négligeable. Mais il ne nous satisfaisait nullement. En tout cas, Churchill put se convaincre, d'après nos propos, que nous ne nous accommoderions d'aucune autre situation que celle d'associé à part entière. En poursuivant son voyage, il put également constater, comme il en avait eu déjà l'impression sur les Champs-Élysées, que le peuple français ne méritait pas que ses affaires fussent traitées par les autres.

Le 12 novembre, il fut reçu à l'Hôtel de Ville de Paris et y rencontra, à sa demande, non seulement le Conseil municipal, mais aussi le Conseil de la résistance, le Comité parisien de la libération et beaucoup de combattants du mois d'août. « J'y vais, m'avait-il dit, pour voir les hommes de la révolte ! » Peut-être, aussi, caressait-il l'idée de rencontrer parmi eux des opposants à de Gaulle. À son retour, il me décrivit l'étonnement qu'il avait ressenti. « Je m'attendais, raconta-t-il, à me trouver au milieu d'insurgés bouillonnants et tumultueux. Or j'ai été accueilli par un cortège de parlementaires ou de gens qui en avaient tout l'air, salué par la garde républicaine en grande tenue, introduit dans une salle remplie d'une foule ardente mais raisonnable, harangué par des orateurs qui préparent certainement leur candidature aux élections. Vos révolutionnaires, on dirait nos travaillistes ! C'est tant mieux pour l'ordre public. Mais c'est dommage pour le pittoresque. » Le soir, après une nouvelle conférence en compagnie d'Eden et de Bidault et un dîner à l'ambassade d'Angleterre, je l'emmenai rendre visite à notre Ire Armée.

Toute la journée du 13 novembre, sous la neige qui tombait sans arrêt, M. Churchill vit l'armée française renaissante, ses grandes unités en place, ses services en fonctionnement, ses états-majors à l'ouvrage, ses généraux bien assurés ; le tout prêt à l'attaque qui serait, précisément, déclenchée le lendemain. Il en parut impressionné et déclara que, plus que jamais, il se sentait justifié de faire confiance à la France.

Cette confiance de Churchill ne suffisait pas, cependant, à lui faire adopter, à notre égard, la politique de franche solidarité qui aurait pu rétablir l'Europe et maintenir, en Orient, en Asie, en Afrique, le prestige de l'Occident. La visite qu'il nous rendait était peut-être l'ultime occasion de l'amener à résipiscence. Je ne me fis pas faute de l'essayer au cours des entretiens que nous eûmes en tête à tête.

Je répétais à Churchill : « Vous le voyez, la France se reprend. Mais, quelle que soit ma foi en elle, je sais qu'elle ne retrouvera pas de sitôt sa puissance d'autrefois. Vous, Anglais, de votre côté, terminerez cette guerre couverts de gloire. Cependant, dans quelle mesure – si injuste que cela soit – votre situation relative risque-t-elle d'être diminuée, étant donné vos pertes et vos dépenses, les forces centrifuges qui travaillent le Commonwealth et, surtout, l'ascension de l'Amérique et de la Russie, en attendant celle de la Chine ! Voilà donc que, pour affronter un monde tout nouveau, nos deux anciens pays se trouvent affaiblis simultanément. S'ils demeurent, en outre, séparés, pour combien comptera chacun d'eux ? Au contraire, que l'Angleterre et la France s'accordent et agissent ensemble dans les règlements de demain, elles pèseront assez lourd pour que rien ne se fasse qu'elles n'aient elles-mêmes accepté ou décidé. C'est cette commune volonté qui doit être à la base de l'alliance que vous nous proposez. Sinon, à quoi bon signer un document qui serait ambigu ? »

« L'équilibre de l'Europe, ajoutais-je, la paix garantie sur le Rhin, l'indépendance des États de la Vistule, du Danube, des Balkans, le maintien à nos côtés, sous forme d'association, des peuples que nous avons ouverts à la civilisation dans toutes les parties du monde, une organisation des nations qui soit autre chose que le champ des querelles de l'Amérique et de la Russie, enfin la primauté reconnue dans la politique à une certaine conception de l'homme en dépit de la mécanisation progressive des sociétés, voilà bien, n'est-il pas vrai, ce que sont nos grands intérêts dans l'univers qui s'annonce ? Ces intérêts, mettons-nous d'accord pour les soutenir de concert. Si vous le voulez, j'y suis prêt. Nos deux pays nous suivront. L'Amérique et la Russie, entravées par leur rivalité, ne pourront pas passer outre. D'ailleurs, nous aurons l'appui de beaucoup d'États et de l'opinion mondiale qui, d'instinct, redoutent les colosses. En fin de compte, l'Angleterre et la France façonneront ensemble la paix, comme deux fois, en trente ans, elles ont ensemble affronté la guerre. »

Winston Churchill me répondait : « Je n'envisage pas, soyez-en sûr ! que la France et la Grande-Bretagne se séparent. Vous êtes le témoin et la preuve de ce que j'ai fait pour l'empêcher, quand c'était le plus difficile. Aujourd'hui même, je vous propose de conclure avec nous une alliance de principe. Mais, dans la politique aussi bien que dans la stratégie, mieux vaut persuader les plus forts que de marcher à leur encontre. C'est à quoi je tâche de réussir. Les Américains ont d'immenses ressources. Ils ne les emploient pas toujours à bon escient. J'essaie de les éclairer, sans oublier, naturellement, d'être utile à mon pays. J'ai noué avec Roosevelt des relations personnelles étroites. Avec lui, je procède par suggestions afin de diriger les choses dans le sens voulu. Pour la Russie, c'est un gros animal qui a eu faim très longtemps. Il n'est pas possible aujourd'hui de l'empêcher de manger, d'autant plus qu'il est parvenu en plein milieu du troupeau des victimes. Mais il s'agit qu'il ne mange pas tout. Je tâche de modérer Staline qui, d'ailleurs, s'il a grand appétit, ne manque pas de sens pratique. Et puis, après le repas, il y a la digestion. Quand l'heure viendra de digérer, ce sera, pour les Russes assoupis, le moment des difficultés. Saint Nicolas pourra peut-être, alors, ressusciter les pauvres enfants que l'ogre aura mis au saloir. En attendant, je suis présent à toutes les affaires, ne consens à rien pour rien et touche quelques dividendes. »

« Quant à la France », répétait Churchill, « grâce à vous, elle reparaît. Ne vous impatientez pas ! Déjà, les portes s'entrebâillent. Plus tard, elles vous seront ouvertes. On vous verra, tout naturellement, prendre un fauteuil à la table du conseil d'administration. Rien n'empêchera, alors, que nous opérions ensemble. Jusque-là, laissez-moi faire ! »

Le Premier ministre prit congé de moi, le 14 novembre, pour aller inspecter le secteur britannique du front. Eden était déjà rentré à Londres. De ce qu'ils nous avaient exposé, il ressortait que l'Angleterre était favorable à la réapparition politique de la France, qu'elle le serait chaque jour davantage pour des raisons d'équilibre, de tradition et de sécurité, qu'elle souhaitait une alliance de forme avec nous, mais qu'elle ne consentirait pas à lier son jeu au nôtre, se croyant en mesure de jouer seule le sien entre Moscou et Washington, de limiter leurs exigences mais aussi d'en tirer profit. La paix que nous, Français, voulions aider à bâtir d'après ce qui nous semblait être la logique et la justice, les Anglais, eux, jugeaient expédient de la traiter suivant les recettes de l'empirisme et du compromis. Au demeurant, ils poursuivaient certains objectifs précis, là où l'assiette des États et les situations acquises, n'étant pas encore fixées, offraient à l'ambition britannique des possibilités de manœuvre et d'extension.

C'était le cas, avant tout, pour la Méditerranée. Athènes, Belgrade, Beyrouth, Damas, Tripoli devraient demain, suivant les plans de Londres, y compléter sous des formules diverses la prépondérance britannique antérieurement appuyée sur Gibraltar, Malte, Chypre, Le Caire, Amman et Bagdad. Ainsi trouveraient leur contrepartie les concessions que la Grande-Bretagne ne pouvait éviter de faire à la voracité des Russes et à l'idéologie capitaliste des Américains. Aucune épreuve ne change la nature de l'homme ; aucune crise, celle des États.

En somme, au club des grands, nous trouvions, assis aux bonnes places, autant d'égoïsmes sacrés qu'il y avait de membres inscrits. À Washington, Roosevelt s'était ouvert à moi des ambitions américaines, drapées d'idéalisme mais pratiques en réalité. Les dirigeants de Londres venaient de nous démontrer qu'ils visaient à atteindre des buts spécifiquement britanniques. Et, maintenant, les maîtres du Kremlin allaient nous faire voir qu'ils servaient les seuls intérêts de la Russie soviétique.

En effet, M. Bogomolov, aussitôt après la visite en France de MM. Churchill et Eden, fit d'actives démarches pour me presser de me rendre à Moscou. Puisque la France reparaissait libre et vivante et que son gouvernement habitait à nouveau Paris, il était dans mes intentions de prendre un contact direct avec Staline et ses ministres. J'acceptai donc leur invitation, ainsi que le programme établi par M. Molotov et notre ambassadeur Roger Garreau. Il fut convenu que j'irais, en compagnie de Georges Bidault, passer une semaine dans la capitale soviétique. On pourrait ainsi s'informer mutuellement de la façon dont, de part et d'autre, on concevait le règlement futur de la paix. Peut-être serait-il possible de renouveler de quelque façon la solidarité franco-russe qui, pour méconnue et trahie qu'elle avait été souvent, n'en demeurait pas moins conforme à l'ordre naturel des choses, tant vis-à-vis du danger allemand que des tentatives d'hégémonie anglo-saxonne. J'envisageais même le projet d'un pacte, en vertu duquel la France et la Russie s'engageraient à agir en commun s'il devait arriver qu'un jour l'Allemagne redevint menaçante. Cette dangereuse hypothèse ne se produirait, sans doute, pas de sitôt. Mais la conclusion d'un traité franco-russe pourrait nous aider tout de suite, à déboucher dans le champ des règlements européens.

Avant de prendre la route du Kremlin, je tins à formuler en public les conditions de la France pour les règlements futurs. L'Assemblée consultative avait ouvert un débat sur les Affaires étrangères. Suivant l'usage, les orateurs y déployèrent des généralités où palpitait l'idéalisme, mais qui restaient dans le vague quant aux objectifs pratiques. Tous condamnaient l'hitlérisme, mais s'abstenaient de préciser ce qu'il faudrait faire de l'Allemagne. Ils prodiguaient à nos alliés des témoignages chaleureux, mais ne réclamaient d'eux pas autre chose que leur amitié. Ils tenaient pour nécessaire que la France reprit son rang, mais évitaient d'indiquer suivant quelle voie et par quels moyens. Dans la déclaration que je fis, le 22 novembre, je ne m'en appliquai que mieux à dire ce que nous voulions.

J'observai, d'abord, que « nous recommencions à disposer des moyens d'une action diplomatique qui soit à la mesure de la France ». – « Presque tous les gouvernements étrangers, dis-je, ont maintenant reconnu le gouvernement de la République. Quant à l'Allemagne, nos canons, en Alsace et ailleurs, sont en train de le lui faire reconnaître de la seule manière convenable, c'est-à-dire par la victoire… D'autre part, nous siégeons à la Commission européenne de Londres et à celle des Affaires italiennes… Nous venons d'avoir avec le Premier ministre et le secrétaire d'État aux Affaires étrangères britanniques des entretiens francs, larges et amicaux… Nous nous proposons d'en avoir de la même sorte avec le gouvernement soviétique pendant notre prochain voyage à Moscou… Nous comptons discuter, un jour, dans des conditions semblables, avec le président des États-Unis d'Amérique. » Je faisais voir, ainsi, que la France retrouvait l'audience qu'il lui fallait pour jouer à nouveau son rôle.

Ce rôle devait être celui des plus grands États. Je l'affirmais en évoquant la future organisation des Nations Unies et notre volonté d'y faire partie du Conseil dirigeant. « Nous pensons, disais-je, que les puissances qui sont en mesure d'agir matériellement et moralement dans les diverses parties du monde devront exercer en commun le devoir d'impulsion et d'orientation… À nos yeux, la France est, sans nul doute possible, l'une de ces puissances-là. » J'ajoutais : « Nous sommes prêts à porter, une fois de plus, la part des charges que comportent des devoirs prépondérants. En revanche, nous estimons n'être engagés par aucune mesure concernant l'Europe et par aucune grande disposition concernant d'autres parties du monde, dont nous n'aurions pas eu à délibérer dans les mêmes conditions que ceux qui les auraient prises. »

C'était le cas, avant tout, pour ce qui était de l'Allemagne. « Qu'il s'agisse de l'occupation du territoire allemand, ou du système d'administration à appliquer aux peuples allemands occupés, ou du régime futur à déterminer pour eux, ou des frontières, ouest, est, sud, nord, à leur fixer, ou des mesures de contrôle militaire, économique, moral qui devront leur être imposées, ou du destin des populations qui pourront être détachées de l'État allemand, la France ne sera partie que si elle a été juge. » Je précisais : « Ce règlement, nous ne pourrons le concevoir que s'il nous assure la sécurité élémentaire que la nature a placée sur les bords du Rhin, pour nous comme pour la Belgique, la Hollande et, dans une large mesure, l'Angleterre. » Mais j'affirmais, qu'en fixant ainsi à l'Allemagne un destin obligatoirement pacifique, il s'agissait, aux yeux de la France, de permettre enfin cette féconde construction que serait l'unité de l'Europe. « Nous y croyons ! » proclamais-je,

« et nous espérons qu'elle se traduira, pour commencer, en actes précis reliant les trois pôles : Moscou, Londres et Paris. »

Après avoir manifesté notre intention de régler avec l'Italie « la réparation des torts qui nous furent causés » et notre désir « de nouer ensuite, avec le gouvernement et le peuple italiens, les relations dont pourra sortir une franche réconciliation » ; puis, ayant mentionné les événements du Pacifique, notre décision « d'y prendre une part grandissante à l'effort de guerre commun », notre volonté « d'y recouvrer tout ce que l'ennemi nous a arraché », je concluais : « Peut-être la France se trouve-t-elle devant l'une de ces occasions de l'Histoire où un peuple voit s'offrir à lui un destin d'autant plus grand que ses épreuves ont été pires. Mais nous ne saurions ni soutenir nos droits, ni accomplir nos devoirs, si nous renoncions à devenir puissants… Malgré les pertes et les douleurs, malgré la fatigue des hommes, rebâtissons notre puissance ! Voilà quelle est, désormais, la grande querelle de la France ! »

L'Assemblée applaudit chaleureusement mon discours. Elle vota, à l'unanimité, un ordre du jour approuvant l'action extérieure du gouvernement. Dans ce domaine » pourtant, il y avait, entre les « politiques » et moi, des différences d'état d'esprit. Ce n'est point que ces parlementaires d'hier ou de demain fissent des réserves sur les buts concrets que je leur avais montrés. Mais ils les saluaient de loin et, au fond, ne s'y attachaient guère. Plutôt que des problèmes qui se posaient aux États frontières, sécurité, équilibre des forces, ils se souciaient d'attitudes doctrinales faisant effet sur l'opinion. Encore les choisissaient-ils nébuleuses autant qu'émouvantes.

Qu'on célébrât, par exemple, « le triomphe prochain de la justice et de la liberté par l'écrasement du fascisme », ou « la mission révolutionnaire de la France », ou « la solidarité des démocraties », ou « la paix à établir sur la coopération des peuples », alors les délégués se trouvaient en état de réceptivité. Mais, que l'on traitât explicitement du Rhin, de la Sarre, de la Ruhr, de la Silésie, de la Galicie, du Levant, de l'Indochine ; que l'on dît : « Non ! » par avance, à ce que nos alliés décideraient en dehors de nous ; qu'on fît entendre que, si nous unissions notre sort à leur sort ce n'était pas, à tout prendre, pour la raison que l'Angleterre était parlementaire, l'Amérique, démocratique, la Russie, soviétique, mais parce que toutes les trois combattaient nos envahisseurs, l'auditoire, tout en se montrant attentif et approbateur, faisait sentir par divers signes qu'il trouvait la lumière trop vive. Dans l'immédiat, cependant, l'idée que j'aille à Moscou et que, même, j'y conclue un pacte recueillait l'adhésion des membres de l'Assemblée. Ils lui étaient favorables dans la mesure où ils n'y voulaient voir qu'un geste amical à l'égard d'un allié.

Le 24 novembre, je m'envolai vers la Russie. M. Georges Bidault était avec moi. Nous étions accompagnés par le général Juin, MM. Palewski, Dejean, etc., tandis que M. Bogomolov allait nous servir de guide. En passant au Caire, je fis visite au roi Farouk. Prudent, bien informé, d'esprit agile, le jeune souverain me laissa voir l'anxiété où le plongeait la situation de l'Égypte. Bien que son pays ne prît pas part directement au conflit mondial, le roi se réjouissait de la défaite prochaine d'Hitler. Mais il n'en redoutait pas moins que la victoire de l'Occident n'ébranlât, dans les États arabes d'Orient, un équilibre déjà précaire.

Il prévoyait que l'union du Soudan et de l'Égypte pourrait en être empêchée et, surtout, que serait créé un État juif en Palestine. Conséquences chez les Arabes : déferlement d'une vague de nationalisme outrancier, crise grave des relations extérieures, rudes secousses à l'intérieur.

Le souverain, d'ailleurs, attestait sa sympathie et celle de son peuple à l'égard de la France. « Nous avons confiance en votre avenir, dit-il, parce que nous en avons besoin. » Comme je lui faisais observer que, pourtant, son gouvernement s'en prenait âprement à nous au sujet des conditions dans lesquelles la Syrie et le Liban accédaient à l'indépendance, il déclara en souriant : « Ce n'est là que de la politique ! » Je savais que, personnellement, il n'appréciait pas Nahas Pacha que les Anglais lui avaient imposé comme Premier ministre. Pour finir, Farouk Ier m'assura de son estime pour la colonie française qui contribuait, au premier chef, au progrès de son pays.

Téhéran fut l'étape suivante de notre voyage. La capitale de l'Iran offrait l'aspect tendu d'une ville soumise à une triple occupation. Britanniques, Russes et Américains s'y coudoyaient et s'y observaient au milieu d'une foule misérable, tandis que l'élite persane s'enveloppait de mélancolie. Par contraste, l'inclination que les milieux cultivés éprouvaient à l'égard de la France était au plus haut degré. J'en recueillis des preuves touchantes en recevant à notre légation maints personnages distingués qu'y avait conviés l'ambassadeur Pierre Lafond.

Le Shah, lors de la visite que je lui fis, se montra aussi amical que possible. Avec tristesse, il m'exposa la situation faite à son Empire et à lui-même par la présence et les exigences de trois grandes puissances dont les rivalités menaçaient de déchirer l'État et le territoire national. Le souverain, qui laissait voir un profond découragement, me demanda conseil. « Vous voyez, dit-il, où nous en sommes. À votre avis, quelle attitude dois-je prendre ? Vous, qui avez assumé le destin de votre pays au moment le plus difficile, êtes qualifié pour me le dire. »

Je répondis à Mohammed Reza Pahlavi que, s'il avait jamais été nécessaire que l'Iran eût un empereur pour symboliser la souveraineté et l'unité du pays, ce l'était, à présent, plus qu'à aucune autre époque. Il fallait donc que lui-même ne quittât le trône sous aucun prétexte. « Quant aux puissances étrangères, affirmai-je, Votre Majesté ne peut être vis-à-vis d'elles, que l'indépendance personnifiée. Vous pouvez vous trouver contraint de subir des empiétements. Vous devez toujours les condamner. Si l'un ou l'autre des trois occupants tente d'obtenir votre concours à son profit, qu'il vous trouve inaccessible, lors même que cette attitude entraînerait pour vous de grandes épreuves ! La souveraineté peut n'être plus qu'une flamme sous le boisseau ; pour peu qu'elle brûle, elle sera, tôt ou tard, ranimée. » J'assurai le Shah que, dans la mesure où la France retrouvait ses forces et son poids, elle ne manquerait pas d'appuyer les efforts que ferait l'Iran pour obtenir le départ des troupes alliées, dès lors que la menace allemande était écartée du pays. L'empereur m'en remercia, en ajoutant que l'avis personnel que je lui avais donné lui était un réconfort.

Le 26 novembre, nous atterrîmes à Bakou. Sur le terrain, ayant écouté les souhaits de bienvenue des autorités soviétiques, je reçus le salut et assistai au défilé – baïonnettes basses, torses bombés, pas martelés –

d'un très beau détachement de troupes. C'était bien là l'éternelle armée russe. Après quoi, à grande vitesse, nous fûmes conduits en ville, dans une maison où nos hôtes, à la tête desquels s'empressait M. Bogomolov, nous prodiguèrent les prévenances. Mais, tandis que nous aurions voulu poursuivre le voyage au plus tôt, les Soviétiques nous indiquèrent, d'abord, que l'équipage de notre avion ne connaissant ni la route ni les signaux, ce seraient des appareils russes qui devraient nous transporter ; ensuite, que le mauvais temps rendrait le vol trop aléatoire en ce commencement d'hiver ; enfin, qu'un train spécial nous était réservé et arrivait pour nous prendre. Bref, nous dûmes passer à Bakou deux jours que remplirent, tant bien que mal, la visite de la ville à demi déserte, une représentation au théâtre municipal, la lecture des dépêches de l'agence Tass et des repas où se déployaient un luxe et une abondance incroyables.

Le train spécial était dit « du grand-duc », parce qu'il avait servi au grand-duc Nicolas pendant la Première Guerre mondiale. Dans des wagons bien aménagés nous fîmes, à la faible vitesse qu'imposait l'état des voies ferrées, un trajet qui dura quatre jours. Descendant aux stations, nous nous trouvions, invariablement, entourés d'une foule silencieuse mais évidemment cordiale.

J'avais demandé à passer par Stalingrad, geste d'hommage à l'égard des armées russes qui y avaient remporté la victoire décisive de la guerre. Nous trouvâmes la cité complètement démolie. Dans les ruines travaillait, cependant, une population nombreuse, les autorités appliquant, d'une manière spectaculaire, le mot d'ordre de la reconstruction. Après nous avoir fait faire le tour du champ de bataille, nos guides nous conduisirent à une fonderie écroulée, où, d'un four à peine réparé, recommençait à couler la fonte. Mais la grande usine de tanks, que nous visitâmes ensuite, avait été entièrement rebâtie et rééquipée. À notre entrée dans les ateliers, les ouvriers se groupaient pour échanger avec nous les propos de l'amitié. Au retour, nous croisâmes une colonne d'hommes escortés de soldats en armes. C'étaient, nous expliqua-t-on, des prisonniers russes qui allaient aux chantiers. Je dois dire que, par rapport aux travailleurs « en liberté », ces condamnés nous parurent ni plus ni moins passifs, ni mieux ni plus mal vêtus. Ayant remis à la municipalité l'épée d'honneur que j'avais apportée de France pour la ville de Stalingrad et pris part à un banquet dont le menu faisait contraste avec la misère des habitants, nous regagnâmes le train « du grand-duc ». Le samedi 2 décembre, à midi, nous arrivions à Moscou.

Sur le quai de la gare, nous accueillit M. Molotov. Il était entouré de commissaires du peuple, de fonctionnaires et de généraux. Le corps diplomatique, au grand complet, était présent. Les hymnes retentirent. Un bataillon de « cadets » défila magnifiquement. En sortant du bâtiment, je vis, massée sur la place, une foule considérable d'où s'éleva, à mon adresse, une rumeur de sympathie. Puis, je gagnai l'ambassade de France, où je voulais résider afin de me tenir personnellement à l'écart des allées et venues que les négociations ne manqueraient pas de provoquer. Bidault, Juin, Dejean, s'installèrent dans la maison que le gouvernement soviétique mettait à leur disposition.

Nous séjournâmes huit jours à Moscou. Pendant ce temps, beaucoup d'idées, d'informations, de suggestions furent échangées entre les Russes et nous. Bidault et Dejean eurent, en compagnie de Garreau et de Laloy – qui, l'un et l'autre, parlaient bien le russe – divers entretiens avec Molotov et ses fonctionnaires. Juin, qu'accompagnait Petit, chef de notre mission militaire, conversa longuement avec l'état-major et son chef le général Antonov. Mais, comme il était naturel, ce qui allait être dit et fait d'essentiel le serait entre Staline et moi. En sa personne et sur tous les sujets, j'eus l'impression d'avoir devant moi le champion rusé et implacable d'une Russie recrue de souffrance et de tyrannie, mais brûlant d'ambition nationale.

Staline était possédé de la volonté de puissance. Rompu par une vie de complots à masquer ses traits et son âme, à se passer d'illusions, de pitié, de sincérité, à voir en chaque homme un obstacle ou un danger, tout chez lui était manœuvre, méfiance et obstination. La révolution, le parti, l'État, la guerre, lui avaient offert les occasions et les moyens de dominer. Il y était parvenu, usant à fond des détours de l'exégèse marxiste et des rigueurs totalitaires, mettant au jeu une audace et une astuce surhumaines, subjuguant ou liquidant les autres.

Dès lors, seul en face de la Russie, Staline la vit mystérieuse, plus forte et plus durable que toutes les théories et que tous les régimes. Il l'aima à sa manière. Elle-même l'accepta comme un tsar pour le temps d'une période terrible et supporta le bolchevisme pour s'en servir comme d'un instrument. Rassembler les Slaves, écraser les Germaniques, s'étendre en Asie, accéder aux mers libres, c'étaient les rêves de la patrie, ce furent les buts du despote. Deux conditions, pour y réussir : faire du pays une grande puissance moderne, c'est-à-dire industrielle, et, le moment venu, l'emporter dans une guerre mondiale. La première avait été remplie, au prix d'une dépense inouïe de souffrances et de pertes humaines. Staline, quand je le vis, achevait d'accomplir la seconde au milieu des tombes et des ruines. Sa chance fut qu'il ait trouvé un peuple à ce point vivant et patient que la pire servitude ne le paralysait pas, une terre pleine de telles ressources que les plus affreux gaspillages ne pouvaient pas les tarir, des alliés sans lesquels il n'eût pas vaincu l'adversaire mais qui, sans lui, ne l'eussent point abattu.

Pendant les quelque quinze heures que durèrent, au total, mes entretiens avec Staline, j'aperçus sa politique, grandiose et dissimulée. Communiste habillé en maréchal, dictateur tapi dans sa ruse, conquérant à l'air bonhomme, il s'appliquait à donner le change. Mais, si âpre était sa passion qu'elle transparaissait souvent, non sans une sorte de charme ténébreux.

Notre première conversation eut lieu au Kremlin, le soir du 2 décembre. Un ascenseur porta les Français jusqu'à l'entrée d'un long corridor que jalonnaient, en nombre imposant, les policiers de service et au bout duquel s'ouvrit une grande pièce meublée d'une table et de chaises. Molotov nous introduisit et le « maréchal » parut. Après des compliments banals, on s'assit autour de la table. Qu'il parlât, ou non, Staline, les yeux baissés, crayonnait des hiéroglyphes.

Nous abordâmes, tout de suite, l'affaire allemande. Aucun de ceux qui étaient là ne doutait que le Reich dût s'écrouler à bref délai sous les coups des armées alliées ; le maréchal soulignant que, de ces coups, les plus rudes étaient portés par les Russes. On fut aussitôt d'accord sur le principe qu'il faudrait mettre l'Allemagne hors d'état de nuire. Mais, comme je notais à quel point le fait que la Russie et la France s'étaient séparées l'une de l'autre avait influé sur le déchaînement des ambitions germaniques, puis sur le désastre français et, par voie de conséquence, sur l'invasion du territoire soviétique, comme j'esquissais la perspective d'une entente directe entre les gouvernements de Moscou et de Paris pour fixer les bases d'un règlement qu'ils proposeraient en commun aux autres alliés, Staline se montra réticent. Il insista, au contraire, sur la nécessité d'étudier chaque question avec les États-Unis et la Grande-Bretagne, d'où j'inférai qu'il avait déjà de bonnes raisons d'escompter l'accord de Roosevelt et de Churchill quant à ce qu'il voulait obtenir.

Cependant, il me demanda quelles étaient les garanties que la France souhaitait à l'Ouest. Mais, quand je lui parlai du Rhin, de la Sarre et de la Ruhr, il déclara que, sur ces points, les solutions ne pouvaient être étudiées que dans des négociations à quatre. Par contre, à la question que je posai au sujet de la frontière allemande de l'Est, il répondit catégoriquement : « Les anciennes terres polonaises de la Prusse orientale, de la Poméranie, de la Silésie doivent être restituées à la Pologne. » – « En somme, dis-je, la frontière de l'Oder ? » – « L'Oder et la Neisse », précisa-t-il. « En outre, des rectifications sont à faire en faveur de la Tchécoslovaquie. »

J'observai que nous n'élevions pas d'objection de principe à l'encontre de ces changements territoriaux qui, au surplus, pourraient permettre de régler, par compensation, l'affaire de la frontière orientale de la Pologne. Mais j'ajoutai : « Laissez-moi constater que si, à vos yeux, la question du Rhin ne saurait être dès à présent tranchée, celle de l'Oder l'est déjà. » Staline garda le silence, tout en traçant des barres et des ronds. Mais bientôt, levant la tête, il me fit cette proposition : « Étudions ensemble un pacte franco-russe, afin que nos deux pays se prémunissent en commun contre une nouvelle agression allemande. »

« Nous y sommes disposés, répondis-je, pour les mêmes raisons qui amenèrent la conclusion de l'ancienne alliance franco-russe et, même, ajoutai-je non sans malignité, du pacte de 1935. » Staline et Molotov, piqués au vif, s'exclamèrent que le pacte de 1935, signé par eux et par Laval, n'avait, du fait de celui-ci, jamais été appliqué dans son esprit ni dans sa lettre. J'indiquai, alors, qu'en évoquant le traité de 1935 et l'alliance de 1892, je voulais souligner que, face au danger germanique, l'action commune de la Russie et de la France était dans la nature des choses. Quant à la manière dont serait éventuellement, appliqué un pacte nouveau, je croyais que les douloureuses expériences du passé pourraient servir de leçons aux dirigeants de l'un et de l'autre pays. « Pour ce qui est de moi, ajoutai-je, je ne suis pas Pierre Laval. » On convint que Bidault et Molotov élaboreraient le texte d'un traité.

Au cours des journées qui suivirent, les deux ministres se réunirent plusieurs fois. Ils échangèrent des projets qui, d'ailleurs, se ressemblaient fort. En même temps, se déroulait une série de réceptions, visites et excursions. Il y eut notamment, à la Spiridonovka, un déjeuner offert par Molotov, entouré de Dekanozov, Litvinov, Lozovski, vice-ministres des Affaires étrangères. Staline était présent. Au dessert, levant son verre, il célébra l'alliance que nous allions conclure. « Il s'agit, s'écria-t-il, d'une alliance qui soit réelle, non point du tout à la Laval ! » Nous conversâmes longuement tous les deux. Aux compliments que je lui adressai sur les succès de l'armée russe, dont le centre, commandé par Tolboukine, venait d'effectuer une forte avance en

Hongrie, il rétorqua : « Peuh ! quelques villes ! C'est à Berlin et à Vienne qu'il nous faut aller. » Par moments, il se montrait détendu, voire plaisant. « Ce doit être bien difficile, me dit-il, de gouverner un pays comme la France où tout le monde est si remuant ! – Oui ! répondis-je. Et, pour le faire, je ne puis prendre exemple sur vous, car vous êtes inimitable. » Il prononça le nom de Thorez, à qui le gouvernement français avait permis de regagner Paris. Devant mon silence mécontent : « Ne vous fâchez pas de mon indiscrétion ! déclara le maréchal. Je me permets seulement de vous dire que je connais Thorez et, qu'à mon avis, il est un bon Français. Si j'étais à votre place, je ne le mettrais pas en prison. » Il ajouta, avec un sourire : « Du moins, pas tout de suite ! » – « Le gouvernement français, répondis-je, traite les Français d'après les services qu'il attend d'eux. »

Une autre fois, nos hôtes nous donnèrent à admirer un beau ballet dansé au Grand-Théâtre. Ils offrirent un soir en notre honneur, à la Spiridonovka, une réception de vaste envergure où se pressaient nombre de commissaires du peuple, de hauts fonctionnaires, de généraux, leurs femmes, et tout ce que Moscou comptait de diplomates étrangers et d'officiers alliés. Ils nous firent encore assister, à la Maison de l'Armée rouge, à une imposante séance de chants et de danses folkloriques. Pendant ces cérémonies, M. Molotov ne nous quittait pas, toujours précis dans ses paroles et circonspect quant au fond des choses. Il nous laissa, pourtant, à d'autres guides pour assister à la messe de Saint-Louis-des-Français, seule église catholique qui fût ouverte dans la capitale, pour aller voir le Mont des moineaux d'où Napoléon découvrit Moscou, pour visiter l'exposition de guerre où s'accumulaient les trophées, pour descendre dans le métro, parcourir diverses usines, inspecter un hôpital militaire et une école de transmission. Par les rues, dans le froid, sur la neige, glissaient les passants muets et absorbés. Ceux des Russes avec qui nous prenions contact, qu'ils fussent une foule ou une élite, nous donnaient l'impression d'être très désireux de montrer leur sympathie, mais bridés par des consignes qui écrasaient leur spontanéité.

Nous, Français, n'en marquions que mieux, à l'égard de ce grand peuple, notre amicale admiration, utilisant l'occasion des réunions et rites protocolaires. À l'ambassade, je reçus à ma table une cohorte d'intellectuels et d'écrivains, officiellement catalogués comme « amis de la France » par l'autorité soviétique. Étaient du nombre, en particulier, Victor Fink et Ilya Ehrenburg, tous deux remplis de talent mais appliqués à ne s'en servir que dans le sens et sur le ton prescrits. Le général comte Ignatiev, qui avait été, à Paris, attaché militaire du tsar, puis, pendant longtemps, une des têtes de l'émigration, se trouvait parmi les convives, défiant les années, portant l'uniforme à ravir et prodiguant les grandes manières, mais gêné de son personnage. Jean-Richard Bloch, « réfugié » en Russie, me présentait les uns et les autres avec une bonne grâce contrainte. Tous, piaffants et contrariés, faisaient l'effet de pur-sang entravés. Un soir, nous réunîmes à l'ambassade tout le Moscou officiel. En fait de cordialité, rien ne manquait dans les propos. Mais on sentait peser sur l'assistance une inquiétude diffuse. Par système, la personnalité de chacun s'estompait dans une grisaille qui était le refuge commun.

Cependant, l'affaire du pacte allait en se compliquant. À vrai dire, les menues divergences qui séparaient le texte de Bidault et celui de Molotov pouvaient être réglées en un instant. Mais, peu à peu les Soviétiques découvraient leur intention d'un marchandage. Ils cherchèrent, d'abord, à prendre barre sur nous en soulevant la question de la ratification. « Étant donné que votre gouvernement est provisoire, qui donc a, chez vous, qualité pour ratifier ? » demandait M. Molotov à Dejean, puis à Bidault. En fin de compte, le ministre des Affaires étrangères soviétique se tourna vers moi. Je mis un terme à ses scrupules. « Vous avez, lui dis-je, signé un pacte avec Benès. Or son gouvernement est, que je sache, provisoire. Au surplus, il réside à Londres. » Dès lors, on ne parla plus de la ratification.

Là-dessus, vint au jour le véritable enjeu du débat. Comme nous nous y attendions, il s'agissait de la Pologne. Voulant savoir ce que, décidément, les Russes projetaient de faire à Varsovie quand leurs troupes y seraient entrées, je posai nettement la question à Staline, au cours d'une conférence que nous tînmes au Kremlin, le 6 décembre. Bidault, Garreau et Dejean étaient à mes côtés ; Molotov, Bogomolov et l'excellent interprète Podzerov se tenaient auprès de Staline.

Je rappelai que, de tout temps, la France avait voulu et soutenu l'indépendance polonaise. Après la Première Guerre mondiale, nous avions fortement contribué à la faire renaître. Sans doute la politique suivie par Varsovie, celle de Beck en particulier, nous avait-elle mécontentés et, finalement, mis en danger, tandis qu'elle poussait l'Union Soviétique à rester éloignée de nous. Cependant, nous tenions pour nécessaire que reparaisse une Pologne maîtresse de ses destinées, pourvu qu'elle soit amicale envers la France et envers la Russie. Ce que nous pouvions avoir d'influence sur les Polonais – je précisai : « sur tous les Polonais » – nous étions résolus à l'exercer dans ce sens. J'ajoutai que la solution du problème des frontières, telle que Staline nous l'avait lui-même exposée, à savoir : « La ligne Curzon » à l'est et « l'Oder-Neisse » à l'ouest, nous paraissait acceptable. Mais je répétai qu'à nos yeux il fallait que la Pologne fût un État réellement indépendant. C'est donc au peuple polonais qu'il appartenait de choisir son futur gouvernement. Il ne pourrait le faire qu'après la libération et par des élections libres. Pour le moment, le gouvernement français était en relation avec le gouvernement polonais de Londres, lequel n'avait jamais cessé de combattre les Allemands. S'il devait arriver qu'un jour la France fût amenée à changer cela, elle ne le ferait que d'accord avec ses trois alliés.

Prenant la parole à son tour, le maréchal Staline s'échauffa. À l'entendre, grondant, mordant, éloquent, on sentait que l'affaire polonaise était l'objet principal de sa passion et le centre de sa politique. Il déclara que la Russie avait pris « un grand tournant » vis-à-vis de cette nation qui était son ennemie depuis des siècles et en laquelle, désormais, elle voulait voir une amie. Mais il y avait des conditions. « La Pologne, dit-il, a toujours servi de couloir aux Allemands pour attaquer la Russie. Ce couloir, il faut qu'il soit fermé, et fermé par la Pologne elle-même. » Pour cela, le fait de placer sa frontière sur l'Oder et sur la Neisse pourrait être décisif, dès lors que l'État polonais serait fort et « démocratique ». Car, proclamait le maréchal, « il n'y a pas d'État fort qui ne soit démocratique ».

Staline aborda, alors, la question du gouvernement à instaurer à Varsovie. Il le fit avec brutalité, tenant des propos pleins de haine et de mépris à l'égard des « gens de Londres », louant hautement le « Comité de Lublin », formé sous l'égide des Soviets, et affirmant qu'en Pologne celui-ci était seul attendu et désiré. Il donnait à ce choix, qu'à l'en croire aurait fait le peuple polonais, des raisons qui ne démontraient que son propre parti pris. « Dans la bataille qui libère leur pays, déclara-t-il, les Polonais ne voient pas à quoi servent le gouvernement réactionnaire de Londres et l'armée d'Anders. Au contraire, ils constatent la présence et l'action du « Comité de la libération nationale » et des troupes du général Berling. Ils savent, d'ailleurs, que ce sont les agents du gouvernement de Londres qui furent cause de l'échec de l'insurrection de Varsovie, parce qu'ils la déclenchèrent avec la pire légèreté, sans consulter le commandement soviétique et au moment où les troupes russes n'étaient pas en mesure d'intervenir. En outre, le Comité polonais de la libération nationale a commencé d'accomplir sur le territoire libéré une réforme agraire qui lui vaut l'adhésion enthousiaste de la population. Les terres appartenant aux réactionnaires émigrés sont distribuées aux paysans. C'est de là que la Pologne de demain tirera sa force, comme la France de la Révolution tira la sienne dans la vente des biens nationaux. »

Staline, alors, m'interpella : « Vous avez dit que la France a de l'influence sur le peuple polonais. C'est vrai ! Mais pourquoi n'en usez-vous pas pour lui recommander la solution nécessaire ? Pourquoi prenez-vous la même position stérile que l'Amérique et l'Angleterre ont adoptée jusqu'à présent ? Nous attendons de vous, je dois le dire, que vous agissiez avec réalisme et dans le même sens que nous. » Il ajouta, en sourdine : « D'autant plus que Londres et Washington n'ont pas dit leur dernier mot. – Je prends note, dis-je, de votre position. J'en aperçois les vastes conséquences. Mais je dois vous répéter que le futur gouvernement de la Pologne est l'affaire du peuple polonais et que celui-ci, suivant nous, doit pouvoir s'exprimer par le suffrage universel. » Je m'attendais à quelque vive réaction du maréchal. Mais, au contraire, il sourit et murmura doucement : « Bah ! nous nous entendrons tout de même. »

Voulant achever l'exploration, je demandai à Staline quel sort il envisageait pour les États balkaniques. Il répondit que la Bulgarie, ayant accepté les conditions d'armistice des alliés, garderait son indépendance, mais « qu'elle recevrait le châtiment mérité » et qu'elle devrait, elle aussi, devenir « démocratique ». Il en serait de même pour la Roumanie. La Hongrie avait été sur le point de se rendre aux alliés. Mais les Allemands, l'ayant appris – « je ne sais comment », dit Staline – avaient arrêté le régent Horthy. « S'il se forme en Hongrie, ajouta le maréchal, un gouvernement démocratique, nous l'aiderons à se tourner contre l'Allemagne. » Point de problème de cette sorte pour la Yougoslavie, « puisqu'elle était rassemblée et dressée contre le fascisme ». Staline parla avec fureur de Mikhaïlovitch, dont il semblait croire que les Anglais le tenaient caché au Caire. Quant à la Grèce, « les Russes n'y ont pas pénétré, laissant la place aux troupes et aux navires britanniques. Pour savoir ce qui se passe en Grèce, c'est donc aux Britanniques qu'il y a lieu de s'adresser ».

De cette séance, il ressortait que les Soviétiques étaient résolus à traiter suivant leur gré et à leur façon les États et les territoires occupés par leurs forces ou qui le seraient. On devait donc s'attendre, de leur part, à une terrible oppression politique en Europe centrale et balkanique. Il apparaissait qu'à cet égard Moscou ne croyait guère à une opposition déterminée de Washington et de Londres. Enfin, on discernait que Staline allait tâcher de nous vendre le pacte contre notre approbation publique de son opération polonaise.

Comme dans un drame bien monté, où l'intrigue demeure en suspens tandis que les péripéties se mêlent et se multiplient jusqu'à l'instant du dénouement, le problème du pacte prit soudain un aspect inattendu. M. Churchill s'était manifesté. « Je suppose », avait-il télégraphié en substance au maréchal Staline, « qu'à l'occasion de la visite du général de Gaulle, vous pensez à faire avec lui un pacte de sécurité analogue à celui que votre gouvernement et le mien ont conclu en 1942. Dans ce cas, pourquoi ne signerions-nous pas, à trois, un seul et même traité pour la Russie, la Grande-Bretagne et la France ? J'y suis, pour ma part, disposé. » Les Soviétiques nous communiquèrent la proposition anglaise qu'ils semblaient trouver satisfaisante. Mais ce n'était pas mon avis.

Tout d'abord, la forme que Churchill adoptait ne pouvait être admise par nous. Pourquoi s'adressait-il exclusivement à Staline dans une affaire qui concernait la France au même titre que Londres et Moscou ? Surtout, j'estimais que, vis-à-vis du danger allemand, la Russie et la France devaient contracter entre elles un accord particulier, parce qu'elles étaient les plus directement et immédiatement menacées. Les événements l'avaient prouvé, et à quel prix ! En cas de menace germanique, l'intervention britannique risquait de ne se produire ni dans le délai, ni sur l'échelle, qu'il faudrait. D'autant que l'Angleterre ne pourrait, éventuellement, rien faire sans l'assentiment – aléatoire – des autres États du Commonwealth. Paris et Moscou devraient-ils attendre pour agir que Londres voulût le faire ? Enfin, si j'étais désireux de renouveler et de préciser, quelque jour, l'alliance de fait qui unissait Français et Anglais, je ne voulais l'entreprendre qu'après avoir réglé avec Londres des questions fondamentales : sort de l'Allemagne, Rhin, Orient, etc., sur lesquelles l'accord n'existait pas. Bref, nous n'agréions pas le projet d'un pacte tripartite. D'autre part, nous estimions que le moment était venu de mettre un terme, positif ou non, à la négociation engagée avec les Russes. En compagnie de Bidault, Carreau et Dejean je me rendis au Kremlin, le 8 décembre, pour y tenir avec Staline, Molotov et Bogomolov une ultime séance de travail.

Je commençai par rappeler de quelle manière la France envisageait le règlement du son de l'Allemagne : sur la rive gauche du Rhin, plus de souveraineté de l'État central germanique ; les territoires ainsi détachés conservant leur caractère allemand mais recevant leur autonomie et faisant partie, au point de vue économique, de la zone occidentale ; le bassin de la Ruhr placé sous contrôle international ; la frontière allemande de l'est marquée par l'Oder et la Neisse. Nous regrettions que la Russie ne consentît pas à conclure dès à présent avec la France, au sujet de ces conditions, un accord qui serait ensuite proposé à l'Angleterre et aux États-Unis. Mais notre position n'en serait pas modifiée.

Quant aux alliances, nous pensions qu'elles devaient être construites « en trois étages » : un traité franco-russe procurant une première sécurité ; le pacte anglo-soviétique et un accord à conclure entre la France et la Grande-Bretagne constituant un second degré ; le futur pacte des Nations Unies, dont l'Amérique serait un élément capital, couronnant le tout et servant d'ultime recours. Je répétai les raisons qui nous déterminaient à ne pas adopter la proposition Churchill d'un pacte unique anglo-franco-russe. Enfin, je confirmai que nous quitterions Moscou dans la matinée du 10 décembre, comme il avait été prévu.

Staline ne releva rien de ce que je formulais, une fois de plus, à propos des frontières allemandes. Il fit valoir les avantages que pourrait, à son sens, comporter un pacte tripartite. Mais, soudain, changeant de direction : « Après tout, s'écria-t-il, vous avez raison ! Je ne vois pas pourquoi nous ne ferions pas un pacte à nous deux. Mais il faut que vous compreniez que la Russie a, dans l'affaire polonaise, un intérêt essentiel. Nous voulons une Pologne amie des alliés et résolument anti-allemande. Cela n'est pas possible avec le gouvernement qui est à Londres et qui représente l'esprit antirusse, virulent depuis toujours. Au contraire, nous pourrions nous entendre avec une autre Pologne, grande, forte, démocratique. Si vous partagez la même manière de voir, reconnaissez publiquement le Comité de Lublin et faites avec lui un arrangement officiel. Alors, nous pourrons conclure un pacte avec vous. Observez, au demeurant, que nous, Russes, avons reconnu le Comité polonais de la libération nationale, que ce Comité gouverne et administre la Pologne à mesure que l'ennemi en est chassé par nos troupes et que, par conséquent, c'est à Lublin que vous devrez vous adresser pour tout ce qui concerne vos intérêts dans le pays, notamment le sort des prisonniers et des déportés français que les Allemands en retraite laissent sur place. Quant à Churchill, je vais lui télégraphier que son projet n'est pas agréé. Il en sera certainement froissé. Ce ne sera qu'une fois de plus. Lui-même m'a froissé bien souvent. »

Désormais, tout était clair. Je déclarai nettement à Staline que la France était prête à conclure avec la

Russie un pacte de sécurité ; qu'elle n'éprouvait aucune malveillance à l'égard du Comité de Lublin ; mais qu'elle n'avait pas l'intention de le reconnaître comme gouvernement de la Pologne ni de traiter officiellement avec lui. Les questions pratiques relatives aux prisonniers français pouvaient être réglées, à mesure, par un simple délégué que nous enverrions à Lublin sans qu'il ait le caractère d'un représentant diplomatique. J'ajoutai : « La France et la Russie ont un intérêt commun à voir paraître une Pologne indépendante, unie et réelle, non point une Pologne artificielle en laquelle la France, pour sa part, n'aurait pas confiance. Selon nous, la question du futur gouvernement polonais ne pourra être réglée que par les Polonais eux-mêmes, après la libération du pays et avec l'accord des quatre alliés. » Staline ne fit, là-dessus, aucune observation nouvelle. Il dit seulement, avec bonne grâce, qu'il se réjouissait de nous retrouver, le lendemain, au dîner que lui-même offrirait en notre honneur.

L'atmosphère fut lourde dans la journée du 9 décembre. Molotov avait confirmé à Bidault la condition posée par Staline à la conclusion du traité. Bien plus ! Il avait été jusqu'à lui remettre le texte d'un projet d'accord, entre le gouvernement français et Lublin, en vertu duquel Paris reconnaissait officiellement le Comité polonais de la libération. Les Russes poussaient leurs bons offices jusqu'à nous proposer, en même temps, les termes d'un communiqué annonçant la nouvelle au monde. Le ministre des Affaires étrangères français fit, naturellement, savoir au commissaire du peuple soviétique que cette suggestion était inacceptable. Quant à moi, j'attribuai l'attitude de nos partenaires, non seulement au désir qu'ils avaient de voir la France s'associer à leur politique polonaise, mais aussi à l'opinion qu'ils s'étaient formée quant à nos intentions. Pour procéder de cette manière, ils devaient se figurer, quoi que j'aie pu leur dire, que nous tenions, par-dessus tout, à signer finalement le pacte, faute de quoi le général de Gaulle risquait de trouver à Paris une situation fâcheuse. Mais c'était là, de leur part, une erreur, et j'étais bien décidé à en faire la démonstration.

Cependant, les principaux membres du Comité de Lublin, arrivés de Galicie depuis quelques jours, multipliaient les démarches auprès de l'ambassade de France pour être reçus, « à titre d'information », par le général de Gaulle. Ils l'avaient été, deux mois auparavant, par MM. Churchill et Eden lors du voyage de ceux-ci à Moscou. Ils s'étaient, au même moment, rencontrés avec M. Mikolajczyk, chef du gouvernement polonais de Londres, et plusieurs de ses ministres, venus dans la capitale russe à la demande conjointe des Anglais et des Soviétiques. Je n'avais pas de raison de refuser leur visite. Convoqués à l'ambassade, ils furent introduits chez moi dans l'après-midi du 9.

Il y avait là, notamment, M. Bierut leur président, M. Osuska-Morawski chargé des « Affaires étrangères » et le général Rola-Zymiersky responsable de la « Défense nationale ». Au cours de la conversation, j'eus de leur groupe une impression médiocre. Comme je leur exprimais la profonde sympathie de la France pour leur pays, si éprouvé et qui n'avait jamais cessé de prendre part, partout en Europe, à la guerre contre l'Allemagne ; la volonté du gouvernement français de voir reparaître la Pologne, indépendante, amie de la France et de ses alliés ; le fait que, sans vouloir nous mêler à leurs affaires intérieures, nous souhaitions que les Polonais se mettent d'accord entre eux pour rétablir leurs pouvoirs publics, ils me répondirent sur un ton de partisans, tendus dans leur querelle et dans leur ambition, soumis à une évidente appartenance communiste et tenus à répéter des couplets préparés pour eux.

M. Bierut ne dit rien de la guerre. Il parla de la réforme agraire, exposa ce qu'il en attendait au point de vue politique et se répandit en reproches amers à l'égard du gouvernement « émigré » de Londres. M. Osuska-Morawski voulut bien déclarer que la Pologne, ayant été de tout temps l'amie de la France, l'était aujourd'hui plus que jamais. Aussi demandait-il, dans les mêmes termes dont Staline et Molotov s'étaient servis à *ce* sujet, qu'un accord fût signé entre le Comité polonais et le gouvernement français, qu'on décidât d'échanger des représentants diplomatiques et que l'on publiât, pour l'annoncer, un communiqué commun. Le général Rola-Zymiersky affirma que le Comité de la libération avait sous son obédience 10 divisions bien équipées et exprima sa totale confiance dans le commandement soviétique. En dépit de mes invites, il ne fit aucune allusion à ce que l'année polonaise avait accompli, en Pologne en 1939, en France en 1940, en Italie, en France, dans les Pays-Bas, en 1944, ni aux combats menés par la résistance nationale. Entre les propos stéréotypés de mes interlocuteurs et la façon dont la *Pravda* traitait chaque jour de l'affaire polonaise il y avait trop de ressemblance pour que je fusse porté à reconnaître la Pologne indépendante dans le Comité de Lublin.

Je dis à MM. Bierut, Morawski et Zymiersky que le gouvernement français était disposé à déléguer un officier, le commandant Christian Fouchet, pour régler en territoire contrôlé par eux les questions pratiques intéressant des Français, nos prisonniers en particulier. Nous ne nous opposions pas à la présence à Paris d'un membre de leur organisation pour s'occuper d'affaires analogues, s'il y en avait. Mais nous restions en relations officielles, comme presque tous les alliés, avec le gouvernement polonais résidant à Londres et nous n'envisagions ni accord, ni protocole, ni échange de représentants diplomatiques, avec le Comité de la libération. Je dois dire que M. Osuska-Morawski déclara alors, avec quelque dignité, que dans ces conditions mieux valait différer l'envoi à Lublin du commandant Fouchet. « Comme vous voudrez ! » répondis-je. Les visiteurs prirent congé.

Entre-temps, étaient venus me voir, à mon invitation, MM. Averell Harriman ambassadeur des États-Unis et John Balfour chargé d'affaires de Grande-Bretagne. Je tenais, en effet, à les mettre au courant de ce qui se passait entre nous et les Soviétiques et à les informer que nous n'acceptions pas de reconnaître le Comité de Lublin. Ils en parurent satisfaits. Harriman, toutefois, me dit : « Quant à nous, Américains, nous avons pris le parti de jouer la confiance vis-à-vis de Moscou. » Entendant ces propos et, d'autre part, ayant à l'esprit ce que Staline m'avait laissé deviner au sujet du changement d'attitude de l'Amérique et de l'Angleterre sur le problème polonais, j'invitai les deux diplomates à faire savoir de ma part, respectivement à MM. Roosevelt et Churchill, que, s'ils devaient un jour modifier leur position, j'attendais d'eux qu'ils nous en avertissent avec la même diligence dont j'usais à leur égard.

Dans cette journée consacrée à l'escrime diplomatique il y eut une heure émouvante, celle où je passai la revue des aviateurs du régiment « Normandie-Niémen ». Il avait été d'abord convenu avec les Russes que j'irais inspecter le régiment dans la région d'Insterburg où il était en opérations. Mais, ainsi que cela s'était passé pour le voyage Bakou-Moscou, nos alliés me demandèrent de renoncer au déplacement par air en raison du mauvais temps. D'autre part, l'aller et retour par route ou par voie ferrée eût duré trois jours et trois nuits. Alors Staline, mis au courant, avait fait amener à Moscou, dans un train, tout le régiment. Je pus ainsi saluer cette magnifique unité – seule force occidentale qui combattît sur le front russe – et prendre contact avec chacun de ceux qui y servaient si vaillamment la France. Je mis leur présence à profit pour décorer, en même temps que nombre d'entre eux, des généraux et officiers russes venus du front pour la circonstance.

À l'heure de nous rendre au dîner offert par Staline, les négociations étaient toujours au point mort. Jusqu'au dernier moment, les Russes s'étaient acharnés à obtenir de nous tout au moins un communiqué qui proclamerait l'établissement de relations officielles entre le gouvernement français et le Comité de Lublin et qui serait publié en même temps que l'annonce du traité franco-russe. Nous n'y avions pas consenti. Si j'étais décidé à ne pas engager la responsabilité de la France dans l'entreprise d'asservissement de la nation polonaise, ce n'était pas que j'eusse d'illusions sur ce que ce refus pourrait avoir d'efficacité pratique. Nous n'avions évidemment pas les moyens d'empêcher les Soviets de mettre leur plan à exécution. D'autre part, je pressentais que l'Amérique et la Grande-Bretagne laisseraient faire. Mais, de si peu de poids que fût, dans l'immédiat, l'attitude de la France, il pourrait être, plus tard, important qu'elle l'eût prise à ce moment-là. L'avenir dure longtemps. Tout peut, un jour, arriver, même ceci qu'un acte conforme à l'honneur et à l'honnêteté apparaisse, en fin de compte, comme un bon placement politique.

Quarante Russes : commissaires du peuple, diplomates, généraux, hauts fonctionnaires, presque tous en brillant uniforme, se trouvaient réunis dans le salon du Kremlin où les Français furent introduits. L'ambassadeur des États-Unis et le chargé d'affaires britannique étaient présents. Nous étions montés par l'escalier monumental, décoré des mêmes tableaux qu'au temps du tsar. On y voyait représentés quelques sujets terrifiants : la furieuse bataille de l'Irtych, Ivan le Terrible étranglant son fils, etc. Le maréchal serra les mains et conduisit ses invités à la salle à manger. La table étincelait d'un luxe inimaginable. On servit un repas stupéfiant.

Staline et moi, assis l'un près de l'autre, causâmes à bâtons rompus. M. Podzerov et M. Laloy traduisaient ce que nous disions, à mesure et mot pour mot. Les opérations en cours, la vie que nous menions dans nos fonctions respectives, les appréciations que nous portions sur les principaux personnages ennemis ou alliés furent les sujets de la conversation. Il ne fut pas question du pacte. Tout au plus le maréchal me demanda-t-il, d'un ton détaché, quelle impression m'avaient faite les gens du Comité de Lublin. À quoi j'avais répondu qu'ils me semblaient être un groupe utilisable, mais certainement pas la Pologne indépendante. Staline tenait des propos directs et simples. Il se donnait l'air d'un rustique, d'une culture rudimentaire, appliquant aux plus vastes problèmes les jugements d'un fruste bon sens. Il mangeait copieusement de tout et se servait force rasades d'une bouteille de vin de Crimée qu'on renouvelait devant lui. Mais, sous ces apparences débonnaires, on discernait le champion engagé dans une lutte sans merci. D'ailleurs, autour de la table, tous les Russes, attentifs et contraints, ne cessaient pas de l'épier. De leur part une soumission et une crainte manifestes, de la sienne une autorité concentrée et vigilante, tels étaient, autant qu'on pût le voir, les rapports de cet état-major politique et militaire avec ce chef humainement tout seul.

Soudain, le tableau changea. L'heure des toasts était arrivée. Staline se mit à jouer une scène extraordinaire.

Il eut, d'abord, des mots chaleureux pour la France et aimables à mon intention. J'en prononçai de la même sorte à son adresse et à celle de la Russie. Il salua les États-Unis et le président Roosevelt, puis l'Angleterre et M. Churchill, et écouta avec componction les réponses de Harriman et de Balfour. Il fit honneur à Bidault, à Juin, à chacun des Français qui étaient là, à l'armée française, au régiment « Normandie-Niémen ». Puis, ces formalités remplies, il entreprit une grande parade.

Trente fois, Staline se leva pour boire à la santé des Russes présents. L'un après l'autre, il les désignait. Molotov, Beria, Boulganine, Vorochilov, Mikoyan, Kaganovitch, etc., commissaires du peuple, eurent les premiers l'apostrophe du maître. Il passa ensuite aux généraux et aux fonctionnaires. Pour chacun d'eux, le maréchal indiquait avec emphase quels étaient son mérite et sa charge. Mais, toujours, il affirmait et exaltait la puissance de la Russie. Il criait, par exemple, à l'inspecteur de l'artillerie : « Voronov ! À ta santé ! C'est toi qui as la mission de déployer sur les champs de bataille le système de nos calibres. C'est grâce à ce système-là que l'ennemi est écrasé en largeur et en profondeur. Vas-y ! Hardi pour tes canons ! » S'adressant au chef d'état-major de la marine : « Amiral Kouznetzov ! On ne sait pas assez tout ce que fait notre flotte. Patience ! Un jour nous dominerons les mers ! »

Interpellant l'ingénieur de l'aéronautique. Yackovlev qui avait mis au point l'excellent appareil de chasse *Yack :* « Je te salue ! Tes avions balaient le ciel. Mais il nous en faut encore bien plus et de meilleurs. À toi de les faire ! » Parfois, Staline mêlait la menace à l'éloge. Il s'en prenait à Novikov, chef d'état-major de l'air : « Nos avions, c'est toi qui les emploies. Si tu les emploies mal, tu dois savoir ce qui t'attend. » Pointant le doigt vers l'un des assistants : « Le voilà ! C'est le directeur des arrières. À lui d'amener au front le matériel et les hommes. Qu'il tâche de le faire comme il faut ! Sinon, il sera pendu, comme on fait dans ce pays. » En terminant chaque toast Staline criait : « Viens ! » au personnage qu'il avait nommé. Celui-ci, quittant sa place, accourait pour choquer son verre contre le verre du maréchal, sous les regards des autres Russes rigides et silencieux.

Cette scène de tragi-comédie ne pouvait avoir pour but que d'impressionner les Français, en faisant étalage de la force soviétique et de la domination de celui qui en disposait. Mais, pour y avoir assisté, j'étais moins enclin que jamais à prêter mon concours au sacrifice de la Pologne. Aussi fut-ce avec froideur qu'au salon, après le dîner, je regardai, assis autour de Staline et de moi, le chœur obstiné des diplomates : Molotov, Dekanozov et Bogomolov d'un côté ; Bidault, Garreau et Dejean de l'autre. Les Russes reprenaient inlassablement la délibération sur la reconnaissance du Comité de Lublin. Mais, comme la question était, pour moi, tranchée et que je l'avais fait savoir, je tenais pour oiseuse cette nouvelle discussion. Même, connaissant la propension des techniciens de la diplomatie à négocier dans tous les cas, fût-ce aux dépens des buts politiques, et me défiant de la chaleur communicative d'une réunion prolongée, j'appréhendais que notre équipe n'en vînt à faire quelques fâcheuses concessions de termes. Certes, l'issue n'en serait pas changée car ma décision était prise. Mais il eût été regrettable que la délégation française parût manquer de cohésion.

J'affectai donc ostensiblement de ne pas prendre intérêt aux débats de l'aréopage. Ce que voyant, Staline surenchérit : « Ah ! ces diplomates, criait-il. Quels bavards ! Pour les faire taire, un seul moyen : les abattre à la mitrailleuse. Boulganine ! Va en chercher une ! » Puis, laissant là les négociateurs et suivi des autres assistants, il m'emmena dans une salle proche voir un film soviétique tourné pour la propagande en l'année 1938. C'était très conformiste et passablement naïf. On y voyait les Allemands envahir traîtreusement la Russie. Mais bientôt, devant l'élan du peuple russe, le courage de son armée, la valeur de ses généraux, il leur fallait battre en retraite. À leur tour, ils étaient envahis. Alors, la révolution éclatait dans toute l'Allemagne. Elle triomphait à Berlin où, sur les ruines du fascisme et grâce à l'aide des Soviets, s'ouvrait une ère de paix et de prospérité. Staline riait, battait des mains. « Je crains, dit-il, que la fin de l'histoire ne plaise pas à M. de Gaulle. » Je ripostai, quelque peu agacé : « Votre victoire, en tout cas, me plaît. Et d'autant plus, qu'au début de la véritable guerre, ce n'est pas comme dans ce film que les choses se sont passées entre vous et les Allemands. »

Entre-temps, j'avais fait appeler auprès de moi Georges Bidault pour lui demander si, oui ou non, les Soviets étaient prêts à signer le pacte. Le ministre des Affaires étrangères me répondit que tout restait suspendu à l'acceptation par nous-mêmes d'une déclaration conjointe du gouvernement français et du Comité polonais, déclaration qui serait publiée en même temps que le communiqué relatif au traité franco-russe. « Dans ces conditions, déclarai-je à Bidault, il est inutile et il devient inconvenant d'éterniser la négociation. Je vais donc y mettre un terme. » À minuit, le film étant passé et la lumière revenue, je me levai et dis à Staline : « Je prends congé de vous. Le train va m'emmener tout à l'heure. Je ne saurais trop vous remercier de la façon dont vous-même et le gouvernement soviétique m'avez reçu dans votre vaillant pays. Nous nous y sommes mutuellement informés de nos points de vue respectifs. Nous avons constaté notre accord sur l'essentiel, qui est que la France et la Russie poursuivent ensemble la guerre jusqu'à la victoire complète. Au revoir, monsieur le Maréchal ! » Staline, d'abord, parut ne pas comprendre : « Restez donc, murmurait-il. On va projeter un autre film. » Mais, comme je lui tendais la main, il la serra et me laissa partir. Je gagnai la porte en saluant l'assistance qui semblait frappée de stupeur.

M. Molotov accourut. Livide, il m'accompagna jusqu'à ma voiture. À lui aussi, j'exprimai ma satisfaction au sujet de mon séjour. Il balbutia quelques syllabes, sans pouvoir cacher son désarroi. Sans nul doute, le ministre soviétique était profondément marri de voir s'évanouir un projet poursuivi avec ténacité. Maintenant, pour changer de front, il restait bien peu de temps avant que les Français ne quittassent la capitale. La reconnaissance de Lublin par Paris était évidemment manquée. Mais en outre, au point où en étaient les choses, on risquait fort que de Gaulle rentrât en France sans avoir conclu le pacte. Quel effet produirait un pareil aboutissement ? Et ne serait-ce pas à lui, Molotov, que Staline s'en prendrait de l'échec ? Quant à moi, bien résolu à l'emporter, je rentrai tranquillement à l'ambassade de France. Voyant que Bidault ne m'avait pas suivi, je lui envoyai quelqu'un pour l'inviter à le faire. Nous laissions sur place Garreau et Dejean. Ils maintiendraient des contacts qui pourraient être utiles mais ne nous engageraient pas.

Au fond, je ne doutais guère de la suite. En effet, vers deux heures du matin, Maurice Dejean vint rendre compte d'un fait nouveau. Après un long entretien de Staline avec Molotov, les Russes s'étaient déclarés disposés à s'accommoder, quant aux relations entre Paris et Lublin, d'un texte de déclaration profondément édulcoré. Garreau et Dejean crurent alors pouvoir suggérer une rédaction de ce genre : « Par accord entre le gouvernement français et le Comité polonais de la libération nationale, M. Christian Fouchet est envoyé à Lublin, M. X… est envoyé à Paris. » Sur quoi, M. Molotov avait indiqué que, « si le général de Gaulle acceptait cette conclusion de l'affaire polonaise, le pacte franco-russe pouvait être signé à l'instant ».

Je refusai, naturellement, toute mention d'un « accord » avec le Comité de Lublin. La seule nouvelle qui, dans quelques jours, pût être conforme à la politique de la France et à la vérité serait tout bonnement celle-ci : « Le commandant Fouchet est arrivé à Lublin. » Dejean alla le dire à Molotov qui, ayant conféré de nouveau avec Staline, fit connaître qu'il se contentait de cela. Il s'accrocha, cependant, à une dernière condition à propos de la date à laquelle serait publiée l'arrivée de Fouchet à Lublin. Le ministre soviétique demandait avec insistance que ce fût fait en même temps qu'on annoncerait la conclusion du traité franco-russe, c'est-à-dire dans les vingt-quatre heures. Mais, justement, je ne voulais pas de cette coïncidence et l'envoyai dire formellement. Nous étions le 10 décembre. Ce serait la date du pacte. Quant à la présence de Fouchet en Galicie, on ne la ferait connaître que le 28, au plus tôt. C'est ce qui fut entendu.

Bidault s'était, entre-temps, rendu au Kremlin pour mettre au point avec nos partenaires le texte définitif du pacte. Celui-ci m'étant présenté, je l'approuvai intégralement. Était spécifié l'engagement des deux parties de poursuivre la guerre jusqu'à la victoire complète, de ne pas conclure de paix séparée avec l'Allemagne et, ultérieurement, de prendre en commun toutes mesures destinées à s'opposer à une nouvelle menace allemande. Était mentionnée la participation des deux pays à l'organisation des Nations Unies. Le traité serait valable pour une durée de vingt ans.

On me rapporta que les tractations ultimes s'étaient déroulées, au Kremlin, dans une pièce voisine de celles où continuaient d'aller et venir les invités de la soirée. Au cours de ces heures difficiles, Staline se tenait constamment au courant de la négociation et l'arbitrait, à mesure, du côté russe. Mais cela ne l'empêchait pas de parcourir les salons pour causer et trinquer avec l'un ou avec l'autre. En particulier, le colonel Pouyade, commandant le régiment « Normandie », fut l'objet de ses prévenances. Finalement, on vint m'annoncer que tout était prêt pour la signature du pacte. Celle-ci aurait lieu dans le bureau de M. Molotov. Je m'y rendis à quatre heures du matin.

La cérémonie revêtit une certaine solennité. Des photographes russes opéraient, muets et sans exigences. Les deux ministres des Affaires étrangères, entourés des deux délégations, signèrent les exemplaires rédigés en français et en russe. Staline et moi nous tenions derrière eux. « De cette façon, lui dis-je, voilà le traité ratifié. Sur ce point, je le suppose, votre inquiétude est dissipée. » Puis, nous nous serrâmes la main. « Il faut fêter cela ! » déclara le maréchal. En un instant, des tables furent dressées et l'on se mit à souper.

Staline se montra beau joueur. D'une voix douce, il me fit son compliment : « Vous avez tenu bon. À la bonne heure ! J'aime avoir affaire à quelqu'un qui sache ce qu'il veut, même s'il n'entre pas dans mes vues. » Par contraste avec la scène virulente qu'il avait jouée quelques heures auparavant en portant des toasts à ses collaborateurs, il parlait de tout, à présent, d'une façon détachée, comme s'il considérait les autres, la guerre, l'Histoire, et se regardait lui-même, du haut d'une cime de sérénité. « Après tout, disait-il, il n'y a que la mort qui gagne. » Il plaignait Hitler, « pauvre homme qui ne s'en tirera pas ». À mon invite : « Viendriez-vous nous voir à Paris ? » il répondit : « Comment le faire ? Je suis vieux. Je mourrai bientôt. »

Il leva son verre en l'honneur de la France, « qui avait maintenant des chefs résolus, intraitables, et qu'il souhaitait grande et puissante parce qu'il fallait à la Russie un allié grand et puissant ». Enfin, il but à la Pologne, bien qu'il n'y eût aucun Polonais présent et comme s'il tenait à me prendre à témoin de ses intentions. « Les tsars, dit-il, faisaient une mauvaise politique en voulant dominer les autres peuples slaves. Nous avons, nous, une politique nouvelle. Que les Slaves soient, partout, indépendants et libres ! C'est ainsi qu'ils seront nos amis. Vive la Pologne, forte, indépendante, démocratique ! Vive l'amitié de la France, de la Pologne et de la Russie ! » Il me regardait : « Qu'en pense M. de Gaulle ? » En écoutant Staline, je mesurais l'abîme qui, pour le monde soviétique, sépare les paroles et les actes. Je ripostai : « Je suis d'accord avec ce que M. Staline a dit de la Pologne », et soulignai : « Oui, d'accord avec ce qu'il a dit. »

Les adieux prirent, de son fait, une allure d'effusion. « Comptez sur moi ! » déclara-t-il. « Si vous, si la France, avez besoin de nous, nous partagerons avec vous jusqu'à notre dernière soupe. » Soudain, avisant près de lui Podzerov, l'interprète russe qui avait assisté à tous les entretiens et traduit tous les propos, le maréchal lui dit, l'air sombre, la voix dure : « Tu en sais trop long, toi ! J'ai bien envie de t'envoyer en Sibérie. » Avec les miens, je quittai la pièce. Me retournant sur le seuil, j'aperçus Staline assis, seul, à table. Il s'était remis à manger.

Notre départ de Moscou eut lieu ce même matin. Le retour se fit, comme l'aller, par Téhéran. En route, je me demandais comment l'opinion française accueillerait le pacte du Kremlin, étant donné les avatars subis depuis trente ans par l'alliance franco-russe et les batailles de propagande qui, par le fait du communisme, avaient longuement faussé le problème. À notre passage au Caire, j'eus une première indication. L'ambassadeur Lescuyer m'y présenta la colonie française, rassemblée cette fois tout entière dans l'enthousiasme alors qu'à l'occasion de mes précédents séjours, en 1941 et en 1942 elle se trouvait divisée. On vérifiait, là comme ailleurs, que de toutes les influences la plus forte est celle du succès.

L'étape de Tennis fut marquée par une imposante réception, que le Bey tint à m'offrir au palais du Bardo. Aux côtés de ce sage souverain, en contact avec des Tunisiens de qualité, dans cette résidence remplie des souvenirs de l'Histoire, je voyais se révéler les éléments nécessaires au fonctionnement d'un État. Celui-ci, préparé par notre protectorat, semblait pouvoir bientôt voler de ses propres ailes moyennant le concours de la France. Le 16 décembre, nous étions à Paris.

On s'y montrait très satisfait de la signature du pacte. Le public voyait dans l'affaire un signe de notre rentrée dans le concert des grands États. Les milieux politiques l'appréciaient comme un anneau rassurant de la chaîne qui liait les Nations Unies. Certains professionnels – ou maniaques – des combinaisons chuchotaient que le traité avait dû être accompagné d'un arrangement au sujet du parti communiste français, de sa modération dans la lutte politique et sociale et de sa participation au redressement du pays. En somme, pour des raisons diverses, les jugements portés sur l'accord de Moscou étaient partout favorables. L'Assemblée consultative, elle aussi, exprima très hautement son approbation. Bidault ouvrit le débat, le 21 décembre, par l'exposé des stipulations que comportait effectivement le pacte. Je le clôturai en montrant « ce qu'avait été, ce qu'était, ce que serait la philosophie de l'alliance franco-russe que nous venions de conclure ».

Cependant, l'euphorie générale ne détournait pas mon esprit de ce que les entretiens de Moscou m'avaient fait prévoir de fâcheux. Il fallait s'attendre à ce que la Russie, l'Amérique et l'Angleterre concluent entre elles un marché où les droits de la France, la liberté des peuples, l'équilibre de l'Europe, risquaient fort d'avoir à souffrir.

En effet, dès le début de janvier, sans qu'aucune communication diplomatique nous ait été faite, la presse anglo-saxonne annonça qu'une conférence réunirait incessamment MM. Roosevelt, Staline et Churchill. Ces « Trois » décideraient de ce qu'on ferait en Allemagne quand le Reich se serait « rendu sans conditions ». Ils arrêteraient leur conduite à l'égard des peuples de l'Europe centrale et balkanique. Ils prépareraient, enfin, la convocation d'une assemblée en vue d'organiser les Nations Unies.

Qu'on s'abstînt de nous inviter me désobligeait, sans nul doute, mais ne m'étonnait aucunement. Quels qu'aient été les progrès accomplis dans la voie qui conduirait la France jusqu'à sa place, je savais trop d'où nous étions partis pour nous croire déjà arrivés. D'ailleurs, l'exclusion dont nous étions l'objet devait, suivant toutes vraisemblances, entraîner une démonstration qui serait à notre avantage. Car les choses avaient assez mûri pour qu'on ne pût nous tenir à l'écart de ce qui allait être fait. Quoi que MM. Roosevelt, Staline et Churchill pussent décider à propos de l'Allemagne et de l'Italie, ils seraient, pour l'appliquer, amenés à demander l'accord du général de Gaulle. Quant à la Vistule, au Danube, aux Balkans, l'Amérique et l'Angleterre les abandonneraient sans doute à la discrétion des Soviets. Mais, alors, le monde constaterait qu'il y avait corrélation entre l'absence de la France et le nouveau déchirement de l'Europe. Enfin, jugeant le moment venu de marquer que la France n'admettait pas la façon dont elle était traitée, je voulais saisir, pour le faire, cette exceptionnelle occasion.

À vrai dire, parmi les « Trois », un seul s'opposait à notre présence. Pour nous le faire comprendre, Britanniques et Russes recoururent aussitôt aux informateurs officieux. Je ne croyais évidemment pas que le maréchal Staline, qui connaissait ma position à l'égard de la Pologne, et M. Churchill, qui comptait bien obtenir de ses partenaires carte blanche en Orient, eussent beaucoup insisté pour que de Gaulle fût à leurs côtés. Mais je ne pouvais douter que le refus explicite vînt du président Roosevelt. Lui-même, d'ailleurs, crut devoir s'en expliquer. Il délégua à Paris dans ce but, à titre d'« envoyé spécial », son premier conseiller et ami intime Harry Hopkins.

Celui-ci arriva quelques jours avant que s'ouvrît la conférence de Yalta. Je le reçus le 27 janvier. Hopkins, accompagné de l'ambassadeur Caffery, avait pour mission de « faire passer la pilule ». Mais, comme il était un esprit élevé et un homme habile, il prit l'affaire par le haut et demanda d'aborder la question fondamentale des relations franco-américaines. C'était ainsi, effectivement, que les choses pouvaient être éclairées. Hopkins s'exprima avec une grande franchise. « Il y a, dit-il, un malaise entre Paris et Washington. Or, la guerre approche de son terme. L'avenir du monde dépendra dans une certaine mesure de l'action concertée des États-Unis et de la France. Comment faire sortir leurs rapports de l'impasse où ils sont engagés ? »

Je demandai à Hopkins quelle était, du fait de l'Amérique, la cause de l'état fâcheux des relations entre les deux pays. « Cette cause, me répondit-il, c'est avant tout la déception stupéfaite que nous a infligée la France quand nous la vîmes, en 1940, s'effondrer dans le désastre, puis dans la capitulation. L'idée que, de tout temps, nous nous étions faite de sa valeur et de son énergie fut bouleversée en un instant. Ajoutez à cela que ceux des grands chefs politiques ou militaires français à qui nous fîmes tour à tour confiance, parce qu'ils nous semblaient symboliques de cette France en laquelle nous avions cru, ne se sont pas montrés – c'est le moins qu'on puisse dire – à la hauteur de nos espoirs. Ne cherchez pas ailleurs la raison profonde de l'attitude que nous avons adoptée à l'égard de votre pays. Jugeant que la France n'était plus ce qu'elle avait été, nous ne pouvions avoir foi en elle pour tenir un des grands rôles. »

« Il est vrai que vous-même, général de Gaulle, êtes apparu ; qu'une résistance française s'est formée autour de vous ; que des forces françaises sont retournées au combat ; qu'aujourd'hui la France entière vous acclame et reconnaît votre gouvernement. Comme nous n'avions d'abord aucun motif de croire en ce prodige, comme ensuite vous êtes devenu la preuve vivante de notre erreur, comme vous-même enfin ne nous ménagiez pas, nous ne vous avons pas favorisé jusqu'à présent. Mais nous rendons justice à ce que vous avez accompli et nous nous félicitons de voir la France reparaître. Comment pourrions-nous, cependant, oublier ce que, de son fait, nous avons vécu ? D'autre part, connaissant l'inconstance politique qui la ronge, quelles raisons aurions-nous de penser que le général de Gaulle sera en mesure de la conduire longtemps ? Ne sommes-nous donc pas justifiés à user de circonspection quant à ce que nous attendons d'elle pour porter avec nous le poids de la paix de demain ? »

En écoutant Harry Hopkins, je croyais entendre, de nouveau, ce que le président Roosevelt m'avait dit de la France, à Washington, six mois plus tôt. Mais alors, la libération n'avait pas encore eu lieu. Moi-même et mon gouvernement siégions en Algérie. Il restait aux Américains quelques prétextes pour mettre en doute l'état d'esprit de la Métropole française. À présent, tout était éclairci. On savait que notre peuple voulait prendre part à la victoire. On mesurait ce que valait son armée renaissante. On me voyait installé à Paris et entouré par la ferveur nationale. Mais les États-Unis en étaient-ils plus convaincus que la France fût capable de redevenir une grande puissance ? Voulaient-ils l'y aider vraiment ? Voilà les questions qui, du point de vue français, commandaient le présent et l'avenir de nos relations avec eux.

Je le déclarai à l'envoyé spécial du Président. « Vous m'avez précisé pourquoi, de votre fait, nos rapports se trouvent altérés. Je vais vous indiquer ce qui, de notre part, contribue au même résultat. Passons sur les frictions épisodiques et secondaires qui tiennent aux conditions anormales dans lesquelles fonctionne notre alliance. Pour nous, voici l'essentiel : dans les périls mortels que nous, Français, traversons depuis le début du siècle, les États-Unis ne nous donnent pas l'impression qu'ils tiennent leur destin comme lié à celui de la France, qu'ils la veuillent grande et forte, qu'ils fassent ce qu'ils pourraient faire pour l'aider à le rester ou à le redevenir. Peut-être, en effet, n'en valons-nous pas la peine. Dans ce cas, vous avez raison. Mais peut-être nous redresserons-nous. Alors, vous aurez eu tort. De toute façon, votre comportement tend à nous éloigner de vous. »

Je rappelai que le malheur de 1940 était l'aboutissement des épreuves excessives que les Français avaient subies. Or, pendant la Première Guerre mondiale, les États-Unis n'étaient intervenus qu'après trois années de lutte où nous nous étions épuisés à repousser l'agression allemande. Encore entraient-ils en ligne pour le seul motif des entraves apportées à leur commerce par les sous-marins allemands et après avoir été tentés de faire admettre une paix de compromis où la France n'eût même pas recouvré l'Alsace et la Lorraine. Le Reich une fois vaincu, on avait vu les Américains refuser à la France les garanties de sécurité qu'ils lui avaient formellement promises, exercer sur elle une pression obstinée pour qu'elle renonce aux gages qu'elle détenait et aux réparations qui lui étaient dues, enfin fournir à l'Allemagne toute l'aide nécessaire au redressement de sa puissance. « Le résultat, dis-je, ce fut Hitler. »

J'évoquai l'immobilité qu'avaient observée les États-Unis quand le IIIe Reich entreprit de dominer l'Europe ; la neutralité où ils s'étaient cantonnés tandis que la France subissait le désastre de 1940 ; la fin de non-recevoir opposée par Franklin Roosevelt à l'appel de Paul Reynaud alors qu'il eût suffi d'une simple promesse de secours, fût-elle secrète et à échéance, pour décider nos pouvoirs publics à continuer la guerre ; le soutien longtemps accordé par Washington aux chefs français qui avaient souscrit à la capitulation et les rebuffades prodiguées à ceux qui poursuivaient le combat. « Il est vrai, ajoutai-je, que vous vous êtes trouvés contraints d'entrer dans la lutte, lorsque à Pearl Harbour les Japonais, alliés des Allemands, eurent envoyé vos navires par le fond. L'effort colossal que vous fournissez, depuis lors, est en train d'assurer la victoire. Soyez assurés que la France le reconnaît hautement. Elle n'oubliera jamais que, sans vous, sa libération n'eût pas été possible. Cependant, tandis qu'elle se relève, il ne peut lui échapper que l'Amérique ne compte sur elle qu'accessoirement. À preuve, le fait que Washington ne fournit d'armement à l'armée française que dans une mesure restreinte. À preuve, aussi, ce que vous-même venez de me dire.

— Vous avez, observa M. Harry Hopkins, expliqué le passé d'une manière incisive mais exacte. Maintenant, l'Amérique et la France se trouvent devant l'avenir. Encore une fois, comment faire pour que, désormais, elles agissent d'accord et en pleine confiance réciproque ?

— Si telle est, répondis-je, l'intention des États-Unis, je ne puis comprendre qu'ils entreprennent de régler le sort de l'Europe en l'absence de la France. Je le comprends d'autant moins, qu'après avoir affecté de l'ignorer dans les discussions imminentes des « Trois », il leur faudra se tourner vers Paris pour demander son agrément à ce qu'on aura décidé. »

MM. Hopkins et Caffery en convinrent. Ils déclarèrent que leur gouvernement attachait, dès à présent, la plus haute importance à la participation de la France à la « Commission européenne » de Londres, sur le même pied que l'Amérique, la Russie et la Grande-Bretagne. Ils ajoutèrent même, qu'en ce qui concernait le Rhin, les États-Unis étaient plus disposés que nos deux autres grands alliés à régler la question comme nous le souhaitions. Sur ce dernier point, j'observai que la question du Rhin ne serait pas réglée par l'Amérique, non plus que par la Russie ou par la Grande-Bretagne. La solution, s'il y en avait une, ne pourrait être trouvée un jour que par la France ou par l'Allemagne. Toutes deux l'avaient longtemps cherchée l'une contre l'autre. Demain, elles la découvriraient, peut-être, en s'associant.

Pour conclure l'entretien, je dis aux deux ambassadeurs : « Vous êtes venus, de la part du président des États-Unis, afin d'éclaircir avec moi le fond des choses au sujet de nos relations. Je crois que nous l'avons fait. Les Français ont l'impression que vous ne considérez plus la grandeur de la France comme nécessaire au monde et à vous-mêmes. De là le souffle froid que vous sentez à votre abord et jusque dans ce bureau. Si vous avez le désir que les rapports de l'Amérique et de la France s'établissent sur des bases différentes, c'est à vous de faire ce qu'il faut. En attendant que vous choisissiez, j'adresse au président Roosevelt le salut de mon amitié à la veille de la conférence, où il se rend en Europe. »

Tandis que les « Trois » se trouvaient ensemble à Yalta, je crus devoir rappeler publiquement la France à leur attention, si tant est qu'ils l'eussent oubliée. Le 5 février, parlant à la radio, je formulai cet avertissement : « Quant au règlement de la paix future, nous avons fait connaître à nos alliés que la France ne serait, bien entendu, engagée par absolument rien qu'elle n'aurait été à même de discuter et d'approuver au même titre que les autres… Je précise que la présence de la force française d'un bout à l'autre du Rhin, la séparation des territoires de la rive gauche du fleuve et du bassin de la Ruhr de ce que sera l'État allemand, l'indépendance des nations polonaise, tchécoslovaque, autrichienne et balkaniques, sont des conditions que la France juge essentielles… Nous ne sommes pas inquiets, d'ailleurs, quant à la possibilité que nous aurons de réaliser certaines d'entre elles, puisque nous sommes 100 millions d'hommes, bien rassemblés sous le drapeau français, à proximité immédiate de ce qui nous intéresse le plus directement. »

Le 12 février, les « Trois », en se séparant, publièrent un communiqué qui proclamait les principes sur lesquels ils s'étaient mis d'accord. Il y était déclaré que la guerre serait poursuivie jusqu'à ce que le Reich ait capitulé sans conditions ; que les trois grandes puissances occuperaient son territoire, chacune dans une région différente ; que l'administration et le contrôle de l'Allemagne seraient exercés par une commission militaire formée des commandants en chef et siégeant à Berlin. Mais, aux termes du communiqué, la France était invitée à se joindre à l'Amérique, à l'Angleterre et à la Russie, à occuper elle aussi une zone du territoire allemand et à être le quatrième membre du gouvernement de l'Allemagne. D'autre part, le communiqué affirmait la volonté des « Trois » de dissoudre toutes les forces allemandes, de détruire à jamais l'état-major allemand, de châtier les criminels de guerre, enfin de faire payer à l'Allemagne, dans toute la mesure du possible, la réparation des dommages qu'elle avait causés.

Pour maintenir dans le monde la paix et la sécurité, une « Organisation générale internationale » devait être créée. À cet effet, une conférence de tous les États signataires de la Charte de l'Atlantique serait convoquée à San Francisco, le 25 avril, et prendrait pour bases de l'« Organisation » celles qu'avait définies la conférence de Dumbarton Oaks. Bien que la France n'eût pas pris part à cette dernière conférence, il était spécifié qu'elle allait être aussitôt consultée par les trois « grands » afin d'arrêter avec eux les dispositions définitives, ce qui signifiait évidemment qu'elle siégerait comme eux au « Conseil de sécurité ».

Le communiqué comportait également une « Déclaration sur l'Europe libérée ». Il s'agissait, en fait, de la Hongrie, de la Roumanie et de la Bulgarie qui avaient marché avec l'Allemagne et se trouvaient, maintenant, occupées par la Russie. À leur sujet, la Déclaration proclamait le droit des peuples à disposer d'eux-mêmes, le rétablissement de la démocratie, la liberté des élections d'où procéderaient les gouvernements, mais restait dans le vague quant aux mesures pratiques qui devraient être appliquées, ce qui revenait à laisser les occupants soviétiques s'y prendre comme ils l'entendaient. Les trois grandes puissances exprimaient leur espoir que « le gouvernement de la République française voudrait bien s'associer à elles pour la procédure proposée ».

Les « Trois » faisaient connaître, enfin, qu'ils s'étaient « accordés » sur la question polonaise. Ils décidaient que la Pologne serait limitée, à l'Est, par la ligne Curzon et recevrait, au Nord et à l'Ouest, « un substantiel accroissement de territoire ». Quant au régime politique, il n'était fait aucune allusion à des élections libres. Un gouvernement, qu'on dénommait « d'unité nationale », devrait être formé « à partir du gouvernement provisoire fonctionnant déjà dans le pays », c'est-à-dire le Comité polonais de la libération, dit « de Lublin ». Sans doute était-il indiqué que celui-ci aurait à s'élargir « en incluant les chefs démocratiques résidant en Pologne et à l'étranger ». Mais, comme il n'était pas question du gouvernement siégeant à Londres, que la composition des pouvoirs publics restait dans une imprécision complète, qu'aucun contrôle n'était prévu de la part des Occidentaux, on ne pouvait avoir de doute sur le genre de gouvernement que recevrait la Pologne. On n'en pouvait avoir davantage au sujet de l'autorité qui s'exercerait en Yougoslavie. Bien qu'à propos de ce pays le communiqué des « Trois » invoquât la ratification par une future « Assemblée nationale », en fait la dictature de Tito se trouvait reconnue sans conditions. Ainsi était accordé à Staline tout ce qu'il réclamait pour Varsovie et pour Belgrade. À cela et à cela seulement, la France n'était pas – et pour cause ! – invitée à contribuer.

Au cours de la même journée où les chefs des gouvernements américain, britannique et russe publiaient leur communiqué, l'ambassadeur Jefferson Caffery me transmit, de leur part, deux « communications ». La première était l'invitation formelle adressée à la France de se joindre aux trois alliés pour ce qui concernait l'Allemagne. La seconde, imputant aux « circonstances » le fait que la France n'avait pas eu à discuter les termes de la « Déclaration relative à l'Europe libérée », exprimait l'espoir que le gouvernement français accepterait, néanmoins, d'assumer en commun avec les trois autres les obligations éventuelles que comportait cette déclaration. En même temps, M. Caffery me remettait un mémorandum que le président des États-Unis m'adressait au nom des « Trois ». Le Président demandait à la France d'être, avec l'Amérique, la Grande-Bretagne, la Russie et la Chine, « puissance invitante » à la prochaine conférence des Nations Unies et de prendre part aux consultations que les gouvernements de Washington, Londres, Moscou et Tchoung-King allaient engager entre eux pour mettre au point les bases d'organisation établies à Dumbarton Oaks.

En somme, s'il demeurait, à nos yeux, inadmissible que nos trois alliés eussent tenu sans nous leur conférence de Crimée, par contre, les démarches qu'ils faisaient, à présent, auprès de nous, n'étaient nullement désobligeantes. Certes, plusieurs de leurs conclusions pouvaient nous paraître fâcheuses et les propositions dont ils nous saisissaient devaient être étudiées avec soin avant que nous y donnions suite. Mais, sur certains points essentiels, leurs communications comportaient pour nous d'importantes satisfactions. C'est ainsi que j'en jugeai en prenant, le 12 février, connaissance des documents apportés par M. Caffery.

Mais, au cours de l'après-midi, l'ambassadeur me redemanda audience. Il m'apportait un message personnel du président Roosevelt. Celui-ci me faisait connaître son désir de me rencontrer. Lui-même fixait le lieu de notre entrevue. Ce serait Alger. Si j'acceptais de m'y rendre, il fixerait aussi la date.

L'invitation de Roosevelt me parut intempestive. À M. Harry Hopkins, qui l'avait donnée à prévoir lors de son passage à Paris, Georges Bidault avait fait entendre qu'il vaudrait mieux ne pas l'adresser. Aller voir le Président au lendemain d'une conférence où il s'était opposé à ma présence ne me convenait vraiment pas. D'autant moins que ma visite ne présenterait, pratiquement, aucun avantage, puisque les décisions de Yalta étaient prises, mais qu'elle pourrait, au contraire, donner à croire que j'entérinais tout ce qu'on y avait réglé. Or, nous n'approuvions pas le sort arbitrairement imposé, non seulement à la Hongrie, à la Roumanie, à la Bulgarie, qui s'étaient jointes à l'Allemagne, mais aussi à la Pologne et à la Yougoslavie qui étaient nos alliées. Encore soupçonnais-je que, sur certaines questions : Syrie, Liban, Indochine, intéressant directement la France, les « Trois » avaient conclu entre eux quelque arrangement incompatible avec nos intérêts. Si c'était pour le bon motif que Roosevelt souhaitait voir de Gaulle, que ne l'avait-il laissé venir en Crimée ?

Et puis, à quel titre le Président américain invitait-il le Président français à lui faire visite en France ? Je l'avais, moi, convié dans les premiers jours de novembre à venir me voir à Paris. Bien qu'il ne s'y fût pas rendu, il ne tenait qu'à lui de le faire ou de me demander de choisir un autre endroit. Mais comment accepterais-je d'être convoqué en un point du territoire national par un chef d'État étranger ? Il est vrai que, pour Franklin Roosevelt, Alger, peut-être, n'était pas la France. Raison de plus pour le lui rappeler. Au surplus, le Président commençait son voyage de retour par les États arabes d'Orient. À bord de son croiseur mouillé dans leurs eaux, il appelait leurs rois et chefs d'État, y compris les présidents des Républiques syrienne et libanaise placées sous le mandat français. Ce qu'il offrait au général de Gaulle, c'était de le recevoir sur le même navire et dans les mêmes conditions. Je trouvai la chose exagérée, quel que fût le rapport actuel des forces. La souveraineté, la dignité, d'une grande nation doivent être intangibles. J'étais en charge de celles de la France.

Après avoir pris l'avis des ministres, je priai, le 13 février, M. Jefferson Caffery de faire savoir de ma part au président des États-Unis « qu'il m'était impossible de me rendre à Alger en ce moment et à l'improviste et que, par conséquent, je ne pourrais, à mon grand regret, l'y recevoir que le gouvernement français l'avait invité, en novembre, à se rendre à Paris et beaucoup regretté qu'il n'ait pu s'y rendre alors, mais que nous serions heureux de l'accueillir dans la capitale, s'il voulait y venir à n'importe quelle date ; que, s'il souhaitait, au cours de son voyage, faire, néanmoins, escale à Alger, il ait l'obligeance de nous en prévenir, afin que nous adressions au gouverneur-général de l'Algérie les instructions nécessaires pour que tout y soit fait suivant ses désirs ».

Cet incident souleva dans l'opinion mondiale une émotion considérable. J'aurais, pour ma part, préféré qu'on s'abstînt de le gonfler. Mais les journaux américains, évidemment orientés, s'appliquèrent à présenter l'affaire comme un camouflet que le général de Gaulle avait délibérément infligé au Président. Celui-ci ne crut pas, d'ailleurs, devoir cacher sa déconvenue. À son retour à Washington, il publia, au sujet de la rencontre manquée, un communiqué où perçait l'acrimonie. Dans le discours qu'il prononça, le 3 mars, devant le

Congrès, pour exposer les résultats de la conférence de Yalta, il fit une allusion transparente à de Gaulle, en évoquant telle « prima donna » à qui son caprice de vedette avait fait manquer un utile rendez-vous. De mon côté, je me bornai à remettre à la presse une note exposant les faits.

Les propos amers de Roosevelt pouvaient, certes, m'offenser. Mais j'étais persuadé qu'ils manifestaient sa mauvaise humeur plutôt que le sentiment profond qui l'animait à mon égard. S'il avait vécu davantage et qu'une fois la guerre gagnée nous eussions trouvé l'occasion de nous expliquer à loisir, je crois qu'il eût compris et apprécié les raisons qui me guidaient dans mon action à la tête de la France. Quant à moi, il n'est point d'incidents qui aient pu m'amener à méconnaître ni l'envergure de son esprit, ni ses mérites, ni son courage. Quand la mort vint, le 12 avril, l'arracher à sa tâche gigantesque, au moment même où il allait en voir le terme victorieux, c'est d'un cœur sincère que je portai vers sa mémoire mon regret et mon admiration.

En France, pourtant, la plupart des éléments organisés pour se faire entendre ne manquèrent pas de désapprouver la façon dont j'avais accueilli l'« invitation » à me rendre à Alger. Nombre de « politiques », faisant profession de voir en Roosevelt l'infaillible champion de la démocratie et vivant dans un univers passablement éloigné des motifs d'intérêt supérieur et de dignité nationale auxquels j'avais obéi, s'offusquaient de mon attitude. Les communistes la condamnaient parce qu'elle marquait ma réserve vis-à-vis des concessions excessives faites aux Soviets par le Président. Beaucoup de gens d'affaires s'inquiétaient de mon geste qui dérangeait leurs perspectives de concours américain. Les notables étaient portés, en général, à donner raison à l'étranger, pourvu qu'il fût riche et fort, et à blâmer, du côté français, ce qui pouvait sembler résolu. Au reste et en dépit des précautions de forme, toutes ces catégories commençaient à s'écarter de moi, à mesure qu'elles voyaient se dessiner au loin le retour aux jeux savoureux des illusions et du dénigrement.

Il me fallait donc constater que l'idée que je me faisais du rang et des droits de la France n'était guère partagée par beaucoup de ceux qui agissaient sur l'opinion. Pour soutenir ma politique, celle de l'ambition nationale, je devrais de moins en moins compter sur les voix, les plumes, les influences. J'avoue avoir ressenti profondément ce début de dissentiment, qui, demain, à mesure des peines, compromettrait mon effort.

Mais ce qui était acquis l'était bien. Au-dehors aucune opposition, au-dedans aucune discordance, ne pourraient, dorénavant, empêcher que la France reprît son rang. Après tout, la conférence de Yalta venait elle-même de le démontrer. Puisqu'on nous demandait de devenir, tout de suite, un des membres de l'aréopage formé par les grands États pour régler le sort des ennemis et pour organiser la paix, c'est qu'on nous considérait comme une des principales puissances belligérantes et, bientôt, victorieuses. Sur le plan de la politique mondiale, rien ne subsisterait bientôt plus de la situation de nation vaincue où la France avait paru tomber, ni de la légitimité de Vichy qu'on avait affecté d'admettre. Le succès de l'entreprise engagée le 18 juin 1940 se trouvait assuré dans l'ordre international, tout comme il l'était aussi dans le domaine des armes et dans l'âme du peuple français. Le but allait être atteint, parce que l'action s'était inspirée d'une France qui resterait la France pour ses enfants et pour le monde. Or, en dépit des malheurs subis et des renoncements affichés, c'est cela qui était vrai. Il n'y a de réussite qu'à partir de la vérité.

L'ORDRE

S'il n'est de style, suivant Buffon, que par l'ordre et le mouvement, c'est aussi vrai de la politique. Le vent du changement souffle en rafales sur la France libérée. Mais la règle doit s'y imposer, sous peine que rien ne vaille rien. Or, si graves sont les blessures subies par notre pays, si pénibles les conditions de vie dans lesquelles le maintiennent les destructions et la guerre, si grand le bouleversement de ce qui était établi : État, hiérarchies, familles, traditions, qu'il est plongé dans une crise à la fois diffuse et générale. La joie de la libération a pu momentanément dissimuler aux Français le véritable état des choses. À présent, les réalités n'en paraissent que plus amères. Pour moi, quand je regarde au loin, j'aperçois bien l'azur du ciel. Mais, de près, voyant bouillir d'affreux éléments de trouble dans le creuset des affaires publiques, je me fais l'effet de Macbeth devant la marmite des sorcières.

D'abord, il manque ce qu'il faudrait pour satisfaire les besoins de l'existence des Français. Douze cents calories par jour, c'est tout ce que les rations officielles accordent à l'alimentation de chacun. Quant à se procurer les compléments indispensables, on ne peut y parvenir qu'en allant au marché noir, ce qui est ruineux et démoralisant. Comme il n'y a pas de laine, pas de coton et guère de cuir, beaucoup s'habillent de vêtements élimés et vont sur des semelles de bois. Dans les villes, point de chauffage ! Car, le peu de charbon qui sort des mines est réservé aux armées, aux chemins de fer, aux centrales, aux industries de base, aux hôpitaux. Rien n'en arrive jusqu'aux particuliers. Or, il se trouve que cet hiver-là est l'un des plus rudes qu'on ait connus. À la maison, à l'atelier, au bureau, à l'école, tout le monde grelotte. Sauf une heure de temps en temps, le gaz n'a pas de pression, l'électricité est coupée. Comme les trains sont rares, que les cars ont disparu, que l'essence est introuvable, les citadins prolongent leur journée de travail par des heures de marche ou, au mieux, de bicyclette, tandis que les campagnards ne quittent pas les villages. La reprise de la vie normale est, de surcroît, entravée par l'absence de 4 millions de jeunes hommes : mobilisés, prisonniers, déportés, requis en Allemagne, et par le déracinement d'un quart de la population : sinistrés ou réfugiés qui campent dans des ruines ou des baraques.

De tant de gêne et de privations, bien des Français s'étonnent et s'irritent, d'autant plus qu'ils avaient supposé en être, comme par enchantement, débarrassés à la libération. Cependant, le moment est proche où ces mécontentements commenceront à s'atténuer. Il est acquis que les hostilités se termineront dans quelques mois, que les importations reprendront aussitôt après, que les hommes détenus en Allemagne et bon nombre de mobilisés retourneront au travail, que les communications seront peu à peu rétablies, que la production se développera de nouveau. Certes, il faudra des années avant qu'on puisse en revenir aux conditions d'existence de naguère. Malgré tout, on aperçoit la sortie du tunnel. Par rapport à ce qu'on vient de vivre, les épreuves qui restent à subir ne seront plus, par elles-mêmes, assez dures ni assez prolongées pour mettre l'avenir en question. Mais, ce qui rend la situation grave, c'est qu'elles s'ajoutent au profond ébranlement social, moral et politique, où se trouve plongé le pays.

Cette crise nationale occupe ma vie de tous les jours. Non que je me laisse absorber par les difficultés de détail, les avis, les doléances, les critiques, qui affluent de toutes parts. Tout en ressentant, autant que personne, les épreuves quotidiennes de la population, tout en tenant les services en haleine, je sais que les problèmes sont actuellement insolubles. Mais, si le présent se traîne dans les séquelles du malheur, l'avenir est à bâtir. Il y faut une politique. J'en ai une, dont je tâche qu'elle soit à la dimension du sujet. Renouveler les conditions sociales, afin que le travail reprenne et qu'échoue la subversion. Tout préparer pour qu'au moment voulu le peuple reçoive la parole, sans permettre que, jusque-là, rien n'entame mon autorité. Assurer l'action de la justice, de telle sorte que les fautes commises soient sanctionnées rapidement, que la répression échappe aux partisans, qu'une fois les jugements rendus rien n'empêche la réconciliation. Remettre la presse en liberté, en liquidant, toutefois, les organes qui ont servi l'ennemi. Ramener le pays vers l'équilibre économique et financier, en suscitant son activité et en lui épargnant d'excessives secousses. Gouverner à coups d'initiatives, de risques, d'inconvénients. Voilà ce que je veux faire.

À mes yeux, il est clair que l'enjeu du conflit c'est, non seulement le sort des nations et des États, mais aussi la condition humaine. Il n'y a là, d'ailleurs, rien que de très naturel. Toujours, la guerre, sous son aspect technique, est un mouvement des sociétés. Les passions qui l'animent et les prétextes qu'elle invoque ne manquent jamais d'enrober une querelle concernant la destinée matérielle ou spirituelle des hommes. Les victoires d'Alexandre étaient celles d'une civilisation. C'est le désir tremblant du barbare qui fit crouler l'Empire de Rome. Point d'invasions arabes sans le Coran. Point de croisades sans l'Évangile. L'Europe de l'Ancien Régime se dressa contre la France, quand l'Assemblée proclama : « Les hommes naissent libres et égaux en droit. »

Comme tout le monde, je constate que, de nos jours, le machinisme domine l'univers. De là s'élève le grand débat du siècle : la classe ouvrière sera-t-elle victime ou bénéficiaire du progrès mécanique en cours ? De là sont sortis, hier, les vastes mouvements : socialisme, communisme, fascisme, qui s'emparèrent de plusieurs grands peuples et divisèrent tous les autres. De là vient, qu'en ce moment, les étendards des idéologies adverses : libérale, marxiste, hitlérienne, flottent dans le ciel des batailles et que tant d'hommes et tant de femmes, emportés par le cataclysme, sont hantés par la pensée de ce qu'il adviendra d'eux-mêmes et de leurs enfants. De là résulte cette évidence que le flot de passions, d'espoirs, de douleurs, répandus sur les belligérants, l'immense brassage humain auquel ils se trouvent soumis, l'effort requis par la reconstruction, placent la question sociale au premier rang de toutes celles qu'ont à résoudre les pouvoirs publics. Je suis sûr que, sans des changements profonds et rapides dans ce domaine, il n'y aura par d'ordre qui tienne.

Combien est-ce vrai pour la France ! La guerre l'avait saisie en pleine lutte des classes, celle-ci d'autant plus vive que notre économie, gravement retardataire, répugnait aux changements et que le régime politique, dépourvu de vigueur et de foi, ne pouvait les imposer. Sans doute, à cette stagnation y avait-il des causes de force majeure. Contrairement à d'autres, nous n'avions pas la fortune de posséder en abondance le charbon et le pétrole qui nourrissent la grande industrie. Avant la Première Guerre mondiale, la paix armée nous contraignait à consacrer aux forces militaires une large part de nos ressources. Ensuite, faute d'avoir obtenu le règlement des réparations, nous avions été accablés par le fardeau de la reconstruction. Enfin, devant la menace allemande réapparue, il nous avait fallu reprendre l'effort d'armement. Dans de pareilles conditions, les investissements productifs restaient trop souvent négligés, les outillages ne se transformaient guère, les richesses demeuraient étales, tandis que les budgets publics se bouclaient péniblement et que fondait la monnaie. Tant de retards et d'embarras, joints aux routines et aux égoïsmes, disposaient mal l'économie et, avec elle, les pouvoirs à entreprendre les réformes qui eussent donné leur part aux travailleurs. Il est vrai qu'en 1936 la pression populaire imposait quelques concessions. Mais l'élan s'enlisait vite dans la vase parlementaire. Quand la France aborda la guerre, un lourd malaise social tenait son peuple divisé.

Pendant le drame, sous le faix du malheur, un grand travail s'était opéré dans les esprits. Le désastre de 1940 apparaissait à beaucoup comme la faillite, dans tous les domaines, du système et du monde dirigeants. On était donc porté à vouloir les remplacer par d'autres. D'autant plus que la collaboration d'une partie des milieux d'affaires avec les occupants, l'étalage du mercantilisme, le contraste entre la pénurie où presque tous étaient plongés et le luxe de quelques-uns, exaspéraient la masse française. Et puis, cette guerre, où Hitler luttait à la fois contre les démocraties et contre les Soviets, jetait toute la classe ouvrière du côté de la résistance. La nation voyait les travailleurs reparaître en patriotes en même temps qu'en insurgés, comme ç'avait été le cas à l'époque de la Révolution, des journées de 1830, du soulèvement de 1848, des barricades de la Commune. Mais, cette fois, c'est contre l'ennemi qu'ils faisaient grève ou allaient au maquis. Aussi, l'idée que les ouvriers pourraient de nouveau s'écarter de la communauté nationale était-elle odieuse au pays. Bref, rénover l'économie afin qu'elle serve la collectivité avant de fournir des profits aux intérêts particuliers et, du même coup, rehausser la condition des classes laborieuses, c'est ce que souhaitait le sentiment général.

Le régime de Vichy avait essayé d'y répondre. Si, dans le domaine financier et économique, ses technocrates s'étaient conduits, malgré toutes les traverses, avec une incontestable habileté, d'autre part, les doctrines sociales de la « révolution nationale » ; organisation corporative, charte du travail, privilèges de la famille, comportaient des idées qui n'étaient pas sans attraits. Mais le fait que cette entreprise se confondait avec la capitulation ne pouvait que rejeter les masses vers une tout autre mystique.

Celle du communisme s'offre à leur colère et à leur espérance. L'aversion à l'égard des structures d'autrefois s'est exaspérée dans la misère, concentrée dans la résistance, exaltée à la libération. Voilà donc, pour le « parti », une extraordinaire occasion. Confondant à dessein l'insurrection contre l'ennemi avec la lutte des classes et se posant comme le champion de ces deux sortes de révolte, il a toutes chances de prendre la tête du pays grâce à la surenchère sociale, lors même qu'il ne pourrait le faire par la voie du Conseil de la résistance, des comités et des milices. À moins, toutefois, que de Gaulle, saisissant l'initiative, ne réalise des réformes telles qu'il puisse regrouper les esprits, obtenir le concours des travailleurs et assurer, sur de nouvelles bases, le démarrage économique.

C'est à quoi, sans délai, j'attelle le gouvernement. Le plan est arrêté de longue date. Car, dès l'origine, je me suis mis d'accord avec mes arrière-pensées, et les résistants, quels qu'ils soient, sont unanimes dans leurs intentions. Les mouvements ont pris position. Les comités d'étude, travaillant en France dans la clandestinité, ou au grand jour à Londres et en Afrique, ont préparé les projets. Les délégués, notamment ceux qui siégeaient à l'Assemblée consultative d'Alger, en ont approuvé les grandes lignes. On peut dire qu'un trait essentiel de la résistance française est la volonté de rénovation sociale. Mais il faut la traduire en actes. Or, en raison de mes pouvoirs et du crédit que m'ouvre l'opinion, j'ai les moyens de le faire. En l'espace d'une année, les ordonnances et les lois promulguées sous ma responsabilité apporteront à la structure de l'économie française et à la condition des travailleurs des changements d'une portée immense, dont le régime d'avant-guerre avait délibéré en vain pendant plus d'un demi-siècle. La construction est, semble-t-il, solide, puisque, ensuite, rien n'y sera, ni ajouté ni retranché.

C'est ainsi que les sources principales de l'énergie sont mises aux mains de l'État. Dès 1944, est institué le « Groupement national des houillères du Nord et du Pas-de-Calais », auquel s'ajouteront bientôt celles de la Loire. Un peu plus tard, le gouvernement décidera de prendre sous son contrôle la production et la distribution de l'électricité et du gaz. La réalisation suivra à mesure que les dispositions auront été précisées. En 1945, sera créé le « Bureau des pétroles », chargé de susciter, de mettre en œuvre, de coordonner, tout ce qui concerne la recherche et l'industrie des carburants et des lubrifiants. À la fin de l'année, le Haut-Commissariat à l'énergie atomique verra le jour. Étant donné que l'activité du pays dépend du charbon, du courant électrique, du gaz, du pétrole et dépendra un jour de la fission de l'atome, que pour porter l'économie française au niveau qu'exige le progrès ces sources doivent être développées dans les plus vastes proportions, qu'il y faut des dépenses et des travaux que seule la collectivité est en mesure d'accomplir, la nationalisation s'impose.

Dans le même ordre d'idées, l'État se voit attribuer la direction du crédit. En effet, dès lors qu'il lui incombe de financer lui-même les investissements les plus lourds, il doit en recevoir directement les moyens. Ce sera fait par la nationalisation de la Banque de France et des grands établissements de crédit. Comme la mise en valeur des territoires de l'Union française devient une des chances principales et, peut-être, suprêmes de la France, l'ancienne « Caisse centrale de la France Libre » est transformée en « Caisse centrale de la France d'outre-mer » et organise la participation de l'État au développement de ces pays neufs. C'est d'une inspiration semblable que procède la décision de grouper en un seul réseau – Air-France – les lignes aériennes exploitées avant la guerre par des sociétés subventionnées. L'année 1945 ne se terminera pas sans qu'on ait vu nos avions de transport reparaître dans les cinq parties du monde. Quant à la constitution des Établissements Renault en une régie nationale, prononcée, il est vrai, non par principe, mais comme une sanction, elle a pour conséquence de placer sous la coupe de l'État « l'usine-pilote » par excellence. Enfin, pour amener l'économie nouvelle à investir, c'est-à-dire à prélever sur le présent afin de bâtir l'avenir, le « Haut-Commissariat au Plan d'équipement et de modernisation » sera créé pendant cette même année.

Mais il n'y a pas de progrès véritable si ceux qui le font de leurs mains ne doivent pas y trouver leur compte. Le gouvernement de la libération entend qu'il en soit ainsi, non point seulement par des augmentations de salaires, mais surtout par des institutions qui modifient profondément la condition ouvrière. L'année 1945 voit refondre entièrement et étendre à des domaines multiples le régime des assurances sociales. Tout salarié en sera obligatoirement couvert. Ainsi disparaît l'angoisse, aussi ancienne que l'espèce humaine, que la maladie, l'accident, la vieillesse, le chômage faisaient peser sur les laborieux. « Il y aura toujours des pauvres parmi nous », mais non plus de misérables. D'autre part, un système complet d'allocations familiales est alors mis en vigueur. La nation donne aux familles un soutien proportionné au nombre de leurs enfants et qui dure, pour chacun d'eux, depuis le jour où s'annonce la naissance jusqu'à celui où il devient capable de subvenir à ses besoins. De ce fait, va se redresser la natalité française, si riche jadis qu'elle nourrissait l'esprit d'entreprise et la grandeur de notre race, mais qui avait, en cent ans, décliné au point que la France n'était plus qu'un pays statique et clairsemé. Dans le même temps, le statut du fermage est renouvelé de fond en comble. Désormais, l'agriculteur qui exploite une terre louée est assuré d'y demeurer aussi longtemps qu'il le voudra, pourvu qu'il remplisse les conditions de son bail. En outre, il a, sur cette terre, un droit de préemption, s'il arrive qu'elle soit mise en vente. Ainsi est-il porté remède à une cause virulente d'agitation paysanne et de désertion des campagnes.

Encore, le plan que je me suis formé va-t-il bien au-delà de ces réformes d'ordre matériel. Il vise à attribuer aux travailleurs, dans l'économie nationale, des responsabilités qui rehaussent de beaucoup le rôle d'instruments où ils étaient, jusqu'alors, confinés. Qu'ils soient associés à la marche des entreprises, que leur travail y ait les mêmes droits que détient le capital, que leur rémunération soit liée, comme le revenu des actionnaires, aux résultats de l'exploitation, c'est à quoi je projette d'aboutir. Afin de préparer cette promotion ouvrière, les comités d'entreprise voient le jour en février 1945. Chaque comité réunit le directeur de l'établissement avec les représentants des ouvriers, des employés et des cadres. Il est tenu au courant de l'activité commune. Il formule son avis sur tout ce qui concerne la productivité. Il gère lui-même les fonds consacrés, en dehors des traitements et salaires, à la vie matérielle et sociale du personnel. En rapprochant les uns des autres tous ceux, quels que soient les échelons, qui participent à la même œuvre, en les amenant à en étudier ensemble la marche, les progrès, les lacunes, en suscitant le sentiment et organisant la pratique de leur solidarité, je compte qu'un pas est fait vers l'association du capital, du travail et de la technique, où je vois la structure humaine de l'économie de demain.

Ces transformations, si étendues qu'elles puissent être, sont réalisées sans secousses. Certes, les privilégiés les accueillent mélancoliquement. Certains s'en feront même de secrets griefs pour plus tard. Mais, sur le moment, tous, mesurant la force du courant, s'y résignent aussitôt et d'autant plus volontiers qu'ils avaient redouté bien pire. Du côté des communistes, on affecte naturellement de tenir ce qui est fait pour trop peu et d'alléguer que le gouvernement est empêché d'aller plus loin par ses attaches réactionnaires. Mais on se garde de s'y opposer. Quant aux « politiques », ils ne manquent pas, suivant les règles de leur art, de formuler des réserves dans l'un ou dans l'autre sens, mais ils approuvent en gros l'œuvre qui s'accomplit et lui accordent, au sein de l'Assemblée, des majorités massives. Beaucoup d'entre eux y adhèrent parce qu'elle répond, dans l'ensemble, à d'anciennes revendications. D'autres l'acceptent comme une concession accordée à la paix sociale. Tous comptent s'en targuer demain devant le corps électoral. Une fois de plus, je constate que si, pour eux et pour moi, le but peut être le même, les raisons qui les poussent ne sont pas identiques aux miennes. Alors qu'ils règlent leur attitude d'après les préjugés de leurs tendances respectives, ces considérations me touchent peu. Par contre, je les vois médiocrement sensibles au mobile dont je m'inspire et qui est la puissance de la France.

Car, aujourd'hui, comme il en fut toujours, c'est à l'État qu'il incombe de bâtir la puissance nationale, laquelle, désormais, dépend de l'économie. Celle-ci doit donc être dirigée, d'autant mieux qu'elle est déficiente, qu'il lui faut se renouveler et qu'elle ne le fera pas à moins qu'on ne l'y détermine. Tel est, à mes yeux, le principal motif des mesures de nationalisation, de contrôle, de modernisation, prises par mon gouvernement. Mais cette conception d'un pouvoir armé pour agir fortement dans le domaine économique est directement liée à l'idée que je me fais de l'État. Je vois en lui, non point, comme il l'était hier et comme les partis voudraient qu'il le redevienne, une juxtaposition d'intérêts particuliers d'où ne peuvent sortir jamais que de faibles compromis, mais bien une institution de décision, d'action, d'ambition, n'exprimant et ne servant que l'intérêt national. Pour concevoir et pour décider, il lui faut des pouvoirs ayant à leur tête un arbitre qualifié. Pour exécuter, il lui faut des serviteurs recrutés et formés de manière à constituer un corps valable et homogène dans tout l'ensemble de la fonction publique. De ces deux conditions, la première est actuellement remplie, et je suis prêt à m'employer à ce qu'elle le soit demain. La seconde me conduit à créer, en août 1945, l'École nationale d'administration. Que la structure ainsi dessinée devienne définitive, alors les leviers nouveaux qui sont placés dans les mains de l'État lui donneront assez de prise sur l'activité française pour qu'il puisse faire le pays plus fort et plus rayonnant.

Indépendamment de l'esprit de justice et de l'opportunité, c'est la même intention qui me conduit à promouvoir les travailleurs au rang d'associés responsables. La cohésion de la France exige qu'ils réintègrent moralement la communauté nationale, dont, par révolte ou par désespoir, beaucoup tendent à s'écarter. Si, au surplus, la classe ouvrière applique d'elle-même au rendement les ressources de sa capacité, quel ressort sera mis en œuvre dans l'activité productrice et, par là, dans la puissance française !

Mais il faudra du temps pour que la structure nouvelle puisse produire ses effets. En attendant, il s'agit de vivre. Or, la reprise du travail dans les usines et dans les mines la reconstruction des ponts, des ports, des voies ferrées des canaux, des centrales, la remise en marche des trains des camions, des péniches, exigent que tout le monde s'y mette. Les choses étant ce qu'elles sont, j'entends employer au salut public tout ce qui en est capable. Bien entendu, les communistes ne sauraient en être exclus dans cette période où la substance de la France serait gravement compromise si le peuple tout entier ne se mettait à la besogne, a fortiori si la guerre sociale le déchirait. Non point que je me fasse d'illusion au sujet du loyalisme du « parti ». Je sais très bien qu'il vise à saisir le pouvoir total et que, s'il m'arrivait de fléchir, il monterait tout de suite à l'assaut. Mais la participation qu'il a prise à la résistance, l'influence qu'il exerce sur la classe ouvrière le désir qu'éprouve l'opinion et que je ressens moi-même de le voir revenir à la nation, me déterminent à lui donner sa place dans le travail de redressement. Ruant, mordant se cabrant, mais attelé entre les brancards et subissant le mors et la bride, il va donc, lui aussi, tirer la lourde charrette. C'est mon affaire de tenir les rênes. J'en ai la force, de par la confiance que me fait le peuple français.

Cette politique d'unité m'a amené, dès Alger, à introduire des communistes parmi les membres de mon gouvernement. J'en ai fait autant à Paris. En outre, un commissaire de la République, trois préfets, plusieurs hauts fonctionnaires, provenant du « parti », ont été pris à l'essai. Dans la composition de l'Assemblée consultative j'ai attribué aux communistes une représentation correspondant à leur importance. Et voici, qu'en novembre 1944, j'approuve la proposition du garde des Sceaux tendant à accorder à M. Maurice Thorez, condamné pour désertion cinq ans plus tôt, le bénéfice de la grâce amnistiante. Celle-ci est prononcée par le Conseil des ministres. Le secrétaire général du

« parti » peut, dès lors, quitter Moscou et rentrer dans sa patrie. Il y a beau temps, d'ailleurs, qu'à son sujet et des côtés les plus divers on invoque mon indulgence. L'intéressé lui-même m'a adressé maintes requêtes. Pourtant, si je crois devoir adopter cette mesure de clémence, et justement à ce moment-là, c'est très délibérément. Compte tenu des circonstances d'antan, des événements survenus depuis, des nécessités d'aujourd'hui, je considère que le retour de Maurice Thorez à la tête du Parti communiste peut comporter, actuellement, plus d'avantages que d'inconvénients.

Ce sera en effet le cas, aussi longtemps que je me trouverai moi-même à la tête de l'État et de la nation. Assurément, jour après jour, les communistes prodigueront les surenchères et les invectives. Cependant, ils n'essaieront aucun mouvement insurrectionnel. Bien mieux, tant que je gouvernerai, il n'y aura pas une seule grève. Il est vrai que le « parti » ne ménagera rien pour diriger la conjoncture, politique, syndicale et électorale, et dominer les autres formations en exploitant leur secret désir d'amener de Gaulle au départ et le complexe d'infériorité que leur inspire leur propre inconsistance. Mais, dès lors qu'au lieu de la révolution les communistes prennent pour but la prépondérance dans un régime parlementaire, la société court moins de risques. Il est vrai que, sur ma route, ils multiplieront les aspérités et mèneront, à la cantonade, une campagne de dénigrement. Pourtant, jusqu'à mon départ, ils se garderont toujours de méconnaître mon autorité ou d'insulter ma personne. Partout où je paraîtrai, leurs représentants seront là pour me rendre hommage, et leurs électeurs, dans la foule, crieront, eux aussi : « Vive de Gaulle ! »

Quant à Thorez, tout en s'efforçant d'avancer les affaires du communisme, il va rendre, en plusieurs occasions, service à l'intérêt public. Dès le lendemain de son retour en France, il aide à mettre fin aux dernières séquelles des « milices patriotiques » que certains, parmi les siens, s'obstinent à maintenir dans une nouvelle clandestinité. Dans la mesure où le lui permet la sombre et dure rigidité de son parti, il s'oppose aux tentatives d'empiétement des comités de libération et aux actes de violence auxquels cherchent à se livrer des équipes surexcitées. À ceux – nombreux – des ouvriers, en particulier des mineurs, qui écoutent ses harangues, il ne cesse de donner pour consigne de travailler autant que possible et de produire coûte que coûte. Est-ce simplement par tactique politique ? Je n'ai pas à le démêler. Il me suffit que la France soit servie.

Au fond, les dirigeants du « parti », renonçant pour l'heure à s'imposer, visaient surtout à préparer ce qui suivrait la victoire. Il en était de même des autres fractions politiques. À mesure que se précisait la perspective électorale, chacune s'occupait d'elle-même, s'organisait pour son compte, dressait un programme séparé. On avait vu, d'abord, les comités de libération se réunir, ici et là, pour réclamer « les États généraux de la résistance française ». Mais la tentative tournait court en raison de l'opposition immédiatement apparente entre les éléments inspirés par les communistes et ceux qui ne l'étaient pas. Dès lors, le branle était donné aux congrès des différents partis. Dès novembre, les socialistes avaient tenu le leur. En janvier, c'était le tour du « Mouvement de libération nationale », puis celui du « Front national ». En février, se retrouvaient les délégués de la « Fédération républicaine », bientôt imités par ceux de l'ancien « Parti social français », tandis que se constituait le « Mouvement républicain populaire ». Dans le courant du même mois, socialistes et communistes décidaient d'opérer de concert et formaient un « comité d'entente » pour diriger leur action commune. En avril, les « Jeunesses communistes » tenaient leurs assises. Pendant ce temps, les cadres du Parti radical entamaient leur regroupement. Bref, toutes sortes d'instruments, qui depuis des années n'avaient joué qu'en sourdine, déployaient leur sonorité.

Il va de soi que je ne me mêlais directement à l'activité d'aucun groupe. Mais j'observais avec soin cette gestation des forces politiques. Dans l'immédiat, il est vrai, les congrès et leurs motions n'avaient qu'une importance restreinte puisque de Gaulle gouvernait et continuerait de le faire jusqu'à ce qu'il rende la parole au pays. Mais il la lui rendrait bientôt. Ce qui adviendrait, alors, dépendrait dans une large mesure de ce qui était justement en train de s'élaborer. Je dois dire que les ferments à l'œuvre me paraissaient décevants.

Ce qui me frappait surtout, dans les partis qui se reformaient, c'était leur désir passionné de s'attribuer en propre, dès qu'ils en auraient l'occasion, tous les pouvoirs de la République et leur incapacité, qu'ils étalaient par avance, de les exercer efficacement. À cet égard, rien ne laissait prévoir une amélioration quelconque par rapport au vain manège en quoi consistait avant-guerre le fonctionnement du régime et qui avait mené le pays à un désastre épouvantable. Verbalement, on reniait à l'envi ces pratiques. « Révolution ! » c'était le slogan qui dominait les discours. Mais nul ne précisait ce que cela signifiait au juste, quels changements effectifs devaient être apportés de gré ou de force à ce qui existait naguère, surtout quelle autorité, et dotée de quels pouvoirs, aurait à les accomplir. Les communistes, eux, savaient ce qu'ils voulaient. Mais ils se gardaient de tout dire. Les fractions, qui sous une phraséologie d'audace étaient au fond modérées, abritaient leur circonspection sous la formule de Georges Bidault : « La révolution par la loi ! » Quant aux groupes et aux hommes de gauche, ou qui se donnaient pour tels, ils se montraient rigoureux dans la critique et l'exclusive, mais chimériques et désaccordés dans tout ce qui était constructif. Recevant les délégations, lisant les journaux, écoutant les orateurs, j'en venais à penser que la révolution était, pour les partis renaissants, non pas une entreprise visant des buts définis et impliquant l'action et le risque, mais bien une attitude de constante insatisfaction vis-à-vis de toute politique, même s'ils l'avaient préconisée.

Je ne cache pas que ces indices me causaient beaucoup d'appréhensions. Alors que la confusion et l'impuissance des pouvoirs avaient été les causes directes du désordre social et moral, de la faiblesse diplomatique, de la faillite stratégique, enfin du renoncement national, qui nous avaient jetés aux abîmes, quel génie malfaisant, quel Roi des aulnes, nous entraînait vers les mêmes brouillards ? Quand on pensait aux problèmes écrasants qui se dressaient devant la France, comment imaginer qu'ils pourraient être résolus, sinon sous l'égide d'un État impartial et fort ? Mais il me fallait bien voir que l'idée que je m'en faisais était rarement partagée.

Pour moi, la séparation des pouvoirs, l'autorité d'un chef de l'État qui en soit un, le recours au peuple par la voie du référendum chaque fois qu'il s'agirait de son destin ou de ses institutions, c'étaient, dans un pays tel que le nôtre, les bases nécessaires de la démocratie. Or, il n'était que trop clair que tout ce qui comptait ou allait compter dans la politique penchait dans un sens opposé Le futur personnel dirigeant concevait les pouvoirs de demain comme confondus organiquement à la discrétion des partis, le chef de l'État – à condition qu'il y en ait un – comme un figurant mandaté par des groupes parlementaires, le suffrage universel comme destiné exclusivement à élire des députés. Pour ce qui était de moi-même, tout en admettant ma primauté dans le système provisoire, tout en inscrivant à mon crédit services rendus et popularité, tout en me marquant, à l'occasion, une adhésion spectaculaire, on ne dissimulait pas l'impatience que suscitait l'étendue de mon autorité, ni la méfiance qu'inspirait le pouvoir dit « personnel ». Ainsi, bien qu'il n'y eût pas encore d'opposition directe à mon action, je voyais à l'horizon s'amonceler les nuages et je marchais, dès à présent, dans une atmosphère alourdie de critiques et d'objections.

À l'Assemblée consultative, cette façon de considérer de Gaulle, à la fois sous un angle favorable et sous un autre qui ne l'était guère, apparaissait clairement. Je m'y rendais souvent, tenant à recueillir les idées à la source et à utiliser l'auditoire pour exposer publiquement mon action et mes raisons. Mais aussi, j'étais, de nature, attiré par ce que le corps parlementaire contient de vie profonde et contrariée, d'humanité ardente et voilée, de passions actives et contraintes, et qui, tantôt s'assoupit comme pour donner le change, tantôt éclate en heurts retentissants. Par convenances de protocole, mon entrée et mon départ s'effectuaient avec quelque solennité. Mais, tout le temps que je participais aux travaux de l'Assemblée, je faisais en sorte de ne la contraindre en rien, respectant son ordre du jour, prenant place à l'un de ses bancs, parlant à la même tribune que ses membres, devisant avec eux dans les couloirs. Les séances, il faut le dire, étaient souvent assez ternes, la plupart des orateurs lisant un texte monocorde qui dévidait des généralités et accrochait peu l'attention. Cependant, de temps en temps, le talent de certains, ministres ou non, tels MM. Auriol, Bastid, Bidault, Boncour, Cot, Denais, Duclos, Hervé, Laniel, Marin, Mendès France, Philip, Pleven, Schumann, Teitgen, etc., donnait du relief aux débats. Parfois, sur un sujet brûlant, les sentiments s'échauffaient, une vive émotion collective planait au-dessus des travées. Alors, des phrases éloquentes, fusant dans l'atmosphère tendue, provoquaient des remous de colère ou d'enthousiasme.

À maintes reprises, je pris la parole à l'Assemblée consultative. Ce fut parfois pour des exposés concernant de vastes sujets, par exemple : le 22 novembre les plans d'ensemble du gouvernement, le 21 décembre le pacte franco-russe qui venait d'être conclu, le 2 mars la politique à suivre à l'intérieur, le 20 mars l'Indochine où les Japonais attaquaient, le 15 mai les leçons à tirer de la guerre après la victoire. Dans d'autres cas, j'intervenais à l'improviste au cours du débat. En chacune de ces occasions, il s'opérait dans l'assistance un rassemblement des esprits que traduisait, momentanément, quelque imposante manifestation. La grandeur des sujets traités, l'effet des mots, le contact humain pris avec de Gaulle, rappelaient aux délégués la solidarité qui nous liait tous ensemble et leur faisaient sentir l'attrait de la communauté nationale. Pour un instant, nous nous sentions alors plus unis, c'est-à-dire meilleurs.

Mais, s'il était entendu qu'on applaudissait de Gaulle, on ne se faisait pas faute de s'en prendre à son gouvernement. À travers les observations qui s'adressaient au pouvoir, l'aigreur coulait à flots pressés. En certains cas, elle débordait en des attaques en règle contre l'un ou l'autre des ministres. Un jour, Jules Jeanneney, ministre d'État, fut assailli d'invectives à propos de paroles déférentes qu'il avait prononcées, en juillet 1940, à l'adresse du Maréchal. Pourtant, depuis cette époque, il n'avait jamais cessé d'adhérer à la résistance. Dans les premiers mois de 1945, le budget étant soumis, pour avis, à la Consultative, il y eut de houleux débats. Comme on examinait les crédits de la Justice, l'épuration vint sur le tapis. Le ministre, François de Menthon, dut subir un feu roulant d'implacables réquisitoires. Une énorme majorité prétendit sanctionner « sa criminelle faiblesse » en lui refusant la confiance, manifestation platonique, sans doute, mais qui donnait la mesure de l'excitation. Peu après, Pierre-Henri Teitgen, ministre de l'Information, fut pris à son tour comme cible. Les embarras dans lesquels le manque de papier plongeait alors la presse de toutes tendances lui étaient imputés dans des termes extravagants : « Pornographe, protecteur des agents de l'Allemagne, représentant des trusts, affairiste, contempteur des Droits de l'Homme, persécuteur des journaux de la résistance, responsable de l'absence de la France à Yalta, tels sont les traits sous lesquels on vient de me représenter », pouvait déclarer Teitgen en répondant aux accusateurs. Quand on passa à l'examen du budget des Prisonniers, le ministre, Henri Frenay, fut de tous les côtés l'objet de furieux reproches, bien qu'à cette date, les prisonniers était encore aux mains de l'ennemi, nul ne pût dire ce que vaudraient les mesures préparées en vue de leur retour.

Cette agitation bouillonnante recouvrait, en réalité, une revendication précise. L'Assemblée ne se résignait pas à n'être que consultative. Elle aurait voulu que le pouvoir dépendît d'elle. La prétention fut bientôt affirmée. Le 19 mars, je reçus une délégation envoyée par tous les groupes. « Nous venons, me dirent les mandataires, vous faire connaître qu'à l'Assemblée il existe un grave malaise. La raison en est le rôle étroit où celle-ci est confinée et le fait que le gouvernement agit sans se croire lié par nos avis et par nos votes. Nous demandons que, désormais, le pouvoir exécutif ne prenne plus de décisions contraires aux positions adoptées par l'Assemblée. »

Céder à cette mise en demeure c'eût été, évidemment, s'enfoncer dans la confusion. « Seul, le peuple est souverain, répondis-je aux délégués. En attendant qu'il soit en mesure d'exprimer sa volonté, j'ai pris sur moi de le conduire. Vous avez bien voulu m'y aider en répondant à mon appel. Ce fut votre rôle et ce sera votre gloire. Mais sa responsabilité n'en reste pas moins entière. Même la démarche que vous faites en ce moment prouve que tout le pouvoir m'est en charge, puisque c'est à moi que vous demandez qu'il vous en soit remis une part. Mais la situation de la France ne permet pas cette dispersion.

— Pourtant ! s'écrièrent les délégués, nous représentons la résistance. N'est-ce pas à elle qu'il appartient d'exprimer la volonté du peuple en l'absence de pouvoirs légaux ?

— Vous êtes, dis-je, mandatés par les mouvements et les partis résistants. Cela vous donne, assurément, le droit de vous faire entendre. C'est bien pourquoi j'ai institué l'Assemblée consultative et vous ai désignés pour en faire partie. Tous les problèmes vous y sont soumis. Moi-même et mes ministres participons à vos débats. Vous êtes associés à l'action du gouvernement par les questions que vous lui posez, les explications qu'il vous fournit, les avis que vous formulez. Mais je n'irai pas au-delà. Veuillez, d'ailleurs, considérer que la résistance française a été plus large que les mouvements et que la France est plus large que la résistance. Or, c'est au nom de la France tout entière, non d'une fraction, si valable soit-elle, que j'accomplis ma mission. Jusqu'aux futures élections générales, j'ai à répondre du destin du pays devant lui et devant lui seul. »

Les délégués se retirèrent sans cacher leur mécontentement. À la suite de leur visite il y eut, cependant, une détente à l'Assemblée. S'accommodant de ce qui était fixé aussi nettement, elle se remit à son travail. Au total, celui-ci fut utile. L'étude par les commissions et la discussion en séance publique des projets concernant les réponses économiques et sociales, la justice, l'administration, l'enseignement, les territoires d'outre-mer apportèrent au ministère, non seulement l'appui de votes massifs, mais encore d'heureuses suggestions. L'attention portée et l'hommage rendu à l'action des armées par des hommes eux-mêmes éprouvés encouragea chefs et combattants. À l'étranger, le spectacle d'une préfiguration parlementaire dans l'hémicycle du Luxembourg, les idées qui s'y exprimaient sans entraves, le fait que la politique suivie par le gouvernement y était, somme toute, approuvée, renforcèrent l'audience de la France. Enfin, dans le public, l'impression que les principales mesures arrêtées par le pouvoir étaient débattues au grand jour, qu'il y avait un exutoire aux requêtes et aux critiques, qu'on s'acheminait ainsi vers un état de choses où le peuple serait remis en possession de ses droits, contribuèrent certainement à rétablir le libre cours des opinions et des sentiments qui est, en profondeur, une condition essentielle de l'ordre.

Une autre est la démonstration que la justice est rendue. Or, sous ce rapport, on assistait à un déferlement d'exigences vindicatives. Après ce qui s'était passé, cette réaction était trop explicable. La collaboration avait revêtu, sous les formes variées des décisions politiques, de l'action policière et quelquefois militaire, des mesures administratives, des publications et des discours de propagande, non seulement le caractère de l'abaissement national, mais encore celui de la persécution à l'encontre d'une foule de Français. Avec le concours de bon nombre d'officiels et d'une masse de délateurs, excités et applaudis par un ramas de folliculaires, 60 000 personnes avaient été exécutées, plus de 200 000 déportées dont à peine 50000 survivraient. En outre, 35 000 hommes et femmes s'étaient vus condamnés par les tribunaux de Vichy ; 70 000 « suspects », internés ; 35 000 fonctionnaires, révoqués ; 15 000 militaires, dégradés, sous l'inculpation d'être des résistants. Maintenant, les fureurs débordaient. Sans doute le gouvernement avait-il le devoir de garder la tête froide. Mais passer l'éponge sur tant de crimes et d'abus c'eût été laisser un monstrueux abcès infecter pour toujours le pays. Il fallait que la justice passe.

Elle passa. Pendant l'hiver, les cours formées pour juger les faits de collaboration firent activement leur office. Certes, la rigueur des condamnations se trouva être assez variable suivant la composition des jurys. L'ambiance locale se fit sentir. Parfois, les audiences furent troublées par des manifestations de foule. Il y eut même, en plusieurs régions, des émeutes pour arracher aux tribunaux des condamnations à mort. Ce fut le cas, par exemple, à Nîmes, à Maubeuge, à Bourges, à Annecy, à Alès, à Rodez. Même, une vingtaine de malheureux prévenus furent, ici ou là, massacrés. Le gouvernement dut, à plusieurs reprises, réprimer ces explosions. J'eus à rappeler à la vigilance et à la fermeté les ministres de l'Intérieur et de la Justice, à imposer des sanctions contre des fonctionnaires coupables de mollesse dans le maintien de l'ordre, à exiger l'inculpation des gens qui l'avaient troublé. Cependant, l'œuvre de la Justice fut accomplie aussi impartialement qu'il était humainement possible au milieu des passions en éveil. Rares ont été les jugements qu'il fallut, après coup, reconnaître pour mal fondés.

2071 condamnations à mort furent prononcées par les cours, en dehors des contumaces. Les dossiers m'étaient ensuite soumis, après examen et avis de la commission des grâces au ministère de la Justice et appréciation motivée du garde des Sceaux. Je les ai tous étudiés, directement assisté que j'étais par le conseiller Parin, directeur des affaires criminelles et des grâces à la Chancellerie, et recevant les avocats chaque fois qu'ils en faisaient la demande. Rien au monde ne m'a paru plus triste que l'étalage des meurtres, des tortures, des délations, des appels à la trahison, qui venaient ainsi sous mes yeux. En conscience j'atteste, qu'à part une centaine de cas, tous les condamnés avaient mérité d'être exécutés. Pourtant, j'accordai la grâce à 1303 d'entre eux, commuant, en particulier, la peine de toutes les femmes, de presque tous les mineurs et, parmi les hommes, de la plupart de ceux qui avaient agi d'après un ordre formel et en exposant leur vie. Je dus rejeter 768 recours. C'est qu'alors il s'agissait de condamnés dont l'action personnelle et spontanée avait causé la mort d'autres Français ou servi directement l'ennemi.

Quant aux 39 000 condamnations à la détention que prononcèrent les cours de Justice, elles furent, dans leur ensemble, équitables et modérées, il y en eut, dans le même temps, 55 000 en Belgique, plus de 50 000 en Hollande. Encore, par des remises de peine, le gouvernement atténua-t-il l'effet d'un grand nombre de jugements. C'est ce qu'il fit, en particulier, pour beaucoup de malheureux jeunes gens qui s'étaient laissé attirer dans la « Milice », la « Légion des volontaires français » ou la « Phalange africaine », et qui reçurent la possibilité de s'engager dans le Corps expéditionnaire d'Indochine. Il faut ajouter que les juges d'instruction rendirent 18 000 non-lieux. Au milieu de 1945, parmi les 60 000 coupables ou suspects arrêtés à la libération, il n'y en avait plus un seul qui fût encore détenu, à moins d'avoir été inculpé suivant les règles. Compte tenu de la masse des faits de collaboration, des flots d'atrocités commises à l'encontre des résistants, et si l'on évoque le torrent des colères qui se répandit en tous sens dès que l'ennemi tourna les talons, on peut dire que l'épuration par la voie des tribunaux comporta autant d'indulgence que possible.

Il en fut de même dans la fonction publique. Là, pourtant, les rancœurs étaient particulièrement vives, car Vichy avait rayé des cadres plus de 50 000 personnes et, d'autre part, on avait vu s'étaler chez certains détenteurs de l'autorité publique un zèle odieux au service de l'envahisseur. Le Gouvernement provisoire décida de consulter les administrations elles-mêmes pour éclairer les sanctions à prendre. Dans chaque département ministériel, une commission d'épuration recueillait les informations, le ministre statuant ensuite par arrêté ou le gouvernement par décret. Le recours en Conseil d'État restait, naturellement, ouvert. En fait, l'immense majorité des fonctionnaires s'était honorablement comportée. Même, beaucoup d'entre eux avaient, dans l'exercice de leurs attributions, aidé à la lutte contre l'ennemi et ses complices. Sur un effectif de plus de 800 000, les enquêtes ne constituèrent qu'environ 20 000 dossiers, au vu desquels furent prononcées 14 000 sanctions dont à peine 5 000 révocations. C'est en connaissance de cause que je déclarai, par la radio, le 18 janvier : « Ceux qui ont l'honneur de servir l'État le servent, j'en réponds, avec ardeur et discipline et méritent d'être encouragés par l'estime des citoyens. »

La Haute-Cour, destinée à juger les actes d'intelligence avec l'ennemi et d'atteinte à la sûreté extérieure de l'État commis aux postes les plus élevés, commença à siéger au mois de mars. Elle était présidée par le Premier président de la Cour de cassation M. Mongibeaux, assisté du président de la Chambre criminelle M. Donat-Guigne, et du Premier président de la cour d'appel de Paris M. Picard. Le jury, tiré au sort sur deux listes de 50 noms établis par l'Assemblée consultative, comprenait 24 membres, dont 12 étaient en 1940 députés ou sénateurs. Le président Mornet occupait le siège du Ministère public. Quant à l'instruction des procès, elle incombait à la « commission d'instruction » formée de 5 magistrats et de 6 membres de l'Assemblée.

Il m'avait paru nécessaire que les hommes qui avaient pris, dans les plus hautes fonctions, la responsabilité des actes du régime de Vichy eussent à comparaître devant une juridiction instaurée à cet effet. Ni les tribunaux ordinaires, ni les cours de justice, ni les conseils de guerre ne se trouvaient au plan de telles causes. Comme les personnages visés avaient, soit comme ministres, soit comme hauts-commissaires, résidents généraux ou secrétaires généraux, joué un rôle politique, il fallait une capacité politique à la cour qui les jugerait. Pour tous les cas du même ordre, en tout temps, dans tous les pays, cette condition s'était imposée. C'est pour l'observer moi-même que j'instituai la Haute-Cour par ordonnance du 18 novembre 1944.

Cette création avait lieu dans des conditions juridiques à coup sûr exceptionnelles. On eût pu imaginer que je laisse aux pouvoirs publics qui seraient plus tard établis en vertu d'une légalité formelle le soin de faire le nécessaire. Mais l'ordre intérieur et la position extérieure de la France exigeaient que la capitulation, la rupture des alliances, la collaboration délibérée avec l'ennemi fussent jugées sans tarder dans la personne des dirigeants qui s'en étaient rendus responsables. Sans cela, comment, au nom de quoi, châtier les exécutants ? Comment, au nom de quoi, prétendre pour la France à un rang de grande puissance belligérante et victorieuse ? En cette matière, comme en tant d'autres, je pris sur moi de faire ce qu'il fallait. Il appartiendrait ensuite à l'Assemblée nationale, quand elle serait réunie, d'entériner la procédure. C'est ce qu'elle ne manqua pas de faire. Bien entendu, une fois la Haute-Cour créée, je me gardai de tout ce qui eût pu, de mon chef, influencer les poursuites, les instructions, les jugements, m'abstenant de toute déposition et ne recevant aucune commission rogatoire. Comme je voulais que les débats eussent lieu dans la sérénité, sans risque d'être troublés par des manifestations ou par des mouvements d'assistance, je refusai de fixer dans le vaisseau du Palais-Bourbon le siège de la Haute-Cour – ce que beaucoup réclamaient – je la fis installer tout bonnement au palais de Justice et lui assurai la garde d'un service d'ordre important.

Le premier procès qui vint devant la Haute-Cour fut celui de l'amiral Esteva. Au moment de l'arrivée des alliés en Afrique du Nord, il occupait le poste de résident-général en Tunisie. Conformément aux ordres de Pétain, l'infortuné avait laissé débarquer les Allemands, prescrit qu'on leur ouvrît les voies, interdit aux forces françaises dans la Régence de rejoindre celles qui combattaient l'ennemi. Mais l'occupation du territoire tunisien, en particulier de Bizerte, par les troupes de l'Axe contraignit Américains, Français et Britanniques à y livrer une longue bataille. D'autre part, la présence des Allemands et des Italiens dans le royaume de Tunis y fournit aux agitateurs l'occasion de se dresser contre la France. D'où de lourdes conséquences dans le domaine politique.

L'amiral Esteva fut condamné à la réclusion. Au terme d'une carrière qui, jusqu'à ces événements, avait été exemplaire, ce vieux marin, égaré par une fausse discipline, s'était trouvé complice, puis victime, d'une néfaste entreprise.

Le général Dentz lui succéda au banc des accusés. Dans les fonctions de haut-commissaire au Levant, il avait, au printemps de 1941, permis à des escadrilles allemandes d'atterrir sur les terrains de Syrie comme l'exigeait Vichy, fixé les points où la Wehrmacht pourrait éventuellement débarquer et, en fin de compte, fait combattre les forces qu'il commandait contre les Français Libres et contre les Britanniques. Après une première résistance qui pouvait passer pour un « baroud d'honneur », Dentz avait demandé à quelles conditions un armistice lui serait accordé. Ces conditions, arrêtées par moi-même d'accord avec le commandement anglais, comportaient la transmission des pouvoirs du haut-commissaire de Vichy à celui de la France Libre et, pour tous les militaires et fonctionnaires français, la possibilité de se rallier à moi. Je faisais savoir, qu'en cas d'acceptation de ce que nous proposions, aucune poursuite judiciaire ne serait engagée contre le haut-commissaire et ses subordonnés.

Mais, au lieu de souscrire à la conciliation, le général Dentz s'était lancé dans une lutte à outrance qui ne pouvait profiter qu'à l'ennemi. Le malheureux alla jusqu'à demander l'appui direct de l'aviation allemande. Amené à déposer les armes après que de grandes pertes eurent été subies de part et d'autre, il avait conclu avec les Britanniques une convention qui, assurément, faisait l'affaire de l'Angleterre, mais pas du tout celle de la France. En effet, c'est aux Britanniques, et non point à la France Libre, que le haut-commissaire de Vichy abandonnait le sort des États sous mandat français. Il obtenait, en même temps, que les troupes et les cadres sous ses ordres fussent soustraits au contact des « gaullistes » et immédiatement embarqués pour la Métropole sur des navires qu'envoyait Vichy, d'accord avec les Allemands.

Ainsi, rien ne justifiait plus l'immunité que j'avais pu, naguère, envisager à son sujet.

Le général Dentz fut condamné à la peine de mort. Mais, tenant compte des loyaux et beaux services qu'il avait rendus en d'autres temps et compatissant à ce drame du soldat perdu, je le graciai aussitôt.

Les procès faits aux serviteurs du triste régime de Vichy déterminèrent bientôt la Haute-Cour à ouvrir celui du maître. Le 17 mars, elle décida que le maréchal Pétain serait jugé par contumace. C'était là une échéance lamentable et inévitable. Mais, autant il était à mes yeux nécessaire, du point de vue national et international, que la justice française rendît un verdict solennel, autant je souhaitais que quelque péripétie tînt éloigné du sol de la France cet accusé de quatre-vingt-neuf ans, ce chef naguère revêtu d'une insigne dignité, ce vieillard en qui, lors de la catastrophe, nombre de Français avaient mis leur confiance et pour qui, en dépit de tout, beaucoup éprouvaient encore du respect ou de la pitié. Au général de Lattre, qui me demandait quelle conduite il devrait tenir s'il advenait que ses troupes, approchant de Sigmaringen, trouvassent là ou ailleurs Pétain et ses anciens ministres, j'avais répondu que tous devraient être arrêtés, mais que, pour ce qui était du Maréchal lui-même, je ne désirais pas qu'on eût à le rencontrer.

Or, le 23 avril, Pétain arrivait en Suisse. Il avait obtenu des Allemands qu'ils l'y mènent et des Suisses qu'ils l'y accueillent. M. Karl Burckhardt, ambassadeur de la Confédération, étant venu me l'annoncer, je lui dis que le gouvernement français n'était aucunement pressé de voir extrader Pétain. Mais, quelques heures plus tard, reparaissait Karl Burckhardt. « Le Maréchal, me déclara-t-il, demande à regagner la France. Mon gouvernement ne peut s'y opposer. Philippe Pétain va donc être conduit à votre frontière. » Les dés étaient jetés. Le vieux Maréchal ne pouvait douter qu'il allait être condamné. Mais il entendait comparaître en personne devant la justice française et subir la peine, quelle qu'elle fût, qui lui serait infligée. Cette décision était courageuse. Le général Koenig prit Pétain en charge à Vallorbe. Voyageant en train spécial et protégé par une solide escorte contre les voies de fait que certains voulaient exercer contre lui, le Maréchal fut interné au fort de Montrouge.

Tandis que la justice accomplissait son œuvre, il eût été désirable que l'opinion fût tenue au courant des raisons de ses jugements. Certes, l'étalage excessif des procès dans la presse aurait été scandaleux. Mais, sur des sujets qui mettaient les passions à vif, une information objective eût mis de l'ordre dans les esprits. Malheureusement, les cours fonctionnaient dans le temps où les journaux, réduits à des formats infimes, ne pouvaient consacrer aux débats judiciaires que de très sommaires comptes rendus. C'est, d'ailleurs, la même indigence qui empêchait que le public fût suffisamment renseigné sur les opérations militaires, les affaires diplomatiques, l'état de l'économie, la vie des pays alliés. Les épisodes essentiels de cette période échappaient largement à la connaissance des Français. Nombre d'entre eux pensaient que la censure arrêtait les nouvelles. Mais beaucoup, imaginant les problèmes posés et les événements en cours et ignorant ce qui était fait pour diriger ceux-ci et résoudre ceux-là, en concluaient tristement que la France n'y pouvait rien.

Une affreuse pénurie de papier étranglait, en effet, la presse. En la matière, notre industrie se trouvait dans le pire état, tandis que, faute de devises, nous ne pouvions passer à l'étranger que de maigres commandes et, qu'au surplus, les convois alliés assuraient de tout autres transports. Il avait donc fallu rationner étroitement les journaux, ce qui les limitait à des dimensions dérisoires. Comme, en outre, presque tous appartenaient à des tendances en ébullition, la propagande s'emparait de ce qui s'y trouvait de place au détriment de l'information. Combien la réalité était-elle éloignée des projets caressés au temps de la résistance !

Créer une grande presse, ç'avait été le rêve des clandestins. Ils la voulaient honnête et sincère, affranchie des puissances d'argent, d'autant plus que l'indignation provoquée par les feuilles de l'occupation était venue s'ajouter au mauvais souvenir laissé par les journaux d'avant-guerre quant à l'indépendance et à la véracité. Au demeurant, la plupart des mouvements et des partis résistants s'étaient dotés dans l'ombre de quotidiens et d'hebdomadaires. Ils estimaient, à présent, avoir le droit de les faire paraître au grand jour et par priorité.

Dès Alger, le gouvernement avait réglé par avance la situation de la presse lors de la libération. L'Ordonnance du 6 mai 1944 prescrivait que les journaux publiés dans l'une ou l'autre zone quand l'ennemi y faisait la loi ne pourraient plus reparaître. Leurs biens seraient placés sous séquestre et les organes de la clandestinité recevraient la faculté de louer leurs installations. Comme il n'était pas question de créer un monopole, d'autres journaux, nouveaux ou anciens, pourraient voir ou revoir le jour. D'autre part, l'Ordonnance visait à sauvegarder l'indépendance de la presse par rapport aux groupes financiers. Aussi les sociétés de presse et la publicité étaient-elles réglementées. Il était, en outre, prévu que les prix de vente des publications devraient être assez élevés pour les faire vivre et que les comptes et bilans seraient obligatoirement publiés.

C'est sur ces bases que la presse française avait réapparu du jour au lendemain. Non point, on le pense bien, sans bouillonnements et bousculades. À Paris et aux chefs-lieux des départements, un personnel généralement nouveau et inexpérimenté installait des feuilles péremptoires dans des immeubles où, autrefois, s'élaboraient des organes connus. Pourtant, si grande était la satisfaction des Français de retrouver en liberté les idées et les informations que les journaux et les revues se vendaient en abondance. On assistait à une extraordinaire floraison de publications. Chacune était – et pour cause – minuscule, mais tirait beaucoup d'exemplaires. D'ailleurs, l'ensemble reflétait toute la gamme des opinions.

Profitant des dispositions arrêtées par l'Ordonnance, les journaux de la résistance s'étaient jetés en avant. Bien entendu, les communistes n'avaient pas été les derniers. Sous leur coupe, deux quotidiens de Paris, *L'Humanité et Ce soir*, 70 hebdomadaires, parmi lesquels *Action, L'Avant-Garde, La Terre, Les Lettres françaises, Le Canard enchaîné*, etc., et 50 feuilles de province, prétendaient déceler partout le fascisme et ses sabotages et soutenaient tous les griefs. Ils détenaient, en outre, leur large part dans la rédaction du *Front national*, de *Franc-Tireur*, de *Libération*, etc. Les socialistes, se contentant, à Paris, du *Populaire*, mais disposant, dans les départements, de nombreux journaux locaux, tels *Libération-Nord, Le Provençal, La République du Sud-Ouest*, etc., s'y consacraient à ce qui était pour eux la grande affaire : reconstituer leur parti. Les chrétiens-sociaux sentaient le vent souffler en poupe de leur nacelle et s'enchantaient de l'importance de *L'Aube*, du grand tirage *d'Ouest-France*, du développement de *Temps présent* et de *Témoignage chrétien*. Quant aux feuilles issues des mouvements : *Combat, Le Parisien libéré, Résistance, Défense de la France, France libre*, éclectiques et multiformes, elles prospéraient, tout comme les régionaux venus de la même origine, *La Voix du Nord, L'Espoir, La Montagne*, etc.

Dans la carrière où s'élançaient les feuilles naguère clandestines, d'autres organes tâchaient d'accéder. Il leur fallait l'autorisation. J'intervenais pour qu'elle soit donnée, chaque fois qu'il s'agissait d'une entreprise ayant assez de moyens pour pouvoir courir sa chance. *Le Figaro*, qui lors de l'occupation de la zone Sud s'était, comme on disait, « sabordé », avait repris sa publication deux jours avant que la capitale ait été libérée. Toutefois, son détenteur n'en avait pas la propriété. Je fis en sorte qu'il pût, néanmoins, éditer le journal. *L'Aurore, L'Époque, L'Ordre*, qui avaient eux aussi mis un terme à leur existence pour ne pas subir le contrôle de l'ennemi, reçurent la permission de renaître et, par là, leur part de papier. Pour *La Croix*, qui s'était quelque peu prolongée dans la zone Sud après l'arrivée des Allemands, mais dont nombre de rédacteurs participaient à la résistance, je prononçai le « Nihil Obstat ». À des journaux nouveaux, tels : *Le Monde, Paris-Presse, Les Nouvelles du Matin, La Dépêche de Paris*, etc., j'accordai le droit de prendre leur essor. Il me semblait désirable que la presse française s'ouvrît largement à des formules et à des plumes diverses et rajeunies.

La même tornade que les événements avaient déchaînée sur la presse secouait les milieux littéraires et artistiques. Les écrivains, en particulier, du fait de leur vocation de connaître et d'exprimer l'homme, s'étaient trouvés au premier chef sollicités par cette guerre où se heurtaient doctrines et passions. Il faut dire que la plupart et, souvent, les plus grands d'entre eux avaient pris le parti de la France, parfois d'une manière magnifique. Mais d'autres s'étaient, hélas ! rangés dans le camp opposé avec toute la puissance de leurs idées et de leur style. Contre ceux-ci déferlait, à présent, une vague d'indignation. D'autant plus qu'on voyait trop bien vers quels crimes et vers quels châtiments leurs éloquentes excitations avaient poussé de pauvres crédules. Les cours de justice condamnèrent à mort plusieurs écrivains notoires. S'ils n'avaient pas servi directement et passionnément l'ennemi, je commuais leur peine, par principe. Dans un cas contraire – le seul – je ne me sentis pas le droit de gracier. Car, dans les lettres, comme en tout, le talent est un titre de responsabilité. Le plus souvent, les cours rendaient des verdicts moins sévères. Mais, en dehors des fautes sanctionnées, certaines légèretés ou inconséquences étaient bruyamment reprochées à nombre de ceux que leur réussite avait mis en vedette. Naturellement, les rivalités ne manquaient pas d'inspirer les rumeurs, c'est-à-dire, parfois, les erreurs. Bref, le monde de la littérature, des arts, du théâtre, vivait sous un ciel d'orage.

L'Académie s'en préoccupait. Elle-même se voyait l'objet de vives attaques. « Faut-il dissoudre l'Académie ? » C'était le thème d'une campagne qui trouvait beaucoup d'échos. De maints côtés, on mettait en lumière le coupable comportement de plusieurs de ses membres et l'audience qu'ils avaient jusqu'au bout trouvée chez des collègues. On me pressait d'user de mes pouvoirs pour rénover l'Académie, voire pour la supprimer. C'est dans un trouble profond qu'était plongée cette compagnie.

Son secrétaire perpétuel, l'illustre et courageux Georges Duhamel, me soumit les éléments de la cause. Il me peignit les difficultés que lui-même avait dû vaincre, avec l'aide de quelques membres, pour empêcher que, sous l'occupation, l'Académie n'adoptât une attitude fâcheuse quand les plus fortes pressions s'efforçaient de l'y amener. Pour reprendre le cours de sa vie, la compagnie avait maintenant de rudes obstacles à surmonter. Devait-elle exclure ou, tout au moins, suspendre ceux de ses membres qui étaient condamnés ou sous le coup de l'être ? Pénibles débats à prévoir ! D'autre part, une douzaine d'académiciens étaient morts depuis 1939. On ne les avait pas remplacés. Certes, on pouvait à présent procéder à des élections. Mais comment atteindre le quorum, étant donné que certains membres se souciaient peu de se manifester ? Surtout, il fallait redouter que l'institution ne fût, désormais, si bouleversée et si divisée qu'elle eût grand mal à se reprendre. Mais alors, comment resterait-elle l'incomparable représentation de la pensée, de la langue, de la littérature françaises qu'elle devait être par destination et qui avait, depuis trois siècles, si puissamment contribué au rayonnement de notre pays ? « Tout serait rendu plus facile, ajoutait mon éminent interlocuteur, si vous-même acceptiez d'entrer à l'Académie. »

Avec beaucoup de considération, j'écartai cette perspective. « Le chef de l'État, répondis-je à Georges Duhamel, est protecteur de l'Académie. Comment en deviendrait-il membre ? Et puis, de Gaulle, vous le savez bien, ne saurait appartenir à aucune catégorie, ni recevoir aucune distinction. Cela dit, il est du plus haut intérêt français que l'Académie joue de nouveau le rôle qui est le sien. Mon intention est de ne rien changer à la constitution que lui donna Richelieu et, en dehors des instances engagées contre ceux que vous savez, de garantir à votre compagnie l'indépendance et la sécurité. Toutefois, je pense qu'elle aurait avantage à mettre à profit les circonstances extraordinaires dans lesquelles nous nous trouvons pour repartir sur de nouvelles bases. Puisque beaucoup de ses fauteuils sont vacants, pourquoi l'Académie, usant d'une procédure exceptionnelle, ne suspendrait-elle pas, pour un jour, la règle de la candidature ? Pourquoi n'appellerait-elle pas spontanément à siéger dans son sein quelques écrivains éminents dont elle sait qu'ils en sont dignes et qui se montrèrent, dans l'épreuve, les champions de la liberté de l'esprit et ceux de la France ? Son prestige, sa popularité, y gagneraient, j'en suis sûr. »

Cependant, quelques jours plus tard, réunissant autour de moi tous les académiciens en mesure de s'y trouver, je constatai que, si mes apaisantes promesses étaient très bien accueillies, ma suggestion novatrice l'était moins. En fin de compte, l'Académie, rassurée par le bon ordre qu'elle voyait se rétablir partout, en revint à ses habitudes. Pour ma part, je me félicitai de voir revivre cette précieuse institution, non sans regretter, pourtant, qu'elle n'ait pu, en corps, assez hautement, rendre hommage à la libération de la France.

Ainsi, par l'effet conjugué du progrès social accompli, de la liberté retrouvée, de la justice rendue, de l'autorité à l'œuvre, la nation reprend ses esprits. Après tout les déchirements occasionnés par la guerre, c'est le début de la convalescence. Celle-ci, pourtant, serait précaire, si le pays ravagé ne retrouvait pas son équilibre physique. Qu'au moment même où la fortune recommence à nous sourire, nos finances aillent à la faillite, notre économie à la ruine, c'en serait fait décidément du rang, de l'ordre, de l'avenir de la France. Au contraire, qu'en dépit des affreuses conditions dans lesquelles nous sommes plongés, le pouvoir parvienne à procurer à l'activité nationale une base solide de redressement, tout le reste, au long des années, pourra nous venir par surcroît. Pas question, bien entendu ! de talisman, ni de baguette magique. Seules, des mesures catégoriques auront de l'efficacité.

Le budget dressé par le gouvernement pour l'année 1945 porte une lumière cruelle sur nos finances, telles qu'elles sont après plus de cinq ans de guerre et plus de quatre ans d'invasion ; 390 milliards de dépenses prévues, dont 175 pour les besoins militaires ; en regard, 176 milliards de recettes normales ; déficit : 55 %. La dette publique se monte à 1 800 milliards, soit quatre fois plus qu'avant-guerre. Dans ce total, la dette à court terme compte pour 800 milliards, dont les créanciers peuvent à tout moment réclamer le remboursement. Comme, au surplus, le quart des frais a été, depuis 1939, réglé par avances de la Banque, la circulation fiduciaire a quadruplé.

Or, cette énorme inflation des dépenses, de la dette et de moyens de paiement est supportée par une économie terriblement déficiente. Quand s'ouvre l'année 1945, le taux de production n'atteint pas la moitié du chiffre de 1938 et les échanges extérieurs sont nuls. Sans doute, l'emprunt de la libération, en prélevant sur les liquidités, a-t-il évité de justesse la catastrophe qu'eût provoquée l'afflux soudain de cette masse flottante sur des marchés vides aux trois quarts. D'autre part, le trésor y a trouvé de quoi faire face à l'immédiat. Mais, pour salutaire qu'ait été l'expédient, il faut maintenant tout autre chose : une politique de longue haleine.

À ce sujet, doctrines et experts s'opposent. En dehors du système communiste, qui comporterait une production forcée et une consommation misérable, et du libéralisme intégral, suivant lequel on devrait laisser les choses s'arranger d'elles-mêmes, nous nous trouvons devant deux théories.

Les uns déclarent : « Face à l'inflation, prenons le taureau par les cornes. Opérons dans les liquidités une ponction radicale en décrétant tout à coup que les billets actuels n'ont plus cours, que les porteurs doivent sans délai les échanger aux caisses publiques, qu'il ne leur sera remis en vignettes nouvelles que le quart de leur avoir et que le solde sera inscrit au crédit des propriétaires mais sans pouvoir être utilisé. En même temps, bloquons les comptes et ne laissons à chaque détenteur la faculté de prélever sur le sien que des sommes très limitées. De cette façon, nous réduirons les possibilités d'achat et, du même coup, le champ du marché noir. Quant aux prix, bloquons-les aussi et à un niveau assez bas pour que les consommateurs, restreints dans leurs moyens de paiement, puissent tout de même payer ce qui leur est nécessaire. Seuls les produits de luxe renchériront à volonté. On doit prévoir, évidemment, que les ressources du trésor seront gravement affectées par un pareil resserrement. Il n'est, pour y parer, que d'instituer un grand impôt sur le capital. Ces dispositions sont dures. Mais, pour peu que le général de Gaulle y applique son autorité, elles permettront de surmonter la crise. »

Ainsi raisonnent les tenants de la manière forte. Ils citent à l'appui de leur thèse l'exemple du gouvernement de Bruxelles, où M. Camille Gutt, ministre des Finances, vient effectivement de stabiliser le franc belge grâce au blocage simultané des billets, des comptes en banque, des prix, des salaires, des traitements.

D'autres disent : « L'inflation est moins la cause que l'effet du déséquilibre. Celui-ci est inévitable. En temps de guerre totale, rien ne peut faire que la production des denrées et des objets de consommation soit maintenue au niveau normal, puisque beaucoup de matières, d'outillages et de travailleurs sont employés à d'autres fins. Rien, non plus, ne peut empêcher les gouvernements de distribuer à un nombre étendu de catégories de vastes rémunérations. Dans tous les États belligérants, on voit donc le public pourvu de ressources nominales supérieures à ce qu'elles étaient, les biens de consommation insuffisants par rapport aux demandes, les prix en pleine ascension, la monnaie battue en brèche. Si la situation est plus grave en France qu'ailleurs, c'est parce que notre pays est, depuis des années, coupé du monde extérieur, que les occupants ont opéré sur ses ressources des prélèvements exorbitants, que leur présence a provoqué l'arrêt ou le ralentissement de maintes branches de l'industrie, que maintenant le manque de matières premières et d'équipements, le défaut d'importations, la nécessité d'employer une large part des moyens qui nous restent à des travaux urgents de reconstruction, retardent la reprise de la production. Or, tout dépend de cette reprise. Des artifices brutaux ajouteraient à notre mal en enlevant aux producteurs l'envie et les moyens de se mettre à l'ouvrage et en ruinant décidément le crédit de l'État et celui de la monnaie. Au contraire, poussons l'économie au démarrage et à l'expansion. Quant à l'excès des liquidités, épongeons-le par des bons du trésor qui favorisent l'esprit d'épargne et répandent dans le public le sentiment que chacun dispose de ce qui lui appartient. Dans le même ordre d'idées, gardons-nous de tout impôt systématique sur le capital. Poursuivons simplement la confiscation des enrichissements coupables. Cette méthode n'est pas miraculeuse. Mais, grâce à la confiance que le pays fait à de Gaulle, elle nous mènera au redressement. »

C'est à moi, en dernier ressort, qu'il appartient de trancher. Aussi suis-je saisi de la querelle par toutes les voies des rapports administratifs, des avis des groupes d'intérêts, des exposés de la presse. À l'Assemblée consultative, André Philip, rapporteur général du budget, Jules Moch et d'autres délégués se font, au début de mars, les apôtres éloquents du prélèvement sur les signes monétaires, les comptes et le capital, tandis que René Pleven expose un tout autre plan. Il faut dire que cette affaire divise le gouvernement. Les deux thèses y ont chacune un protagoniste ardent autant que qualifié. Mendès France, ministre de l'Économie nationale, s'identifie à la première. Pleven, ministre des Finances, soutient la seconde à fond. Comme tous les deux sont des hommes de qualité et d'ambition, que de ce fait ils rivalisent, qu'ils se trouvent porter en la matière une responsabilité égale, l'un pour les prix et les échanges, l'autre pour le budget et la monnaie, que le litige concerne un problème dont dépend le sort du peuple français, toute cote mal taillée serait, à mes yeux, aussi vaine qu'inconvenante. Après en avoir longuement débattu avec eux et en moi-même, j'opte pour la voie progressive et je repousse le blocage.

Ce n'est point que je sois convaincu par des arguments théoriques. En économie, non plus qu'en politique ou en stratégie, il n'existe, à mon sens, de vérité absolue. Mais il y a les circonstances. C'est l'idée que je m'en fais qui emporte ma décision. Le pays est malade et blessé. Je tiens donc pour préférable de ne pas, en ce moment, bouleverser sa subsistance et son activité, d'autant que les mois à venir vont, par la force des choses, améliorer sa condition. S'il n'était pas d'autre moyen de le tirer d'affaire que de jouer le tout pour le tout, je n'y manquerais certes pas. Mais pourquoi le jeter dans de périlleuses convulsions, dès lors que, de toute manière, il va recouvrer la santé ?

Quant à l'expérience que le gouvernement de Bruxelles a réussie, de son côté, je ne crois pas qu'elle vaille pour la France. Car les conditions matérielles et morales sont profondément différentes chez les Belges et chez nous. La Belgique a, moins que la France, souffert de l'occupation. Les prélèvements sur ses ressources sont restés assez limités. En vertu d'une manœuvre de la propagande allemande, ses prisonniers sont rentrés depuis longtemps. À présent, les Belges prennent à la guerre une part peu dispendieuse. Au surplus, il ne s'est pas trouvé chez eux de régime semblable à Vichy ; les communistes n'y comptent guère ; le trouble national n'atteint pas de grandes profondeurs. Sur ce pays peu étendu, d'une structure simple, dont les armées alliées rétablissent elles-mêmes les communications, le contrôle de l'administration s'exerce sans difficulté. Mais, surtout, M. Camille Gutt est en mesure d'empêcher que le blocage des prix et de la monnaie étrangle le ravitaillement. Comme le gouvernement de Bruxelles dispose en Amérique d'une vaste réserve de devises, en raison des ventes de minerai et, notamment, d'uranium, effectuées aux États-Unis par le Congo tout au long de la guerre ; comme le port d'Anvers est la destination de la plupart des convois alliés ; comme les Anglo-Saxons, pour des raisons à la fois politiques et stratégiques, veulent faciliter les choses aux autorités belges, le ministère Pierlot-Gutt-Spaak peut importer de grandes quantités de denrées américaines et canadiennes. Ainsi, au lendemain du blocage, les producteurs belges ayant suspendu toute livraison, le gouvernement a pu, aussitôt, garnir les marchés des aliments et des objets qu'il a achetés au Nouveau Monde et qu'il a fait vendre à bas prix. C'est pourquoi, après maintes secousses, l'équilibre s'est rétabli sans que la faim et le désordre aient fait leur apparition.

Mais nous, où sont nos crédits ? Chez les autres, nous n'avons que des dettes. C'est à peine si les accords naguère passés avec Washington et avec Ottawa pour des « importations de six mois » ont reçu, au printemps de 1945, un commencement d'exécution. Indépendamment des motifs politiques qui déterminent nos alliés à nous tenir la dragée haute, ils ne se soucient pas de surcharger leurs navires et de les détourner vers nos ports qui sont loin des champs de bataille. À tout prendre, l'expérience belge ne saurait donc me convaincre d'adopter le système du blocage et des prélèvements. Que la nation libérée produise le plus possible ! Que l'État l'y aide et l'y pousse ! Qu'en échange elle lui fournisse, sous forme d'impositions normales et de placements de l'épargne, de quoi couvrir les dépenses qu'il assume pour le salut public ! Telle est la décision prise en mars 1945.

Celle-ci ne sera pas changée. Jusqu'au bout, elle guidera la politique financière et économique du Gouvernement provisoire. Pourtant, il faudra pourvoir, en dehors des charges ordinaires, au déficit énorme que creuseront dans le budget de 1945 les frais de la guerre et de la reconstruction, le retour et le reclassement des prisonniers et des déportés, la remise en place des réfugiés, le renvoi dans leurs foyers des hommes démobilisés, l'expédition de nos troupes en Indochine. Mais les excédents de recettes, la confiscation des profits illicites, la conversion en rentes 3 % des titres 4 % de 1917 et de 1918 et 4 1/2 % de 1932, surtout les bons du trésor auxquels le public ne cessera pas de souscrire, permettront de faire face à tout. Sans doute procédera-t-on, au mois de juin, à l'échange des billets de banque, ce qui rendra caduques au profit de l'État celles des anciennes vignettes qui ne seront pas présentées. Mais l'opération se fera franc par franc. Sans doute devra-t-on, entre janvier et décembre, poursuivre des ajustements de prix et de salaires, mais le pouvoir en restera maître et, au total, les augmentations ne dépasseront pas 50 %. En même temps, la production ne cessera pas de s'élever, d'autant mieux qu'à la suite d'accords passés en février et mars avec la Belgique, la Suisse, la Grande-Bretagne et les États-Unis, les importations reprennent. En fin de compte, l'activité économique sera, à la fin de 1945, double de ce qu'elle était lors de la libération, et la circulation fiduciaire ne dépassera pas le montant qu'elle atteignait au moment de mon arrivée à Paris. À une époque et dans une matière où il n'y a aucune chance que quiconque soit satisfait, je n'attends pas que ce résultat soulève de l'enthousiasme. Je m'en contente, cependant, puisque après avoir chancelé sur un chemin bordé d'abîmes le pays sera, au terme de l'année, engagé sur la route d'une nouvelle prospérité.

Comme il est naturel, Pierre Mendès France quitte le gouvernement, sur sa demande, au mois d'avril. Il le fait avec dignité. Aussi gardé-je mon estime à ce collaborateur d'une exceptionnelle valeur. Au demeurant, si je n'adopte pas la politique qu'il préconise, je n'exclus nullement de la faire mienne un jour, les circonstances ayant changé. Mais, pour que Mendès France soit, éventuellement, en mesure de l'appliquer, il faut qu'il sache rester fidèle à sa doctrine. C'est dans ce sens que, pour un ministre, le départ peut être un service rendu à l'État. Je réunis en un seul ministère celui des Finances et celui de l'Économie. Pleven en reçoit la charge. Compagnon d'un esprit brillant et étendu qui s'applique à être modeste, commis voué aux tâches compliquées qui les embrasse d'une souple étreinte, il s'acquitte de ses fonctions sans que notre misère lui permette de spectaculaires succès, mais de telle façon que le pays progresse en fait de ressources et de crédit. Bien que, parfois, je juge ses détours superflus, sa plasticité excessive, je lui accorde ma confiance et ne cesse de le soutenir.

J'en fais autant pour tous les ministres, obligé que je suis de me tenir à leur égard dans la position singulière qu'exige ma fonction d'arbitre, mais convaincu de leur mérite et sensible à leur amitié. Aujourd'hui, après nombre d'années et de changements dans les attitudes, je n'évoque pas sans émotion la cohésion de cette équipe et le concours que ses membres m'ont apporté dans une tâche historique. Si divers que puissent être mes vingt collaborateurs, il est de fait que nous n'aurons qu'une seule et même politique jusqu'au jour de la victoire. Certes, ils se trouvent, pour la plupart, rattachés à des partis, mais les malheurs de la patrie sont trop récents et mes pouvoirs trop bien reconnus pour qu'aucun veuille et puisse songer à jouer isolement. Quand on est ministre, c'est, en fait, vis-à-vis du général de Gaulle et de lui seul qu'on est responsable. Il en résulte, dans l'action du pouvoir, une unité qui, d'elle-même, commande la remise en ordre de l'État et du pays.

Je consulte souvent Jules Jeanneney, doyen austère et mesuré de notre gouvernement. Ministre de Clemenceau lors de la Première Guerre mondiale, il ne voulut, ensuite, être celui de personne. À présent, il est le mien. Totalement dévoué à la chose publique, il nous apporte une capacité juridique et une expérience politique qui m'ont conduit à lui confier la préparation des projets relatifs aux institutions. Nul, plus que l'ancien président du Sénat, n'est convaincu qu'il faut, de fond en comble, transformer le régime d'antan. Constamment, j'ai affaire aux trois ministres « militaires ». André Diethelm, dont je ne crois pas qu'il existe de compagnon plus fidèle, ni de commis d'une conscience plus haute, organise, encadre, équipe l'armée au moral à vif, aux éléments foncièrement différents, aux moyens déficitaires, qui sera celle de la victoire. Louis Jacquinot s'applique adroitement à faire en sorte, qu'en dépit des coups de canon tirés en sens opposés, des navires détruits ou sabordés, des décombres des arsenaux, il renaisse une marine française. Charles Tillon, tendu, soupçonneux, ne s'en consacre pas moins efficacement à la résurrection des fabrications de l'Air. Je travaille chaque jour avec Georges Bidault, ministre des Affaires étrangères. Versé, depuis des années, dans l'histoire et dans la critique des sujets qu'il doit traiter mais tout neuf dans la pratique des choses, impatient déjà de voler de ses propres ailes mais soucieux de ne pas s'écarter encore de la ligne que j'ai tracée, tenté de s'absorber dans sa tâche ministérielle mais en même temps attentif à la gestation du mouvement politique dont il entend prendre la tête, il surmonte ces contradictions à force d'intelligente finesse. À maintes reprises, Adrien Tixier m'entretient de l'ordre public. Aucune péripétie n'altère l'égalité d'âme du ministre de l'Intérieur. Pourtant, il ne dispose que de forces insuffisantes et ne cesse pas d'être harcelé par les sommations des vengeurs ou, au contraire, par les adjurations de certaines catégories qui voudraient que l'autorité n'apprît rien et oubliât tout. Enfin, ce mutilé de guerre souffre à toute heure le martyre ; dans un an, il sera mort.

Par intervalles, l'aigreur déferle à l'encontre d'autres ministres. Ainsi de François de Menthon, garde des Sceaux, qui a dans ses attributions celle, brûlante, de constituer les cours, les chambres civiques, la Haute-Cour et d'assurer leur indépendance et qui le fait comme il le doit. Le jeune, idéaliste, éloquent Pierre-Henri Teitgen se voit aussi porter des coups, puisqu'il dirige l'Information et réglemente les affaires de presse. Ceux qui l'attaquent trouvent, il est vrai, à qui parler. Rien n'ébranle la lucidité robuste de Robert Lacoste, ministre de la Production. Son lot, pourtant, est ingrat. Qu'il s'agisse de l'énergie, de l'outillage, des matières premières, que soient en cause les mines, la métallurgie, l'industrie textile, le papier, il n'est pour lui que déficits, impasses, goulots d'étranglement. Mais, sans faire beaucoup de bruit, il abat beaucoup de besogne et n'échoue jamais son bateau. Au ministère du Travail, Alexandre Parodi tisse patiemment et malaisément la toile de Pénélope que constitue l'échelle des salaires. Le retour des Prisonniers est préparé par Henri Frenay. Comme les partis surenchérissent d'avance sur les revendications qu'ils élèveront au nom de ces 2 millions d'électeurs, l'orage gronde autour du ministre. Mais, de tous les membres de mon gouvernement, celui qui est attelé à la tâche la plus ardue, le plus assuré de ne pouvoir satisfaire personne, le moins ménagé par les critiques et les caricatures, c'est Paul Ramadier, en charge du Ravitaillement. Je l'y ai appelé en novembre. Vaillamment, méthodiquement, il s'acharne et il réussit à réunir et à distribuer les maigres rations de l'époque, opposant au flot des brocards sa rocailleuse solidité, mais sensible à leur injustice.

Quelques ministres sont davantage soustraits aux saccades de l'opinion. C'est le cas pour Paul Giacobbi, esprit habile et cœur ardent, qui a remplacé Pleven aux Colonies et pris en compte, à ce titre, ce qui concerne l'Indochine ; pour François Billoux, qui dirige la Santé publique sans heurts mais non sans succès ; pour François Tanguy-Prigent, ministre et serviteur de l'Agriculture française, qui s'efforce de l'organiser et de la confédérer ; pour le sage Augustin Laurent qui remet en état les postes, les télégraphes, les téléphones, ravagés par la bataille. C'est également au milieu d'un calme politique relatif, pour ce qui les concerne, que René Capitant, René Mayer, Raoul Dautry mènent les affaires qu'ils ont en charge. Le premier entreprend avec audace et avec bonheur de rénover la structure et les méthodes de l'Éducation nationale. Le second, responsable des Transports, trouve moyen de résoudre les problèmes immédiats posés par la démolition des chemins de fer, des ports, des ponts, des routes, des canaux, des chantiers navals. Le troisième, riche d'idées et embrassant toutes les techniques, met au travail le ministère de la Reconstruction que j'ai créé au mois de décembre. À la demande de Dautry, j'y ai joint l'Urbanisme, afin que nos villes restaurées le soient d'après des plans d'ensemble. Au total, à voir comment s'y prennent, dans leur domaine respectif, tous mes collaborateurs, je m'assure que la Résistance offre au pays de grandes capacités politiques et administratives, pourvu qu'il y ait un capitaine au gouvernail de l'État.

Comme nous avons à faire beaucoup de choses et des plus difficiles, c'est suivant des règles arrêtées que fonctionne le gouvernement. Sauf dans les matières secrètes concernant les opérations, ou quand il s'agit d'une question posée d'urgence par la diplomatie, toutes les décisions importantes sont adoptées en Conseil. Celui-ci se réunit, en moyenne, deux fois par semaine. Ce n'est pas trop, étant donné le foisonnement des sujets et le fait que le gouvernement doit trancher au législatif aussi bien qu'à l'exécutif. Les séances sont préparées avec le plus de soin possible. La constitution des dossiers, la liaison de la Présidence avec les ministères et avec le Conseil d'État, incombent au secrétariat général dirigé par Louis Joxe. Parlant peu et en sourdine, se tenant sous un jour tamisé, Joxe assure sans à-coups la marche de ce mécanisme auquel tout est suspendu.

Le Conseil siège à l'hôtel Matignon. Dans la salle aux murs dépouillés, le ton est d'être objectif. La séance, quelque importante ou émouvante qu'elle soit, se déroule suivant un ordre établi une fois pour toutes. Sur chacun des points traités, le ministre intéressé présente son rapport comme il l'entend. Ceux des membres qui croient devoir formuler des objections ou des suggestions reçoivent toujours la parole. Il m'appartient d'éclaircir complètement le débat en posant les questions voulues. Puis, s'il s'agit d'un problème grave, je consulte tous les membres. Il se trouve, d'ailleurs, comme je l'ai toujours constaté depuis cinq ans, que les principes de notre politique donnent rarement lieu à des discussions. L'action des armées, les buts de guerre, l'attitude à prendre vis-à-vis des alliés, la transformation de l'Empire en Union française, le devoir d'assurer la justice à l'égard des « collaborateurs », l'obligation de maintenir l'ordre contre quiconque, la nécessité d'accomplir une vaste réforme sociale, ne soulèvent pas de contestations. Là-dessus, tout le monde est d'accord quant à la direction que de Gaulle a lui-même tracée. Mais, dès qu'on aborde les mesures à prendre, c'est-à-dire les intérêts à mettre en cause, le débat aussitôt s'anime. C'est le cas, en particulier, pour les projets d'ordre économique et social, les dispositions financières, la production, le ravitaillement, le mode de suffrage, l'éligibilité. Quand se posent des questions de personnes, la controverse atteint son maximum.

Au cours du débat, j'insiste pour que les opinions soient exprimées sans réserve. En fin de compte, je fais connaître ma propre manière de voir. Souvent, il s'est établi entre les membres une sorte d'accord général. J'en prends acte et tout est dit. Sinon, je formule la décision que je crois bonne. De ce fait, elle est celle du Conseil. Je tâche, dans tous les cas, que ce soit net et rapide. Car, une fois la cause entendue, rien ne coûterait plus cher que l'incertitude du pouvoir.

Comme les heures sont brèves ! Comme il y en a peu dans un jour ! Ces Conseils du gouvernement, il me faut les préparer. En outre, beaucoup d'affaires : défense nationale, économie, finances, population, Indochine, Afrique du Nord, sont examinées d'abord par des comités restreints que je préside et où siègent les ministres responsables en la matière avec leurs principaux seconds. Encore ai-je à m'entretenir de ce qui est en question avec l'un ou avec l'autre des membres du gouvernement. Je dois souvent consulter les experts, prendre l'avis de René Cassin vice-président du Conseil d'État, régler avec Louis Joxe l'ordre des travaux, signer les ordonnances, les décrets, les décisions, qui en sont l'aboutissement.

Ce qui se passe au jour le jour m'est présenté par mes collaborateurs directs. Palewski m'apporte les télégrammes, missives, rapports, concernant la politique et la diplomatie, les analyses de presse et de radio françaises et étrangères, les messages qui arrivent de tous les points de la France et du monde. Juin me tient au fait des événements militaires et me remet les comptes rendus et les demandes des armées. Sur quoi, j'écris mes propres lettres, dépêches et directives et signe le courrier préparé par le cabinet.

Les audiences que je donne sont limitées au nécessaire. Mais cela en fait beaucoup. En dehors des conférences avec des membres de gouvernements alliés qui viennent négocier à Paris, comme MM. Churchill et Eden en novembre, M. Hopkins en janvier, M. Spaak en février, M. van Kleffens puis Sir John Anderson en mars, MM. Ford et Evatt en avril, je reçois les ambassadeurs. MM. Duff Cooper, Bogomolov, Caffery sont des visiteurs assidus. Mais aussi, Mgr Roncalli, MM. Morawski, le baron Guillaume, le général Vanier, Cerny, Burckhardt, etc., s'assoient souvent dans mon bureau. Y ont toujours accès les grands chefs militaires alliés ou français. Périodiquement, les commissaires de la République sont convoqués à Paris, et je les réunis chaque fois pour entendre leur rapport et leur donner des instructions d'ensemble. Nos représentants à l'étranger, quand ils sont de passage en France, viennent rendre compte de leur mission. Je reçois, à l'occasion, le gouverneur de la Banque de France, le secrétaire général du Quai d'Orsay, le préfet de police, le directeur du service des renseignements. Il me faut prendre contact avec divers étrangers éminents, ainsi qu'avec des personnalités françaises : présidents d'associations, académiciens, prélats, dirigeants de l'économie, chefs syndicalistes, etc. Bien entendu, les membres du bureau de la « Consultative », les présidents de groupe, certains délégués, sont reçus quand ils le demandent.

Jusqu'au jour de la victoire, je vais trente fois à l'Assemblée. J'y prends vingt fois la parole. Pendant la même période, je m'adresse fréquemment au public par la radio. Discours, allocutions, conférences de presse, me permettent de tenir le pays au courant de ses affaires, de lui dire ce que j'attends de lui, et aussi de faire retentir la voix de la France au-dehors. Dans certains cas, je suis amené à improviser mes propos. Alors, me laissant saisir par une émotion calculée, je jette d'emblée à l'auditoire les idées et les mots qui se pressent dans mon esprit. Mais, souvent, j'écris d'avance le texte et le prononce ensuite sans le lire : souci de précision et amour-propre d'orateur, lourde sujétion aussi, car, si ma mémoire me sert bien, je n'ai pas la plume facile. Mes déplacements sont nombreux : onze visites aux armées, des tournées dans toutes les provinces, un voyage en Russie en passant par l'Orient et en revenant par l'Afrique du Nord. En huit mois, je suis soixante-dix jours absent de la capitale. Au retour, je vois se dresser des montagnes d'instances accumulées.

C'est rue Saint-Dominique que sont installés mes bureaux. Le vieil hôtel Brienne est central et symbolique. Depuis le matin jusqu'au soir, j'y travaille et j'y donne audience. Là, ont lieu, également, les réceptions présidentielles : remise de lettres de créance, accueil de délégations, repas officiels, etc. Là, se tiennent les comités interministériels, quelquefois le Conseil des ministres. Pour demeure, je n'ai pas voulu du palais de l'Élysée, marquant ainsi que je ne préjuge ni des institutions de demain, ni de la place que j'y prendrai. D'ailleurs, le train de vie qu'imposerait au général de Gaulle et que coûterait à l'État l'installation à l'Élysée serait choquant au milieu de la misère nationale. Pour les mêmes raisons, je ne fais aucun séjour à Rambouillet. J'ai loué, à titre personnel, un hôtel particulier en lisière du bois de Boulogne sur le chemin de Bagatelle. Ma femme et moi y habitons. Nos deux filles sont auprès de nous. Notre fils est au combat. Ces soirs d'hiver et de printemps, d'aimables hôtes étrangers et français viennent parfois s'asseoir à notre table. Après leur départ, mes veillées sont remplies par l'étude des dossiers, la rédaction de mes discours, l'examen, face à ma conscience, des recours des condamnés. Le dimanche, je me fais conduire dans une forêt proche de Paris pour y marcher quelques heures.

Au poste où je suis, rien de ce qui est de la France ne m'est inconnu ou caché. Or, à travers les rapports, les audiences, les inspections, les cérémonies, mille signes me font voir que le pays se ressaisit et, dans les contacts directs que je prends avec le public, je sens que l'ordre l'emporte au lieu de l'agitation où la nation aurait, sans nul doute, risqué de se disloquer.

C'est l'impression que je recueille à Nantes, où je vais le 14 janvier, en compagnie des ministres Dautry et Tanguy-Prigent, pour remettre entre les mains du maire Clovis Constant la croix de la Libération. Angers, que je visite ensuite, me fait entendre la même note de confiance et d'apaisement. Présidant, à Paris, l'ouverture de l'Université, je suis frappé par l'atmosphère allègre qui enveloppe la Sorbonne. Les 27 et 28 janvier, je parcours la banlieue parisienne. Les villes de Boulogne-Billancourt, Montrouge, Sceaux,

Ivry, Saint-Maur, Nogent, Neuilly, Asnières, Saint-Denis, Aubervilliers, Montreuil, Vincennes, me voient parcourir à pied leurs rues vibrantes et pavoisées et me reçoivent en leur mairie. Le froid de fer qui sévit rend d'autant plus émouvants l'enthousiasme de la population et l'hommage des municipalités, qu'elles soient, ou non, communistes. Entre-temps, j'ai plusieurs fois porté à l'Alsace le témoignage de la France. Je suis à Metz le 11 février. Les cris du peuple, les fanfares, les allocutions du préfet Rebourset, du gouverneur Dody, du maire Hocquard, de l'évêque Mgr Heintz, font entendre que, comme toujours, c'est là que les triomphes français ont le plus grand retentissement. Le 4 mars, ayant à mes côtés Tixier et Lacoste, je me rends à Limoges. L'accueil y est magnifique. Pourtant, des troubles graves ont agité le Limousin. Mais l'ordre a gagné la partie. Le commissaire de la République Boursicot exerce, maintenant, la plénitude de ses pouvoirs. Chaintron, préfet du moment, le seconde effectivement. Le maire Chaudier a fait l'union dans son conseil municipal. Au nom de la France, j'accomplis le pèlerinage d'Oradour-sur-Glane. Le lendemain, randonnée à travers la campagne gasconne. À Périgueux, le voyage s'achève par une réception éclatante de fierté patriotique.

Paris clôt, le 2 avril, la série des manifestations qui préludent à la victoire. Le matin, à la Concorde décorée de croix de Lorraine, en présence du gouvernement, des corps de l'État, de l'Assemblée, du corps diplomatique, je remets solennellement 134 drapeaux et étendards aux colonels des régiments qui viennent d'être reconstitués. Puis, depuis l'Arc de Triomphe sous la voûte duquel flotte un gigantesque drapeau, jusqu'à la place de la République, en suivant les Champs-

Élysées, la rue Royale, les grands boulevards, défilent 60 000 hommes et un puissant matériel. Il s'agit, soit de formations nouvelles, soit d'unités venues du front. On ne saurait décrire les transports de la population constatant la résurrection de notre force militaire.

L'après-midi, sur le perron de l'Hôtel de Ville, André Le Troquer reçoit de mes mains la croix de la Libération décernée à la Ville de Paris. Auparavant, j'ai répondu à l'éloquente allocution du président du Conseil municipal. C'est pour parler de nos devoirs. « La France, dis-je, découvre avec lucidité quel effort il lui faut fournir pour réparer ce que cette guerre, commencée voici plus de trente ans, a détruit de sa substance… Nous ne nous rétablirons que par un travail acharné, dans une étroite discipline nationale… Silence aux surenchères des partis ! » Évoquant « le monde durci où notre pays se retrouve », je déclare : « Il est bon que les réalités soient rigoureuses et incommodes. Car, pour un peuple comme le nôtre, qui repousse les caresses infâmes de la décadence, mieux valent les aspérités que les pentes molles et faciles. »

Ce jour-là, comme toujours en de telles cérémonies, je quitte, par intervalles, le cortège officiel afin d'aborder la foule et de m'enfoncer dans ses rangs. Serrant les mains, écoutant les cris, je tâche que ce contact soit un échange de pensées. « Me voilà, tel que Dieu m'a fait ! » voudrais-je faire entendre à ceux qui m'entourent. « Comme vous voyez, je suis votre frère, chez lui au milieu des siens, mais un chef qui ne saurait ni composer avec son devoir, ni plier sous son fardeau. » Inversement, sous les clameurs et à travers les regards, j'aperçois le reflet des âmes. Pour le grand nombre, il s'agit d'émotion, suscitée par ce spectacle, exaltée par cette présence et qui s'exprime en : « Vive de Gaulle ! » en sourires, en larmes aux yeux. Chez beaucoup, transparaît l'inquiétude que des troubles nouveaux viennent menacer la vie de chacun. Ceux-là semblent me dire : « Nous vous acclamons, parce que vous êtes le pouvoir, la fermeté, la sécurité. » Mais qu'elle est grave la question muette que je lis sur certains visages ! « De Gaulle ! cette grandeur, dont grâce à vous nous sentons le souffle, résistera-t-elle demain au flot montant de la facilité ! »

Au cœur de la multitude, je me sens pénétré de sa joie et de ses soucis. Combien suis-je près surtout de ceux qui, fêtant le salut de la patrie mais constatant le réveil de ses démons intérieurs, ressentent à son sujet l'inquiétude lucide de l'amour !

LA VICTOIRE

Après les grandes batailles du printemps et de l'été, le front d'Occident s'était fixé près de la frontière du Reich. C'était, de part et d'autre, pour préparer les coups décisifs. Compte tenu de la vaste offensive que les Russes entameraient bientôt, les alliés de l'Ouest se regroupaient, à la mi-automne, en vue d'en finir dans le courant de l'hiver. Hitler, de son côté, espérait encore briser par un effort suprême l'assaut de ses ennemis et, même, ressaisir l'avantage. Quant à la France, les chocs prochains allaient lui offrir l'occasion de gagner sa part de victoire et de rendre du lustre à ses armes. Aussi mes intentions étaient-elles nettement fixées. J'entendais que nos forces fussent engagées à fond avec celles de la coalition. J'espérais que leur gloire nouvelle ferait renaître dans le pays la fierté dont il avait besoin. Je voulais que leur action assurât, sur le terrain, certains résultats précis qui intéressaient directement la France.

Il est vrai que nos forces de campagne étaient placées, pour les opérations, à l'intérieur du système stratégique occidental. Le général Eisenhower, qui exerçait le commandement suprême, s'y trouvait bien à sa place, loyal et méthodique, assez habile pour maintenir son autorité sur ses difficiles lieutenants et sachant faire preuve de souplesse vis-à-vis des gouvernements qui lui confiaient leurs armées. J'étais, pour ma part, décidé à ne pas compliquer sa tâche et à lui laisser la disposition aussi complète que possible des grandes unités que nous lui avions prêtées. Mais, outre l'intérêt commun qui consistait à gagner la bataille pour le compte de tout le monde, il y avait l'intérêt national français. Cela, c'était mon affaire. Pour imposer nos conditions, je serais, à plusieurs reprises, amené à intervenir dans le domaine stratégique, au cours même de l'exécution.

Il n'en eût pas été de même si la France avait eu sa juste place dans la direction de l'effort commun, si le gouvernement de Paris s'était trouvé, comme ses grands alliés, à même de faire adopter ses buts de guerre par la coalition, si l'état-major français avait pu, lui aussi, concourir régulièrement aux décisions militaires. Mais les gouvernements de Washington et de Londres prétendaient détenir sans partage le droit de conduire la guerre, et le commandement « combiné » anglo-américain gardait jalousement le monopole des plans d'opérations. Étant donné que la France mettait en jeu tout son destin, que l'armée française allait fournir, en fin de compte, près du quart des troupes qu'Eisenhower aurait sous ses ordres, que la bataille avait pour base le sol français, avec ses routes, ses chemins de fer, ses ports, ses transmissions, l'obstination des Anglo-Saxons à détenir seuls les leviers de commande était tout à fait excessive. Pour en compenser l'abus, il me faudrait, à l'occasion, forcer la main au commandement, voire même employer nos troupes en dehors du cadre allié.

Dans ce que ma tâche comportait de militaire, j'étais assisté par l'état-major de la Défense nationale, constitué dès Alger. Le général Juin était à sa tête, intelligent, diligent, sachant arrondir les angles de mes rapports avec les alliés, s'employant à amortir les chocs auxquels, parfois, ma manière d'être exposait les subordonnés. S'il s'agissait d'opérations, Juin réglait les affaires quand j'en avais décidé. En matière d'administration, d'armement, d'équipement, de personnel, c'étaient les ministres de la Guerre, de la Marine, de l'Air : Diethelm, Jacquinot, Tillon, avec leurs chefs d'état-major : Leyer, Lemonnier, Valin, qui avaient en compte l'exécution. Mais il m'incombait d'arrêter les mesures les plus importantes. Je le faisais en comité de la Défense nationale, en présence des trois ministres et de leurs seconds. Après quoi, ceux-ci allaient à leurs bureaux et à leurs téléphones, pour s'en prendre aux difficultés inhérentes à une nation dépouillée de ses moyens de guerre et qu'il fallait faire réapparaître, sous l'armure, l'épée à la main.

Le plan d'ensemble, arrêté par Eisenhower dans le courant du mois d'octobre pour la reprise de l'offensive, m'avait paru bien inspiré. Le Commandant en chef voulait porter son effort vers la Ruhr, en poussant jusqu'au Rhin, entre Duisburg et Coblence, le Groupe d'armées du général Bradley. Celui de Montgomery avancerait dans les Pays-Bas pour appuyer les Américains sur leur gauche, tandis que, pour les couvrir à droite, les deux armées du Groupe Devers déboucheraient en Alsace : Patch par Saverne, de Lattre par Belfort. Il incomberait, en outre, à de Lattre d'assurer, le long des Alpes, la couverture du dispositif.

Des opérations secondaires étaient, d'autre part, prévues. Les ravitaillements nécessaires à la grande bataille exigeant le débarquement d'un énorme matériel, et les ports français et belges qui avaient été libérés se trouvant dans le pire état, le Commandant en chef projetait de débloquer Anvers. Les Britanniques s'empareraient donc des îles à l'embouchure de l'Escaut. Mais aussi, comme le port de Bordeaux était relativement intact et que son utilisation faciliterait grandement le ravitaillement de la France, je pressais Eisenhower de procurer aux Français les moyens d'enlever les réduits allemands sur les deux rives de la Gironde. Il s'y était, en principe, résolu. C'est également aux Français que reviendrait la tâche de bloquer – en attendant de les prendre – les autres poches de l'Atlantique : La Rochelle, Saint-Nazaire, Lorient.

Au mois d'octobre, j'avais arrêté, pour nos forces, une répartition répondant aux éventualités probables. La Ire Armée, gardant les 7 divisions : 1re « française libre », 3e nord-africaine, 2e et 4e marocaines, 9e coloniale, 1re et 5e blindées, ainsi que les 2 corps d'armée et les éléments de réserve, qui lui avaient été affectés depuis l'Afrique et l'Italie, absorbait en outre de nombreux renforts provenant des forces de l'intérieur. Elle portait au maximum l'effectif de ses unités, formait des régiments nouveaux et constituerait bientôt une division de plus : la 14e. C'était donc un total de plus de 8 divisions, avec tous les soutiens, volants et services correspondants, que le général de Lattre aurait sous ses ordres pour atteindre et franchir le Rhin.

À la bataille d'Alsace prendrait part, également la 2e Division blindée. Suivant mes intentions, celle-ci était initialement rattachée à la VIIe Armée américaine avec la mission générale de libérer Strasbourg. D'autre part, la 27e Division alpine et deux brigades de montagne demeuraient dans les Alpes pour couvrir la vallée du

Rhône où passaient les communications des Armées de Lattre et Patch. Sur la côte de l'Atlantique, je confiai, le 14 octobre, au général de Larminat le commandement des « Forces de l'Ouest » et le fis rattacher, pour les ravitaillements en munitions et en essence, au Groupe d'armées du général Devers. Larminat avait devant lui 90 000 Allemands solidement retranchés. Des maquisards se trouvant sur place, étayés de plusieurs régiments nord-africains et coloniaux et de batteries d'origines diverses, il devrait faire 3 divisions : 19e, 23e, 25e. Dès qu'on pourrait, en outre, prélever sur le front du Rhin les renforts indispensables, les forces de l'Ouest passeraient à l'attaque pour liquider les poches allemandes. Enfin, 2 divisions en voie de formation : 10e et Ire, resteraient provisoirement à la disposition du gouvernement, l'une près de Paris, l'autre aux environs de Bourges. Elles seraient, à leur tour, engagées dès que possible. Dans la dernière phase de la guerre, il y aurait finalement en ligne plus de 15 divisions françaises. C'était vraiment tout le possible, compte tenu des misères du présent. Pour la France, hélas ! c'était peu, relativement au passé. « Allah ! qui me rendra ma formidable armée ? »

Tout ce que nous possédions d'aviation allait voler à la bataille. Le 30 septembre, nous constituions le 1er Corps aérien sous les ordres du général Gérardot. Ce corps, qui comprenait 20 groupes, tant de chasse que de bombardement et de reconnaissance, déployés dans la région de Dijon, appuierait par priorité la Ire Armée française, tout en faisant partie des forces aériennes commandées par l'air-marshal Tedder. D'autre part, 7 groupes restaient basés en Angleterre, dont 5 prêtaient leur concours aux opérations alliées de Belgique et de Hollande, tandis que 2 de bombardement lourd contribuaient, avec tous ceux de l'Occident, à l'écrasement des centres vitaux et industriels de l'Allemagne. Six groupes, sous les ordres du général Corniglion-Molinier, achevaient de se constituer pour appuyer nos forces de l'Ouest. Quelques escadrilles aidaient nos éléments engagés dans les Alpes. Quelques autres, maintenues en Afrique du Nord, participaient à la sécurité des bases et des convois dans la Méditerranée. Sur le front russe, deux de nos groupes poursuivaient le combat aux côtés des chasseurs moscovites. Au total, un millier d'avions français seraient en ligne à la fois.

Quant à notre marine, ses escorteurs, sous-marins, chasseurs, accomplissaient leur tâche incessante de protection des convois, de destruction des sous-marins, vedettes, corsaires, cargos allemands et de mouillage de mines sur les côtes tenues par l'ennemi. L'amiral d'Argenlieu, fixé à Cherbourg, dirigeait leurs opérations dans l'Atlantique, la Manche, la mer du Nord. En même temps, une escadre formée des croiseurs : *Montcalm, Georges Leygues, Gloire, Emile Bertin, Jeanne d'Arc, Duguay-Trouin*, de 7 croiseurs légers et de petits bâtiments, sous les ordres successifs des amiraux Auboyneau et Jaujard, bombardait les rivages du golfe de Gênes, toujours aux mains des troupes de Kesselring, et couvrait la côte méridionale française contre les raids des derniers navires adverses. Une autre escadre, commandée par l'amiral Rue et comprenant, notamment, le cuirassé *Lorraine* et le croiseur *Duquesne*, assurait le blocus des poches allemandes de l'Atlantique en attendant d'aider à les réduire. Plusieurs flottilles d'aéronavale opéraient dans les mêmes parages. La marine avait, en outre, formé trois régiments blindés de fusiliers, un régiment de canonniers, des bataillons de marins, des commandos, qui prenaient part aux combats de l'armée de terre. Il faut ajouter que nos dragueurs exécutaient le déminage de nos ports et de nos rades. Enfin, dans le Pacifique, le cuirassé *Richelieu*, intégré dans la flotte alliée, combattait les Japonais. Si diminuée que fût la puissance navale des ennemis, tout dépendrait jusqu'à la fin de ce qui se passait sur les mers. Il était donc essentiel que notre marine y soutînt, avec ce qui lui restait, l'honneur des armes de la France.

Le mois de novembre voit se déclencher l'offensive générale des alliés occidentaux. Du nord au sud, les armées entrent successivement en action. Le 14, c'est au tour de la Ire Armée française. Il s'agit pour elle de forcer la trouée de Belfort et de déboucher en Haute-Alsace.

Le général de Lattre a chargé le 1er Corps d'armée de l'opération principale, tandis qu'au nord le 2e Corps doit s'emparer des cols des Vosges. L'objectif sera atteint après quinze jours de combat menés dans la boue, sous la neige, en dépit de la résistance acharnée de 8 divisions allemandes appartenant à la XIXe Armée. Il est vrai que Béthouart a pu rapidement porter vers Belfort sa gauche : 2e Division marocaine, 5e Division blindée et divers groupements des forces de l'intérieur, lui faire franchir la Lisaine en tuant à l'ennemi beaucoup de monde, notamment le général Ochsmann commandant la défense de ce secteur, puis pousser vers le Rhin sa droite : 9e Division coloniale et 1re Division blindée. Il est vrai que le fleuve est atteint dès le 19 novembre, à Rosenau et à Saint-Louis, par les chars du général du Vigier et qu'ainsi les Français sont, parmi les alliés, les premiers à l'aborder. Il est vrai que, le 21, nos troupes libèrent Mulhouse et Altkirch. Mais l'ennemi s'accroche, continuant à tenir les ouvrages autour de Belfort et réussissant à couper plusieurs fois par des contre-attaques celles de nos forces qui progressent le long de la frontière suisse.

Finalement, ce sont les progrès du 2e Corps dans les Vosges qui permettent au 1er Corps d'obtenir, en plaine, la décision. La 1re Division « française libre », formant la droite de Monsabert, parvient à franchir par Giromagny et Massevaux les contreforts sud du massif. Son chef, le général Brosset, combattant digne de la légende, a péri au cours de l'avance. Mais Garbay, qui lui succède, opère sa jonction avec des troupes de Béthouart aux abords de Burnhaupt. Par là s'achève l'encerclement des dernières résistances allemandes entre Belfort et Mulhouse. Plus au nord, Guillaume, avec sa 3e Division nord-africaine, a pu enlever Gérardmer et Cornimont, puis les cols de la Schlucht et de Bussang. En quinze jours, la Ire Armée a tué 10 000 Allemands, fait 18 000 prisonniers, enlevé 120 canons. À la fin de novembre, de Lattre est en mesure de porter sur Colmar tout l'effort de son armée.

Tandis qu'il mène cette dure bataille, son voisin, le général Patch, pénètre en Basse-Alsace. Ayant brisé, sur l'axe Lunéville-Blamont, la première position allemande, la VIIe Armée américaine vise à atteindre le Rhin de Strasbourg à Lauterbourg. C'est, pour la 2e Division blindée française, l'occasion de libérer la capitale alsacienne.

Le 18 novembre, cette division reçoit l'ordre d'exploiter dans la direction de Saverne le succès des Américains qui ont rompu la ligne ennemie. Leclerc s'élance. Exécutant avec logique sa mission d'exploitation et résolu à faire en sorte que ses soldats parviennent les premiers à Strasbourg, il va manœuvrer de manière à n'être pas accroché par les résistances successives préparées par les Allemands. Aussi l'un de ses groupements déborde-t-il au nord Sarrebourg, puis Phalsbourg, où l'adversaire est en position. Mais, au sud, il faut franchir les Vosges. Les itinéraires que Leclerc y choisit, pour faire cheminer ses chars, ses canons, ses camions, sont les moins bons, les plus risqués, mais ceux qui lui donnent le plus de chances de passer sans coup férir. Si rapide est l'avance des nôtres, si imprévus sont leurs axes de marche, par Cirey, Voyer, Rehtal, Dabo, que les fractions ennemies rencontrées sont presque partout surprises, capturées ou mises en déroute, au point que nos colonnes doublent souvent celles des fuyards. Le 22 novembre, Saverne et Phalsbourg tombent entre nos mains, ainsi que beaucoup d'Allemands, en particulier le général Bruhn commandant les forces de la région.

À présent, devant Leclerc et les siens, il y a Strasbourg. Pour l'atteindre, il leur faut traverser 35 kilomètres de plaine, puis briser aux abords et à l'intérieur de l'agglomération la résistance d'une garnison dont l'effectif dépasse le leur et qui s'appuie sur des ouvrages puissants. Mais les nôtres sentent se lever le vent de la victoire. Leclerc demande qu'on lui donne l'ordre de marcher sur Strasbourg. Or, le général Patch sait pourquoi la 2e Division blindée française a été affectée à son armée. Il comprend que le fer chaud doit être aussitôt battu. Il fixe à Leclerc l'objectif mérité.

Le 23 novembre, s'achève un des épisodes les plus brillants de notre histoire militaire. En 5 colonnes – autant qu'il y a de routes – la 2e Division blindée charge sur Strasbourg. Les Allemands, surpris de toutes parts, ne parviennent pas à organiser leur défense. Seul, tient bon le réduit qu'ils ont établi en avant des ponts de Kehl et vers lequel courent leurs fuyards pêle-mêle avec nos voitures de combat. Les casernes et bâtiments publics, occupés par 12 000 militaires et 20 000 civils allemands, se rendent presque aussitôt. Au milieu de l'après-midi, nos troupes ont restitué la ville entière à la France. La foule des habitants exulte de joie dans les rues. Quant aux ouvrages extérieurs, ils seront pris en quarante-huit heures. Le général von Vaterrodt, gouverneur allemand de Strasbourg, réfugié dans le fort Ney, capitulera le 25 novembre. La réussite est parfaite. Y ont concouru : de longues prévisions, une exécution magistrale, l'attraction qu'exercent sur les âmes françaises l'Alsace et sa capitale et qui, au moment voulu, s'est traduite chez nos soldats par un irrésistible élan.

Un message du général Leclerc m'apprend l'entrée de ses troupes à Strasbourg à peine y ont-elles pénétré. Au début de la séance tenue, ce jour-là, par l'Assemblée consultative, je viens annoncer la nouvelle. Un frisson parcourt l'assistance, élevée soudain tout entière au-dessus d'un quelconque débat. Les armes ont cette vertu de susciter, parfois, l'unanimité française.

Cependant, les succès des Français et des Américains dans le Haut-Rhin et autour de Strasbourg ne déterminent aucunement l'ennemi à abandonner l'Alsace. Au contraire, il s'acharne à tenir ferme au sud, à l'ouest et au nord de Colmar, en attendant de prendre l'offensive pour ressaisir ce qu'il a perdu. Hitler intervient, donne l'ordre à Himmler d'assumer en Alsace la direction militaire, politique et policière, fait renforcer les 7 divisions de sa XIXe Armée par une division de montagne venue de Norvège, une Panzerdivision armée de chars « Panther » tout neufs et qui surclassent les « Sherman » de nos propres unités, de multiples contingents expédiés en hâte de l'intérieur. La poche de Colmar présente de bonnes conditions de défense.

Les Allemands y installent leur droite immédiatement au sud de Strasbourg dans une zone que l'Ill, le Rhin et le canal du Rhône au Rhin rendent difficile à franchir. À leur gauche, ils sont couverts par l'épaisse forêt de la Hardt. Au centre, le rempart formé par la crête et le revers des Vosges est toujours entre leurs mains. Alors que, chez les Français, ce qu'on transfère d'un bout à l'autre du champ de bataille doit contourner le massif par de longs et rudes chemins, les Allemands, pour déplacer du nord au sud ou du sud au nord des troupes ou du matériel, n'ont qu'à leur faire parcourir en terrain plat la corde de l'arc. À l'arrière, sur la rive badoise, les hauteurs de la Forêt-Noire offrent à leur artillerie des emplacements et des observatoires excellents pour battre la plaine. Dans les premiers jours de décembre, tout fait prévoir que la Ire Armée ne pourra s'emparer de Colmar sans de nouveaux et durs combats.

Au reste, sur tout le front, les alliés se heurtent à la même résistance farouche. Dans le Groupe Montgomery, c'est à grand-peine que l'armée canadienne et polonaise de Crerar réussit à dégager Anvers et que l'armée anglaise de Dempsey progresse autour de Nimègue. Chez Bradley, les armées Simpson et Hodges n'avancent que pas à pas au nord et au sud d'Aix-la-Chapelle. Celle de Patton, ayant libéré Metz, atteint malaisément la Sarre. Quant à Devers, il parvient à pousser Patch jusqu'à Lauterbourg. Mais, contraint d'agir par sa gauche pour aider son voisin du nord, il étend le front de Lattre sans le renforcer en proportion, ce qui rend plus difficile encore la progression de la Ire Armée française. D'ailleurs, l'hiver qui est, cette année-là, exceptionnellement rigoureux, éprouve les troupes, glace et enneige les routes, ralentit la circulation. Les ravitaillements s'en ressentent ; les manœuvres et les attaques, aussi. En mer, l'effort désespéré des sous-marins allemands décime toujours les convois et, dans les ports détruits, le matériel apporté par les navires alliés est déchargé avec peine et retard.

Malgré tout, la Ire Armée va s'efforcer d'accomplir sa mission en achevant de libérer l'Alsace. Sa zone d'action s'étend maintenant, en arc de cercle, depuis la frontière suisse jusqu'aux abords de Strasbourg ; la capitale alsacienne restant incluse dans le secteur de la VIIe Armée américaine, bien que la garnison en soit formée par la Brigade « Alsace-Lorraine ». Le général de Lattre voit joindre à son armée la Division Leclerc regroupée au sud de Strasbourg et la 36e Division américaine. En revanche, Devers lui retire la Ire Division « française libre », qui est portée vers Royan.

Au début de décembre, la Ire Armée entame l'action vers Colmar. Quinze jours de combats obstinés lui valent quelques succès, au sud vers Thann qu'elle libère, au nord dans la région de Sélestat et de Ribeauvillé. En même temps, à la crête des Vosges, le Hohneck et le col du Bonhomme sont âprement disputés. Mais, dans cet effort linéaire déployé simultanément sur tous les points d'un vaste front, de Lattre n'a pas les moyens d'emporter la décision.

Soudain, les Allemands déclenchent dans les Ardennes une puissante offensive. Du coup, les allocations en munitions et les appuis aériens, qui déjà n'étaient accordés aux nôtres qu'avec une grande parcimonie, sont portés presque en totalité vers le secteur enfoncé par l'ennemi. La Ire Armée française est donc contrainte de suspendre l'attaque. Voyant s'éloigner l'issue qu'ils avaient entrevue, chef et soldats sont décontenancés.

Après tant d'élans prodigués, l'incertitude et le doute leur font sentir leur lassitude.

C'est à mon retour de Russie, au milieu du mois de décembre, que m'apparaît l'épreuve morale traversée par notre armée d'Alsace. J'en suis soucieux mais non surpris. Sachant de quelle énergie guerrière sont capables les Allemands, je n'ai jamais douté qu'ils sauraient, pendant des mois encore, tenir en échec les Occidentaux. Il me faut même ajouter, qu'au point de vue national, je ne déplore guère ces délais, où s'accroissent dans la coalition l'importance et le poids de la France. Encore faut-il que, dans nos forces, les âmes gardent leur ressort.

Tout s'arrangerait vite si l'armée se sentait soutenue par l'opinion. Mais, à cet égard, les choses laissent à désirer. Non point que le peuple français méconnaisse théoriquement les mérites de ceux qui combattent pour son service. Mais ceux-ci lui semblent, trop souvent, lointains et presque étrangers. Pour beaucoup de gens, la libération équivaut à la fin de la guerre et ce qui s'accomplit, depuis, dans le domaine des armes, ne présente pas d'intérêt direct. D'ailleurs, ce sont les alliés qui exercent le commandement et fournissent la plus grande part. Nombre de Français, blessés jusqu'au fond de l'âme par l'effondrement de naguère, se passionnent peu pour des batailles où l'armée française ne joue plus, hélas ! le premier rôle. Et puis, le désastre de 1940, l'aspect militaire que revêtait le régime de la capitulation, l'abus que Vichy a fait du conformisme et de la discipline, ont provoqué, à l'égard de l'ensemble des professionnels, une certaine désaffection. Enfin, dans le monde de la politique, des intérêts, de la presse, la plupart des dirigeants tournent leurs préoccupations vers de tout autres sujets qu'une campagne dont ils croient qu'elle est gagnée d'avance et que le désarmement lui succédera à coup sûr. Constatant moi-même quelle place restreinte et quels fades commentaires les journaux consacrent à nos troupes et ayant convoqué les directeurs pour les inviter à mettre en lumière ce qui se passe sur le front, je m'entends répondre : « Nous allons faire de notre mieux. Mais il nous faut tenir compte des goûts du public. Or, les sujets militaires ne l'intéressent pas beaucoup. »

Justement, le général de Lattre me rend compte, le 18 décembre, de ses préoccupations quant à l'état de son armée. Il m'écrit avoir demandé au général Devers de mettre à sa disposition au moins deux divisions nouvelles, de lui fournir un appui aérien, de lui allouer un supplément de munitions. Faute de quoi, ses troupes ne pourront prendre Colmar. Mais, en même temps, le commandant de la Ire Armée me signale la dépression qui sévit dans l'âme de ses subordonnés. Il attribue cette crise, moins aux pertes, à la fatigue, aux souffrances causées par l'hiver, qu'à l'éloignement moral par rapport au pays. « D'un bout à l'autre de la hiérarchie, écrit-il, particulièrement chez les officiers, l'impression générale est que la nation les ignore et les abandonne. » De Lattre poursuit : « Certains vont même jusqu'à s'imaginer que l'armée régulière, venue d'outre-mer, est sacrifiée de propos délibéré. » Il ajoute : « La cause profonde de ce malaise réside dans la non-participation de la nation à la guerre. »

Tout en faisant la part des déceptions causées au général de Lattre par les combats ingrats où son armée est engagée, après une phase des opérations où, au contraire, se multipliaient succès, trophées et vivats ; tout en lui affirmant que ses troupes ne sont nullement abandonnées et en l'invitant à le leur faire comprendre ;

tout en lui marquant une confiance encourageante : « Vous êtes, comme toutes les armées alliées, dans un moment difficile, mais vous en sortirez à votre gloire », je prends des dispositions pour renforcer la Ire Armée en vue de la crise stratégique qui s'annonce.

Le 18 décembre, des ordres sont donnés pour incorporer dans les unités du front 10 000 jeunes soldats à l'instruction dans les dépôts. Le 19, je fais savoir au commandement allié, qu'en raison de l'offensive entamée en Belgique par les Allemands, j'approuve qu'il soit sursis à l'attaque de Royan et que la Ire Division « française libre » revienne d'urgence en Alsace, ce qui est fait aussitôt. Quelques jours après, je vais inspecter dans la région de Fontainebleau la 10e Division, grande unité toute neuve. Sous les ordres du général Billotte, elle est formée, pour l'essentiel, des Parisiens qui ont pris part aux combats de la libération dans les rues de la capitale. À les voir, je me convaincs, une fois de plus, qu'avec de bons jardiniers la plante militaire est toujours prête à fleurir. Bien qu'il y ait encore des lacunes dans l'instruction et dans l'équipement de la 10e Division, je décide de l'envoyer au front et le lui annonce sur-le-champ. Alors, sur la neige glacée, défilent ses jeunes régiments. Quinze mille regards de fierté se portent vers moi, tour à tour.

La veille et le jour de Noël, accompagné de Diethelm et de Juin, je suis à la Ire Armée. Tout en parcourant les lignes, je prends contact avec l'Alsace. D'abord, je vais à Strasbourg. La grande ville me fait fête, bien qu'elle vive dans une ambiance de siège, que les Allemands tiennent toujours Kehl, que leurs obus tombent partout, que la garnison, sous les ordres du général Schwartz, soit très réduite et peu armée. Le commissaire de la République Blondel, le préfet Haelling, le maire Frey, m'exposent avec quelle peine ils commencent à rétablir l'administration française. Mais, pour faire tout le nécessaire, il faudrait évidemment que les lendemains soient assurés. Il est clair qu'ils ne le sont pas.

Le 2e Corps reçoit ensuite ma visite. En écoutant Monsabert, il m'apparaît que son ardeur ne compense pas ce qui lui manque pour enlever les positions ennemies entre le Rhin de Rhinau et les Vosges de La Poutroye. Me voici à la 2e Division blindée. Depuis des semaines, elle se heurte, vers Witternheim, à des défenses qu'elle ne peut franchir. Les unités sont fatiguées ; les villageois, soucieux. À Erstein, en compagnie de Leclerc et de beaucoup de soldats, j'assiste à la messe de minuit. L'atmosphère est à l'espérance, non à la joie. Le lendemain, inspection de la vaillante 3e Division américaine qui a relevé la 36e. Le général O'Daniel, vif et sympathique, me rend compte des progrès restreints que ses troupes réalisent autour de Kaisersberg. À la 3e Division nord-africaine, Guillaume me décrit sa pénible avance dans la région d'Orbey.

Par Gérardmer et Belfort, je gagne le secteur du 1er Corps d'armée. Là, Béthouart m'explique que dans l'état de ses forces il est fixé, tout au long du front, à la hauteur de Cernay. Près de Thann, puis à Altkirch, les généraux Carpentier et Sudre me présentent des éléments de leurs Divisions respectives : 2e marocaine, 1re blindée. Tous deux me disent que leurs moyens ne suffisent pas à aller plus avant. À Mulhouse, défilent devant moi les troupes de la Division Magnan. Mais les Allemands tiennent toujours la lisière nord de la ville et on ne sait comment les en chasser.

Cependant, là comme ailleurs, la population se montre vibrante de patriotisme. Les témoignages qu'elle en donne ne permettent pas d'oublier, toutefois, à quel point chaque foyer alsacien est éprouvé par la guerre. En recevant les autorités et les délégations, conduites par le préfet Fonlupt-Esperaber, je mesure combien l'occupation allemande, l'instauration des lois de l'ennemi, l'incorporation forcée de beaucoup d'hommes dans les armées du Reich, la perte de nombre d'entre eux, l'angoisse qu'inspire le sort de ceux qui sont en captivité soviétique, ont posé de cas douloureux. En outre, on sent que le trouble subsiste quant à ce qui pourrait advenir, si l'ennemi, qui est tout proche, faisait soudain quelques pas en avant. En rentrant à Paris, je fais le bilan de mes impressions. L'armée est solide mais lasse. L'Alsace est loyale mais inquiète. J'en tire la conclusion que, dans le cas d'un événement fâcheux, il me faudrait intervenir aussitôt et avec vigueur pour empêcher de sérieuses conséquences.

Or voici que, précisément, survient l'événement fâcheux. C'est, à la suite de la percée allemande dans les Ardennes, la décision prise par le commandement allié d'évacuer l'Alsace en repliant sur les Vosges l'armée Patch et l'armée de Lattre.

L'offensive, menée par le maréchal von Rundstedt entre Echternach et Malmédy avec 24 divisions, dont 10 Panzer, a en effet largement progressé. Vers le 25 décembre, la Meuse est près d'être atteinte de part et d'autre de Dinant. Après quoi, par Namur et Liège, les Allemands pourraient faire irruption sur les arrières du front des Pays-Bas. Aussi le général Eisenhower juge-t-il que tout doit être subordonné à la nécessité d'arrêter, puis de refouler, l'avance ennemie, profonde déjà de 80 kilomètres. Il prescrit donc à Montgomery de prendre à son compte la défense des lignes alliées sur le flanc nord de la poche et à Bradley de lancer Patton à la contre-attaque sur le flanc sud. Mais, à droite de Patton, l'armée Patch donne des signes d'incertitude dans la région de Forbach, ce qui contraint Devers à y porter en soutien la 2e Division blindée française prélevée sur l'armée de Lattre. D'autre part, l'ennemi manifeste, à partir de la poche de Colmar, une activité menaçante. La situation en Alsace est rendue aléatoire. Le Commandant en chef estime que si l'ennemi attaque, là aussi, il n'y aura rien d'autre à faire que se retirer sur les Vosges. En premier lieu, c'est Strasbourg qui devra être abandonné. Et de donner des directives dans ce sens.

L'évacuation de l'Alsace et, spécialement, de sa capitale pourrait paraître logique au point de vue de la stratégie alliée. Mais la France, elle, ne peut l'accepter. Que l'armée française abandonne une de nos provinces, et surtout cette province-là, sans même avoir livré bataille pour la défendre : que les troupes allemandes, suivies de Himmler et de sa Gestapo, rentrent en triomphe à Strasbourg, à Mulhouse, à Sélestat, voilà une affreuse blessure infligée à l'honneur de la nation et de ses soldats, un affreux motif de désespoir jeté aux Alsaciens à l'égard de la patrie, une profonde atteinte portée à la confiance que le pays place en de Gaulle. Je n'y consens évidemment pas. Le prétexte que la résignation pourrait tirer du fait que le commandement allié porte la responsabilité des opérations militaires n'a, dans l'espèce, aucune valeur. Car, si le gouvernement français peut confier ses forces au commandement d'un chef étranger, c'est à la condition formelle que l'emploi qui en est fait soit conforme à l'intérêt du pays. Dans le cas contraire, il a le devoir de les reprendre. C'est ce que je décide de faire, avec d'autant moins de scrupule que le grand-quartier-général n'a pas jugé à propos de m'avertir d'une affaire qui touche la France au plus vif.

À vrai dire, malgré le silence observé à mon égard par le commandement allié, divers indices m'avaient alerté. Le 19 décembre, il m'était rapporté qu'à de Lattre, qui lui demandait des renforts pour reprendre l'attaque de Colmar, Devers avait répondu qu'il n'avait rien à donner, que le Groupe d'armées tout entier était en danger et que, pour lors, on devait regarder en arrière plutôt qu'en avant. À Noël, lors de mon inspection du front, j'avais appris que de Lattre, sur instructions reçues d'en haut, avait prescrit d'organiser, à hauteur de Giromagny, une position de repli barrant la trouée de Belfort et ramené vers Luxeuil la 4e Division marocaine. Le 27, il venait à ma connaissance que le général Devers retirait de Phalsbourg son poste de commandement et l'installait à Vittel, 120 kilomètres en arrière. Le lendemain, Devers adressait aux forces sous ses ordres une instruction leur prescrivant de se replier sur les Vosges en cas d'attaque de l'ennemi. En conséquence, le général de Lattre donnait, le 30 décembre, à la Ire Armée, l'ordre « d'établir des lignes de défense successives, afin de retarder au maximum l'adversaire, au cas où il parviendrait à rompre le dispositif initial… »

Or, justement, nos renseignements signalaient, entre Bitche et Wissembourg, des préparatifs de l'ennemi pour une attaque en direction de Saverne. Nos officiers de liaison auprès des quartiers généraux observaient que l'offensive allemande provoquait dans les états-majors de l'inquiétude, sinon du désarroi. Sur le front, aux arrières, dans Paris, couraient des bruits alarmants quant aux progrès des troupes de Rundstedt, à de prétendus parachutages de miliciens de Darnand et de commandos ennemis dans diverses régions de la France, à la promesse qu'Hitler aurait faite de rentrer lui-même à Bruxelles et de rendre Strasbourg au Reich à l'occasion du Nouvel An.

Il fallait agir. Le 30 décembre, je chargeai le général du Vigier, nommé gouverneur de Strasbourg et qui allait rejoindre son poste, de passer d'urgence chez de Lattre à Montbéliard et chez Devers à Vittel et de dire de ma part à l'un et à l'autre que, quoi qu'il pût arriver, Strasbourg devait être et serait défendu. Il leur annoncerait l'arrivée prochaine de la 10e Division que j'attribuais à la Ire Armée française. En même temps, je prescrivais au général Dody, gouverneur de Metz et commandant la région du Nord-Est, de faire tenir les passages de la Meuse, vers Givet, Mézières et Sedan, afin qu'en cas de retraite soudaine des forces américaines opérant dans le voisinage, le territoire français y fût, néanmoins, défendu. Des éléments fournis par l'intérieur, sommairement armés, il est vrai, mais totalisant 50 000 hommes, étaient à cet effet envoyés tout de suite à Dody.

Tandis que du Vigier était en route, Juin m'entretenait, le 1er janvier, du péril immédiatement couru par l'Alsace. Le chef d'état-major de la Défense nationale avait été averti par le grand-quartier de Versailles que l'envoi vers les Ardennes de toutes les réserves alliées était nécessaire sans délai, qu'en conséquence l'attaque allemande qui commençait en direction de Saverne faisait courir de grands risques au Groupe d'armées de Devers et que le général Eisenhower lui prescrivait le repli sur les Vosges afin de raccourcir son front. Cette décision s'était précisée en raison d'une impressionnante opération aérienne exécutée par l'ennemi. Des douzaines d'avions à réaction – les premiers dans le monde – avaient, ce jour-là même, paru dans le ciel ardennais sous le signe de la croix gammée, balayé les chasseurs américains, détruit beaucoup d'appareils sur leurs bases. Pour épisodique qu'il fût, l'incident portait le grand-quartier à un pessimisme dont l'Alsace risquait de faire les frais. Il était temps que j'intervienne.

Que Strasbourg fût défendu. C'est cela, d'abord, qu'il me fallait obtenir. Pour être sûr qu'on le ferait, je n'avais d'autre moyen que de l'ordonner moi-même à la Ire Armée française. Celle-ci devrait, en conséquence, contrevenir aux instructions du commandement interallié et, en outre, étendre vers le nord sa zone d'action afin d'y englober Strasbourg qui appartenait au secteur de la VIIe Armée américaine. Si, comme je le souhaitais, Eisenhower voulait maintenir sous son commandement l'unité militaire de la coalition, il n'aurait, pour arranger les choses, qu'à adopter le changement apporté, de mon fait, aux mesures qu'il avait prescrites. Le 1er janvier dans l'après-midi, j'envoyai mes ordres au général de Lattre. Évoquant la décision du commandement de replier le front sur les Vosges, j'écrivais : « Il va de soi que l'armée française, elle, ne saurait consentir à l'abandon de Strasbourg. Dans l'éventualité où les forces alliées se retireraient de leurs positions actuelles au nord du dispositif de la Ire Armée française, je vous prescris de prendre à votre compte et d'assurer la défense de Strasbourg. »

En même temps, j'adressai au général Eisenhower une lettre explicite. J'indiquais au Commandant en chef que les raisons stratégiques du repli ne m'avaient pas échappé. Mais j'affirmais : « Le gouvernement français, quant à lui, ne peut évidemment laisser Strasbourg retomber aux mains de l'ennemi sans faire tout ce qui lui est possible pour le défendre. » Je formulais l'avis que, dans l'hypothèse où les Américains ne tiendraient pas le saillant de Wissembourg, « Strasbourg, du moins, pouvait être défendu en s'appuyant, au minimum, sur le canal de la Marne au Rhin » et je me déclarais prêt à « pousser de ce côté toutes les forces françaises en voie de formation, en premier lieu la 10e Division commandée par le général Billotte. » – « Quoi qu'il advienne, écrivais-je pour conclure, les Français défendront Strasbourg. » D'autre part, je télégraphiai à Roosevelt et à Churchill pour les mettre au courant des vues du haut commandement quant à l'évacuation de l'Alsace, attirer leur attention sur les conséquences très graves qui en résulteraient pour la France et leur faire connaître que je n'y consentais pas.

Le 2 janvier au matin, je confirmai à de Lattre par télégramme l'ordre que je lui avais envoyé par lettre, la veille au soir. Vers midi, du Vigier, rentré à Paris par avion, me rendait compte de sa mission. Trois heures auparavant, il était passé à Vittel, quartier-général du Groupe d'armées du sud. Là, Devers lui avait dit que, l'ennemi poussant l'attaque en direction de Saverne, l'ordre de retraite était donné à de Lattre et à Patch, et que les troupes américaines avaient déjà commencé leur mouvement. Sur quoi, je chargeai Juin de confirmer à Eisenhower que la France défendrait seule l'Alsace avec les moyens qu'elle avait. Juin devait, d'autre part, annoncer au grand-quartier ma visite pour le lendemain.

Je savais, aussi bien que personne, que la mission fixée par moi au général de Lattre comportait de très grands risques. En outre, le fait d'être soustrait, en pleine bataille, à l'ensemble interallié ne pouvait qu'être pénible au commandant de la Ire Armée qui en discernait forcément le caractère aventuré et qui souffrirait de voir rompre la solidarité et la hiérarchie stratégiques où, jusqu'alors, sa place était marquée. Cependant, il serait amené à reconnaître que, dans ce conflit des devoirs, celui de servir directement la France, autrement dit de m'obéir, l'emportait de beaucoup sur l'autre.

D'ailleurs, de lui-même, à l'avance, il s'était mentalement préparé à faire ce que je lui prescrivais. La visite du général du Vigier dans la nuit du 31 décembre, les messages reçus du commissaire de la République et du maire de Strasbourg, surtout ses propres réactions, lui avaient fait discerner ce qu'aurait de désastreux la retraite envisagée. Le 2 janvier au matin, il avait écrit au général Devers pour lui exprimer sa manière de voir : « En raison, disait-il, de l'étendue de son secteur et de la faiblesse de ses moyens, la Ire Armée française n'est pas en mesure de défendre directement Strasbourg. Mais elle est décidée à faire tout ce qui est en son pouvoir pour couvrir la ville au sud. » Et d'adjurer Devers de faire en sorte « que la VIIe Armée américaine défende Strasbourg avec la dernière énergie ». Aussi, quand de Lattre reçut, le 2 janvier, ma lettre qui fixait sa mission, il n'y vit rien que de conforme à son propre sentiment. Mais il n'en avait pas moins l'ordre impératif de Devers d'avoir à se replier sur les Vosges et d'y être en ligne le 5 janvier au matin.

Le général de Lattre me répondit le 3 janvier. Il me communiquait le texte de l'ordre de retraite que lui donnait Devers. Il me rendait compte de son intention de porter sur Strasbourg la 3e Division nord-africaine, que la 10e Division relèverait sur ses positions actuelles. Toutefois, il paraissait penser que l'exécution de ce que je lui avais prescrit devait être suspendue jusqu'à ce que le haut commandement allié y eût donné son accord, alléguant « la nécessité d'être couvert à sa gauche par la VIIe Armée américaine » et, aussi, « le rôle de pivot que jouait la Iʳᵉ Armée française dans le dispositif allié ».

J'étais, naturellement, très désireux qu'Eisenhower entrât dans mes vues. Mais, qu'il y fût amené, ou non, j'entendais que l'armée française fît ce que j'avais prescrit. Une nouvelle lettre, télégraphiée par moi au général de Lattre dans la matinée du 3, fixait nettement ce qui devait l'être. « J'ai peu apprécié, écrivais-je, votre dernière communication… La Iʳᵉ Armée et vous-même faites partie du dispositif allié pour cette unique raison que le gouvernement français l'a ordonné et seulement jusqu'au moment où il en décide autrement… Si vous aviez été amené, ou si vous étiez amené, à évacuer l'Alsace, le gouvernement ne pourrait admettre que ce fût sans une grande bataille, même – et je le répète – si votre gauche s'était trouvée, ou se trouvait, découverte par le retrait de vos voisins. » En même temps, j'écrivais à Eisenhower pour lui confirmer ma décision.

Les responsabilités du gouvernement étant ainsi assumées et sa volonté notifiée, de Lattre entreprit aussitôt d'accomplir ce que j'attendais de lui. Il allait le faire de tout son cœur et de toute sa capacité. Le soir même du 3 janvier, il me télégraphiait « qu'un régiment de tirailleurs occuperait Strasbourg dans la nuit et que la Division Guillaume serait, le 5 dans la place, en mesure de la défendre ».

Au cours de l'après-midi du 3, je m'étais rendu à Versailles. Juin était à mes côtés. M. Churchill avait cru devoir venir, lui aussi, alerté par mon message et disposé, vraisemblablement, à employer ses bons offices. Le général Eisenhower exposa la situation qui était, assurément, sérieuse. Il ne cacha pas que l'ampleur et la vigueur de l'offensive allemande dans les Ardennes et l'apparition subite chez l'ennemi d'armes nouvelles : avions à réaction, chars « Panther », etc., avaient moralement ébranlé les forces alliées, non sans le surprendre lui-même. « À présent, dit-il, le plus grand danger semble écarté. Mais il faut reprendre le terrain perdu et, ensuite, ressaisir l'initiative. Je dois donc reconstituer des réserves. Or, en Alsace, où depuis deux jours l'ennemi étend son attaque, la poche de Colmar rend la position précaire. C'est pourquoi j'ai prescrit d'en occuper une autre, plus en arrière et plus courte.

— Si nous étions au Kriegspiel, déclarai-je à Eisenhower, je pourrais vous donner raison. Mais je suis tenu de considérer l'affaire sous un autre angle. Le recul en Alsace livrerait à l'ennemi des terres françaises. Dans le domaine stratégique, il n'y aurait là qu'une manœuvre. Mais, pour la France, ce serait un désastre national. Car l'Alsace lui est sacrée. Comme, d'autre part, les Allemands prétendent que cette province leur appartient, ils ne manqueront pas, s'ils la reprennent, de se venger du patriotisme dont les habitants ont prodigué les preuves. Le gouvernement français ne veut pas laisser l'ennemi y revenir. Pour le moment, il s'agit de Strasbourg. J'ai donné à la Ire Armée française l'ordre de défendre la ville. Elle va donc le faire, de toute façon. Mais il serait déplorable qu'il y eût, en cette occasion, dispersion des forces alliées, peut-être même rupture du système de commandement pratiqué par la coalition. C'est pourquoi je vous demande de reconsidérer votre plan et de prescrire vous-même au général Devers de tenir ferme en Alsace. »

Le Commandant en chef parut impressionné. Il crut devoir, cependant, formuler une objection de principe. « Pour que je change mes ordres militaires, me dit cet excellent soldat, vous invoquez des raisons politiques.

– Les armées, lui répondis-je, sont faites pour servir la politique des États. Personne, d'ailleurs, ne sait mieux que vous que la stratégie doit embrasser, non seulement les données de la technique militaire, mais aussi les éléments moraux. Or, pour le peuple et les soldats français, le sort de Strasbourg est d'une extrême importance morale. »

Sur ce point, M. Churchill opina dans le même sens. « Toute ma vie, observa-t-il, j'ai pu voir quelle place l'Alsace tient dans le sentiment des Français. Je crois donc, comme le général de Gaulle, que ce fait doit entrer dans le jeu. »

Avant d'en arriver à ce que je souhaitais, le général Eisenhower me demanda d'examiner ce que serait la situation de la Ire Armée française si elle venait à opérer indépendamment des armées alliées. Il alla jusqu'à faire entendre que, dans ce cas, les Américains pourraient cesser de la ravitailler en carburants et en munitions. Je l'invitai, de mon côté, à bien peser, qu'en laissant l'ennemi écraser isolément les troupes françaises, le haut commandement provoquerait, dans l'équilibre des forces, une rupture peut-être irréparable et, qu'en privant les nôtres des moyens de combattre, lui-même s'exposerait à voir le peuple français lui retirer, dans sa fureur, l'utilisation des chemins de fer et des transmissions indispensables aux opérations. Plutôt que d'imaginer de pareilles perspectives, je croyais devoir faire confiance à la valeur stratégique du général Eisenhower et à son dévouement au service de la coalition, dont faisait partie la France.

Finalement, le Commandant en chef se rangea à ma manière de voir. Il le fit avec la franchise qui était l'un des meilleurs côtés de son sympathique caractère, téléphonant au général Devers que le mouvement de retraite devait être, à l'instant, suspendu et que de nouveaux ordres allaient lui parvenir. Ces ordres lui seraient portés, dans la journée du lendemain, par le général Bedell Smith. Je convins avec Eisenhower que Juin accompagnerait Bedell Smith, ce qui serait pour moi une garantie supplémentaire et, pour les exécutants, la preuve que l'accord était fait.

Tandis que nous prenions familièrement le thé après cette chaude discussion, Eisenhower me confia à quel point sa tâche était compliquée, au plus fort de la crise que traversaient les armées, par les exigences des divers gouvernements de la coalition, par les prétentions ombrageuses des différentes catégories de forces : armées, marines, aviations, appartenant à plusieurs pays, par les susceptibilités personnelles de ses principaux lieutenants. « En ce moment même, me dit-il, je rencontre maintes difficultés du côté de Montgomery, général de haute valeur, mais critique acerbe et subordonné méfiant. – La gloire se paie, répondis-je. Or vous allez être vainqueur. » Sur le seuil de l'hôtel Trianon, nous nous quittâmes bons amis.

La quinzaine qui suivit fut occupée par les péripéties d'une dure bataille pour Strasbourg. La Ire Armée allemande développait son offensive en débouchant de la forêt d'Haguenau, afin d'atteindre Saverne, tandis que la XIXe Armée franchissait le Rhin au nord et au sud de la capitale alsacienne. Dans la région d'Haguenau, les Américains pliaient sous le choc, mais arrêtaient finalement l'assaillant sur la Moder. Autour de Gambsheim la Division Guillaume, vers Erstein la Division Garbay et la Brigade Malraux, devaient céder, elles aussi, du terrain avant de se rétablir. Mais Strasbourg restait entre nos mains. Vers le 20 janvier, l'ennemi paraissait être à bout d'élan et d'espoir. Il en était de même dans les Ardennes, où tout ce qu'il avait gagné lui avait été repris. Sur le front Est, les Russes entamaient leur offensive d'hiver. D'un bout à l'autre du territoire allemand, les bombardiers alliés précipitaient leur œuvre d'écrasement. Sur les mers, les dommages infligés aux convois alliés allaient en diminuant. Sans doute Hitler saurait-il prolonger de plusieurs mois encore la résistance d'un grand peuple et d'une grande armée. Mais l'arrêt du destin était, désormais, rendu et pourvu des sceaux nécessaires. C'est en Alsace que la France y avait apposé le sien.

Hier, l'échec devant Colmar avait ébranlé le moral de la I^e^ Armée. Aujourd'hui, la satisfaction d'avoir sauvé Strasbourg ranimait la confiance de tous. Le général de Lattre, tout le premier, se sentait porté à l'optimisme et, par là, à l'offensive. Dès le milieu de janvier, il arrêtait ses dispositions pour reprendre l'effort contre la poche allemande d'Alsace.

Au même moment, le commandement allié envisageait d'entamer les opérations décisives au-delà du Rhin. Mais, avant de franchir le fleuve, il fallait l'avoir atteint. Or ce n'était fait nulle part, sauf dans le secteur français vers Strasbourg et vers Saint-Louis. Eisenhower prescrivait donc à Montgomery et à Bradley de se porter en avant pour s'emparer de toute la rive gauche sur la ligne : Wesel-Coblence-Mayence. Bien entendu, il approuvait le projet d'enlever également Colmar. Mais la zone de la Ire Armée s'étendait, à présent, sur plus de 200 kilomètres, soit le quart du front tenu au total par les alliés. Pour que de Lattre fût, néanmoins, en mesure de conquérir son objectif, peut-être aussi pour effacer l'effet produit par la crise récente des relations, le Commandant en chef se décidait à renforcer la Ire Armée. Celle-ci verrait lui arriver la Division Leclerc, revenue des bords de la Sarre, plusieurs divisions américaines et un notable complément d'artillerie.

Tel était, cependant, l'acharnement de l'ennemi, qu'il faudrait à la Ire Armée trois semaines de combats incessants pour venir à bout de sa tâche. À partir du 19 janvier, le 1er Corps français progressait pas à pas contre le flanc sud de la poche. Le 4 février, il parvenait jusqu'à Rouffach, près de Colmar, ayant accroché par d'ingrates attaques une grande partie des unités allemandes. Sur le flanc nord, le 2e Corps avait avancé, lui aussi. Mais, à la fin de janvier, il s'était resserré près du Rhin pour faire place sur sa droite au 21e Corps américain. Car c'est au général Milburn, commandant cette grande unité, que le général de Lattre attribuait l'effort principal. Cette fois, il y aurait, au point et au moment voulus, une suffisante concentration de forces. Le 30 janvier, Milburn, disposant des 3e, 28e, 75e divisions d'infanterie américaines et de 3 divisions blindées : 12e américaine, 2e et 5e françaises, et agissant dans un secteur étroit, perçait le front adverse au nord-est de Colmar. Le 2 février, il faisait libérer la ville par les chars du général de Vernejoul. Le 4, il atteignait Brisach. Pendant ce temps, les 1er et 2e Corps français, appuyés par une artillerie bien pourvue de munitions et bien commandée par Chaillet, liquidaient les résistances ennemies partout ailleurs dans la plaine, et la 10e Division française nettoyait les pentes des Vosges. Le 9, nos troupes achevaient la conquête de la forêt de la Hardt et s'emparaient de Chalempé. De ce fait, sauf dans la région d'Haguenau et de Wissembourg, il ne restait plus, en fait d'Allemands en Alsace, que les 22 000 prisonniers qui venaient d'y être capturés.

Le 11 février, j'allai voir Mulhouse, puis je me rendis à Colmar. Comment décrire la joie et l'émotion où nous étions tous plongés, gouvernants, chefs, soldats, population ? Mais à l'élan patriotique se mêlait, ce jour-là, un autre élément d'enthousiasme : la fraternité d'armes entre Français et Américains. On sentait que celle-ci était portée au plus haut point par le succès remporté en commun dans le cadre de notre armée et justement sur ce terrain-là. Sous le silence immobile des régiments, je sentais vibrer l'amitié qui lie les deux peuples. Au centre de la place Rapp submergée de drapeaux tricolores et de bannières étoilées, devant le front de nos troupes et de celles de nos alliés rangées fièrement côte à côte, sous les vivats de la foule alsacienne, la plus sensible qui soit aux spectacles militaires et la plus apte à saisir le sens des événements, je décorai d'abord le général de Lattre, vainqueur de Colmar. Ce fut ensuite le tour des généraux Milburn, Leclerc et Dalquist. Dans la soirée, Strasbourg, à son tour, célébra en ma présence la libération de l'Alsace et chanta dans sa cathédrale le *Te Deum* entonné par Mgr Ruch. Le lendemain, à Saverne, les généraux Devers, Bradley et Patch recevaient de ma main les insignes des récompenses que je leur avais décernées.

Ainsi se trouvaient aplanies, pour un temps, les traverses qui avaient contrarié nos relations stratégiques avec les Américains. Mais on devait s'attendre à en rencontrer d'autres. Dans l'immédiat, une question capitale et épineuse allait se poser, celle de la participation française à la campagne en Allemagne. Je voulais, évidemment, que notre armée entrât en territoire ennemi, qu'elle y eût son secteur d'opérations, qu'elle y conquît villes, champs et trophées, qu'elle y reçût, avec ses alliés, la reddition des vaincus. Il y avait là, certainement, une condition dictée par le souci de notre prestige. Mais, aussi, c'était pour nous le seul moyen assuré d'être partie à la capitulation, à l'occupation et à l'administration du Reich. Dès lors que nous aurions en main une zone du sol germanique, ce qu'il adviendrait de l'Allemagne ne pourrait être décidé sans nous. Dans le cas contraire, notre droit à la victoire demeurerait à la discrétion des autres. Bref, j'entendais que nous passions le Rhin et portions le front français aussi avant que possible dans les États allemands du Sud.

Dans les premiers jours de mars, les Groupes d'armées Montgomery et Bradley atteignaient le Rhin par endroits. Le moment de franchir l'obstacle se présenterait donc bientôt. On peut croire que j'étais attentif à ce qui allait suivre. Sachant que l'effort principal des alliés viserait la Ruhr et serait mené en aval de Coblence, je pensais que le Commandant en chef ne se soucierait guère de lancer la Ire Armée, isolément, en Forêt-Noire. Il me paraissait vraisemblable qu'il la laisserait au bord du Rhin, ce qui, pour les états-majors, pourrait sembler justifié. Mais, si nous nous en accommodions, il y aurait toutes chances pour que l'armée française ne jouât qu'un rôle passif dans la bataille finale. Ma politique ne pouvant pas souscrire à cette stratégie, mes résolutions étaient prises. Il fallait que nos troupes passent, elles aussi, le Rhin. Elles le feraient dans le cadre interallié si cela était possible. Si cela ne l'était pas, elles le feraient pour notre compte. De toute manière, elles devraient saisir, sur la rive droite, une zone française d'occupation.

Nous ne tardâmes pas à apprendre que les projets du haut commandement justifiaient nos appréhensions. Sous le titre d'« Éclipse », vraiment significatif pour ce qui nous concernait, le plan arrêté par Eisenhower pour les opérations du passage et celles de l'avance en Allemagne attribuait à la Ire Armée française une mission strictement défensive. Tout au plus envisageait-on, dans l'hypothèse d'un effondrement total de la Wehrmacht, qu'un de nos corps pourrait gagner la rive droite derrière la VIIe Armée américaine, afin de seconder celle-ci dans sa tâche d'occupation du Wurtemberg. Mais la traversée du Rhin par la Ire Armée dans son secteur n'était prévue en aucun cas. Les rapports reçus du front nous signalaient, au surplus, que le commandement interallié avait prélevé, pour être utilisés ailleurs, les équipages de pont des divisions blindées françaises, ce qui revenait à priver les nôtres d'une grande partie de leurs moyens organiques de franchissement.

Le 4 mars, je reçus à Paris le général de Lattre et lui précisai les raisons d'ordre national pour lesquelles il était nécessaire que son armée fût portée au-delà du Rhin. Lui-même ne demandait que cela. Cependant, il observa – avec raison – que le secteur qu'il occupait le long du fleuve et que bordait, d'un bout à l'autre sur la rive droite, le massif montagneux et boisé de la Forêt-Noire, se prêtait mal à un passage de vive force. L'opération serait aléatoire en présence d'un ennemi qui occupait dans la vallée les ouvrages de la ligne Siegfried et qui, plus en arrière, était retranché dans des positions dominantes. D'autant plus que le commandement allié n'allouerait aux forces françaises qu'un minimum de munitions. En outre, quand bien même les nôtres auraient, néanmoins, réussi à franchir l'obstacle, ils devraient ensuite pénétrer dans une région des plus ardues, dressant en remparts successifs ses crêtes et ses forêts et se prêtant mal à la manœuvre et à l'exploitation.

« Par contre, m'exposait de Lattre, pour peu que le front français fût élargi vers le nord de manière à englober, sur le Rhin, Lauterbourg et Spire, des perspectives meilleures s'ouvriraient. En effet, dans cette région, mon armée trouverait une base avantageuse, la rive droite lui serait d'un accès relativement aisé et, le fleuve une fois franchi, mon aile gauche aurait devant elle la trouée de Pforzheim pour déboucher vers Stuttgart et tourner, par le nord et par l'est, la forteresse naturelle formée par la Forêt-Noire. » De Lattre, aiguisant à l'avance les arguments qu'il tirerait de l'amitié et de la tactique pour convaincre le commandement allié, me promit que, dans les jours prochains, il étendrait son secteur jusqu'à Spire.

Au reste, comme il arrive parfois dans les litiges entre alliés, l'ennemi lui-même allait nous faciliter les choses. Le 7 mars, les troupes du général Bradley avaient saisi, entre Coblence et Bonn, le pont de Remagen, par extraordinaire intact, et s'étaient aussitôt assurées d'un débouché sur la rive droite. Du coup, les Allemands n'opposaient plus sur la rive gauche, en aval de Coblence, qu'une résistance décousue et, dès le 12, les alliés bordaient partout le Rhin au nord de la Moselle. Mais, au sud de cette rivière, il n'en était pas de même. Le vaste saillant de la Sarre restait aux mains des Allemands. Ceux-ci, couverts à leur droite par le cours de la Moselle, tenaient ferme, sur le front : Trèves-Sarrebruck-Lauterbourg, la position Siegfried plus profonde et mieux fortifiée dans ce secteur que dans aucun autre. Avant de pouvoir faire passer ses groupes d'armées sur la rive droite, le général Eisenhower devait d'abord liquider cette poche. Il y faudrait une rude bataille. Bien que la Ire Armée française n'y fût pas invitée, puisque l'affaire se déroulerait en dehors de sa zone normale, elle trouverait moyen de s'en mêler tout de même et d'agir, le long du Rhin, à la droite des Américains. Par là même, elle allait conquérir sur la rive palatine du fleuve la base de départ voulue pour envahir Bade et le Wurtemberg.

Pourtant, d'après les ordres du commandement allié, l'attaque du saillant de la Sarre incombait exclusivement, d'une part à l'Armée Patton formant la droite de Bradley, d'autre part à la gauche de Devers, c'est-à-dire à l'Armée Patch. Mais, pour Patch, la tâche était particulièrement rude, car c'est lui qui abordait de front les ouvrages de la ligne Siegfried. Aussi de Lattre n'eut-il pas grand-peine à faire admettre par Devers que le concours des Français pourrait avoir sa valeur. Notre 2e Corps d'armée prit donc sa part de l'offensive. Entre le 15 et le 24 mars, Monsabert, progressant le long du Rhin, pénétra en territoire allemand, força la ligne Siegfried au nord de Lauterbourg et atteignit Leimersheim. En même temps, nos alliés avaient poussé jusqu'à Worms et liquidé, sur la rive gauche, les dernières résistances allemandes.

Dès lors, pour que la Ire Armée disposât en totalité de la zone de franchissement qu'elle voulait dans le Palatinat, il ne lui restait plus qu'à s'étendre jusqu'à Spire. Par plusieurs démarches insistantes je n'avais pas manqué de faire savoir au général Eisenhower quel prix mon gouvernement attachait à ce qu'il fût donné, sur ce point, satisfaction à l'armée française. D'ailleurs, le général Devers, bon allié et bon camarade, sympathisait avec les désirs du général de Lattre. Enfin, c'était à Worms que la VIIe Armée américaine entreprenait la traversée ; Spire, pour cette opération, ne pouvait lui servir à rien. Pourquoi ne laisserait-on pas les Français venir dans la ville ? Le 28 mars, la question fut réglée ; Spire et ses abords étant incorporés au secteur de la Ire Armée. Ainsi, la base de départ était acquise dans toute son étendue. Il ne restait à faire, en somme, que l'essentiel, c'est-à-dire à passer le Rhin.

J'étais impatient que ce fût accompli. Car Anglais et Américains s'élançaient déjà sur la rive droite. C'était une opération grandiose. Depuis le 21 mars, l'aviation alliée écrasait les communications, les parcs, les terrains de l'ennemi dans toute l'Allemagne occidentale. Elle le faisait d'autant plus sûrement que les chasseurs, disposant maintenant de nombreuses bases avancées dans le nord et l'est de la France, étaient en mesure d'accompagner constamment les bombardiers. Les sorties avaient donc lieu de jour sans rencontrer dans le ciel aucune opposition d'ensemble. Le 23, sous une colossale protection aérienne, Montgomery franchissait le Rhin en aval de Wesel. Au cours des journées suivantes, Bradley se portait en avant par les ponts de Remagen et d'autres construits plus au sud. Le 26 mars, la VIIe Armée américaine prenait pied aux abords de Mannheim.

J'avais hâte que les nôtres fussent, eux aussi, de l'autre côté, non seulement par esprit d'émulation nationale, mais aussi parce que je tenais, pour des raisons supérieures, à ce que de Lattre eût le temps de pousser jusqu'à Stuttgart, avant que Patch, son voisin, y fût lui-même parvenu. Un télégramme personnel que j'adressai, le 29, au commandant de la Ire Armée le pressait de faire diligence : « Mon cher Général, écrivais-je, il faut que vous passiez le Rhin, même si les Américains ne s'y prêtent pas et dussiez-vous le passer sur des barques. Il y a là une question du plus haut intérêt national. Karlsruhe et Stuttgart vous attendent, si même ils ne vous désirent pas… »

De Lattre me répondit, sur-le-champ, que j'allais être satisfait. En effet, le 30 mars au soir, des éléments du

2e Corps commençaient la traversée : 3e Division nord-africaine à Spire, où elle venait tout juste d'arriver ; 2e Division marocaine à Germersheim, où elle n'était que depuis la veille. À Leimersheim, le 1er avril – jour de Pâques – la 9e Division coloniale entreprenait à son tour le passage. Pourtant, l'appui aérien fourni à nos unités se réduisait à peu de chose. En outre, elles ne disposaient que d'un nombre très réduit d'engins spéciaux de franchissement. Mais, à force d'ingéniosité, quelques bateaux suffirent à transporter les avant-gardes. Quant aux ponts, le général Dromard, commandant le Génie de l'armée, les avait, de longtemps, préparés. Prévoyant qu'il aurait un jour à les établir et qu'il ne pourrait alors compter que sur lui-même, il avait d'avance collecté sur notre territoire le matériel nécessaire. À Spire, dès le 2 avril, était en service un pont français de 10 tonnes. À Germersheim, peu après, s'en ouvrait un de 50. Le 4, 130 000 Français avec 20 000 véhicules se trouvaient déjà sur la rive droite. Le même jour, Karlsruhe était pris. Le 7 avril, entouré par Diethelm, de Lattre, Juin et Dromard, j'eus la fierté de traverser le Rhin. Après quoi, je rendis visite à la capitale badoise, effroyablement ravagée.

L'irruption au cœur de l'Allemagne de 80 divisions américaines, britanniques, françaises, canadiennes, polonaises, appuyées par 12 000 avions, ravitaillées par des convois totalisant 25 millions de tonnes et naviguant sur des mers que dominaient 1 000 bâtiments de combat, ne pouvait plus laisser au maître du Reich la moindre illusion d'éviter la catastrophe. D'autant, qu'au début d'avril, les Russes, eux aussi, progressaient sans rémission, franchissant l'Oder d'un bout à l'autre, menaçant déjà Berlin et tout près d'atteindre Vienne. Prolonger les hostilités, c'était, pour Hitler, accroître les pertes, les ruines, les souffrances du peuple allemand sans autre contrepartie que de satisfaire, durant quelques semaines encore, un orgueil désespéré. Cependant, le Führer continuait d'exiger des siens la résistance à outrance. Il faut dire qu'il l'obtenait. Sur les champs de bataille du Rhin, de l'Oder, du Danube, du Pô, les débris des armées allemandes, mal pourvues, disparates, incorporant en hâte auprès des derniers vétérans des hommes à peine instruits, des enfants, jusqu'à des infirmes, menaient toujours énergiquement, sous un ciel peuplé d'avions ennemis, un combat qui n'avait plus d'issue hormis la mort ou la captivité. À l'intérieur, dans les villes écrasées et les villages étreints par l'angoisse, la population poursuivait avec une complète discipline un labeur qui, désormais, ne changerait plus rien au destin.

Mais, sans doute, le Führer voulait-il que son œuvre, puisqu'elle était condamnée, s'écroulât dans une apocalypse. Quand il m'arrivait, ces jours-là, d'écouter la radio allemande, j'étais saisi par le caractère de frénésie que revêtaient ses émissions. Une musique héroïque et funèbre, des déclarations insensées de combattants et de travailleurs, les allocutions délirantes de Gœbbels proclamant jusqu'à l'extrémité que l'Allemagne allait triompher, tout cela enveloppait d'une sorte de fantasmagorie le désastre germanique. Je crus devoir fixer, pour l'Histoire, les sentiments qu'en éprouvait la France. Par la voie des ondes, je déclarai, le 25 avril : « Les philosophes et les historiens discuteront plus tard des motifs de cet acharnement, qui mène à la ruine complète un grand peuple, coupable, certes, et dont la justice exige qu'il soit châtié, mais dont la raison supérieure de l'Europe déplorerait qu'il fût détruit. Quant à nous, pour le moment, nous n'avons rien de mieux à faire que de redoubler nos efforts, côte à côte avec nos alliés, pour en finir le plus tôt et le plus complètement possible. »

On pouvait, d'ailleurs, se demander si les dirigeants nazis ne tenteraient pas de prolonger la lutte dans le réduit naturel que leur offrait le massif des Alpes bavaroises et autrichiennes. Des renseignements donnaient à croire qu'ils y avaient mis à l'abri de vastes approvisionnements. Certains mouvements signalés de lamentables colonnes semblaient indiquer qu'ils concentraient à l'intérieur de cette forteresse la masse des prisonniers, des déportés, des requis qui leur faisaient autant d'otages. Il n'était pas inconcevable que le Führer voulût tenter là une suprême manœuvre stratégique et politique.

Dans ces montagnes, une bataille défensive menée sous son commandement par toutes les forces qui lui restaient ne pourrait-elle durer longtemps ? Les alliés de l'Est et de l'Ouest ne devraient-ils pas, dans ce cas, opérer, non plus sur deux fronts, mais côte à côte, sur le même terrain, en s'infligeant réciproquement toutes les frictions inhérentes à ce voisinage ? Si les combats traînaient en longueur, le comportement des Soviétiques dans les États de la Vistule, de l'Elbe et du Danube, celui des Américains aux Indes, en Indochine, en Indonésie, celui des Britanniques en Orient ne susciteraient-ils pas maintes divisions entre coalisés ? Du retard causé au ravitaillement de la France, des Pays-Bas, de l'Italie par le prolongement de la guerre, de la misère qui étreindrait les populations germaniques, tchèques, balkaniques, n'allait-il pas sortir des secousses sociales qui jetteraient, peut-être, tout l'Occident dans la révolution ? Le chaos universel serait, alors, la dernière chance ou, tout au moins, la vengeance d'Hitler.

Pendant que la I'Armée progressait en Allemagne aux côtés de nos alliés, d'autres forces françaises exécutaient sur la côte atlantique des opérations autonomes. Il s'agissait d'en finir avec les enclaves où l'ennemi s'était retranché. Depuis des mois, je le souhaitais. À présent, j'en avais hâte ; les jours de guerre étant comptés.

L'esprit de facilité pouvait, sans doute, nous conseiller de rester passifs sur ce front ; car les fruits y tomberaient tout seuls dès que le Reich aurait capitulé. Mais, à la guerre, la pratique du moindre effort risque toujours de coûter cher. Là comme partout, il fallait frapper. Les coups que nous infligerions aux Allemands sur ce théâtre auraient leur répercussion sur la situation générale. D'autre part, à supposer qu'Hitler continuât la lutte dans les montagnes de Bavière et d'Autriche, notre armée devrait y combattre en employant tous ses moyens. Il faudrait avoir, auparavant, liquidé les poches malencontreuses. De toute façon, je n'admettais pas que des unités allemandes puissent, jusqu'à la fin, rester intactes sur le sol français et nous narguer derrière leurs remparts.

Mon sentiment était partagé par les troupes du « Détachement d'armée de l'Atlantique ». Ces 70 000 anciens maquisards, tout comme les régiments d'Algérie, des Antilles, d'Afrique noire, de Somalie, d'Océanie, qui étaient venus les étayer, espéraient de toute leur âme ne devoir point poser les armes avant d'avoir remporté quelque succès signalé. Leur chef, le général de Larminat, y tenait plus que personne. Depuis le 14 octobre, où je l'avais appelé au commandement des forces de l'Ouest, il s'était voué à organiser, instruire et équiper la foule militaire ardente, mais confuse et dépourvue, dont il devait faire une armée. Il y avait réussi dans toute la mesure où cela était possible.

Sachant ce qu'il voulait et le voulant bien, rompu au métier mais plein d'idées et de sentiment, chef autoritaire mais humain et généreux subordonné incommode mais inébranlablement fidèle, il s'était fait, de toutes sortes de pièces et de morceaux, trois divisions, des réserves, une artillerie, une aviation, des services, aptes à livrer bataille et qui allaient le prouver.

Cependant, quoi qu'il ait pu faire, cet ensemble ne suffirait pas à enlever les ouvrages, bétons et cuirassements où s'accrochaient les Allemands. Il lui fallait, au moins, le renfort d'une division complètement équipée et qui ne pouvait être prélevée que sur notre armée du Rhin. Dès octobre, j'avais désigné la Ire Division « française libre » pour être envoyée au plus tôt sur l'Atlantique par le commandement interallié. Celui-ci s'y était résolu, mais après des tergiversations qui avaient retardé le mouvement jusqu'en décembre, c'est-à-dire trop tard ou trop tôt pour que l'occasion fût bonne. À peine la Division Garbay arrivait-elle sur la Gironde qu'on avait dû, en effet, la rappeler vers l'Est en raison de l'offensive allemande dans les Ardennes et en Alsace. La crise passée, cette grande unité était partie pour les Alpes mener certaines opérations qui me tenaient également au cœur. En fin de compte, je choisis la 2e Division blindée pour prendre part à l'offensive préparée sur l'Océan. Le grand-quartier n'y fit pas d'objection. Il voulut même fournir à notre Détachement d'armée de l'Ouest le concours d'une brigade d'artillerie américaine. Dans les premiers jours d'avril, les forces destinées à l'attaque se trouvaient toutes à pied d'œuvre.

Le général de Larminat avait pris pour premier objectif les positions ennemies à l'embouchure de la Gironde. Sur la rive droite Royan et ses abords, sur la rive gauche la pointe de Grave, au large l'île d'Oléron, formaient ensemble un système puissant et solidement tenu. Il est vrai que, trois mois auparavant, les bombardiers américains étaient venus, de leur propre chef, jeter en une nuit force bombes sur le terrain. Mais cette opération hâtive, tout en démolissant les maisons de Royan, avait laissé presque intacts les ouvrages militaires. Au moment d'en découdre, 15 000 Allemands, commandés par l'amiral Michahelles, occupaient les organisations avec l'appui de 200 canons. Si l'attaque réussissait, Larminat porterait l'effort sur La Rochelle, tandis qu'on entreprendrait d'ouvrir le port de Bordeaux.

Le 14 avril, nos troupes partent à l'assaut, appuyées du sol par les 300 pièces de Jacobson, du ciel par les 100 avions de Corniglion-Molinier, du large par les navires de Rue. Le général d'Anselme a le commandement de l'attaque. Il dispose de sa Division, la 23e, d'une grande partie de la 2e Division blindée et d'éléments de renforcement. Depuis le haut jusqu'en bas, les nôtres mènent l'affaire habilement et gaillardement. Le 18, après de durs combats, le grand centre de résistance installé par l'ennemi entre la Seudre et la Gironde est tout entier en notre possession, y compris le réduit de la Coubre. Pendant ce temps, sur l'autre rive, les troupes de Milleret se heurtent, vers la pointe de Grave, à une défense acharnée. Mais, le 20 avril, elles viennent à bout des derniers îlots. Aussitôt, est préparé le débarquement à Oléron et, le 30, le Groupement du général Marchand, soutenu par l'escadre, prend pied dans l'île. Dès le lendemain, tout est terminé, non sans que l'adversaire ait lutté jusqu'au bout avec une extrême énergie. Au total, des milliers d'Allemands sont tués. Douze mille sont prisonniers, parmi lesquels l'amiral Michahelles. L'opération de la Gironde est une réussite française. Je ne manque pas de venir la consacrer à ce titre, en visitant, le 21 avril, Royan et la pointe de Grave au milieu des vainqueurs rayonnants.

Cependant, Larminat ne s'endort pas sur ses lauriers. Il va frapper la poche de La Rochelle, qui forme, avec l'île de Ré, un vaste ensemble défensif. Dans les derniers jours d'avril, d'Anselme met en place les troupes d'attaque. Le 30, l'assaut est donné. En trois jours les nôtres enlèvent la ligne de crêtes : pointe du Rocher, Thairé, Aigrefeuille, et refoulent la garnison allemande jusqu'aux abords de la ville. L'amiral Schirlitz entame alors les pourparlers pour la reddition de ses 18 000 hommes. J'irai, peu après, féliciter les vainqueurs, saluer la population en fête et inspecter le port que les Allemands ont laissé intact.

Une fois la Charente libérée, les dispositions sont prises pour enlever les zones fortifiées de Saint-Nazaire et de Lorient. Mais la capitulation du Reich survient avant l'opération. Le général Fahrenbacher met bas les armes. Devant les Divisions Borgnis-Desbordes et Chomel, qui, depuis des mois, assiègent les deux places et la 8e Division américaine maintenue en Bretagne depuis la chute de Brest, défilent de longs cortèges de prisonniers. En fin de compte, des 90 000 Allemands qui garnissaient les poches de l'Ouest, 5 000 sont morts, les autres se trouvent en captivité française. Ce chapitre de la grande bataille se termine comme il convient.

Il en est de même et en même temps pour celui qui s'écrit dans les Alpes. Là aussi, je tiens beaucoup à ce que les hostilités ne finissent pas sur une cote mal taillée. Nous devons, avant que le feu cesse, laver sur ce terrain les outrages naguère subis, reprendre en combattant les lambeaux de notre territoire que l'ennemi y tient encore, conquérir les enclaves qui appartiennent à l'Italie, aux cols du Petit-Saint-Bernard, de l'Iseran, du Mont Cenis, du Mont Genèvre, ainsi que les cantons de Tende et de La Brigue artificiellement détachés de la Savoie en 1860. Ensuite, nos Alpins se trouveront disponibles. S'il doit alors arriver qu'Hitler prolonge la lutte dans son « réduit national », ils iront apporter à la Ire Armée un renfort très qualifié.

Au mois de mars, il y a dans les Alpes la 27e Division, grande unité nombreuse, remplie d'ardeur, dont les maquisards montagnards, notamment les survivants des Glières et du Vercors, ont formé le noyau, mais qui n'a reçu qu'un armement de fortune. Sous les ordres du général Molle, cette division tient le contact de l'ennemi aux abords des cols, depuis le lac Léman jusqu'au mont Thabor. Plus au sud, une brigade incomplètement équipée barre les hautes vallées de la Durance et de l'Ubaye. La région de Nice est tenue par une brigade américaine. Mais celle-ci, appelée sur le Rhin, est en train de plier bagages.

Il faut aux nôtres, pour prendre l'offensive, un commandement et des renforts. Le 1er mars, je crée le « Détachement d'armée des Alpes » et place à sa tête le général Doyen. Celui-ci, alpin confirmé, va conduire la bataille parfaitement bien. Outre les éléments déjà sur place, je mets sous ses ordres la Ire Division « française libre », que j'ai reprise à ma disposition après l'affaire de Colmar. J'y ajoute deux régiments d'Afrique, malheureusement assez dépourvus, des compléments d'artillerie, du génie, des services. D'accord avec Eisenhower, le Détachement d'armée Doyen est, comme celui de Larminat, théoriquement rattaché au Groupe d'armées Devers. Mais celui-ci, qui est engagé sur un tout autre théâtre, se soucie peu de leurs opérations. Il leur procure, toutefois, un minimum d'obus et d'essence.

À la fin de mars, commencent les attaques. Le général Doyen a devant lui 4 divisions. La 5e de montagne tient le Petit-Saint-Bernard, l'Iseran et le Mont Cenis ; la 34e occupe, au-dessus de Nice, le massif fortifié de l'Aution et barre, sur la côte, la route de la Corniche ; ces deux-là sont allemandes. Deux divisions fascistes italiennes, « Monte Rosa » et « Littorio », garnissent les intervalles. Doyen veut, d'abord, accrocher, là où elle est, la 5e Division allemande qui comprend les meilleures troupes ennemies, puis enlever l'Aution de vive force. Après quoi, mettant à profit l'avance des armées d'Alexander, qui doivent, de leur côté, prendre l'offensive en Lombardie, il compte déboucher en territoire italien.

À plus de 2 000 mètres d'altitude, dans la neige et le froid où est encore plongée la montagne, la Division du général Molle donne l'assaut aux organisations du Petit-Saint-Bernard et du Mont Cenis. Plusieurs ouvrages sont pris ; d'autres, non. Mais les garnisons allemandes, absorbées et décimées, ne pourront pas aller au secours des défenseurs de l'Aution. Ce massif, c'est la Ire Division « française libre » qui a mission de l'enlever. La tâche est rude, ingrate aussi, car il est pénible aux officiers et aux soldats de cette exemplaire division de laisser à d'autres les lauriers qui jonchent le sol de l'Allemagne et de finir, dans un secteur isolé, l'épopée qu'ils ont vécue depuis les jours les plus sombres sur les champs les plus éclatants.

Le 8 avril, quittant le Rhin, je gagne les Alpes. Ayant reçu à Grenoble le rapport du général Doyen, puis passé en revue à Saint-Pierre-d'Albigny une partie des troupes de Molle, j'arrive à Menton au milieu de celles de Garbay. À ces compagnons, qui furent les premiers à répondre à mon appel et qui, depuis, ont sans répit prodigué leur dévouement, je tiens à dire moi-même l'importance que revêt pour la France l'ultime effort qui leur est demandé. Puis, voulant donner à l'opération une résonance nationale, je vais à Nice le 9 et, du balcon de l'Hôtel de ville, annonce à la foule « que nos armes vont franchir nos Alpes ». La voix du peuple acclame cette décision. Le 10 avril, nos troupes montent à l'assaut de l'Aution.

Pendant sept jours, elles s'y battent, gravissent les escarpements, s'emparent des forts : La Forclaz, Mille Fourches, Sept Communes, Plan Caval, qui commandent la montagne, nettoient les pentes au-dessus de La Roya. Les cols de Larche et de la Lombarde sont, eux aussi, enlevés de haute lutte. Les Français entrent à Tende et à La Brigue. Les habitants exultent de joie. Peu après, un vote autant vaut dire unanime consacrera leur appartenance à la France. Le 28 avril, le Détachement d'armée des Alpes prononce une avance générale. Tandis que sa gauche débouche vers Cuneo et parcourt le Val d'Aoste tout pavoisé de bleu-blanc-rouge, son centre descend du Mont Cenis et du Mont Genèvre, sa droite pousse par la Stura et au long de la Corniche. Le 2 mai, jour où les forces allemandes et fascistes d'Italie mettent bas les armes, nos soldats atteignent les abords de Turin, à Ivrea, Lanzo, Bussoleno, touchent Cuneo, occupent Imperia. Ainsi est-il établi que les combats dans les Alpes, commencés en 1940, poursuivis ensuite par la résistance, repris enfin par l'armée ressuscitée, finissent par notre victoire.

Il en est de la guerre comme de ces pièces de théâtre où, à l'approche du dénouement, tous les acteurs viennent sur la scène. Tandis que les forces françaises sont engagées à fond dans les Alpes et sur l'Atlantique, comme sur le Rhin et le Danube, le combat s'allume en Indochine. Le 9 mars, les troupes japonaises, qui occupent le Tonkin, l'Annam et la Cochinchine, se ruent sur nos garnisons.

Cette échéance était inévitable. Les Nippons, refoulés des Philippines et de l'Indonésie, vivement pressés en Birmanie, impuissants à réduire la Chine, hors d'état de maintenir leurs communications sur mer, ne pouvaient plus tolérer la présence, au milieu de leur dispositif, d'une force étrangère qui menaçait de devenir hostile. En dépit de l'accord conclu entre Tokyo et Vichy pour « la défense commune de l'Indochine », le Japon ne doutait pas que, si les alliés en venaient à aborder le territoire de l'Union, les Français se joindraient à eux. D'ailleurs, Vichy avait disparu. De Gaulle gouvernait à Paris. À la première occasion, il donnerait certainement l'ordre d'attaquer l'envahisseur nippon. Bien que le ralliement de l'Indochine au gouvernement de la République n'eût pas eu lieu officiellement et, qu'à Saigon, la « collaboration » fût maintenue en apparence, les Japonais ne pouvaient plus se fier à ces fictions. On devait être assuré que, d'un jour à l'autre, ils procéderaient à la liquidation de l'administration et de la force françaises et qu'ils le feraient de la façon la plus soudaine et la plus brutale.

Pour pénible que dût être localement cet aboutissement, je dois dire que, du point de vue de l'intérêt national, j'envisageais volontiers qu'on en vînt aux mains en Indochine. Mesurant l'ébranlement infligé au prestige de la France par la politique de Vichy, sachant quel était dans l'Union l'état d'esprit des populations, prévoyant le déferlement des passions nationalistes en Asie et en Australasie, connaissant la malveillance des alliés, surtout des Américains, à l'égard de notre position en Extrême-Orient, je tenais pour essentiel que le conflit ne s'y achevât pas sans que nous fussions, là aussi, devenus des belligérants. Faute de quoi, toutes les politiques, toutes les armées, toutes les opinions se trouveraient résolument d'accord pour exiger notre abdication. Au contraire, si nous prenions part à la lutte – fût-elle près de son terme – le sang français versé sur le sol de l'Indochine nous serait un titre imposant. L'agression finale des Japonais ne faisant pas, pour moi, le moindre doute, je voulais donc que nos troupes se battent, en dépit de ce que leur situation aurait de désespéré.

Pour diriger cette résistance, le gouvernement ne pouvait, évidemment, s'en remettre à l'amiral Decoux. Sans doute, le gouverneur-général faisait-il secrètement acte d'obédience depuis l'effondrement de Vichy. Sans doute, ses ordres, ses propos, le ton de sa radio ne ressemblaient-ils en rien à ce qu'ils étaient naguère. Mais il avait, durant quatre années, si obstinément vilipendé la France Combattante qu'il se trouvait trop compromis pour opérer le retournement. Au surplus, l'amiral, ne pouvant dépouiller entièrement le vieil homme, se refusait à croire à une agression japonaise. J'avais donc, dès 1943, confié au général Mordant, Commandant supérieur des troupes, la tâche de diriger éventuellement l'action. L'amiral Decoux en avait, d'ailleurs, reçu notification. Des télégrammes discrets, ainsi que les instructions que le gouverneur de Langlade, parachuté deux fois en Indochine, lui avait portées de ma part, lui faisaient savoir ce qui était attendu de lui.

Afin de ne pas provoquer trop tôt l'attaque des Japonais, Decoux devait rester apparemment en fonctions. Mais Mordant deviendrait détenteur de l'autorité dès l'instant où le combat serait engagé. Quoique Vichy l'eût, au printemps de 1944, remplacé comme commandant des troupes par le général Aymé, ce qui compliquait nos affaires, j'avais laissé à Mordant sa lettre de service de délégué général. Aymé, d'ailleurs, était dans les mêmes dispositions que lui. En outre, à Calcutta, le général Blaizot et le personnel de nos services spéciaux, que les Anglais consentaient à laisser venir aux Indes, avaient pu faire organiser en réseaux clandestins d'action et de renseignement les multiples dévouements qui s'offraient en Indochine. Depuis des mois, c'étaient nos réseaux qui éclairaient les actions aériennes menées par les Américains depuis le territoire chinois et par les Britanniques à partir de la Birmanie contre les installations, les navires, les avions japonais.

Les troupes françaises d'Indochine comptaient une cinquantaine de mille hommes, dont 12 000 Européens. Numériquement, cette force était faible. Mais elle l'était, en réalité, beaucoup plus que ne l'indiquaient les chiffres. Car les effectifs autochtones, souvent capables de tenir des postes dans la mesure où leur loyalisme demeurerait assuré, ne pouvaient généralement être employés en campagne. Quant aux éléments français, n'ayant été depuis six ans l'objet d'aucune relève, ils se trouvaient plus ou moins diminués physiquement sous ce déprimant climat. Surtout, les nôtres ne disposaient que d'un armement et d'un équipement usés et périmés et manquaient presque totalement d'avions, de blindés, de camions. Enfin, ils se trouvaient répartis sur un territoire immense, sans pouvoir modifier leur dispositif, guettés, comme ils l'étaient, par un ennemi prêt à les assaillir.

La directive que j'avais donnée au général Mordant, quant à la conduite à tenir en cas d'attaque, tendait à faire durer le plus longtemps possible en territoire indochinois la résistance des troupes françaises. Celles, peu nombreuses, qui tenaient garnison en Annam, au Cambodge, en Cochinchine, se trouvaient trop isolées pour pouvoir agir en campagne. Elles devraient donc défendre leurs postes tant qu'elles en auraient les moyens, puis tâcher de gagner par petits groupes des régions d'accès difficile pour y former des maquis. Mais la force principale, stationnée au Tonkin, recevait la mission de manœuvrer en retraite vers la frontière chinoise, suivant la direction Hanoï-Laï-Chau, en prolongeant le combat autant qu'elle le pourrait. À mesure de ses opérations, peut-être serait-elle secourue, ou tout au moins ravitaillée, par l'aviation américaine déployée en territoire chinois auprès des troupes de Chiang-Kaï-Shek. Sur la base de ces instructions, le général Mordant avait précisé aux commandements subordonnés les consignes éventuelles d'alerte et d'opérations. Le 21 février, je lui renouvelai par télégramme mes directives et mes avertissements.

On en était là quand, le 9 mars au soir, les Japonais sommèrent l'amiral Decoux à Saigon et le général Aymé à Hanoi de se soumettre entièrement à eux et de placer les forces françaises sous leur contrôle immédiat, en attendant qu'elles fussent désarmées. Sur le refus que leur opposèrent le haut-commissaire et le commandant supérieur, ils les arrêtèrent aussitôt et passèrent immédiatement, partout, à l'attaque de nos garnisons.

Il se trouva, par malheur, que le général Mordant fut presque aussitôt découvert et fait prisonnier. Cette décapitation de la résistance compromettait beaucoup sa mise en œuvre. Cependant, presque partout, nos officiers et nos soldats, sachant qu'ils livraient un combat sans espoir, abandonnés en certains cas par les auxiliaires autochtones ou amenés à les démobiliser, firent courageusement leur devoir. En particulier, la citadelle d'Hanoï, celle d'Haïphong, la garnison de Hué, les postes de Langson, de Hagiang, de Lao-Kay, de Taht-Khé, se défendirent avec énergie. À Monkay, les assauts livrés par les Japonais à grands coups de pertes humaines furent repoussés pendant quinze jours. Vinh se battit jusqu'au 24 mars. Dans la région de Bassac, la résistance ne cessa que le 1er avril. Des colonnes, formées en divers points du Haut-Tonkin, gagnèrent le territoire chinois. Quelques petits bâtiments de la marine et des douanes purent également s'échapper. Mais, surtout, un important groupement, constitué à l'avance dans la région de Sontay sous les ordres du général Alessandri, avec, pour noyau, la Légion, remplit vaillamment sa mission. Ces quelques milliers d'hommes, manœuvrant et combattant d'abord entre le Fleuve Rouge et la Rivière Noire, puis à l'ouest de celle-ci, tinrent tête aux Japonais pendant cinquante-sept jours avant de se joindre, avec leurs pauvres armes, aux forces alliées en Chine.

À l'occasion de ces opérations, le parti pris des Américains apparut en pleine lumière. Malgré les incessantes démarches du gouvernement français, Washington s'était toujours opposé, sous de multiples prétextes, au transport vers l'Extrême-Orient des troupes que nous tenions prêtes en Afrique et à Madagascar. Les combats engagés en Indochine n'amenèrent aucun changement dans l'attitude des États-Unis. Pourtant, la présence en Birmanie d'un corps expéditionnaire français aurait, à coup sûr, encouragé la résistance indochinoise et l'envoi à nos colonnes du Tonkin et du Laos de détachements aéroportés leur eût été d'un grand secours. Mais même l'aviation américaine basée en

Chine, à portée immédiate du groupement Alessandri, ne lui prêta pas assistance. Le général Sabattier, nommé délégué-général après la disparition de Mordant et qui avait pu se dégager d'Hanoï, atteindre Laï-Chau et prendre contact avec le commandement américain en Chine, se vit refuser tout appui. Pour moi, qui de longue date discernais les données du jeu, je n'éprouvais aucune surprise à découvrir l'intention des autres. Mais j'en étais d'autant plus résolu à ramener la France en Indochine, quand, la victoire une fois remportée, nous nous trouverions avoir les mains libres vis-à-vis des alliés.

À cette victoire, en tout cas, il était acquis, désormais, que les forces françaises d'Indochine auraient, elles aussi, contribué. Deux cents officiers, 4 000 hommes de troupe avaient été tués à l'ennemi. Au mois de mai, 6 000 soldats, la plupart Européens, se regroupaient au Yunnan. Les combats, succédant soudain à une période prolongée de doutes, de chagrins, d'humiliations, s'étaient déroulés dans les plus amères conditions : surprise, isolement, manque de moyens, impression que Dieu est trop haut et que la France est trop loin. Mais les efforts et les sacrifices n'en furent que plus méritoires. Dans le capital moral d'un peuple, rien ne se perd des peines de ses soldats.

Quelque attention que je porte au développement des affaires sur l'Atlantique, dans les Alpes et en Indochine, c'est ce qui se passe en Allemagne qui me hante pardessus tout. Là, en effet, se fixe le destin. Et puis, les opérations des diverses armées alliées sur le sol germanique, leurs objectifs, leurs directions, les limites de leurs secteurs, créent à mesure des faits accomplis qui vont pratiquement influer sur ce qui suivra l'armistice. Il m'appartient de faire en sorte que la part de l'armée française, la dimension relative de ses succès, l'étendue du territoire qu'elle aura pu conquérir, soient assez larges pour que la France s'affirme dans les débats et les décisions qui suivront les hostilités. Afin que nul n'en ignore, je le proclame, le 2 avril, à l'occasion d'une cérémonie organisée à Paris sur la place de la Concorde et au cours de laquelle les colonels des régiments nouveaux ou reconstitués reçoivent, de mes mains, leur drapeau ou leur étendard.

Or, dans l'esprit du commandement allié, évidemment orienté par Washington, ce sont les forces américaines qui doivent prendre à leur compte l'action presque tout entière dans cette dernière phase de la lutte. Les ordres du grand-quartier confient aux seuls Américains la tâche de s'emparer de la Ruhr, région essentielle entre toutes, puis de pousser, d'une part vers l'Elbe, d'autre part vers le Danube, pour submerger le corps de l'Allemagne, enfin de prendre contact, du côté de Berlin, de Prague et de Vienne, avec les troupes soviétiques. On laissera les Britanniques se consacrer à la côte de la mer du Nord. Quant aux Français, on a d'abord essayé de les fixer sur la rive gauche du Rhin. Comme ils ont, pourtant, trouvé moyen de passer le fleuve, on tâchera d'obtenir qu'ils s'en éloignent le moins possible. Il va de soi qu'au moment même où les perspectives s'élargissent nous n'allons pas nous prêter à un pareil amenuisement.

Tandis que le Groupe d'armées du général Bradley encercle dans le bassin de la Ruhr les forces allemandes du maréchal Model et les fait capituler, puis franchit la Weser, au cœur du Reich, celui du général Devers avance au sud du Main. Mais Devers, au lieu de marcher lui aussi vers l'est, tend continuellement à se rabattre vers le sud. Si les Français laissent faire, cet infléchissement aura pour conséquence de resserrer l'Armée Patch sur l'Armée de Lattre, de bloquer celle-ci au plus près du Rhin, de limiter à quelques lambeaux du pays de Bade le territoire allemand occupé par nous. En l'occurrence, les opérations ont une incidence directe sur le domaine politique. Aussi n'ai-je pas manqué de préciser à de Lattre, avant même que ses troupes aient entamé le passage du Rhin, quel intérêt national aurait à servir l'action de son armée. Nous avons convenu, qu'en tout état de cause, la Ire Armée devrait s'emparer de Stuttgart. La capitale du Wurtemberg sera, en effet, pour nos troupes, la porte ouverte vers le Danube, la Bavière, l'Autriche. Sa possession nous assurera, en outre, un gage important pour soutenir nos desseins quant à la zone d'occupation française.

Mais il faut compter avec l'ennemi. Sa XIXe Armée fait tête avec énergie dans le massif de la Forêt-Noire. C'est donc dans cette âpre région, non vers Stuttgart, que se porte l'effort de l'armée française au cours de la première quinzaine d'avril. Sans doute le 2e Corps a-t-il traversé le Rhin à partir du Palatinat, pris Karlsruhe et, le 7 avril, enlevé Pforzheim. Mais, avant de franchir le Neckar et de courir vers le Danube, de Lattre croit devoir réunir son armée dans la Forêt-Noire et purger d'Allemands cette forteresse naturelle. Il dirige donc Monsabert vers le sud, pour pénétrer au cœur du massif et ouvrir à Béthouart le passage du Rhin à Strasbourg. Ainsi sont pris Rastatt, Baden-Baden, Kehl, Freudenstadt. Ainsi se trouve refoulée dans les hauteurs boisées du Schwarzwald la XIXe Armée allemande. Mais la capitale wurtembergeoise demeure aux mains de l'ennemi et à portée de celles des alliés. Il est grand temps de nous en saisir. Sans interférer dans les dispositions du Commandant de la Ire Armée, je lui fais savoir à nouveau, le 15 avril, que le gouvernement attend de lui qu'il prenne Stuttgart.

Précisément, le lendemain, le général Devers adresse à son Groupe d'armées une « instruction » en sens opposé. D'après cette directive, c'est la VIIe Armée américaine, jusqu'alors engagée plus au nord, qui doit s'emparer de Stuttgart et, remontant ensuite le Neckar, atteindre la frontière suisse près de Schaffhouse. Les Français seront confinés au nettoyage de la Forêt-Noire et coupés de toutes les routes qui pourraient les mener plus à l'est. « Je dois, écrit Devers à de Lattre, vous mettre en garde contre une avance prématurée de la Ire Armée française. »

Le général de Lattre discerne qu'il est urgent de changer de direction. Il le prescrit au 2e Corps. Monsabert lance donc sur Stuttgart et sur Ulm, depuis Pforzheim et Freudenstadt, la 3e Division nord-africaine de Guillaume, la 2e Division marocaine de Linarès, les 1re et 5e Divisions blindées de Sudre et de Schlesser. Le 20 avril, les chars français pénètrent dans la capitale de Wurtemberg, grande ville où 600 000 habitants les attendent en silence au milieu des ruines. Mais, tandis que cette partie de l'armée marche rapidement vers l'est, une autre, conduite par Béthouart, progresse droit vers le sud. La 4e Division marocaine de Hesdin, la 9e Division coloniale de Valluy, les 1re, 10e, 14e Divisions de Caillies, Billotte et Salan, vont s'employer à terminer la conquête de la Forêt-Noire.

En effet, le général de Lattre, tout en saisissant sur le Neckar et sur le Danube les objectifs que je lui ai fixés, ne veut pas laisser derrière lui des forces ennemies encore redoutables. D'ailleurs, le général Guisan, Commandant en chef helvétique, qui craint de voir les Allemands aux abois pénétrer en territoire suisse pour y chercher passage ou refuge, a beaucoup insisté auprès du Commandant de la Ire Armée pour que des troupes françaises viennent border la frontière le long du Rhin depuis Bâle jusqu'au lac de Constance. En d'autres temps, le découplement des nôtres suivant deux axes différents, les uns vers l'est, les autres vers le sud, pourrait comporter de grands risques. Mais l'ennemi en est arrivé à ce point de désorganisation que tout ce qui est fait contre lui s'arrange et se justifie. Le compte rendu que de Lattre m'adresse, le 21 avril, est un bulletin de victoire. Il écrit : « Succès complet des opérations engagées depuis quinze jours en Wurtemberg, en Forêt-Noire et en pays de Bade. Le Danube est franchi sur plus de 60 kilomètres en aval de Donaueschingen. Nous sommes entrés à Stuttgart par le sud, achevant l'encerclement de forces ennemies importantes. Dans la plaine de Bade, Vieux-Brisach et Fribourg sont tombés entre nos mains. L'enveloppement de la Forêt-Noire est achevé. »

Ce n'est, pourtant, qu'une semaine plus tard que la Ire Armée française parvient à en finir avec la XIXe Armée allemande. Celle-ci, bien qu'encerclée, s'est regroupée dans le massif boisé à l'est de Fribourg et tente avec fureur de se frayer le passage vers l'est. Ne pouvant y réussir, ses débris mettent enfin bas les armes. Tandis que cette affaire se règle, nos avant-gardes atteignent Ulm et Constance. Quand s'achève le mois d'avril, il n'y a plus, devant les Français, de résistance organisée. Depuis qu'ils ont franchi le Rhin, 110 000 prisonniers sont tombés entre leurs mains. Chaque jour, des milliers d'autres se rendront encore jusqu'au terme des hostilités.

Mais, dans la coalition, les roses de la gloire ne peuvent être sans épines. Comme nous nous y attendons, le commandement interallié s'oppose à la présence de nos troupes à Stuttgart. Le 28 avril, le général Devers rappelle à la Ire Armée que la ville n'est pas dans sa zone et que ce centre de communications est nécessaire à la VIIe Armée américaine. Le 24, il donne à de Lattre l'ordre formel de l'évacuer. À celui-ci, qui m'en réfère, je fais connaître que rien n'est changé à ce qui est décidé. « Je vous prescris, précise mon télégramme, de maintenir une garnison française à Stuttgart et d'y instituer, tout de suite, un gouvernement militaire... Aux observations éventuelles des Américains vous répondrez que les ordres de votre gouvernement sont de tenir et d'administrer les territoires conquis par vos troupes, jusqu'à ce que la zone d'occupation française ait été fixée par accord entre les gouvernements intéressés. » De Lattre répond donc à Devers que la question les dépasse l'un et l'autre, puisqu'elle est du domaine des gouvernements. Sans que lui-même s'oppose au passage à travers Stuttgart des colonnes et convois alliés, il maintient dans la ville la garnison qu'il y a placée avec le général Chevillon comme gouverneur militaire.

La controverse passe, alors, à un plan plus élevé. C'est pour y perdre de son acuité. Le général Eisenhower m'adresse, le 28 avril, une lettre résignée. Sans doute, déclare-t-il, qu'en intervenant pour des raisons politiques dans les instructions stratégiques, mon gouvernement viole, à son avis, les accords conclus au sujet du réarmement des forces françaises. Cependant, il convient « n'avoir, quant à lui, rien d'autre à faire que d'accepter la situation, parce qu'il se refuse à l'idée de suspendre les ravitaillements fournis par ses services à la Ire Armée française et qu'il ne veut personnellement rien faire qui puisse altérer l'esprit exemplaire de coopération entre les forces françaises et américaines dans la bataille ».

À la bonne heure ! Aimablement, je réponds au Commandant en chef que « la difficulté que nous venons de rencontrer provient d'une situation qui ne lui incombe nullement et qui est le défaut d'accord entre les gouvernements américain et britannique, d'une part, et le gouvernement français, d'autre part, en ce qui concerne la politique de guerre en général et l'occupation des territoires allemands en particulier ». Le 2 mai, Eisenhower m'écrit « qu'il comprend ma position et qu'il est heureux de constater que, de mon côté, je comprends la sienne ». Il ne me reste plus qu'à recevoir du président Truman – en fonctions depuis trois semaines – un message empreint d'aigreur et à lui mander, en échange, que « les questions touchant la France d'aussi près que l'occupation du territoire allemand doivent être discutées avec elle, ce qui, malheureusement, n'a pas eu lieu ». Les Français restent à Stuttgart.

Comme les vagues pressées déferlent sur le navire en train de sombrer, ainsi les forces alliées submergent l'Allemagne en perdition. Leur avance se précipite au milieu de fractions ennemies qui tournoient dans la confusion. Des îlots de résistance luttent toujours avec courage. Dans certaines zones, coupées de tout, s'entassent pêle-mêle des troupes amorphes à force d'épuisement. En maints endroits, des unités, grandes ou petites, se rendent de leur propre chef. Si l'arrivée des Occidentaux est considérée par les populations comme une sorte de délivrance, au contraire, à l'approche des Russes, s'enfuient des foules éperdues. Partout, les vainqueurs recueillent des groupes de prisonniers alliés qui se sont libérés eux-mêmes. Ici ou là, stupéfaits d'horreur et d'indignation, ils découvrent les survivants et les charniers des camps de déportation. Dans le sang et dans les ruines, avec un profond fatalisme, le peuple allemand subit son destin.

À la fin d'avril, Bradley atteint l'Elbe et y établit le contact, dans la région de Torgau, avec les troupes de Joukov qui achèvent de prendre Berlin. Au nord, Mont-gomery s'empare de Hambourg et, au début de mai, enlève Kiel et Lubeck, à portée de Rokossovsky qui a succédé sur le théâtre de Prusse Orientale au maréchal Tcherniakovsky tué au mois de février. Se trouvent ainsi coupées du Reich les forces allemandes d'occupation du Danemark, comme c'est aussi le cas de celles qui, sous Blaskowitz, se sont maintenues en Hollande. Au sud, trois armées alliées marchent sur le réduit des Alpes bavaroises et autrichiennes, où l'ennemi pourrait tenir tête : Patton pénètre en Tchécoslovaquie où il se saisit de Pilsen et, en Autriche, parvient à Linz tout près des Russes de Tolboukine qui ont pris et dépassé Vienne ; Patch met la main sur Munich et pousse jusqu'à Innsbruck ; de Lattre lance sur le Tyrol ses unités blindées et ses divisions marocaines, une colonne remontant l'Iller, une autre longeant le lac de Constance. Les avant-gardes françaises rencontrent dans le Vorarlberg la XXIVe Armée allemande, nouvelle dans l'ordre de bataille, mais formée d'une foule de débris et dont le chef, général Schmidt, offre aussitôt sa reddition. Le 6 mai, le drapeau français flotte sur le col de l'Arlberg. Entre-temps, la Division Leclerc, revenue en hâte de l'ouest et remise en tête de l'Armée Patch, est parvenue à Berchtesgaden.

C'est la fin. L'Axe est vaincu. Ses chefs succombent. Le 1er mai, les dernières antennes de la radio allemande lancent la nouvelle de la mort d'Hitler. On avait, quelques jours avant, appris le meurtre de Mussolini.

Celui-ci, bien qu'il eût jusqu'au bout persévéré dans sa querelle, était déjà effacé par les événements. Que de bruit, cependant, avait fait dans l'univers ce « Duce » ambitieux, audacieux, orgueilleux, cet homme d'État aux larges visées et aux gestes dramatiques, cet orateur entraînant et excessif. Il avait saisi l'Italie quand elle glissait à l'anarchie. Mais, pour lui, c'était trop peu de la sauver et de la mettre en ordre. Il voulait en faire un empire. Ayant, pour y parvenir, exilé la liberté et bâti sa propre dictature, il donnait à son pays l'air d'être uni et résolu par le moyen des cortèges, des faisceaux et des licteurs. Puis, appuyé sur ces apparences, il devenait une grande vedette de la scène internationale.

Ses exigences, alors, s'étaient portées vers l'Afrique. Sur les rives de la Méditerranée et de la mer Rouge, il fallait qu'on lui cédât, ou qu'il conquît, la part du lion. Bientôt, c'est en Europe aussi qu'il prétendait s'agrandir. La Savoie, Nice, la Corse, la Croatie, la Slovénie, la Dalmatie, l'Albanie, voilà ce qui lui était dû ! Et d'ameuter « l'Italie fasciste et prolétaire » contre les Français décadents et les Yougoslaves incapables. Enfin, quand il avait vu les Panzerdivisions se ruer à travers la France, tandis que l'Angleterre se repliait dans son île, que la Russie restait l'arme au pied, que l'Amérique demeurait neutre, le Duce s'était joint au Führer et précipité dans la guerre, croyant qu'elle allait finir.

Au moment où l'abattit la mitraillette d'un partisan, Mussolini avait perdu les raisons de vivre. Ayant voulu trop embrasser, il ne lui restait rien à étreindre. Sans doute, au temps de l'apogée fasciste, sa dictature semblait-elle solide. Mais, au fond, comment l'eût-elle été, quand subsistaient auprès d'elle la monarchie, l'Église, les intérêts, et quand le peuple recru de siècles, demeurait ce qu'il était en dépit des fétiches et des rites ? Il y avait, certes, de la grandeur à prétendre restaurer l'antique primauté de Rome. Mais était-ce un but accessible en ce temps où le monde est aussi vaste que la terre et se fait à la machine ? Dresser contre l'Occident l'Italie mère de son génie, associer au déferlement de l'oppression germanique la métropole de la latinité, bref, faire combattre un peuple pour une cause qui n'était pas la sienne, n'était-ce pas forcer la nature ? Tant que l'Allemagne parut triompher, le Duce réussit à porter aux champs de bataille des armées mal convaincues. Mais, dès que commença le recul de l'allié, la gageure devint insoutenable et la vague des reniements emporta Mussolini.

C'est le suicide non la trahison, qui mettait fin à l'entreprise d'Hitler. Lui-même l'avait incarnée. Il la terminait lui-même. Pour n'être point enchaîné, Prométhée se jetait au gouffre.

Cet homme parti de rien, s'était offert à l'Allemagne au moment où elle éprouvait le désir d'un amant nouveau. Lasse de l'empereur tombé, des généraux vaincus, des politiciens dérisoires, elle s'était donnée au passant inconnu qui représentait l'aventure, promettait la domination et dont la voix passionnée remuait ses instincts secrets. D'ailleurs, en dépit de la défaite enregistrée naguère à Versailles, la carrière s'ouvrait largement à ce couple entreprenant. Dans les années 1930, l'Europe, obnubilée ici par l'attrait, là par la peur, du communisme ou du fascisme, énervée de démocratie et encombrée de vieillards, offrait au dynamisme allemand de multiples occasions.

Adolf Hitler voulut les saisir toutes. Fascisme et racisme mêlés lui procurèrent une doctrine. Le système totalitaire lui permit d'agir sans frein. La force mécanique mit en ses mains les atouts du choc et de la surprise. Certes, le tout menait à l'oppression et celle-ci allait au crime. Mais Moloch a tous les droits. D'ailleurs, Hitler, s'il était fort, ne laissait pas d'être habile. Il savait leurrer et caresser. L'Allemagne, séduite au plus profond d'elle-même, suivit son Führer d'un élan. Jusqu'à la fin, elle lui fut soumise, le servant de plus d'efforts qu'aucun peuple, jamais, n'en offrit à aucun chef.

Pourtant, Hitler allait rencontrer l'obstacle humain, celui que l'on ne franchit pas. Il fondait son plan gigantesque sur le crédit qu'il faisait à la bassesse des hommes. Mais ceux-ci sont des âmes autant que du limon. Agir comme si les autres n'auraient jamais de courage, c'était trop s'aventurer. Pour le Führer, le Reich devait, en premier lieu, déchirer le traité de Versailles à la faveur de la crainte que la guerre inspirerait aux démocraties. On procéderait ensuite, à l'annexion de l'Autriche, de la Tchécoslovaquie, de la Pologne, en escomptant le lâche soulagement de Paris et de Londres et la complicité de Moscou. Après quoi, suivant l'occasion, les Français seraient soumis en présence des Russes immobiles, ou bien la Russie abattue devant la France épouvantée. Ce double but une fois atteint, on asservirait l'Angleterre, grâce à la neutralité jouisseuse des États-Unis. Alors, l'Europe tout entière étant groupée, de gré ou de force, sous la férule de l'Ordre Nouveau et le Japon fournissant un allié de revers, l'Amérique, coupée du monde, devrait se coucher, à son tour.

Tout alla, d'abord, comme prévu. L'Allemagne nazie, dotée d'engins effrayants et armée de lois sans pitié, marcha de triomphe en triomphe. Genève, Munich, le pacte germano-soviétique justifiaient la méprisante confiance qu'Hitler faisait à ses voisins. Mais voici que chez eux, soudain, sursautaient le courage et l'honneur. Paris et Londres n'acceptaient pas le meurtre de la Pologne. Il semble bien que, dès ce moment, le Führer, dans sa lucidité, sut que le charme était rompu. Sans doute, l'armée cuirassée foudroyait-elle une France sans État et sans Commandement. Mais l'Angleterre, derrière la mer, refusait de s'incliner, et la flamme de la résistance s'allumait parmi les Français. De ce fait, la lutte s'étendait aux océans, à l'Afrique, à l'Orient et aux replis clandestins de la France. Quand la Wehrmacht attaquerait la Russie, il lui manquerait pour la réduire tout justement les troupes allemandes qui étaient engagées ailleurs. Dès lors, l'Amérique, jetée dans la guerre par l'agression du Japon, pourrait déployer ses forces à coup sûr. En dépit de l'énergie prodigieuse de l'Allemagne et de son Führer, le destin était scellé.

L'entreprise d'Hitler fut surhumaine et inhumaine. Il la soutint sans répit. Jusqu'aux dernières heures d'agonie au fond du bunker berlinois, il demeura indiscuté, inflexible, impitoyable, comme il l'avait été dans les jours les plus éclatants. Pour la sombre grandeur de son combat et de sa mémoire, il avait choisi de ne jamais hésiter, transiger ou reculer. Le Titan qui s'efforce à soulever le monde ne saurait fléchir, ni s'adoucir. Mais, vaincu et écrasé, peut-être redevient-il un homme, juste le temps d'une larme secrète, au moment où tout finit.

La capitulation allemande n'est plus, maintenant, qu'une question de formalités. Encore faut-il qu'elles soient remplies. Avant même la mort d'Hitler, Goering, qu'il a désigné comme son éventuel remplaçant et qui croit le Chancelier hors d'état de se faire entendre, esquisse une tentative de négociation. Mais il est, immédiatement, condamné par le Führer. Himmler, second dans l'ordre de la succession, a pris contact de son côté avec le comte Bernadotte, président de la Croix-Rouge suédoise, et fait transmettre, par Stockholm, aux gouvernements occidentaux, une proposition d'armistice. Himmler calcule vraisemblablement que si les hostilités cessent sur le front Ouest et se poursuivent à l'Est il se créera, dans le bloc allié, une fissure dont profitera le Reich. La démarche du grand-maître de la Gestapo s'accompagne de quelques gestes destinés à alléger l'abominable réputation que lui ont value ses crimes. C'est ainsi, qu'*in extremis*, il autorise la Croix-Rouge internationale à distribuer des vivres aux déportés. Aussitôt prévenus par cette organisation, nous nous hâtons d'envoyer en Allemagne du Sud, à partir de Berne et de Zurich, sur des camions fournis par nous et conduits par des chauffeurs suisses, des lots de ravitaillement à certains camps de concentration et aux colonnes affamées que les Allemands poussent sur les routes.

À moi-même, Himmler fait parvenir officieusement un mémoire qui laisse apparaître la ruse sous la détresse. « C'est entendu ! Vous avez gagné, reconnaît le document. Quand on sait d'où vous êtes parti, on doit, général de Gaulle, vous tirer très bas son chapeau… Mais, maintenant, qu'allez-vous faire ? Vous en remettre aux Anglo-Saxons ? Ils vous traiteront en satellite et vous feront perdre l'honneur. Vous associer aux Soviets ? Ils soumettront la France à leur loi et vous liquideront vous-même… En vérité, le seul chemin qui puisse mener votre peuple à la grandeur et à l'indépendance, c'est celui de l'entente avec l'Allemagne vaincue. Proclamez-le tout de suite ! Entrez en rapport, sans délai, avec les hommes qui, dans le Reich, disposent encore d'un pouvoir de fait et veulent conduire leur pays dans une direction nouvelle… Ils y sont prêts. Ils vous le demandent… Si vous dominez l'esprit de la vengeance, si vous saisissez l'occasion que l'Histoire vous offre aujourd'hui, vous serez le plus grand homme de tous les temps. »

Mise à part la flatterie dont s'orne à mon endroit ce message du bord de la tombe, il y a, sans doute, du vrai dans l'aperçu qu'il dessine. Mais le tentateur aux abois, étant ce qu'il est, ne reçoit de moi aucune réponse, non plus que des gouvernements de Londres et de Washington. D'ailleurs, il n'a rien à offrir. Même, Hitler, qui probablement a eu vent de ces menées, déshérite Himmler à son tour. C'est à l'amiral Dœnitz que le Führer prescrit qu'on transmette ses pouvoirs après son propre suicide. L'amiral est donc investi par un ultime télégramme lancé de l'abri souterrain de la Chancellerie d'Empire.

Jusqu'à la fin, les derniers tenants de l'autorité du Reich s'efforcent d'obtenir quelque arrangement séparé avec les Occidentaux. En vain ! Ceux-ci excluent toute autre issue qu'une reddition sans conditions reçue par tous les alliés à la fois. Il est vrai que l'amiral Friedeburg conclut, le 4 mai, avec Montgomery, la capitulation des armées du Nord-Ouest de l'Allemagne, du Danemark et de la Hollande. Mais ce n'est là qu'une convention entre chefs militaires locaux, non point un acte engageant le Reich. Finalement, Dœnitz se résigne. Le général Jodl, envoyé par lui à Reims, y apporte à Eisenhower la capitulation totale. Celle-ci est conclue le 7 mai à 2 heures du matin. Le feu doit cesser le lendemain à minuit. Comme l'acte est signé au quartier-général du Commandant en chef occidental, il est entendu que, par symétrie, une ratification aura lieu, le 9 mai, au poste de commandement soviétique à Berlin.

Je n'ai naturellement pas manqué de régler à l'avance, avec les alliés, la participation française à la signature de ces deux documents. Le texte, d'une extrême et terrible simplicité, ne soulève de notre part aucune objection. Mais il faut que la France, elle aussi, le prenne formellement à son compte. Je dois dire que les alliés nous le demandent eux-mêmes sans ambages. À Reims, comme on en a convenu, le général Bedell Smith, chef d'état-major du général Eisenhower, préside la cérémonie au nom du Commandant en chef et signe, d'abord, avec Jodl représentant de Dœnitz. Ensuite, pour les Russes le général Souslaparov, pour les Français le général Sevez sous-chef d'état-major de la Défense nationale – Juin étant à San Francisco – apposent leur signature. Quant à l'acte de Berlin, il va comporter une plus grande solennité. Non point qu'il ajoute quelque chose à celui de Reims. Mais les Soviets tiennent beaucoup à le mettre en relief. Pour y représenter la France, je désigne le général de Lattre.

Celui-ci, reçu par les Russes avec tous les égards convenables, se heurte cependant à une objection protocolaire. Le maréchal Joukov étant le délégué du commandement soviétique et l'air-marshal britannique Tedder celui du commandement occidental, les Russes déclarent, qu'en principe, ils sont d'accord pour que le général de Lattre soit, lui aussi, présent. Mais, comme les Américains ont envoyé le général Spaatz afin qu'il signe comme de Lattre, le sourcilleux M. Vichynsky, accouru pour « conseiller » Joukov, observe que l'Américain fait double emploi avec Tedder et ne saurait participer. Le Français serait, dès lors, exclu. Avec adresse et fermeté, de Lattre prétend, au contraire, remplir bel et bien sa mission. L'incident est bientôt réglé. Le 9 mai, le général de Lattre prend place aux côtés des délégués militaires des grandes puissances alliées, sous une panoplie où le tricolore figure avec leurs drapeaux. À l'acte final de la capitulation allemande, le représentant de la France est signataire, comme ceux de la Russie, des États-Unis et de la Grande-Bretagne. Le feld-marschall Keitel, en s'écriant : « Quoi ? Les Français aussi ! » souligne le tour de force qui aboutit, pour la France et pour son armée, à un pareil redressement.

« La guerre est gagnée ! Voici la Victoire ! C'est la victoire des nations unies et c'est la victoire de la France !… » J'en fais l'annonce, par la radio, le 8 mai à 3 heures de l'après-midi. À Londres Winston Churchill, à Washington Harry Truman, parlent en même temps que moi. Un peu plus tard, je me rends à l'Étoile. La place est remplie d'une foule qui, après mon arrivée, devient énorme en quelques instants. À peine ai-je salué la tombe du Soldat inconnu que la masse se précipite dans une tempête d'acclamations en bousculant les barrages. Malaisément, je m'arrache au torrent. Pourtant, cette manifestation, les cortèges organisés, le son des cloches, les salves d'artillerie, les discours officiels, n'empêchent pas que la joie du peuple, tout comme la mienne, reste grave et contenue.

Il est vrai que, depuis des mois, nul ne doute de l'échéance et que, depuis des semaines, on la tient pour imminente. La nouvelle n'a rien d'une surprise qui puisse provoquer l'explosion des sentiments. Ceux-ci, d'ailleurs, se sont déjà donné libre cours à l'occasion de la libération. Et puis, l'épreuve, si elle fut marquée, pour nous Français, par une gloire tirée du plus profond de l'abîme, n'en a pas moins comporté, d'abord, des défaillances désastreuses. Avec la satisfaction causée par le dénouement, elle laisse – c'est pour toujours ! – une douleur sourde au fond de la conscience nationale. Au reste, d'un bout du monde à l'autre, les coups de canon de l'armistice sont accueillis, certes, avec un soulagement immense, puisque la mort et la misère s'éloignent, mais ils le sont sans transports, car la lutte fut salie de crimes qui font honte au genre humain. Chacun, quel qu'il soit, où qu'il soit, sent en lui-même l'éternelle espérance prendre à nouveau son essor, mais redoute que, cette fois encore, « la guerre qui enfante tout » n'ait pas enfanté la paix.

La mission qui me fut inspirée par la détresse de la patrie se trouve, maintenant, accomplie. Par une incroyable fortune, il m'a été donné de conduire la France jusqu'au terme d'un combat où elle risquait tout. La voici vivante, respectée, recouvrant ses terres et son rang, appelée, aux côtés des plus grands, à régler le sort du monde. De quelle lumière se dore le jour qui va finir ! Mais, comme ils sont obscurs les lendemains de la France ! Et voici que, déjà, tout s'abaisse et se relâche. Cette flamme d'ambition nationale, ranimée sous la cendre au souffle de la tempête, comment la maintenir ardente quand le vent sera tombé ?

DISCORDANCES

À PEINE s'éteint l'écho du canon que le monde change de figure. Les forces et les ardeurs des peuples, mobilisées pour la guerre, perdent soudain leur point d'application. Par contre, on voit l'ambition des États apparaître en pleine lumière. Entre coalisés s'effacent les égards et les ménagements qu'on s'accordait, tant bien que mal, quand on faisait face à l'ennemi. C'était, hier, le temps des combats. Voici l'heure des règlements.

Ce moment de vérité met en lumière l'état de faiblesse où la France est encore plongée par rapports aux buts qu'elle poursuit et aux calculs intéressés des autres. Ceux-ci vont, tout naturellement, tirer parti de la situation pour essayer de nous contraindre à propos de litiges en suspens, ou bien de nous reléguer à une place secondaire dans le concert qui bâtira la paix. Mais je veux m'efforcer de ne pas les laisser faire. Bien plus, jugeant que l'effondrement de l'Allemagne, le déchirement de l'Europe, l'antagonisme russo-américain, offrent à la France, sauvée par miracle, des chances d'action exceptionnelles, il me semble que la période nouvelle me permettra, peut-être, d'entamer l'exécution du vaste plan que j'ai formé pour mon pays.

Lui assurer la sécurité en Europe occidentale, en empêchant qu'un nouveau Reich puisse encore la menacer. Collaborer avec l'Ouest et l'Est, au besoin contracter d'un côté ou bien de l'autre les alliances nécessaires, sans accepter jamais aucune espèce de dépendance. Pour prévenir les risques, encore diffus, de dislocation, obtenir que l'Union Française se transforme progressivement en libre association. Amener à se grouper, aux points de vue politique, économique, stratégique, les États qui touchent au Rhin, aux Alpes, aux Pyrénées. Faire de cette organisation l'une des trois puissances planétaires et, s'il le faut un jour, l'arbitre entre les deux camps soviétique et anglo-saxon. Depuis 1940, ce que j'ai pu accomplir et dire ménageait ces possibilités. À présent que la France est debout, je vais tâcher de les atteindre.

Les moyens sont bien réduits ! Pourtant, si la France n'a pas encore repris dans son jeu l'atout de sa grande puissance, elle garde quelques bonnes cartes : d'abord, le prestige singulier qu'elle revêtait depuis des siècles et que son étonnant retour depuis le bord de l'abîme lui a, en partie, rendu ; le fait, aussi, que nul ne peut faire fi de son concours au milieu du déséquilibre où chancelle le genre humain ; enfin, les éléments solides que constituent ses territoires, son peuple ; ses prolongements outre-mer. En attendant d'avoir repris nos forces, ces éléments nous mettent à même d'agir et de nous faire respecter.

À condition qu'on s'en serve. Par excellence, mon devoir est là. Mais, pour compenser ce qui manque, j'ai besoin que la nation me prête un appui déterminé. Si c'est le cas, je réponds que personne ne passera outre à la volonté de la France. Il va de soi que nos partenaires comptent qu'il en sera autrement. Quelle que soit la considération qu'ils témoignent au général de Gaulle, ils portent leur nostalgie vers la France politique de naguère, si malléable et si commode. Ils épient les discordances qui vont se produire entre moi et ceux qui tendent à revenir au régime confus d'autrefois.

Dès le lendemain de la victoire, un sérieux incident surgit sur le sujet du tracé de la frontière des Alpes. Notre gouvernement avait, depuis longtemps, fixé ses intentions en la matière. Nous entendions porter à la crête même du massif la limite de notre territoire, ce qui reviendrait à nous attribuer les quelques enclaves que les Italiens possédaient sur le versant français auprès des cols. Nous voulions aussi nous incorporer les cantons, naguère savoyards, de Tende et de La Brigue. Peut-être en ferions-nous autant de Vintimille, suivant ce que souhaiteraient les habitants. Quant au Val d'Aoste, nous aurions eu les meilleures raisons ethniques et linguistiques de nous l'assurer. Nous y rencontrerions d'ailleurs, lors de l'avance de nos troupes, le désir presque général d'appartenir à la partie française. Mais, comme, pendant huit mois de l'année, les neiges du mont Blanc interrompent les communications entre la France et les Valdôtains dont l'existence est, de ce fait, liée à celle de l'Italie, nous avions pris le parti de ne pas revendiquer la possession de la vallée. Il nous suffirait d'obtenir que Rome en reconnût l'autonomie. Au reste, le gouvernement de MM. Bonomi et Sforza laissait entendre à nos représentants qu'il se résignerait à accepter nos conditions. Celles-ci ne pouvaient, en effet, que lui sembler bien modérées par rapport aux épreuves que l'Italie nous avait causées et aux avantages qu'elle tirerait de la réconciliation.

L'offensive finale, menée dans les Alpes par les troupes du général Doyen, avait atteint les objectifs fixés. Les enclaves, le Val d'Aoste, les cantons de La Roya se trouvaient entre nos mains le 2 mai, jour où les forces allemandes et fascistes opérant en Italie hissaient le drapeau blanc. Au point de vue administratif, Tende, La Brigue et Vintimille étaient aussitôt rattachés au département des Alpes-Maritimes, tandis qu'à Aoste nous laissions faire les comités locaux.

Les choses en étaient là quand, au cours du mois de mai, les Américains manifestèrent leur volonté de voir nos troupes se retirer en deçà de la frontière de 1939. Dans les territoires que nous devions, suivant eux, évacuer, nous serions remplacés par des forces alliées. Cela fut notifié au Quai d'Orsay par M. Caffery, précisé au général Doyen par le général Grittenberg commandant le Corps américain d'occupation du Piémont, déclaré par Truman à Bidault lors d'une visite que celui-ci lui faisait à Washington. Pour exiger notre retrait, les Américains ne pouvaient faire état d'aucun accord avec nous, ni exciper désormais des nécessités militaires. Ils se référaient tout bonnement à leur propre décision de ne pas laisser préjuger de changements territoriaux par rapport à l'avant-guerre jusqu'à la signature d'éventuels traités de paix. Bien entendu, Washington ne formulait cette prétention que vis-à-vis des seuls Français et seulement pour les communes alpines.

À l'origine de l'affaire, il y avait, dans une certaine mesure, le goût d'hégémonie que les États-Unis manifestaient volontiers et que je n'avais pas manqué de relever en chaque occasion. Mais j'y voyais surtout l'effet de l'influence britannique. Car, au même moment, l'Angleterre préparait, au Levant, la manœuvre décisive. Pour Londres, il était de bonne guerre de pousser d'abord Washington à chercher querelle à Paris. Divers faits me fournirent la preuve que tel était bien le cas.

Le général Alexander, Commandant en chef en Italie, obéissant à M. Churchill, dirigeait vers Tende, La Brigue et Vintimille des troupes italiennes sous ses ordres, ce qui, si nous laissions faire, aurait pour effet d'y rétablir la souveraineté de Rome. Comme d'âpres échanges de vues avaient lieu entre Grittenberg qui voulait prendre notre place et Doyen qui n'y consentait pas, et comme le général français, plus apte à combattre qu'habile à négocier, avait notifié par écrit à son interlocuteur « qu'il pousserait, au besoin, son refus jusqu'à l'extrême conséquence, conformément aux prescriptions du général de Gaulle », le quartier-général en Italie s'empressait d'annoncer aux correspondants des journaux que, par mon ordre, les troupes françaises s'apprêtaient à tirer sur les soldats américains. Enfin, des observateurs secrets me faisaient tenir la copie de télégrammes que le Premier ministre adressait au Président. M. Churchill m'y qualifiait d'« ennemi des alliés », pressait M. Truman de se montrer intransigeant à mon égard et lui affirmait, « sur la foi d'informations puisées dans les milieux politiques français, qu'il n'en faudrait pas davantage pour provoquer, aussitôt la chute du général de Gaulle ».

Bien que Truman eût moins de passion et plus de discernement, il crut devoir donner de sa personne. Le 6 juin, l'ambassadeur Caffery remettait aux Affaires étrangères une note exprimant « les préoccupations de son gouvernement au sujet du maintien des forces françaises dans certaines parties de l'Italie du Nord-Ouest », protestant contre l'attitude de Doyen et réclamant le retrait de nos troupes. Sur quoi, Duff Cooper accourait à son tour pour dire que « le gouvernement de Sa Majesté était entièrement d'accord avec la position prise par les États-Unis ». Le lendemain, m'arrivait un message personnel du Président. Celui-ci exprimait l'émotion que lui avait causée la menace du général Doyen. Il m'adjurait de prescrire l'évacuation, « en attendant que puisse être effectué normalement et rationnellement le règlement des revendications que le gouvernement français aurait à formuler au sujet de la frontière ». Faute que je veuille donner suite à ce qu'il me demandait, lui-même serait amené « à suspendre les distributions d'équipements et de munitions assurées à l'armée française par les services américains ». – « Toutefois, ajoutait-il assez bizarrement, les rations de vivres continueront à être fournies. »

Je ne pris pas au tragique la communication de Truman. Cependant, il me parut bon de mettre de l'huile aux rouages des relations franco-américaines à l'instant où les Anglais faisaient savoir officiellement qu'ils étaient prêts à attaquer les troupes françaises en Syrie. Je répondis au Président « qu'il n'avait, évidemment, jamais été dans les intentions ni dans les ordres du gouvernement français, ni dans ceux du général Doyen, de s'opposer par la force à la présence des troupes américaines dans la zone alpine, qu'il y avait dans cette zone des troupes américaines en même temps que des troupes françaises et que les unes et les autres vivaient ensemble, là comme partout, en bonne camaraderie ». Ce qui était en question, ce n'était pas la coexistence des Français et de leurs alliés, mais bien « l'éviction des Français par les alliés, hors d'un terrain conquis par nos soldats contre l'ennemi allemand et l'ennemi fasciste italien et où, au surplus, plusieurs villages avaient une population d'origine française ».

Je signalais à Harry Truman que « notre expulsion forcée de cette région, coïncidant avec celle que les Anglais étaient en train de pratiquer à notre égard en Syrie, aurait les plus graves conséquences quant aux sentiments du peuple français ». J'écrivais enfin que, pour donner à lui-même, Truman, « satisfaction dans la mesure où cela nous était possible, j'envoyais Juin auprès d'Alexander, afin qu'ils recherchent ensemble une solution ».

En fin de compte, la solution consista en ceci que nous restâmes en possession de ce que nous voulions avoir. Sans doute, un projet d'accord établi entre l'état-major d'Alexander et le général Carpentier, représentant de Juin, prévoyait-il que nos troupes se retireraient progressivement jusqu'à la frontière de 1939. Mais, sauf pour le Val d'Aoste que nous n'entendions pas garder, je refusai mon agrément à une telle disposition, acceptant seulement que de menus détachements alliés aient accès aux communes contestées sans s'y mêler en rien des affaires. Par contre, j'exigeai que les forces italiennes fussent maintenues au large. D'ailleurs, pendant qu'on discutait, nous créions des faits accomplis. Les cantons de Tende et de La Brigue élisaient des municipalités qui proclamaient leur rattachement à la France. Dans les enclaves anciennement italiennes des cols du Petit-Saint-Bernard, de l'Iseran, du mont Cenis, du mont Genèvre, nous attribuions prés et bois aux villages français les plus voisins. Les Valdôtains, soutenus par les officiers de liaison que nous leur avions envoyés et une milice qu'ils avaient formée, instituaient leur propre autonomie par le truchement de leur « Comité de libération ». Il n'était qu'à Vintimille que nous laissions aller les choses, parce que les sentiments nous y paraissaient mélangés. Au demeurant, les quelques soldats américains et britanniques présents sur le terrain en litige, s'en retirèrent aussitôt après la défaite électorale de M. Churchill, fin juillet. Quand, le 25 septembre, M. Alcide de Gasperi, devenu ministre des Affaires étrangères dans le gouvernement de Rome après la mort du comte Sforza, me fit visite à Paris, il me pria de lui préciser quelles conditions seraient les nôtres lors du prochain traité de paix. Je pus lui dire, comme je l'avais fait à l'ambassadeur Saragat, que nous ne voulions nous voir reconnaître en droit que ce qui était réalisé en fait. Gasperi convint, avec quelques soupirs, que le traité pourrait comporter de telles clauses et que l'Italie y souscrirait sans rancœur. C'est ce qui eut lieu, en effet.

Tandis que ces difficultés se dressaient, puis s'aplanissaient, à la manière d'une diversion, une crise majeure éclatait au Levant. Depuis longtemps, la frénésie des nationalistes arabes et la volonté des Britanniques de rester seuls maîtres en Orient s'y coalisaient contre nous. Jusqu'alors, nos adversaires avaient dû prendre quelques précautions. Ce n'était plus, désormais, la peine. Dès que le Reich eut capitulé, ils passèrent ensemble à l'assaut.

C'est la Syrie qui allait être le théâtre de leurs opérations. Depuis les élections de 1943, M. Choukri Kouatly président de la République et ses ministères successifs multipliaient à notre égard les surenchères revendicatives. D'autant plus que, dans ce pays sans équilibre et rongé par l'agitation chronique des politiciens, le gouvernement était constamment porté à dériver contre nous le flot des mécontentements. Pourtant, nous avions, de nous-mêmes, proclamé en 1941 l'indépendance de la Syrie. Tout récemment, celle-ci s'était vue invitée, en qualité d'État souverain, à la Conférence de San Francisco, grâce aux démarches de la France. Depuis quatre ans, les attributions de notre autorité : administration, finances, économie, police, diplomatie, lui avaient été progressivement transmises. Mais, comme nous restions mandataires et, par conséquent, responsables dans le domaine de la défense et dans celui du maintien de l'ordre, nous avions gardé les troupes locales sous notre commandement et laissé en quelques points d'infimes garnisons françaises. Grâce à quoi la Syrie n'avait connu aucun désordre depuis 1941, alors que des troubles graves agitaient l'Égypte, la Palestine, la Transjordanie, l'Irak, que les Anglais tenaient sous leur coupe.

Néanmoins, nous étions désireux d'établir sur des bases précises les rapports de la France avec la Syrie et avec le Liban. Pensant que les Nations unies auraient bientôt mis sur pied un système de sécurité mondiale, nous projetions de leur remettre le mandat que nous avait confié l'ancienne Société des Nations, de nous charger sur place de deux bases militaires, de retirer nos forces du territoire et de laisser aux gouvernements de Damas et de Beyrouth la disposition de leurs troupes. D'autre part, des traités conclus avec les deux États détermineraient le concours que nous pourrions leur fournir et le sort des intérêts économiques et culturels que nous détenions chez eux. Tel était le plan que je m'étais fixé dès l'origine, que j'avais poursuivi depuis à travers vents et marées et qui semblait près d'être atteint, si l'Angleterre, par une intervention brutale, ne se mettait pas en travers. Or, voici que cette intervention se produisait tout justement.

Depuis toujours, je l'attendais. Parmi les ambitions nationales qui s'enrobaient dans le conflit mondial, il y avait celle des Britanniques, visant à dominer l'Orient.

Que de fois j'avais rencontré cette ambition passionnée, prête à briser les barrières ! Avec la fin de la guerre en Europe, l'occasion était venue. À la France épuisée, l'invasion et ses conséquences retiraient son ancienne puissance. Quant aux Arabes, un travail politique habile autant qu'onéreux avait rendu nombre de leurs dirigeants accessibles aux influences anglaises. Surtout, l'organisation économique créée par la Grande-Bretagne, à la faveur du blocus, de la maîtrise de la mer et du monopole des transports, mettait à sa discrétion les échanges, c'est-à-dire l'existence, des États orientaux, tandis que 700 000 soldats britanniques et de nombreuses escadres aériennes y maîtrisaient la terre et le ciel. Enfin, au marché de Yalta, Churchill avait obtenu de Roosevelt et de Staline qu'on lui laissât les mains libres à Damas et à Beyrouth.

Je ne pouvais me faire d'illusion sur les moyens que nous aurions de tenir tête à l'orage. En Syrie et au Liban, nos forces se réduisaient à 5 000 hommes, soit 5 bataillons sénégalais, des embryons de services, une escadrille de 8 avions. En outre, les troupes « spéciales », soit 18 000e officiers et soldats autochtones, étaient sous notre commandement. C'était assez pour maintenir et, au besoin, rétablir l'ordre, car la masse de la population ne nous était nullement hostile. Mais, s'il devait arriver que ces faibles éléments fussent accrochés par des émeutes en divers points du pays et, en même temps, assaillis par les forces britanniques, l'issue ne ferait aucun doute. Devant cette évidence, j'avais d'avance fixé mes intentions. Le cas échéant, nous n'irions pas, à moins d'y être forcés, jusqu'à combattre à la fois la révolte et les Anglais.

Mais, si je voulais éviter qu'il y eût des collisions entre nous et nos alliés, je n'entendais en aucun cas souscrire au renoncement. Ce refus serait suffisant pour obliger finalement le gouvernement de Londres à composer. À la condition, toutefois, que je fusse soutenu par mon propre pays. Qu'il parût résolu, comme je l'étais, à ne point céder à des mises en demeure, il y aurait toutes chances pour que la Grande-Bretagne ne poussât pas les choses à l'extrême. Car l'étalage de ses ambitions et l'éventualité d'une rupture avec la France lui eussent été bientôt insoutenables. J'espérais donc que, la crise éclatant, l'opinion voudrait me suivre. Inversement, les Anglais, particulièrement Churchill, comptaient sur les craintes et les calculs des milieux dirigeants français pour retenir de Gaulle et, peut-être, le réduire. En fait, j'allais trouver, dans la politique, la diplomatie, la presse, un soutien très inconsistant, à moins que ce ne fût le blâme.

En Syrie, à la fin d'avril, on voyait, à beaucoup de signes, que l'agitation couvait, notamment à Damas, Alep, Homs, Hama, Deir-ez-Zor. En même temps, le gouvernement syrien élevait sans cesse le ton, exigeant que les troupes « spéciales » lui fussent remises et encourageant les éléments provocateurs. Notre Conseil des ministres, à la demande du général Beynet, avait alors décidé l'envoi au Levant de trois bataillons, dont deux relèveraient un effectif égal de tirailleurs sénégalais qu'il fallait rapatrier. Les croiseurs *Montcalm* et *Jeanne d'Arc* assureraient les transports, faute que nous ayons pu encore récupérer nos paquebots et nos cargos prêtés au « pool » interallié. Ce très léger remaniement de troupes était d'autant plus justifié qu'une division britannique stationnée en Palestine venait de recevoir l'ordre de gagner la région de Beyrouth, alors que toute une Armée anglaise, la IXe, occupait déjà le territoire de la Syrie et du Liban.

À peine était commencé le mouvement des renforts français que l'ambassadeur d'Angleterre vint me voir, le 30 avril. Il était chargé de me demander, de la part de son gouvernement, d'arrêter l'envoi de nos troupes parce que « le général Paget, Commandant en chef britannique en Orient, considérait ce transport comme susceptible d'entraîner des troubles ». Londres proposait que nos renforts fussent expédiés, non point à Beyrouth, mais à Alexandrie, sur des navires marchands que les services anglais fourniraient. Il était clair que, dans ces conditions, nos éléments ne pourraient pas atteindre leur destination.

« Nous jugeons plus sûr, répondis-je à Duff Cooper, de transporter nos troupes nous-mêmes. Au surplus, vous le savez, le maintien de l'ordre au Levant incombe aux Français et à eux seuls. Ni le commandement britannique en Orient, ni le gouvernement de Londres n'ont qualité pour intervenir dans l'affaire.

— Mais, dit l'ambassadeur, le général Paget exerce en Orient le commandement de toutes les forces alliées, y compris les vôtres.

— Nous avions consenti à cette organisation, déclarai-je, pour le seul cas d'opérations à mener contre l'ennemi commun. Aujourd'hui, il ne-s'agit pas de cela et, d'ailleurs, l'ennemi commun a été chassé d'Orient depuis bientôt deux années. Nos troupes du Levant ne sont donc plus, à aucun titre, subordonnées au commandement anglais.

— La situation en Syrie, objecta l'ambassadeur, est liée à celle de tout l'Orient arabe où nous avons, nous autres Britanniques, une responsabilité supérieure.

— Dans les États du Levant, lui dis-je, aucune responsabilité n'est supérieure à celle de la France mandataire. Votre démarche prouve, qu'en dépit des assurances prodiguées par votre gouvernement et malgré le départ de Spears que vous avez rappelé en décembre, la politique britannique n'a pas changé. Vous persistez à vous interposer entre la France et les États sous son mandat. Nous sommes donc fondés à penser que votre but c'est notre éviction. » Hochant la tête et murmurant « qu'il fallait craindre des complications », Duff Cooper se retira.

Les complications, en effet, se déroulèrent dans l'ordre prévu. Le 5 mai, M. Churchill m'adressa un message, conforme par l'esprit et le style à tous ceux qu'il m'avait envoyés, depuis quatre ans, sur le sujet. Le Premier ministre affirmait, une fois de plus, « reconnaître la position spéciale de la France au Levant ». Mais, ayant dit, il faisait entendre que l'Angleterre devait, néanmoins, se mêler des affaires sur place, « en raison des engagements et des devoirs qui étaient les siens ». Comme M. Churchill ne pouvait plus, comme naguère, justifier cette interférence en alléguant l'obligation de défendre la zone du Canal contre Hitler et Mussolini, il invoquait, à présent, les nécessités de la lutte contre le Japon et déclarait : « Cette lutte impose que soient protégées les communications terrestres, maritimes et aériennes des Alliés vers les théâtres d'opérations des Indes et du Pacifique, ainsi que le libre passage du pétrole… Nous, Britanniques, devons donc nous tenir sur nos gardes vis-à-vis de tout désordre qui pourrait survenir, où que ce soit, en Orient. »

Puis, précisant ses exigences, M. Churchill m'invitait « à renoncer à l'envoi de nos renforts, à remettre les troupes spéciales aux gouvernements de Damas et de Beyrouth et à faire, immédiatement, une déclaration sur ce point ». Il terminait en exprimant l'espoir que je voudrais « l'aider à éviter qu'une épreuve nouvelle vienne s'ajouter à nos difficultés ».

Je ne pouvais me tromper sur ce qui allait suivre. Si M. Churchill envoyait le coup de semonce à propos d'un renfort de 2 500 soldats français, expédié dans un territoire où se trouvaient 60 000 Britanniques, qui allaient être rejoints par 15 000 autres et que 2 000 avions de combat se tenaient prêts à appuyer, c'est qu'on allait, du côté anglais, provoquer une forte secousse.

En répondant au Premier ministre, il me parut bon de mettre en lumière la responsabilité que l'Angleterre assumait en s'y mêlant de nos affaires et l'obstacle qu'elle dressait elle-même contre tout projet d'alliance entre Londres et Paris. « Nous avons, écrivais-je, reconnu l'indépendance des États du Levant, comme vous l'avez fait pour l'Égypte et pour l'Irak, et nous ne cherchons rien d'autre que de concilier ce régime d'indépendance avec nos intérêts dans la région. Ces intérêts sont d'ordre économique et culturel. Ils sont aussi d'ordre stratégique… Nous sommes, tout comme vous, intéressés aux communications avec l'Extrême-Orient. Nous le sommes, également, à la libre disposition de la part du pétrole d'Irak qui nous appartient. » J'ajoutais, qu'une fois ces divers points réglés, nous déposerions le mandat.

Prenant ensuite l'offensive sur ce terrain épistolaire, le seul où j'en eusse les moyens, je déclarais à Churchill : « Je crois que cette affaire aurait pu être réglée déjà si les gouvernements de Damas et de Beyrouth n'avaient pas eu la possibilité de croire qu'ils pourraient éviter tout engagement en s'appuyant sur vous contre nous. La présence de vos troupes et l'attitude de vos agents les poussent à cette attitude malheureusement négative. » Et d'insister : « Je dois vous dire que l'entrée au Liban d'une nouvelle division britannique venant de Palestine est, à notre point de vue, très regrettable et inopportune. » Enfin, faisant connaître au Premier ministre que le général Beynet entamait des négociations à Damas et à Beyrouth, je lui demandais « de faire en sorte que la situation ne soit pas, pendant ce temps, compliquée du côté anglais ». – « C'est là, concluais-je, un des points qui empêchent, pour ce qui nous concerne, que nos deux pays puissent établir entre leurs politiques le concert qui serait, à mon avis, très utile à l'Europe et au monde. »

Ainsi, tout était clair et triste. Ce qui suivit ne le fut pas moins. Deux jours après l'échange des messages, l'épreuve de force s'engagea. Cela commença le 8 mai, à Beyrouth, où l'on célébrait la Victoire. Des cortèges de soldats arabes, appartenant à la Division britannique qui arrivait de Palestine, défilèrent en insultant la France. Au cours des journées suivantes, de multiples attentats furent commis contre des Français dans des localités syriennes sans que la gendarmerie fît rien pour les empêcher. Il faut dire que cette gendarmerie, qui s'était montrée exemplaire tant qu'elle relevait de l'autorité française, avait changé du tout au tout depuis que, deux ans plus tôt, nous l'avions transmise au gouvernement syrien. Comme le commandement britannique s'était institué fournisseur de l'armement des gendarmes, en dépit des avertissements prodigués par nos représentants, M. Choukri Kouatly et ses ministres disposaient de 10 000 hommes équipés à la moderne. Ils allaient les utiliser pour fomenter et appuyer les troubles. Quant aux négociations que le général Beynet tentait d'engager avec Damas, il n'en sortait naturellement rien.

Cependant, le 27 mai, les forces françaises et les troupes spéciales avaient maîtrisé le désordre dans toutes les régions du pays, à l'exception du Djebel-Druze où nous n'avions que quelques isolés. C'est alors que les ministres syriens et leurs conseillers britanniques, voyant que le jeu tournait à leur déconfiture, jetèrent les atouts sur la table. Le 28 mai, à Damas, tous nos postes furent attaqués par des bandes d'émeutiers et des unités constituées de la gendarmerie syrienne, le tout armé de mitraillettes, mitrailleuses et grenades anglaises. Vingt-quatre heures durant, la fusillade crépita dans Damas. Mais, le 29, il apparut que les nôtres avaient tenu bon. Au contraire, les insurgés, passablement éprouvés, avaient dû se réfugier dans les bâtiments publics : parlement, hôtel de ville, direction de la police, sérail, banque de Syrie, etc. Pour en finir, le général Oliva-Roget, délégué français en Syrie, donna l'ordre de réduire ces centres de l'insurrection. Ce fut fait dans les vingt-quatre heures par nos Sénégalais et quelques compagnies syriennes ; deux canons et un avion y étant également employés. Dans la soirée du 30 mai, l'autorité française était maîtresse de la situation, et les ministres syriens, emmenés dans des voitures de la légation britannique, avaient gagné une prudente retraite en dehors de la capitale.

Pendant ces trois semaines d'émeute, les Anglais n'avaient pas bougé. Au Caire, Sir Edward Grigg leur ministre d'État chargé des Affaires d'Orient et le général Paget leur Commandant en chef étaient restés impassibles. Au Levant, le général Pilleau, commandant leur IXe Armée, n'avait, à aucun moment, fait mine de mettre en œuvre les forces considérables dont il disposait partout. À Londres, régnait le silence. Le 27 mai, la réception faite à Paris, par moi-même et par la ville, au maréchal Montgomery, que je décorai solennellement aux Invalides, s'était déroulée le mieux du monde. Tout se passait, au fond, comme si nos « alliés » se bornaient à marquer les coups, tant qu'ils pensaient que les troupes spéciales nous refuseraient l'obéissance et que nous perdrions le contrôle des événements. Vingt-trois jours durant, les raisons qui, à en croire Churchill, les eussent justifiés à arrêter le conflit, même « les nécessités de la lutte contre le Japon », même « l'obligation de protéger les communications des Alliés vers les Indes et le Pacifique et d'assurer le libre passage du pétrole », même « le devoir d'empêcher tout désordre où que ce soit en Orient », ne les déterminèrent pas à sortir de leur passivité. Nous ne le leur demandions d'ailleurs pas. Mais, dès qu'ils virent que l'émeute s'effondrait, leur attitude changea tout à coup. L'Angleterre menaçante se dressa devant la France.

Dans la soirée du 30 mai, Massigli, notre ambassadeur, fut convoqué par M. Churchill en présence de M. Eden. C'était pour recevoir une grave communication. Par la bouche du Premier ministre, le gouvernement britannique demandait au gouvernement français de faire cesser le feu à Damas et annonçait que, si le combat devait se poursuivre, les forces de Sa Majesté ne pourraient rester passives.

Sitôt prévenu, je reconnus en moi-même que les nôtres, se trouvant dans le cas d'être attaqués à la fois par les troupes britanniques et par les insurgés syriens, étaient placés dans une situation qu'ils ne pourraient soutenir. D'ailleurs, le compte rendu que nous recevions de Beynet, à l'heure même où la démarche anglaise parvenait à notre connaissance, précisait que « les troupes françaises avaient occupé tous les points de la ville de Damas d'où le feu était dirigé contre nos établissements ». Notre action militaire avait donc atteint son but. Quels que pussent être les sentiments qui bouillonnaient dans mon âme, je jugeai qu'il y avait lieu de prescrire la suspension d'armes pour autant qu'on tirât encore et, tout en maintenant les positions acquises, de ne pas nous opposer aux mouvements que les troupes britanniques entreprendraient de leur côté. Georges Bidault, dans le ressort de qui se trouvait notre délégation générale au Levant et qui souhaitait ardemment que les choses n'aillent pas à la catastrophe, télégraphia dans ce sens à Beynet, le 30 mai à 23 heures, avec mon assentiment. L'ambassade britannique fut informée et Massigli reçut l'instruction d'en prévenir aussitôt Eden.

Si, du côté britannique, il ne s'était réellement agi que d'obtenir le « cessez-le-feu », on s'en serait tenu là. Mais on voulait bien autre chose. C'est pourquoi, Londres, apprenant que les Français avaient décidé de suspendre l'emploi des armes, se hâta de déployer une mise en scène d'avance préparée en vue d'infliger à la France une humiliation publique. M. Churchill, évidemment informé de la fin du combat à Damas, allait lancer, après coup, un menaçant ultimatum, certain que nous ne pourrions y répondre par les moyens appropriés, voulant se poser à bon compte en protecteur des Arabes et espérant qu'en France la secousse entraînerait pour de Gaulle un affaiblissement politique, peut-être même la perte du pouvoir.

Le 31 mai, à 4 heures, M. Eden lut à la Chambre des communes le texte d'un message qu'à l'en croire j'avais reçu du Premier ministre. Pourtant, le Secrétaire d'État savait, qu'à cette heure-là, je n'avais rien reçu du tout. « En raison », me déclarait Churchill par-dessus les bancs des Communes, « de la grave situation qui s'est produite entre vos troupes et les États du Levant et des sévères combats qui ont éclaté, nous avons le profond regret d'ordonner au Commandant en chef en Orient d'intervenir afin d'empêcher que le sang coule davantage. Nous le faisons dans l'intérêt de la sécurité de l'ensemble de l'Orient et des communications pour la guerre contre le Japon. En vue d'éviter qu'il y ait collision entre les forces britanniques et les forces françaises, nous vous invitons à donner aux troupes françaises l'ordre immédiat de cesser le feu et de se retirer dans leurs cantonnements. Quand le feu aura cessé et que l'ordre sera rétabli, nous serons disposés à commencer des discussions tripartites à Londres. »

Ainsi, le gouvernement britannique étalait devant l'univers, non seulement le conflit qu'il créait lui-même contre nous, mais encore l'insulte qu'il faisait à la France dans un moment où celle-ci n'était pas en mesure de la relever. Il avait pris, au surplus, toutes les dispositions voulues pour empêcher que la notification officielle du cessez-le-feu lui parvienne, de notre part, avant qu'il lance à tous les échos sa sommation. À Londres, M. Eden s'était arrangé pour ne pas recevoir Massigli avant la séance des Communes, en dépit des demandes d'audience que notre ambassadeur multipliait depuis le matin. Quant au message de Churchill, il me serait remis à 5 heures, soit une heure après qu'il eut été lu aux députés britanniques. Ce retard, qui ajoutait à l'insolence du texte une atteinte à tous les usages, ne pouvait avoir d'autre but que d'éviter que je puisse, à temps, faire connaître que le combat était arrêté à Damas et enlever tout prétexte à l'ultimatum anglais. Je dois dire que M. Duff Cooper, ne voulant pas associer sa personne à une manœuvre de cette espèce, s'abstint de me remettre lui-même le factum de son Premier ministre. Ce fut fait par le conseiller de l'ambassade britannique qui s'adressa à Gaston Palewski.

Je ne fis, naturellement, aucune réponse au Premier anglais. Au cours de la nuit, j'adressai à Beynet des instructions explicites relativement à la conduite que nos troupes avaient à tenir : « Ne pas reprendre le combat à : moins qu'elles n'y fussent contraintes ; conserver leurs positions contre qui que ce soit ; n'accepter en aucun cas les ordres du commandement anglais. » Le 1er juin, notre Conseil des ministres se réunit et prit connaissance de toutes les dépêches et informations reçues et envoyées les jours précédents. Le Conseil se montra unanimement solidaire de ce qui avait été fait et de ce qui était prescrit. Je dois dire que le sentiment des ministres ne fut pas la crainte qu'on en vînt à un conflit armé, puisque nous étions disposés à l'éviter et que, dans les menaces proférées par les Britanniques, la part du bluff était évidente. Mais tous partagèrent la tristesse irritée que j'éprouvais moi-même à voir la Grande-Bretagne abîmer les fondements de l'alliance. Un peu plus tard, je fis savoir publiquement ce qui s'était passé, tant à Damas qu'à Londres et à Paris. Mon communiqué mettait en lumière le fait que l'ordre de cesser le feu avait été donné à nos troupes le 30 mai dans la soirée et exécuté plusieurs heures avant que les Anglais ne procèdent à leur mise en demeure. Je notais que celle-ci m'était, à dessein, parvenue après qu'elle eut été publiée à Londres. Enfin, je répétais que le gouvernement français avait prescrit aux troupes françaises de garder leurs positions.

Au cours de cette même journée du 1er juin, le général Paget vint à Beyrouth et remit au général Beynet un ultimatum détaillé. Aux termes de ce document, l'Anglais, qui s'intitulait : « Commandant suprême sur le théâtre d'Orient », bien qu'il n'y eût plus, à 10 000 kilomètres à la ronde ce ce « théâtre », un seul ennemi à combattre, déclarait « qu'il avait reçu de son gouvernement l'ordre de prendre le commandement en Syrie et au Liban ». À ce titre, il sommait les autorités françaises « d'exécuter sans discussion tous les ordres qu'il leur donnerait ». Pour commencer, il prescrivait à nos troupes « de cesser le combat et de se retirer dans leurs casernes ». Le général Paget avait déployé, à l'occasion de sa visite, une provocante parade militaire. Plusieurs escadrilles de chasse escortaient l'avion qui l'amenait à Beyrouth. Pour aller de l'aérodrome jusqu'à la résidence du délégué général français, il s'était fait précéder d'une colonne de tanks et suivre d'une file de véhicules de combat dont les occupants, en traversant la ville et passant devant nos postes, tenaient leurs armes braquées.

Le général Beynet ne manqua pas de dire au général Paget, qu'en fait d'ordres, il n'avait à en recevoir que du général de Gaulle et de son gouvernement. Il fit remarquer que l'injonction de cesser le combat n'avait, pour l'heure, aucun objet, puisque c'était déjà fait sur l'ordre que lui-même, Beynet, avait donné d'après mes instructions. À présent, nos troupes resteraient là où elles étaient. Quant aux forces britanniques, elles pouvaient, aujourd'hui comme hier, aller et venir à leur guise. Nous ne nous y opposions pas. Le délégué général ajouta, cependant, qu'il espérait que Paget et ses troupes s'abstiendraient d'essayer de contraindre les nôtres et de prendre la responsabilité d'une déplorable collision. Pour sa part, il demeurait prêt à régler, comme auparavant, avec le commandement britannique, les questions de cantonnements, de ravitaillement, de circulation, communes aux deux armées. Le général Paget, ses tanks, ses véhicules de combat, ses escadrilles, se retirèrent alors sans fracas.

Beynet ne tarda pas à savoir qu'il était couvert. Quand j'eus pris connaissance de la communication qui lui avait été faite, je lui mandai aussitôt : « Je vous réitère les ordres que je vous ai donnés… Nos troupes ont à se concentrer sur des positions fixées par le commandement français et à s'y tenir en attente. En aucun cas elles ne sauraient être subordonnées au commandement britannique… Nous souhaitons que ne vienne pas à s'imposer la nécessité de nous opposer par la force aux forces britanniques. Mais cela ne va que jusqu'au point à partir duquel nous perdrions la possibilité d'employer nos armes, ce que le comportement des Anglais peut rendre nécessaire. S'ils menacent de faire feu sur nous, dans quelques circonstances que ce soit, nous devons menacer de faire feu sur eux. S'ils tirent, nous devons tirer. Veuillez indiquer cela très clairement au commandement britannique, car rien ne serait pire qu'un malentendu. »

Pour qu'il n'y eût pas, non plus, de malentendu dans l'opinion nationale et mondiale, je fis, le 2 juin, une conférence de presse. Jamais encore l'affluence des journalistes étrangers et français n'avait été plus nombreuse. J'exposai l'affaire sans insultes, mais sans ménagements, pour nos anciens alliés. Enfin, le 4, je convoquai l'ambassadeur de Grande-Bretagne, le fis asseoir et lui dis : « Nous ne sommes pas, je le reconnais, en mesure de vous faire actuellement la guerre. Mais vous avez outragé la France et trahi l'Occident.

Cela ne peut être oublié. » Duff Cooper se leva et sortit.

M. Churchill, piqué au vif, prit le lendemain la parole aux Communes en déclarant qu'il allait me répondre. Il proclama que son gouvernement désirait que se maintienne l'alliance de l'Angleterre et de la France. Comme si l'abus de la force qui venait d'être commis n'infligeait pas à l'amitié que les Français portaient aux Anglais une blessure empoisonnée. Il prétendit, une fois de plus, justifier l'intervention britannique au Levant par la responsabilité que son pays, suivant lui, assumait dans tout l'Orient. Mais il ne dit pas un mot de l'engagement formel pris par la Grande-Bretagne, le 25 juillet 1941, sous la signature de son ministre d'État Oliver Lyttelton, de respecter la position de la France en Syrie et au Liban, de ne point y interférer dans notre politique et de ne pas s'y mêler de l'ordre public. Il reconnut que la gendarmerie et la police syriennes avaient reçu des Anglais les armes qu'elles utilisaient, à présent, contre les Français, mais il crut devoir affirmer – ce qui était vraiment dérisoire – que le gouvernement français avait approuvé cette initiative britannique. Il exprima le regret de n'avoir pas su que Paris avait donné l'ordre de cesser le feu avant que Londres lançât l'ultimatum et s'excusa de ne m'en avoir fait parvenir le texte qu'une heure après la lecture aux Communes. Mais, de ce retard, il ne donna – et pour cause ! – aucune sorte d'explication. D'ailleurs, si le Premier ministre pouvait feindre d'avoir ignoré, jusqu'au 31 mai à 4 heures de l'après-midi, que le combat était terminé, cette lacune de son information se trouvait, dans tous les cas, comblée le 1er juin. Or, c'est ce jour-là que, sur son ordre, Paget était venu notifier à Beynet, sous l'appareil d'une hostilité prête à se traduire en actes, tous les détails du « diktat ».

Il est vrai que si le Premier ministre avait fait fond sur l'isolement où la crise placerait de Gaulle dans les milieux dirigeants français il ne s'était guère trompé. Tout comme ç'avait été le cas lors de la convocation adressée par Roosevelt au lendemain de Yalta, je me trouvai, dans l'affaire du Levant, privé de soutien efficace chez la plupart des hommes qui jouaient un rôle public. Sous le couvert des précautions dont on croyait encore devoir user vis-à-vis de moi, ce furent tantôt le malaise et tantôt la réprobation que mon action suscita chez presque tous les gens d'influence et les personnages en place.

Tout d'abord, le personnel de notre diplomatie ne se conformait que de loin à l'attitude que j'avais prise. Pour beaucoup des hommes qui étaient en charge des relations extérieures, l'accord avec l'Angleterre était une sorte de principe. Quand, du fait des Britanniques, cet accord se trouvait rompu, ce qui paraissait essentiel c'était de le rétablir, en négociant à tout prix pour aboutir quoi qu'il nous en coûtât. Aussi la question du Levant était-elle considérée par ces spécialistes comme une espèce de boîte à chagrin, qu'il fallait manier de manière à éviter, avant tout, une brouille avec la Grande-Bretagne. Mais, entre l'impulsion que je cherchais à donner et le comportement de ceux qui rédigeaient les notes, entretenaient les contacts, inspiraient les informations, le décalage était trop apparent pour échapper à nos partenaires, ce qui altérait l'effet de ma propre fermeté.

Il en était de même du ton pris par la presse française. J'avoue que dans cette crise, où j'avais la conviction qu'une attitude catégorique de notre opinion publique eût fait reculer les Anglais, je trouvais très décevants les commentaires de nos journaux. Ceux-ci, au lieu de témoigner de la résolution nationale, montraient surtout le souci d'amenuiser l'événement. Les articles qu'ils lui accordaient, réservés, en place médiocre, faisaient voir que, pour les feuilles françaises, la cause était entendue, c'est-à-dire perdue, et qu'on avait hâte de s'occuper d'autre chose. Parfois, des griefs s'exprimaient, mais c'était à l'encontre du général de Gaulle, dont la ténacité semblait téméraire et intempestive.

L'Assemblée consultative ne m'appuya pas davantage. C'est le 17 juin seulement, soit trois semaines après l'intervention anglaise, qu'elle aborda le sujet. Le ministre des Affaires étrangères fit l'exposé des événements devant une assistance contrainte. Ensuite, divers orateurs défilèrent à la tribune. Maurice Schumann, le P. Carrière, condamnèrent les émeutes soulevées contre nous, firent l'éloge de ce que la France avait réalisé en Orient et déplorèrent en fort bons termes l'attitude prise par la Grande-Bretagne. Mais ils n'obtinrent qu'un succès relatif. Georges Gorse releva, lui aussi, le caractère inacceptable de l'intervention anglaise. Mais il n'en adressa pas moins des reproches au gouvernement. Après quoi, MM. Florimond-Bonte, André Hauriou, Marcel Astier et, surtout, M. Pierre Cot, firent le procès de la France et le mien et obtinrent l'approbation de presque toute l'assistance.

À entendre leurs propos ainsi que les applaudissements qui leur étaient prodigués, ce qui arrivait en Syrie était la conséquence d'une politique abusive que nous avions menée de tout temps. Pour en sortir, il n'était que de nous présenter aux peuples du Levant sous les traits de la France libératrice, éducatrice, et révolutionnaire, tout en les laissant à eux-mêmes. Il y avait là une contradiction que ces étranges Jacobins ne se souciaient pas de résoudre. En outre, leur idéologie considérait la question sans tenir compte des réalités qu'étaient les émeutes, le meurtre de nos nationaux, les obligations du mandat, la volonté britannique de nous chasser de la place. Ils n'eurent pas un mot pour saluer l'œuvre civilisatrice que la France avait accomplie en Syrie et au Liban, l'indépendance que j'avais moi-même accordée aux deux États, la place que mon gouvernement venait de leur obtenir parmi les Nations Unies, les efforts de nos soldats qui, lors de la Première Guerre mondiale, contribuèrent à les libérer du joug de l'Empire ottoman et, au cours de la seconde, aidèrent à les protéger de la domination d'Hitler.

Quant à moi, j'attendais que, de cette réunion d'hommes voués aux affaires publiques, il s'en levât, ne fût-ce qu'un seul, pour déclarer : « L'honneur et l'intérêt de notre pays sont en cause. Dans le temps et sur le terrain où l'un et l'autre se trouvent battus en brèche, il est vrai que nous ne sommes pas actuellement les plus forts. Mais nous ne renonçons pas à ce qui est notre droit. Que ceux qui l'ont violé sachent qu'ils ont, en même temps, gravement blessé l'alliance qui nous unissait. Qu'ils sachent que la France en tire les conséquences au moment où elle commence à recouvrer sa puissance et son rayonnement. »

Mais nul ne tint ce langage, sauf moi-même à la fin du débat. L'Assemblée m'écouta avec une attention tendue. Elle m'applaudit, comme d'habitude, quand je quittai la tribune. Après quoi, elle vota une motion dépourvue de toute vigueur et qui exprimait, en fait, le renoncement. Il me fallut déclarer que le texte n'engageait pas la politique du gouvernement. Cette occasion me fit mesurer la profondeur du désaccord qui, au-dessous des apparences, me séparait des catégories politiques quant aux affaires extérieures du pays.

Entre-temps, l'intervention britannique en Syrie avait eu pour effet d'y déclencher une nouvelle vague d'agitation antifrançaise, sans qu'il fût cette fois possible à nos faibles éléments, menacés à dos par les Anglais, de maîtriser la situation. Le général Beynet avait donc pris le parti de les regrouper en dehors des grandes villes, celles-ci étant aussitôt occupées par les Britanniques. Il en résultait de multiples et sanglantes agressions, dont étaient victimes nos nationaux. Sur quoi, nos « alliés », sous prétexte d'éviter des heurts, avaient expulsé, de Damas, d'Alep, de Homs, de Hama, de Deirez-Zor, les civils français qui y étaient encore. D'autre part, l'impossibilité où nous nous trouvions d'assurer le maintien de l'ordre, ainsi que l'excitation des esprits, risquaient de jeter, à la longue, le désarroi dans les troupes syriennes. L'autorité française avait donc renoncé à les garder sous sa coupe.

Au cours de l'été, il s'établit sur le territoire syrien un état d'équilibre instable, entre les Français qui tenaient toujours certains points : abords d'Alep et de Damas, port de Lattaquié, base aérienne de Rayak, etc., les Anglais qui s'étaient installés dans la plupart des villes et s'efforçaient, sans succès, d'y ramener la tranquillité et les nationalistes qui s'en prenaient, maintenant, aux Britanniques et réclamaient le départ de toutes les forces étrangères. Au Liban, par contraste, les populations restaient calmes, bien qu'à Beyrouth les dirigeants joignissent leurs revendications à celles des gens de Damas.

Dans de telles conditions, je n'éprouvais aucune hâte à procéder à un règlement. Aussi la proposition de conférence tripartite : France, Angleterre, États-Unis, que M. Churchill avait faite, ne reçut-elle de nous aucune réponse. Mais la façon dont les Anglo-Saxons se comportaient à notre égard justifiait que nous jetions un pavé dans leur mare diplomatique. Comme la Russie soviétique nous avait, dès le 1er juin, remis une note exprimant le souci que lui inspiraient les troubles survenus dans cette partie du monde, comme, d'autre part, l'Égypte, la Palestine, l'Irak, frémissaient du désir d'être affranchis des Britanniques, je déclarai publiquement, le 2 juin, que la question devait être, dans son ensemble, soumise à une conférence des cinq « grands » : France, Angleterre, États-Unis, Union Soviétique, Chine. La note que nous adressâmes à ce sujet alléguait que ces cinq États venaient d'être reconnus comme membres permanents du Conseil des Nations Unies et, qu'en attendant la mise au point de cette organisation, c'est à eux qu'il appartenait de se saisir d'un problème intéressant la paix du monde. Notre projet fut, naturellement, repoussé par les Anglais et par les Américains avec une sombre fureur. Il en fut de même de celui, que nous avançâmes ensuite, de porter toute l'affaire d'Orient devant les Nations Unies qui venaient d'être constituées.

Tout restait donc en suspens. Au point où en étaient les choses, mieux valait qu'il en fût ainsi. J'étais, en effet, convaincu que la tentative des Anglais de se substituer à nous à Damas et à Beyrouth se solderait par un échec. D'ailleurs, le jour viendrait bientôt où la mise en marche de l'Organisation des Nations Unies rendrait caduque la responsabilité que la Société des Nations avait naguère confiée à la France en Syrie et au Liban. Nous serions alors justifiés à retirer nous-mêmes du Levant les derniers signes de notre autorité, sans avoir, toutefois, abandonné celle-ci à aucune autre puissance. Bien entendu et dans tous les cas, nos troupes ne quitteraient pas la place tant que les forces britanniques y resteraient. Quant à la suite, je ne doutais pas que l'agitation soutenue au Levant par nos anciens alliés déferlerait dans tout l'Orient contre ces apprentis sorciers et, qu'au total, les Anglo-Saxons paieraient cher, un jour ou l'autre, l'opération qu'ils y avaient menée contre la France.

Mais, tandis que les Britanniques nous malmenaient au Levant, le consentement général des peuples n'en réintégrait pas moins la France à la place qu'elle occupait naguère parmi les États de premier rang. On eût dit que le monde saluait cette résurrection comme une espèce de miracle, se hâtait d'en profiter pour nous remettre là où il nous avait toujours vus et pensait, qu'au milieu de ses nouvelles inquiétudes, il aurait besoin de nous. C'est à San Francisco que s'opérait la démonstration. La Conférence, réunie le 25 avril, s'y terminait le 26 juin, après avoir adopté la Charte des Nations Unies. Franklin Roosevelt était mort une semaine avant l'ouverture. – Quel homme vécut jamais une réussite achevée ? – Mais le plan qu'avaient adopté les délégations unanimes était celui du grand Américain.

Reprenant une idée qui avait hanté l'esprit de plusieurs philosophes et de quelques hommes d'État, enfanté la Société des Nations, puis échoué en raison de la défection des États-Unis et des faiblesses des démocraties, Roosevelt voulait qu'il sortit du conflit une organisation mondiale de la paix. Dans nos conversations de Washington, l'année précédente, le Président m'avait fait sentir à quel point lui tenait au cœur cette monumentale construction. Pour son idéologie, la démocratie internationale était comme une panacée. Suivant lui, les nations, ainsi confrontées, examineraient leurs litiges et prendraient dans chaque cas les mesures voulues pour empêcher qu'on en vienne à la guerre. Elles coopéreraient, également, au progrès du genre humain. « Grâce à cette institution, me disait-il, c'en sera fini de l'isolationnisme américain et, d'autre part, on pourra associer au monde occidental la Russie longtemps reléguée. » En outre, bien qu'il n'en parlât pas, il comptait que la foule des petits pays battrait en brèche les positions des puissances « colonialistes » et assurerait aux États-Unis une vaste clientèle politique et économique.

À Dumbarton Oaks, puis à Yalta, l'Amérique, la Grande-Bretagne et la Russie s'étaient mises d'accord sur une constitution destinée aux Nations Unies. L'assentiment de la Chine avait été obtenu. En revenant de Crimée, on avait demandé celui de la France et prié Paris de se joindre à Washington, Londres, Moscou et Tchoung-King pour lancer les invitations à la Conférence de San Francisco. Après mûr examen, nous avions décliné la proposition que nous faisaient les quatre autres « grands » d'être, avec eux, puissance invitante. Il ne nous convenait pas, en effet, de recommander à 51 nations de souscrire à des articles rédigés en dehors de nous.

Pour ma part, c'est avec sympathie, mais non sans circonspection, que j'envisageais l'organisation naissante. Certes, son objet universel était, en soi, fort estimable et conforme au génie français. Il pouvait sembler salutaire que les causes des conflits menaçants fussent évoquées par l'instance internationale et que celle-ci s'employât à rechercher des compromis. De toute manière, il était bon que, par intervalles, les États prissent contact en présence des opinions publiques. Toutefois, à la différence de ce que Roosevelt pensait, de ce que Churchill laissait supposer, de ce que Staline faisait semblant de croire, je ne m'exagérais pas la valeur des « Nations Unies ».

Les membres en seraient des États, c'est-à-dire ce qu'il y a au monde de moins impartial et de plus intéressé. Leur réunion pourrait, assurément, formuler des motions politiques, mais non pas rendre des arrêts de justice. Pourtant, il fallait prévoir qu'elle se prétendrait qualifiée pour ceci comme pour cela. D'autre part, ses délibérations, plus ou moins tumultueuses, se déroulant en la présence d'innombrables rédacteurs, émetteurs et projecteurs, risquaient fort de contrarier les négociations proprement diplomatiques qui sont, dans presque tous les cas, les seules fécondes en raison de leur caractère de précision et de discrétion. Enfin, on devait présumer que beaucoup de petits pays seraient automatiquement défavorables aux grandes puissances, dont la présence et les territoires s'étendaient au loin dans le monde, touchaient à des frontières multiples et inspiraient à beaucoup de l'envie ou de l'inquiétude. L'Amérique et la Russie avaient, sans doute, assez de forces pour qu'on dût les ménager. L'Angleterre, relativement intacte, gardait des moyens de manœuvre. Mais la France, que la guerre laissait terriblement ébranlée et qu'allaient assaillir en Afrique et en Asie toutes sortes de revendications, quelle audience trouverait-elle à l'occasion de ses difficultés ?

C'est pourquoi, je donnai à notre délégation l'instruction de ne pas se répandre en redondantes déclarations, comme l'avaient fait, jadis, à Genève, beaucoup de nos représentants, mais d'observer, au contraire, une attitude réservée. Elle le fit et s'en trouva bien, sous la direction successive de Georges Bidault, qui prenait part pour la première fois à un concile international, et du président Paul-Boncour, dont la pratique des débats de la Société des Nations avait fait un maître en la matière. La prudence montrée par la représentation française ne l'empêcha pas de prendre place, tout naturellement, dans l'aréopage des cinq « grands » qui mena l'affaire de bout en bout. Elle obtint, à San Francisco, ce à quoi nous tenions le plus. C'est ainsi que, malgré certaines hostilités, le français fut reconnu comme l'une des trois langues officielles des Nations Unies. D'autre part, en dehors du droit de veto appartenant à la France comme aux autres grandes puissances, le projet primitif de la Charte était amendé de manière à faire de l'« assemblée générale » le contrepoids du « conseil de sécurité » et, en même temps, à freiner les impulsions de l'assemblée, en exigeant, pour ses motions, la majorité des deux tiers. Il était spécifié, en outre, que l'examen des litiges par l'Organisation ne suspendrait aucunement la mise en œuvre des traités d'alliance. Enfin, le système des « trusteeships », sous lequel on apercevait des intentions malveillantes à l'égard de l'Union Française, comporterait d'étroites limitations.

Les Nations Unies étaient nées. Mais leur session, consacrée à leur constitution, n'avait pas eu à s'occuper des problèmes posés par la fin du conflit. Américains et Britanniques couraient sans nous à Potsdam, afin d'y rencontrer les Russes et de fixer avec eux ce que l'on ferait en pratique. La réunion s'ouvrit le 17 juillet. Dans l'esprit de Truman et de Churchill, il s'agissait de mettre au point, d'accord avec Staline, ce qu'on avait projeté à Téhéran, puis décidé à Yalta, au sujet de l'Allemagne, de la Pologne, de l'Europe centrale, des

Balkans ; les Anglo-Saxons espérant qu'ils pourraient revenir, dans l'application, sur ce qu'ils avaient concédé dans le principe. Les « Trois » s'entendraient également sur les conditions dans lesquelles la Russie soviétique prendrait part, in *extremis*, à la guerre contre le Japon.

Que nos alliés d'hier se réunissent encore en notre absence – d'ailleurs pour la dernière fois – le procédé ne pouvait que nous causer un renouveau d'irritation. Mais, au fond, nous jugions préférable de n'être pas introduits dans des discussions qui ne pouvaient, désormais, être que superfétatoires.

Car les faits étaient accomplis. L'énorme morceau d'Europe que les accords de Yalta abandonnaient par avance aux Soviets se trouvait maintenant dans leurs mains. Même, les armées américaines, ayant dans les derniers jours du combat dépassé la limite prévue en Allemagne, s'étaient ensuite repliées de 150 kilomètres. Les Russes seuls occupaient la Prusse et la Saxe. Ils avaient, sans plus attendre, annexé la partie du territoire polonais située à l'est de la « ligne Curzon », transféré les habitants sur l'Oder et sur la Neisse occidentale et chassé vers l'Ouest les populations allemandes de Silésie, de Posnanie et de Poméranie. Ainsi était, bel et bien, tranchée par eux la question des frontières. D'autre part, à Varsovie, Budapest, Sofia, Belgrade, Tirana, les gouvernants qu'ils avaient investis étaient à leur discrétion et presque tous de leur obédience. Aussi la soviétisation s'y développait-elle rapidement. Mais ce n'était là que la suite fatale de ce dont on avait convenu à la conférence de Crimée. Les regrets qu'en éprouvaient maintenant Britanniques et Américains étaient tout à fait superflus.

Quant à l'intervention soviétique sur le théâtre du Pacifique, à quoi pourrait-elle servir ? Les bombes atomiques étaient prêtes. En arrivant à Potsdam, Truman et Churchill apprenaient la réussite des expériences du Nevada. D'un jour à l'autre, le Japon allait donc subir les effroyables explosions et, par conséquent, se rendre. L'engagement que prendraient les Russes d'entrer, à présent, dans la guerre, n'entraînerait aucune conséquence au point de vue de l'issue militaire. Mais la contrepartie serait le droit reconnu au Kremlin de se mêler, à titre de vainqueur, aux affaires d'Extrême-Orient. Pour l'Asie, comme pour l'Europe, tout permettait donc de prévoir que Potsdam ne réaliserait d'entente durable sur aucun point et préparerait, au contraire, des frictions indéfinies entre Soviets et Anglo-Saxons.

Cette perspective devait me convaincre qu'il valait mieux n'avoir pas fait le voyage. J'avais, certes, pu regretter de ne pas m'être trouvé présent à Téhéran. J'y aurais, en effet, défendu, quand il en était temps, l'équilibre du vieux continent. Plus tard, je m'étais irrité de n'avoir pu prendre part à Yalta, parce qu'il restait, alors, quelques chances d'empêcher que le rideau de fer vînt à couper l'Europe en deux. Maintenant, tout était consommé. Qu'aurais-je été faire à Potsdam ?

À peine paru le communiqué publié par la Conférence, nous sûmes qu'elle se terminait par une sorte de débandade. En dépit des trésors de conciliation prodigués par M. Truman et des protestations véhémentes de M. Churchill, le généralissime Staline n'était entré dans aucun accommodement. En Pologne notamment, l'entrée de MM. Mikolajczyk, Grabski, Witos et Stanczyk dans l'exécutif formé sur la base du Comité de Lublin avait pu amener Washington et Londres et nous obliger nous-mêmes à reconnaître le gouvernement dirigé par MM. Bierut et Osuska-Morawski, mais on s'était bientôt aperçu que le caractère totalitaire du pouvoir à Varsovie n'en était pas atténué. En ce qui concernait l'Asie, Staline, moyennant sa promesse de déclencher la guerre au Japon, obtenait que fussent attribués à la Russie l'archipel des Kouriles et la moitié de Sakhaline, que la Corée fût livrée aux Soviets au nord du 38e parallèle et qu'on arrachât à Chiang-Kaï-Shek la Mongolie extérieure. Celle-ci deviendrait une « république populaire ». Il est vrai que, pour ce prix-là, le généralissime donnait l'assurance qu'il n'interviendrait pas dans les affaires intérieures de la Chine. Mais il n'en fournirait pas moins aux communistes de Mao-Tse-Tung le soutien et l'armement qui devaient, avant peu, leur permettre de l'emporter. Au total, bien loin de consacrer la coopération mondiale de l'Amérique et de la Russie, à quoi Roosevelt avait sacrifié l'équilibre de l'Europe, la conférence de Potsdam aiguisait leur opposition.

M. Churchill était parti avant la fin, écarté du pouvoir par les électeurs anglais. Au lendemain de la reddition du Reich, l'union nationale, qui durait depuis six ans, s'était rompue en Grande-Bretagne. Des élections avaient eu lieu, et voici que, le 25 juillet, le dépouillement des suffrages assurait aux travaillistes la majorité aux Communes. Le Premier ministre, chef du parti conservateur, devait donc se retirer.

Pour les esprits portés aux illusions du sentiment, cette disgrâce, infligée soudain par la nation britannique au grand homme qui l'avait glorieusement menée jusqu'au salut et à la vitoire, pouvait paraître surprenante. Il n'y avait là, cependant, rien qui ne fût conforme à l'ordre des choses humaines. Car, dès lors que la guerre cessait, l'opinion et la politique dépouillaient la psychologie de l'union, de l'élan, du sacrifice, pour écouter les intérêts, les préjugés, les antagonismes. Winston Churchill y perdait, non certes son auréole ni sa popularité, mais bien l'adhésion générale qu'il avait obtenue comme guide et comme symbole de la patrie en danger. Sa nature, identifiée à une magnifique entreprise, sa figure, burinée par les feux et les froids des grands événements, devenaient inadéquates au temps de la médiocrité.

Ce départ facilitait, à certains égards, les affaires françaises ; à d'autres, non. En tout cas, j'y assistai avec mélancolie. Il est vrai qu'au sein de l'alliance Churchill ne me ménageait pas. En dernier lieu, au sujet du Levant, son comportement avait même été celui d'un adversaire. En somme, il m'avait soutenu aussi longtemps qu'il me prenait pour le chef d'une fraction française qui lui était favorable et dont il pourrait servir. D'ailleurs, ce grand politique ne laissait pas d'être convaincu que la France restait nécessaire, et cet exceptionnel artiste était certainement sensible au caractère de ma dramatique entreprise. Mais, quand il avait vu en moi la France comme un État ambitieux qui paraissait vouloir recouvrer sa puissance en Europe et au-delà des mers, Churchill avait, naturellement, senti passer dans son âme quelque souffle de l'âme de Pitt. Malgré tout, ceci demeurait, d'essentiel et d'ineffaçable, que, sans lui, ma tentative eût été vaine dès le départ et qu'en me prêtant alors une main forte et secourable il avait, au premier chef, aidé la chance de la France.

L'ayant beaucoup pratiqué, je l'avais fort admiré, mais aussi souvent envié. Car, si sa tâche était gigantesque, du moins se trouvait-il, lui, investi par les instances régulières de l'État, revêtu de toute la puissance et pourvu de tous les leviers de l'autorité légale, mis à la tête d'un peuple unanime, d'un territoire intact, d'un vaste Empire, d'armées redoutables. Mais moi, dans le même temps, condamné que j'étais par des pouvoirs apparemment officiels, réduit à utiliser quelques débris de forces et quelques bribes de fierté nationale, j'avais dû répondre, seul, du sort d'un pays livré à l'ennemi et déchiré jusqu'aux entrailles. Cependant, si différentes que fussent les conditions dans lesquelles Churchill et de Gaulle avaient eu à accomplir leur œuvre, si vives qu'aient été leurs querelles, ils n'en avaient pas moins, pendant plus de cinq années, navigué côte à côte, en se guidant d'après les mêmes étoiles, sur la mer démontée de l'Histoire. La nef que conduisait Churchill était maintenant amarrée. Celle dont je tenais la barre arrivait en vue du port. Apprenant que l'Angleterre invitait à quitter son bord le capitaine qu'elle avait appelé quand se déchaînait la tempête, je prévoyais le moment où je quitterais le gouvernail de la France, mais de moi-même, comme je l'avais pris.

Au cours des ultimes séances de la conférence de Potsdam, le remplacement de M. Churchill par M. Attlee, devenu Premier ministre, n'avait rien changé au désaccord profond des « Trois ». Les règlements européens et, avant tout, celui qui eût visé le Reich, ne pouvaient donc être conclus. J'étais, pour ma part, convaincu qu'il en serait ainsi longtemps. Car l'Allemagne était désormais l'objet de la rivalité de la Russie et de l'Amérique, en attendant de devenir peut-être l'enjeu de leur futur conflit. Pour le moment, aucun arrangement ne paraissait praticable, sauf quelque *modus vivendi* relatif à l'occupation, à l'administration des zones, au ravitaillement des habitants, au jugement des criminels de guerre. Il est vrai, qu'avant de se séparer, Truman, Staline et Attlee, constatant leur impuissance, avaient décidé que leurs ministres des Affaires étrangères se réuniraient à Londres, plus à loisir, pour essayer de déterminer les bases des traités de paix. Cette fois, la France était invitée. Nous avions accepté, par principe, mais sans illusions.

Il faut dire que, pour l'immédiat, un point venait d'être réglé d'une manière qui nous donnait une relative satisfaction. En juillet, la « Commission européenne » de Londres, où la France était représentée avec la Grande-Bretagne, les États-Unis et la Russie, avait fixé les limites des zones françaises d'occupation. J'avais moi-même déterminé les territoires que nous prenions en charge. En Autriche, où commandait Béthouart, c'était le Tyrol qui nous incombait, avec, un mois sur quatre, la responsabilité de Vienne. En Allemagne, c'était la rive gauche du Rhin depuis Cologne jusqu'à la frontière suisse et, sur la rive droite, le pays de Bade et une partie du Wurtemberg. L'occupation de Berlin devait être assurée par nous au même titre que par les autres. Aux conditions ainsi formulées les alliés avaient souscrit, sauf pour Cologne que les Anglais tenaient et qu'ils exigeaient de garder. Une tâche, essentielle au point de vue de notre rang, de l'avenir de l'Europe, des relations humaines entre Français et Germaniques, mais très délicate par le fait des réactions que les cruautés commises par les Allemands risquaient d'entraîner chez les nôtres, incombait à l'armée française. Elle allait s'en acquitter avec une dignité, une modération, une discipline, qui feraient honneur à la France.

Aussitôt après la reddition du Reich, j'avais été saluer cette armée sur le terrain de sa victoire, décorer le général de Lattre et plusieurs de ses lieutenants et leur donner des instructions. Les 19 et 20 mai, dans Stuttgart ruiné de fond en comble mais peuplé autant que jamais, ensuite au pied de l'Arlberg, enfin sous les murs de Constance, le chef de « Rhin et Danube » me présenta de splendides parades. Parmi les Français vainqueurs défilant devant de Gaulle, il subsistait, à coup sûr, des différences d'état d'esprit. Mais l'unité était faite sur le sujet qui, naguère, provoquait tant de divisions. Tous ces soldats étaient aujourd'hui certains que le devoir avait consisté à lutter contre l'envahisseur et que, si l'avenir s'ouvrait devant la France, c'est parce qu'eux-mêmes avaient combattu.

Au cours de mon inspection, j'allai voir, en particulier, la 2e Division blindée. Dans la plaine d'Augsbourg, cette grande unité passa devant moi tout entière, en bataille, à vive allure. À ce spectacle, j'étais fier de penser que, grâce a de tels éléments, cette guerre et ma querelle se terminaient dans l'honneur. Mais, en même temps, je songeais – *infandum dolorem !* – qu'il n'eût tenu qu'à nous-mêmes de disposer, six ans plus tôt, de 7 divisions semblables et d'un commandement capable de s'en servir. Alors, les armes de la France auraient changé la face du monde.

Celle que présentait l'Allemagne était lamentable, en tout cas. Considérant les monceaux de décombres à quoi les villes étaient réduites, traversant les villages atterrés, recueillant les suppliques des bourgmestres au désespoir, voyant les populations d'où les adultes masculins avaient presque tous disparu, je sentais se serrer mon cœur d'Européen. Mais, aussi, je discernais que le cataclysme, ayant atteint un tel degré, modifierait profondément la psychologie des Allemands.

C'en était fini pour longtemps de ce Reich conquérant, qui, trois fois en l'espace d'une vie d'homme, s'était rué à la domination. Niveau de vie et reconstruction, voilà quelles seraient, forcément, pendant de nombreuses années, les ambitions de la nation allemande et les visées de sa politique. D'ailleurs, je ne doutais guère qu'elle dût rester coupée en deux et que la Russie soviétique voulût garder à sa discrétion le morceau des terres germaniques d'où justement étaient parties les impulsions vers « l'espace vital ». Ainsi, au milieu des ruines, des deuils, des humiliations, qui submergeaient l'Allemagne à son tour, je sentais s'atténuer dans mon esprit la méfiance et la rigueur. Même, je croyais apercevoir des possibilités d'entente que le passé n'avait jamais offertes. Au demeurant, il me semblait que le même sentiment se faisait jour chez nos soldats. Le souffle de la vengeance, qui les avait d'abord traversés, était tombé à mesure qu'ils progressaient sur ce sol ravagé. Aujourd'hui, je les voyais miséricordieux devant le malheur des vaincus.

Cependant, le Reich étant anéanti et, d'autre part, les alliés ne s'accordant pas au sujet de son destin, force était à chacun d'entre eux d'assumer l'administration de sa zone. C'est ce dont avaient convenu, sur instructions des gouvernements, Eisenhower, Joukov, Montgomery, de Lattre, réunis à Berlin pour parer au plus pressé. En outre, il était entendu que les quatre Commandants en chef constituaient une « Commission alliée de contrôle » pour l'ensemble du territoire allemand. À la fin de juillet, nos troupes avaient occupé Sarrebruck, Trèves, Coblence, Mayence, Neustadt et leurs environs, où les Américains leur laissaient la place et, en échange, évacué Stuttgart. Sur la rive droite, nous demeurions dans les régions de Fribourg, de Constance et de Tubingen.

Le général de Lattre, quelque peine qu'il en éprouvât, quittait alors son commandement, appelé qu'il était au poste le plus élevé de l'armée, celui de chef d'état-major général. Le général Koenig prenait la charge de Commandant en chef en Allemagne. Un organisme destiné à l'administration et au contrôle se constituait sous ses ordres : Emile Laffon devenait, à ce titre, l'adjoint du Commandant en chef et des délégués français prenant en compte les divers territoires : Grandval en Sarre, Billotte dans la province rhénane et la Hesse-Nassau, Boulay au Palatinat, Widmer en Wurtemberg, Schwartz dans le pays de Bade. C'est eux qui auraient à choisir les gouvernants et les fonctionnaires parmi les citoyens allemands qui paraîtraient qualifiés.

Avant l'ouverture de la conférence de Londres, où les ministres des Affaires étrangères devaient chercher une base d'accord, je m'étais rendu à Washington. Depuis trois mois, Harry Truman demandait à me rencontrer. Probablement le nouveau président désirait-il effacer l'effet produit, au lendemain de Yalta, par la convocation que Roosevelt m'avait adressée et par mon refus de m'y rendre. Mais Truman souhaitait surtout être mis directement au fait des intentions de la France en ce début d'une paix difficile.

L'effondrement de l'Allemagne, qu'allait suivre celui du Japon, plaçait les États-Unis devant une sorte de vide politique. Jusqu'alors, la guerre leur avait dicté leurs plans, leurs efforts, leurs alliances. Tout cela n'avait plus d'objet. L'univers changeait complètement et à un rythme ultra-rapide. Cependant, l'Amérique, la seule intacte des grandes puissances, restait investie dans la paix de la même responsabilité qu'elle avait dû finalement assumer dans le conflit. Or, voici que se dressait la concurrence nationale et idéologique d'un État à sa dimension. Face à l'Union Soviétique, les États-Unis se demandaient que faire, à quelles causes extérieures s'attacher ou se refuser, quels autres peuples aider ou non ? Bref, l'isolationnisme leur devenait impossible. Mais, quand on est indemne et puissant, on se doit d'accepter les embarras d'une grande politique.

Il était naturel que le président Truman eût hâte de consulter la France. Celle-ci, malgré les épreuves qu'elle venait de traverser, se trouvait être, sur l'ancien continent, le seul pays auquel pût s'accrocher une politique occidentale. Elle demeurait, d'autre part, une grande réalité africaine. On rencontrait sa souveraineté jusque sur les terres de l'Amérique et de l'Océanie. Elle n'avait pas quitté l'Orient. Rien ne pouvait l'empêcher de retourner en Extrême-Asie. Son prestige et son influence refleurissaient par toute la terre. Que l'Amérique essayât d'organiser la paix par la collaboration des peuples, quelle s'en tînt au système de l'équilibre des forces, ou qu'elle fût simplement contrainte de préparer sa propre défense, comment se passer de la France ?

C'est pourquoi, dès la fin de mai, recevant Georges Bidault que la conférence de San Francisco amenait aux États-Unis, le Président l'avait prié de me dire qu'il souhaitait s'entretenir avec moi. Ma réponse fut favorable. J'invitai Truman à venir en France si cela pouvait lui convenir. Sinon, j'irais volontiers lui faire visite aux États-Unis. Mais, comme déjà il était question de la conférence de Potsdam, j'indiquais au Président, « qu'en raison des réactions de l'opinion française, sa venue à Paris, ou bien la mienne à Washington, ne devrait pas avoir lieu immédiatement avant, ni immédiatement après, la réunion que les « Trois » allaient tenir en mon absence ». Truman comprit qu'il valait mieux ne pas atterrir en France quand il irait à Berlin ou quand il en reviendrait. Le 3 juillet, il me télégraphia « qu'il proposait que notre rencontre ait lieu à Washington à la fin d'août ». Je répondis : « J'accepte avec plaisir votre aimable invitation... »

Je m'envolai le 21 août, en compagnie de Bidault, de Juin, de Palewski et de plusieurs diplomates. Par les Açores et les Bermudes, nous arrivâmes à Washington dans l'après-midi du 22. M. Byrnes, secrétaire d'État, le général Marshall, M. Caffery, nous accueillirent à l'aérodrome au milieu d'un nombreux concours d'officiels, de curieux, de journalistes. Le long du parcours qui menait à la Maison-Blanche, la capitale fédérale ne ménagea pas ses vivats. Nous fûmes aussitôt engagés dans la série des entretiens et saisis par l'engrenage des réceptions et des cérémonies, celle, notamment, au cours de laquelle je fis dignitaires de la Légion d'honneur les généraux Marshall, Arnold, Somerwell, les amiraux King et Leahy, ce dernier quelque peu contrit d'être décoré par de Gaulle. En accomplissant les mêmes rites où j'avais figuré une année auparavant, en entendant les propos des mêmes ministres, grands chefs, fonctionnaires, en écoutant les questions des mêmes représentants de la presse, je constatai combien, aux yeux du monde, la France s'était redressée. Lors de mon précédent voyage, on la regardait encore comme une captive énigmatique. On la tenait, à présent, pour une grande alliée blessée, mais victorieuse, et dont on avait besoin.

C'était là, sans doute, l'idée du Président. Pendant sept heures, les 22, 23, 25 août, j'eus avec lui des entretiens auxquels assistèrent les deux ministres, James Byrnes et Georges Bidault, et les deux ambassadeurs, Jefferson Caffery et Henri Bonnet. M. Truman, sous des manières simples, se montrait très positif. À l'entendre, on se sentait loin des vues d'un vaste idéalisme que déroulait dans ce même bureau son illustre prédécesseur. Le nouveau Président avait renoncé au plan d'une harmonie mondiale et admis que la rivalité de monde libre et du monde soviétique dominait tout, désormais. L'essentiel consistait donc à éviter les querelles entre États et les secousses révolutionnaires, afin que tout ce qui n'était pas communiste ne fût pas conduit à le devenir.

Quant aux problèmes compliqués de notre antique univers, ils n'intimidaient point Truman qui les considérait sous l'angle d'une optique simplifiée. Pour qu'un seul peuple fût satisfait, il suffisait qu'il pratiquât la démocratie à la manière du Nouveau Monde. Pour mettre fin aux antagonismes qui opposaient des nations voisines, par exemple Français et Allemands, il n'était que d'instituer une fédération des rivaux, comme avaient su le faire entre eux les États d'Amérique du Nord. Pour que les pays sous-développés penchent vers l'Occident, il existait une recette infaillible : l'indépendance ; à preuve l'Amérique elle-même qui, une fois affranchie de ses anciens possesseurs, était devenue un pilier de la civilisation. Enfin, devant la menace, le monde libre n'avait rien de mieux à faire, ni rien d'autre, que d'adopter le « leadership » de Washington.

Le président Truman était, en effet, convaincu que la mission de servir de guide revenait au peuple américain, exempt des entraves extérieures et des contradictions internes dont étaient encombrés les autres.

D'ailleurs, à quelle puissance, à quelle richesse, pouvaient se comparer les siennes ? Je dois dire qu'en cette fin de l'été 1945 on était, dès le premier contact avec les États-Unis, saisi par l'impression qu'une activité dévorante et un intense optimisme emportaient toutes les catégories. Parmi les belligérants, ce pays était le seul intact. Son économie, bâtie sur des ressources en apparence illimitées, se hâtait de sortir du régime du temps de guerre pour produire des quantités énormes de biens de consommation. L'avidité de la clientèle et, au-dehors, les besoins de l'univers ravagé garantissaient aux entreprises les plus vastes débouchés, aux travailleurs le plein emploi. Ainsi, les États-Unis se sentaient assurés d'être longtemps les plus prospères. Et puis, ils étaient les plus forts ! Quelques jours avant ma visite à Washington, les bombes atomiques avaient réduit le Japon à la capitulation.

Le Président n'envisageait donc pas que la Russie pût, de sitôt, risquer directement une guerre. C'est pourquoi, m'expliquait-il, les forces américaines achevaient de quitter l'Europe, à l'exception d'un corps d'occupation en Allemagne et en Autriche. Mais il pensait qu'en maints endroits la ruine, la misère, le désordre, pouvaient avoir pour conséquence l'avènement du communisme et procurer aux Soviets autant de victoires sans batailles. Au total, le problème de la paix n'était donc, suivant lui, que d'ordre économique. Les nations d'Europe occidentale, qu'elles aient gagné ou perdu la guerre, avaient à reprendre au plus tôt le cours normal de leur existence. En Asie et en Afrique, les peuples sous-développés devaient recevoir les moyens d'élever leur niveau de vie. Voilà de quoi il s'agissait, et non point de frontières, de griefs, de garanties !

C'est dans cet état d'esprit que le président Truman examina avec moi les questions posées par la victoire. Il m'entendit lui exposer comment nous, Français, envisagions le sort des pays allemands et ne fit d'objection directe à aucune de nos propositions : fin du Reich centralisé, autonomie de la rive gauche du Rhin, régime international de la Ruhr. Mais, sur ces points, il resta réservé. Par contre, il fut catégorique quant à la nécessité de ménager matériellement l'Allemagne. Tout en voulant – comme moi-même – qu'on aidât le bassin westphalien à reprendre en grand et rapidement l'extraction du charbon, il n'était guère favorable à l'idée d'en remettre certaines quantités à la France, à la Belgique, à la Hollande, en raison des destructions dont elles avaient été victimes. Tout au plus suggérait-il que ces pays achetassent – en dollars – une part des combustibles. De même, le Président se montrait opposé aux prélèvements de matières premières, de machines, d'objets fabriqués, à opérer par les vainqueurs. Même la récupération des outillages que les Allemands avaient pris chez nous inquiétait Harry Truman. En revanche, il accueillait fort bien la perspective du rattachement économique de la Sarre à la France, parce que la production du charbon et de l'acier en serait certainement accrue.

J'expliquai au Président pourquoi la France concevait le monde d'une manière moins simplifiée que le faisaient les États-Unis. « Vous autres, Américains, lui dis-je, avez pris part aux deux guerres mondiales avec une efficacité et un courage devant lesquels on doit s'incliner. Cependant, les invasions, les dévastations, les révolutions, sont pour vous des épreuves inconnues. Mais, en France les vieillards d'aujourd'hui ont vu, au cours de leur vie, notre pays envahi trois fois, en dernier lieu d'une manière totale. La somme des pertes humaines, des destructions, des dépenses, qui en sont résultées pour nous, est proprement incalculable. Chacune de ces crises, notamment la plus récente, a suscité dans notre peuple des divisions d'une profondeur qui ne peut être mesurée. Notre unité intérieure et notre rang international en sont compromis pour longtemps. Moi-même et mon gouvernement avons donc, vis-à-vis de la France, le devoir de prendre les mesures voulues pour que la menace germanique ne reparaisse jamais. Notre intention n'est certes pas de pousser le peuple allemand au désespoir. Au contraire, nous entendons qu'il vive, qu'il prospère et, même, qu'il se rapproche de nous. Mais il nous faut des garanties. Je vous ai précisé lesquelles. Si, plus tard, il se révèle que nos voisins ont changé de penchants, on pourra revenir sur les précautions initiales. Mais, à présent, l'armature à donner à l'Allemagne doit être obligatoirement pacifique, et il s'agit de la forger pendant que le feu du ciel a rendu le fer malléable. »

Je fis observer à M. Truman qu'il y avait là l'espoir de rétablir un jour l'équilibre européen. « Cet équilibre est rompu, dis-je, parce qu'avec le consentement de l'Amérique et de la Grande-Bretagne les États de l'Europe centrale et balkanique sont contraints de servir de satellites à l'Union Soviétique. Si ces États ont en commun avec leur « protecteur » une même crainte nationale de voir renaître l'ambitieuse Allemagne, les liens qui les rattachent par force à la politique moscovite en seront d'autant plus dangereux. S'ils constatent, au contraire, qu'il n'existe plus de menace germanique, leurs intérêts nationaux ne manqueront pas de se dresser au-dedans du camp soviétique. D'où, entre eux et leur suzerain, d'inévitables discordes qui détourneront le Kremlin des entreprises belliqueuses, d'autant plus que la Russie elle-même sera, dans ses profondeurs, moins portée aux aventures. Il n'est pas jusqu'à l'Allemagne qui ne puisse tirer parti de la structure rassurante qui doit lui être fixée. Car un régime réellement fédéral serait son unique chance de voir les Soviets permettre aux territoires prussiens et saxons de se lier au tronc commun. La voie où la France propose que nous engagions l'ancien Reich, c'est la seule qui puisse conduire au regroupement européen. »

À l'issue de ces échanges de vues entre Truman et moi sur le sujet germanique et des entretiens complémentaires de Byrnes avec Bidault, il fut admis, qu'à la conférence de Londres, la délégation américaine recommanderait que nos propositions soient prises en considération. Sans préjuger de la décision relative au statut de la Ruhr, on convint qu'une commission franco-anglo-américaine serait immédiatement installée dans le bassin. Cet organisme aurait à faire en sorte que l'extraction reprenne rapidement et que la France reçoive une part importante du charbon ; le mode de paiement devant être réglé en même temps que le serait celui des réparations. Les Américains firent connaître qu'ils ne s'opposeraient pas aux mesures que nous voulions prendre relativement à la Sarre. Enfin, on prit occasion de mon voyage à Washington pour conclure la négociation menée par Jean Monnet, depuis plusieurs mois, au sujet d'un prêt à long terme de 650 millions de dollars que l'Amérique nous faisait au moment où elle mettait un terme au « lease-lend ».

Quant aux pays d'Asie et d'Afrique plus ou moins « colonisés », je déclarai, qu'à mon avis, l'époque nouvelle marquerait leur accession à l'indépendance, réserve faite des modalités qui seraient forcément variables et progressives. L'Occident devait le comprendre, et, même, le vouloir. Mais il fallait que les choses se fassent avec lui, non pas contre lui. Autrement, la transformation de peuples encore frustes et d'États mal assurés déchaînerait la xénophobie, la misère et l'anarchie. Il était facile de prévoir qui, dans le monde, en tirerait avantage.

« Nous sommes décidés, dis-je au Président, à acheminer vers la libre disposition d'eux-mêmes les pays qui dépendent du nôtre. Pour certains, on peut aller vite ; pour d'autres, non ; en juger, c'est l'affaire de la France. Mais, dans ce domaine, rien ne serait déplorable autant que les rivalités des puissances occidentales. Par malheur, c'est ce qui se passe au sujet du Levant. » Et d'exhaler mon irritation quant au soutien que l'Amérique venait d'apporter au chantage des Britanniques. « En définitive, déclarai-je, je prédis que c'est l'Occident qui fera les frais de cette erreur et de cette injustice. »

M. Truman convint que Washington avait fait à la thèse britannique un crédit exagéré. « En tout cas, dit-il, pour ce qui est de l'Indochine, mon gouvernement ne fait pas opposition au retour de l'autorité et de l'armée françaises dans ce pays. » Je répondis : « Bien que la France n'ait rien à demander en une affaire qui est la sienne, je note avec satisfaction les intentions que vous m'exprimez. L'ennemi s'est, naguère, emparé de l'Indochine. Grâce à la victoire, à laquelle l'Amérique a pris une part incomparable, la France va y retourner. C'est avec la volonté que s'y établisse un régime conforme au vœu des populations. Cependant, nous nous trouvons, là aussi, contrariés par des dispositions que nos alliés sont en train de prendre sans nous avoir même consultés. »

Je marquai à M. Truman que nous n'acceptions nullement de voir les troupes anglaises prendre la place des Japonais dans le sud de l'Indochine ; les troupes chinoises, dans le nord. Or, c'est ce qui allait se passer, conformément à un accord conclu au Caire, en 1943, entre Roosevelt, Churchill et Chiang-Kaï-Shek et que la conférence de Potsdam venait d'entériner. Nous n'ignorions pas, d'autre part, que des chargés de mission américains, rassemblés par les soins du général Wedemeyer, délégué des États-Unis auprès du commandement chinois, se disposaient à passer au Tonkin pour y prendre contact avec le pouvoir révolutionnaire. Tout cela n'était pas de nature à nous faciliter les choses. Sur quoi, le Président crut devoir me répéter que, du côté de Washington, on s'abstiendrait décidément de faire obstacle à notre entreprise.

Nous nous séparâmes en bons termes. Sans doute ne pouvait-il y avoir entre nos deux États de compréhension ni de confiance sans réserves. Les entretiens de Washington avaient montré, s'il en était besoin, que l'Amérique suivait une route qui n'était pas identique à la nôtre. Du moins, Harry Truman et moi nous étions-nous franchement expliqués. J'emportais du président Truman l'impression d'un chef d'État bien à sa place, d'un caractère ferme, d'un esprit tourné vers le côté pratique des affaires, bref de quelqu'un qui, sans doute, n'annonçait pas de miracles, mais sur qui, dans les cas graves, on pourrait certainement compter. Lui-même se montra plein de prévenances à mon égard. Les déclarations qu'il fit au lendemain de ma visite passèrent de loin l'éloge banal. Lors de notre dernière entrevue, il fit ouvrir tout à coup les portes de son bureau, derrière lesquelles vingt photographes se tenaient prêts à agir, et me passa par surprise autour du cou le collier du « Mérite », se doutant bien que, prévenu, j'eusse décliné toute distinction. Puis, il décora Bidault. À mon départ, il me fit don, au nom des États-Unis, d'un magnifique DC4. Par la suite, il n'y eut jamais entre nous aucun mot qui fût acide.

Pour recevoir de Gaulle et les siens, New York déchaîne, alors, l'ouragan de son amitié. Nous y arrivons le 26 août, par la route, venant de West Point où j'ai inspecté l'École militaire, après m'être, à Hyde Park, incliné devant la tombe de Roosevelt. C'est dimanche et, au surplus, le premier jour où la vente de l'essence a été rendue libre. Toutes les voitures se trouvent donc dehors. Une file d'autos, rangée sur le côté au long de 100 kilomètres, salue notre passage par un vacarme incroyable de klaxons. Le maire, Fiorello La Guardia, prodige d'entrain et de sympathie, nous accueille à l'entrée. Le soir, après diverses cérémonies, il nous mène au *Central Park*, où Marian Anderson doit chanter *la Marseillaise*. Là, dans la nuit, vingt bras irrésistibles me poussent sur la scène de l'immense amphithéâtre. Les projecteurs s'allument, et j'apparais à la foule entassée sur les gradins. Une fois passée la vague des acclamations et quand la voix admirable de la cantatrice a terminé notre hymne national, je lance, de tout cœur, mon salut à la grande cité.

Le lendemain, a lieu le « défilé triomphal ». Nous traversons la ville en grand cortège. Le maire est à mes côtés, exultant de satisfaction, tandis que retentissent les cris de la multitude et que drapeaux et oriflammes s'agitent à tous les étages. Le parcours de Broadway se déroule au milieu d'un indescriptible déferlement de : « *Long live France !* » – « *De Gaulle ! Hurrah !* » –

« *Hello, Charité !* » sous les épais nuages des morceaux de papier lancés de 100 000 fenêtres. Au City Hall, ont lieu la réception, l'échange des discours, le défilé des personnalités. Je décore La Guardia qui, depuis juin 1940, s'est montré l'un des plus ardents et efficaces partisans que la France Combattante ait comptés aux États-Unis. Puis je reçois le diplôme de citoyen d'honneur de New York. Au colossal banquet qui suit, le maire déclare dans son toast : « En levant mon verre à la gloire du général de Gaulle, je voulais le saluer comme le plus jeune des citoyens de New York, car il y a tout juste une heure que nous l'avons inscrit au registre de l'état civil. Mais, depuis ce moment-là, on a déclaré la naissance de 45 autres bébés ! » Le gouverneur de l'État, Thomas Dewey, m'affirme : « Si calme que je puisse être, j'ai été bouleversé par l'émotion de la cité. » Sans doute ce caractère de pittoresque dans le gigantesque est-il habituel aux manifestations publiques américaines. Mais l'explosion d'enthousiasme qui a marqué celle-là révèle l'extraordinaire dilection à l'égard de la France que recèle le fond des âmes.

Chicago le fait voir aussi. Pourtant, par différence avec New York, la ville n'est pas orientée vers l'Europe et sa population provient des pays les plus divers du monde. « Ici, me dit le maire Edward Kelly, vous serez acclamé en 74 langues. » De fait, nous rendant, ce soir-là, au dîner de la municipalité, traversant, le lendemain, les rues et les boulevards pour visiter les constructions symbolisant le nouveau démarrage, reçus à l'Hôtel de ville, allant prendre part au banquet monstre offert par l'« Association du Commerce » et l'« American Légion », nous sommes entourés d'une foule où se mêlent toutes les races de la terre mais unanime dans ses clameurs.

Le Canada nous fait, à son tour, un accueil démonstratif. Mes hôtes, le comte d'Athlone, gouverneur général, et son épouse, la princesse Alice, me déclarent à l'arrivée : « Vous avez pu constater, l'année dernière, à votre passage, quels sentiments vous portait l'opinion de ce pays. Mais, depuis, la France et vous avez gagné 300 %. – Pourquoi ? – Parce qu'alors vous étiez encore un point d'interrogation. Maintenant, vous êtes un point d'exclamation. » À Ottawa, les autorités et le peuple nous prodiguent, en effet, tous les témoignages imaginables. Le « Premier » Mackenzie King qu'assistent le ministre des Affaires étrangères Saint-Laurent et l'ambassadeur Vanier, et moi-même qu'accompagnent Bidault et notre ambassadeur Jean de Hauteclocque nous trouvons d'autant plus à notre aise pour évoquer les grandes questions que les intérêts de la France ne heurtent nulle part ceux du Canada.

Mackenzie King veut avoir avec moi une intime conversation. Ce vétéran d'une politique résolument canadienne me dit : « Je tiens à vous montrer le fond de notre pensée. Le Canada est limitrophe des États-Unis sur 5 000 kilomètres – voisinage souvent écrasant. Il est membre du Commonwealth – ce qui est quelquefois pesant. Mais il entend agir en pleine indépendance. Nous sommes un pays d'une étendue illimitée et doté de grandes ressources. Les mettre en valeur, voilà notre ambition, tout entière tournée vers le dedans. Nous n'avons aucun motif de contrecarrer la France dans aucun de ses champs d'action. Bien au contraire, tout nous rend désireux de lui prêter nos bons offices dans la mesure de nos moyens, chaque fois qu'elle le jugera bon. – Quant à nous, dis-je à

Mackenzie King, les deux guerres nous ont montré la valeur de votre alliance. Sans doute aurons-nous, dans la paix, à user de votre amitié. Ce que vous venez de dire achève de me prouver que la France eut mille fois raison de venir ici jadis et d'y semer la civilisation. »

Nous passons par Terre-Neuve pour rentrer à Paris. Pendant l'escale à la base américaine de Gander, au milieu d'une contrée presque déserte en temps normal, je m'entends appeler par une foule de bonnes gens rassemblés le long des clôtures. Je vais les voir. Ce sont des habitants venus de divers points de l'île pour saluer le général de Gaulle. Fidèles aux aïeux normands, bretons et picards qui ont peuplé Terre-Neuve, tous parlent français. Tous aussi, saisis par une émotion ancestrale, crient : « Vive la France ! » et me tendent les mains.

Presque aussitôt après notre voyage, se réunissait la conférence de Londres, dernière chance d'un accord entre les quatre alliés. Du 11 septembre au 3 octobre, Byrnes, Molotov, Bevin et Bidault examinèrent ensemble les problèmes européens. En fait, les séances des Quatre ne firent qu'aigrir l'opposition entre Russes et Anglo-Saxons. C'est à peine si l'on put, au sujet de l'Italie, recueillir l'impression qu'une entente serait possible quant au sort de l'Istrie et de la ville de Trieste. Georges Bidault précisa, d'autre part, en quoi consistaient les menus changements que nous voulions voir apporter au tracé de la frontière des Alpes et obtint, sur ce point-là, l'approbation de ses trois collègues. Mais, lorsque vint sur le tapis la question des anciennes colonies italiennes, que l'Anglais et l'Américain parlèrent d'ériger la Libye en un État indépendant, que le Français proposa de placer ce territoire sous la coupe des Nations Unies avec l'Italie comme « trustee », M. Molotov réclama pour la Russie le mandat sur la Tripolitaine. Du coup, MM. Bevin et Byrnes, suffoqués, suspendirent la conversation et la question italienne s'enfonça dans une impasse.

Il en fut de même des projets de traités relatifs à la Hongrie, à la Roumanie et à la Bulgarie ; les Soviétiques donnant à comprendre qu'il leur appartenait, à eux, d'en fixer les conditions et qu'ils en avaient les moyens puisqu'ils étaient les seuls occupants ; les Anglo-Saxons protestant contre l'oppression politique que subissaient les trois États, comme si celle-ci était autre chose que la conséquence des accords de Téhéran, de Yalta et de Potsdam. Mais c'est sur le problème de l'Allemagne que se manifesta surtout l'impossibilité où l'on était d'adopter quelque solution que ce fût.

La France, pourtant, et elle seulement, en avait formulé une. À la veille de l'ouverture de la conférence de Londres, j'avais fait connaître au public, par la voie d'une interview accordée à Gerald Norman correspondant du *Times* à Paris quelles conditions nous mettions à la paix avec l'Allemagne. Puis, au cours de la conférence, un mémorandum de notre délégation et un exposé de Bidault précisèrent notre position. La conférence ne fit pas mauvais accueil au programme français. L'idée de remplacer le Reich par une fédération d'États lui parut fort raisonnable. La conception d'une union économique franco-sarroise ne souleva aucune objection. Le projet tendant à constituer le Palatinat, la Hesse, la Province rhénane, en États autonomes et à les intégrer dans un système économique et stratégique occidental ne sembla pas inacceptable. Même, nos partenaires approuvèrent, à première vue, notre proposition de placer la Ruhr sous un régime international. Mais, quand M. Molotov eut déclaré, qu'à ce régime, la Russie devrait prendre part et qu'il faudrait qu'il y eût, à Dusseldorf, des troupes soviétiques avec les détachements des forces de l'Occident, M. Byrnes poussa les hauts cris et M. Bevin fit chorus. La conférence n'alla pas plus avant dans l'examen de notre solution. Nul, d'ailleurs, ne lui en proposa d'autre. Elle finit par se séparer après vingt-trois jours de débats aussi vains pour le présent qu'inquiétants pour l'avenir.

Chacun se trouvait donc amené à procéder dans sa zone comme il lui paraîtrait bon. À l'Est, les Soviétiques allaient instaurer en Prusse et en Saxe un système politique et social de leur façon. À l'Ouest, les Américains, agissant à l'encontre des tendances autonomistes qui se faisaient jour en Bavière, en Basse-Saxe et en Wurtemberg, et les Anglais, qui trouvaient lourde la responsabilité directe de la Ruhr et des grands ports de la mer du Nord, iraient à l'organisation qui leur semblait la plus facile. Ils fondraient leurs deux zones en une seule et y délégueraient les affaires à un collège de secrétaires généraux allemands. Ainsi serait créé, en somme, un gouvernement du Reich, en attendant qu'on procédât à des élections générales. La perspective d'une véritable fédération allemande s'évanouissait dans les faits. Plus tard, les Anglo-Saxons nous presseraient de joindre aux régions où ils rebâtissaient le Reich les territoires que nous occupions. Mais je n'y consentirais pas.

Pour le moment, en tout cas, notre zone n'incombe qu'à nous seuls. Au début du mois d'octobre, j'y vais prendre contact avec les autorités allemandes et avec les populations et voir quelles possibilités s'offrent sur les bords du Rhin à la politique où j'engage la France. Diethelm, Capitant, Dautry, Juin, Kœnig m'accompagnent. La Sarre, d'abord, reçoit notre visite. Le 3 octobre, à Sarrebruck qui n'est que ruines, le Dr. Neureuther, président du gouvernement, et M. Heim, bourgmestre, me mettent au fait des difficultés dans lesquelles ils se débattent. À eux-mêmes, aux fonctionnaires et aux notables sarrois, dévorés en ma présence d'appréhension et de curiosité, je déclare : « Délibérément, je ne veux rien dire ici des événements du passé. Mais, pour l'avenir, il faut nous comprendre, car nous avons beaucoup à faire ensemble. » Puis, j'indique que notre tâche consiste à rétablir la vie normale dans la Sarre et, plus tard, la prospérité. Je conclus en exprimant l'espoir que, « le temps passant et notre collaboration produisant ses effets, nous, Français, découvrirons chez les Sarrois des motifs d'estime et de confiance et qu'eux-mêmes s'apercevront qu'humainement nous sommes tout près d'eux. » – « S'il en est ainsi, ajouté-je, ce sera tant mieux pour l'Occident et pour l'Europe, dont vous êtes, comme nous, les enfants. » Ayant achevé, je vois des larmes aux yeux de mes auditeurs.

À Trèves, j'ai le même spectacle de résignation muette et de gravats entassés. Cependant, l'antique cité mosellane a conservé sa figure autour de la « Porta Nigra » sortie intacte du cataclysme. Les personnalités locales, dont l'évêque Mgr Bornewasser, m'ouvrent leur âme déchirée. Je leur tiens le même langage que j'ai fait entendre à Sarrebruck. « La France, dis-je, n'est pas ici pour prendre, mais pour faire renaître. » Le soir, je visite Coblence. M. Boden, président du gouvernement, et les notables qui l'entourent recueillent de ma bouche les encouragements de la France. Là comme ailleurs, ceux-ci sont reçus avec respect et émotion.

C'est aussi le cas, le lendemain, à Mayence. La foule y est nombreuse pour accueillir Charles de Gaulle. On dirait, qu'après des siècles aboutissant à d'immenses épreuves, l'âme des ancêtres Gaulois et Francs revit en ceux qui sont là. C'est à quoi le Dr. Steffan, président de la Hesse-Nassau, le bourgmestre Dr. Kraus, l'évêque Mgr Stohr, font allusion dans leurs adresses. J'y réponds par des paroles d'espoir, ajoutant : « Ici, tant que nous sommes, nous sortons de la même race. Et nous voici, aujourd'hui, entre Européens et entre Occidentaux. Que de raisons pour que, désormais, nous nous tenions les uns près des autres ! »

Gagnant le Palatinat aussi ravagé que possible, je reçois à Neustadt un accueil saisissant. Autour du président le Dr. Eisenlaub, de son adjoint le Dr. Koch, de l'évêque Mgr Wendel, se pressent conseillers de district, bourgmestres, curés, pasteurs, professeurs, représentants du barreau, de l'économie, du travail. Tous applaudissent avec chaleur le chef de leur gouvernement me déclarant que le territoire demande à redevenir ce qu'il était autrefois, savoir l'État Palatin, afin de reprendre en main sa destinée et de se lier à la France.

Fribourg, en Forêt-Noire, groupe pour recevoir de Gaulle tout ce qui est représentatif des régions occupées par nous sur la rive droite du Rhin. Le 4 octobre, le Dr. Wohleb me présente les personnalités de Bade. Le 5 dans la matinée, M. Carlo Schmitt introduit celles du Wurtemberg. L'archevêque de Fribourg Mgr Groeber, ainsi que Mgr Fischer, du diocèse de Rotthausen, sont parmi les visiteurs. Puis, ces hommes de qualité, frémissants de bonne volonté, se réunissent afin de m'entendre évoquer « les liens qui, jadis, rapprochaient les Français et les Allemands du Sud et qui doivent, maintenant, reparaître, pour servir à bâtir « notre » Europe et « notre » Occident ». Sur quoi, la salle retentit des hourras les plus convaincus. Dans cette atmosphère étonnante, j'en viens à me demander si tant de batailles livrées et tant d'invasions subies depuis des siècles par les deux peuples luttant l'un contre l'autre, tant d'horreurs toutes récentes commises à notre détriment, ne sont pas de mauvais rêves. Comment croire qu'il y ait eu jamais chez les Germains, à l'égard des Gaulois, autre chose que cette cordialité dont on m'offre des preuves éclatantes ? Mais, sortant de la cérémonie pour me retrouver dans les rues démolies, au milieu d'une foule douloureuse, je mesure quel désastre ce pays a dû subir pour écouter, enfin, la raison.

Dans cette journée du 5 octobre, je passe à Baden-Baden où le général Kœnig a son quartier général. Là, tous ceux qui ont à diriger quelque branche de l'organisation administrative française me peignent l'empressement des Allemands à répondre à nos directives et leur désir d'une réconciliation. L'un des signes de cet état d'esprit est l'extraordinaire essor que prennent, ces jours-là même, l'université franco-allemande de Mayence, les écoles, lycées, centres d'études et d'informations, que nous venons d'ouvrir en divers points. L'après-midi, quittant l'Allemagne, je gagne Strasbourg. Car c'est de là que j'entends montrer à la nation française vers quel grand but je la dirige pour peu qu'elle veuille me suivre. Emile Bollaert, commissaire de la République, Bernard Cornut-Gentille, préfet du Bas-Rhin, et le général du Vigier, gouverneur, me font arriver par le fleuve. Ayant parcouru le port, le cortège de nos bateaux pénètre dans la cité par les canaux dont les rives et les ponts sont couverts d'une foule plus ardente qu'aucune autre ne le fut jamais. Je préside à la réouverture de l'université de Strasbourg. Puis, je reçois, au palais du Rhin, les autorités de l'Alsace. Enfin, sur la place Broglie, du balcon de l'Hôtel de ville, je m'adresse à la multitude :

« Je suis ici, dis-je, pour proclamer la grande tâche rhénane française. Hier, le fleuve du Rhin, notre fleuve, était une barrière, une frontière, une ligne de combat. Aujourd'hui, puisque l'ennemi s'est écroulé grâce à notre victoire, puisqu'ont disparu dans les Allemagnes les attractions furieuses qui les rassemblaient pour le mal, le Rhin peut reprendre le rôle que lui tracent la nature et l'Histoire. Il peut redevenir un lien occidental. » Et de m'écrier : « Regardons-le ! Il porte sur ses eaux l'un des plus grands destins du monde. Depuis la Suisse, d'où il sort ; par l'Alsace, la région mosellane, Bade, les bassins du Main et de la Ruhr, qui sont situés sur ses bords ; à travers les Pays-Bas où il va trouver la mer tout près des côtes de l'Angleterre, les navires peuvent, désormais, le remonter et le descendre et les richesses s'en répandre, librement, d'un bout à l'autre. Il en est de même des idées, des influences, de tout ce qui procède de l'esprit, du cœur, de l'âme… Oui ! Le lien de l'Europe occidentale, il est ici, il est le Rhin, qui passe à Strasbourg ! »

Cette conception d'un groupement organisé de l'Ouest trouve l'audience de la Belgique. Je le constate en lui rendant visite. Le Prince Régent m'y a invité. J'arrive par son propre train à Bruxelles, le 10 octobre, en compagnie de Georges Bidault. Dès la sortie de la gare où le Prince est venu m'attendre, je me trouve saisi par les hommages populaires qui déferlent comme une marée. Pendant deux jours, que nous nous rendions au Palais Royal, à la tombe du Soldat inconnu, à Ixelles, à Laeken où nous sommes reçus par la reine mère Élisabeth, à l'Hôtel de ville, à l'Université, au ministère des Affaires étrangères, au lycée français, à l'ambassade de France dont Raymond Brugère fait les honneurs, chacune de nos allées et venues donne lieu à d'ardentes ovations. Il est évident que le peuple belge confond sa joie et son espérance avec celles du peuple français.

C'est ce que me dit le prince Charles. Je recueille son avis avec d'autant plus de considération que mon estime pour lui est grande. Au milieu des divisions amères que la question du Roi – alors éloigné en Suisse – provoque dans la population et qui rendent très délicate la situation du Régent, je vois ce prince lucide et ferme dans l'exercice de ses devoirs, sauvegardant le trône et l'unité, mais certain, bien qu'il n'en dise mot, qu'on ne lui en saura gré dans aucun des camps opposés. Les ministres, notamment le solide Premier M. van Acker et le toujours avisé et entreprenant ministre des Affaires étrangères M. Spaak, tout comme les présidents des Assemblées, MM. van Cauwelaert et Gillon, le cardinal primat van Roey, me tiennent un langage identique. Tous pensent que c'eût été fini de l'Europe si la France n'avait pas été présente à la victoire. Quant à l'avenir, l'intérêt vital que comporterait l'établissement d'étroits rapports entre les États de l'Europe de l'Ouest domine tous les esprits.

Le lendemain, à l'Hôtel de ville où nous reçoit le bourgmestre Vandemeulebroek, tandis qu'une foule innombrable remplit l'admirable place, puis à l'université de Bruxelles dont le président Fredrichs et le doyen Cox me font docteur *honoris causa*, je proclame l'espoir que pourrait apporter, un jour, au monde entier l'association de tous les peuples de l'Europe et, dans l'immédiat, « un groupement occidental, ayant pour artères : le Rhin, la Manche, la Méditerranée ». Chaque fois, c'est par des transports que l'assistance accueille ce grandiose projet de la France. Rentré à Paris, je l'expose de nouveau, le 12 octobre, en une vaste conférence de presse.

Voilà donc l'idée lancée. Dès que les élections, qui vont avoir lieu dans quinze jours, auront tranché la question de nos institutions et, par là, celle de mon rôle futur, les propositions voulues seront, ou non, adressées pour moi au-dehors. Mais, si ce vaste dessein me semble susciter l'attention passionnée des autres peuples intéressés, j'ai l'impression que les dirigeants politiques français y sont, en fait, peu sensibles. Depuis la date de la victoire jusqu'à celle des élections, il n'y a pas à l'Assemblée consultative un seul débat portant sur ces problèmes. En dehors de vagues formules, les multiples congrès, réunions, motions des partis, ne mentionnent pour ainsi dire rien qui se rapporte à l'action de la nation à l'extérieur. La presse mentionne, assurément, les propos et les déplacements du général de Gaulle. Mais les buts qu'il propose ne donnent lieu à aucune campagne, ni même souvent à aucun commentaire, comme s'il s'agissait là d'un domaine hors de la portée nationale. Tout se passe comme si ma conviction que la France a l'occasion de jouer un rôle indépendant et mon effort pour l'y diriger recueillaient, chez ceux qui s'apprêtent à représenter le pays, une estime inexprimée mais un doute universel.

Je ne puis, d'ailleurs, méconnaître que, pour mener en Europe une pareille politique, nous devons avoir les mains libres au-delà des océans. Que les territoires d'outre-mer se détachent de la Métropole ou que nous y laissions accrocher nos forces, pour combien compterons-nous entre la mer du Nord et la Méditerranée ? Qu'ils nous restent, au contraire, associés, voilà la carrière ouverte à notre action sur le continent ! Séculaire destin de la France ! Or, après ce qui s'est passé sur le sol de nos possessions africaines et asiatiques, ce serait une gageure que de prétendre y maintenir notre Empire tel qu'il avait été. À fortiori, n'y peut-on songer quand les nationalités se dressent d'un bout à l'autre du monde et qu'auprès d'elles la Russie et l'Amérique font assaut de surenchères. Afin que les peuples dont nous sommes responsables restent demain avec la France, il nous faut prendre l'initiative de transformer en autonomie leur condition de sujets et, en association, des rapports qui, actuellement, ne sont pour eux que dépendance. À la condition, toutefois, que nous nous tenions droits et fermes, comme une nation qui sait ce qu'elle veut, ne revient pas sur sa parole, mais exige qu'on soit fidèle à celle qu'on lui aura donnée. Cette directive, je l'ai lancée à partir de Brazzaville. À présent, c'est en Indochine et en Afrique du Nord qu'il nous faut d'abord l'appliquer.

Au Maghreb, pour quelque temps encore, l'affaire peut être menée dans le calme et progressivement. Bien que des signes d'agitation s'y manifestent déjà, nous sommes les maîtres du jeu. En Tunisie, la popularité de l'ancien bey Moncef ne soulève guère autre chose que de platoniques regrets ; les deux « Destour », très éprouvés, se tiennent dans l'expectative ; le résident général Mast manœuvre assez aisément entre les plans de réformes et les actes d'autorité. En Algérie, un commencement d'insurrection, survenu dans le Constantinois et synchronisé avec les émeutes syriennes du mois de mai, a été étouffé par le gouverneur général Chataigneau. Au Maroc, les proclamations répandues par l'« Istiqlal » et les cortèges qu'il organise ne passionnent pas beaucoup les foules ; le sultan Mohammed V, après quelques hésitations et sur la démarche pressante du résident général. Puaux, les a d'ailleurs désavoués. Mais, si nous avons du temps, ce ne peut être pour en perdre. J'entame aussitôt la partie.

La souveraineté dans l'Empire du Maroc et dans la Régence de Tunis se confond avec leurs souverains. C'est directement avec eux que je veux avoir affaire. J'invite le Sultan à se rendre en France et le reçois comme un chef d'État qui a droit aux grands honneurs, un féal qui s'est montré fidèle dans les pires circonstances. En dehors des habituelles réceptions, je le prie d'être à mes côtés lors de la grande prise d'armes parisienne du 18 juin et lui décerne, en public, la croix de la Libération. Puis, il est mon compagnon au cours d'un voyage en Auvergne et aborde, à mes côtés, les foules impressionnantes des villes et le peuple touchant des campagnes. Il se rend ensuite en Allemagne auprès de la Ire Armée et passe l'inspection des glorieuses troupes marocaines. Enfin, il va visiter des grands travaux de barrages. Partout, il est acclamé, ce qui crée une ambiance favorable à nos entretiens personnels.

Je demande au Sultan de m'indiquer, en toute confiance, quel est le fond de sa pensée quant aux rapports du Maroc et de la France. « Je reconnais hautement, déclare-t-il, que le Protectorat a apporté à mon pays l'ordre, la justice, une base de prospérité, un début d'instruction des masses et de formation des élites. Mais ce régime a été accepté par mon oncle Moulay-Hafid, puis par mon père Moulay-Youssef, et l'est aujourd'hui par moi, comme une transition entre le Maroc d'autrefois et un État libre et moderne. Après les événements d'hier et avant ceux de demain, je crois le moment venu d'accomplir une étape vers ce but. C'est là ce que mon peuple attend.

— L'objectif que vous envisagez, dis-je, est celui que la France s'est fixé, que formulent le traité de Fez et l'acte d'Algésiras et que Lyautey, initiateur du Maroc moderne, n'a jamais cessé de poursuivre. Je suis, comme vous, convaincu qu'il faut prochainement modifier dans ce sens les bases de nos rapports. Mais, par le temps qui court, la liberté, pour qui que ce soit, ne peut être que relative. N'est-ce pas vrai pour le Maroc qui a encore tant à faire avant de vivre par ses propres moyens ? Il appartient à la France de vous prêter son concours en échange de votre adhésion. Qui d'autre le ferait comme il faut ? Quand, à Anfa, le président Roosevelt fit miroiter à Votre Majesté les merveilles de l'immédiate indépendance, que vous proposait-il en dehors de ses dollars et d'une place dans sa clientèle ?

— Il est bien vrai, affirme Mohammed V, que le progrès de mon pays doit s'accomplir avec l'aide de la France. De toutes les puissances qui pourraient nous prêter appui, c'est celle qui est la mieux placée, la mieux douée et que nous préférons. Vous avez pu constater, pendant la guerre, qu'inversement notre concours n'est pas, pour vous, sans valeur. L'aboutissement des accords nouveaux que nous pourrions négocier serait l'association contractuelle de nos deux pays, aux points de vue économique, diplomatique, culturel et militaire. »

J'indique au Sultan que, sous réserve des modalités qui devront être étudiées de près, je suis d'accord avec lui sur le fond des choses. Quant à la date convenable pour l'ouverture des pourparlers, je pense qu'on devra la fixer au lendemain même du jour où la IVe République aura adopté sa propre constitution. Car celle-ci ne pourra, semble-t-il, manquer de définir des liens fédéraux ou confédéraux applicables à certains territoires ou États dont la libre disposition d'eux-mêmes et leur participation à un ensemble commun doivent être ménagées. En tout ce qui concerne l'union de nos deux pays, je propose à Mohammed V que nous nous tenions en liaison personnelle, à supposer, naturellement, que je demeure en fonctions. Il acquiesce aussitôt et, je le crois, de grand cœur. Pour commencer, le Sultan me marque son accord quant à l'initiative que prend mon gouvernement de faire rétablir à Tanger l'autorité chérifienne et le statut international abolis en 1940 par un coup de force espagnol. C'est ce qui sera accompli au mois de septembre, à la suite d'une conférence tenue à Paris par les représentants de la France, de l'Angleterre, de l'Amérique et de la Russie et aux conclusions de laquelle le gouvernement de Madrid acceptera de se conformer.

À son tour, le Bey de Tunis vient en France à mon invitation. Sidi Lamine est l'objet d'une réception aussi brillante que le permettent les circonstances. À Paris, le 14 juillet, il assiste à l'imposante revue de notre armée victorieuse. Maintes réunions lui donnent l'occasion de voir des personnalités françaises appartenant à tous les milieux. Au cours de nos entretiens, le souverain m'indique ce que devrait, à son sens, devenir la Régence pour répondre aux aspirations de son peuple et aux nécessités de l'époque. En somme, ce que le Bey conçoit pour sa part coïncide avec ce que le Sultan imagine pour la sienne. Le ton de Sidi Lamine est, sans doute, plus assourdi que celui de Mohammed V, en raison de la différence de l'âge et du tempérament, d'une popularité moins assurée, du fait qu'il parle au nom d'un royaume plus faible que le Maroc. Mais la chanson est la même. Ma réponse, aussi. Le Bey l'accueille avec amitié.

Des propos échangés avec les souverains du Maghreb, je tire la conclusion qu'il est possible et qu'il est nécessaire de passer avec les deux États des accords de coopération conformes aux exigences du temps et qui, dans un monde mouvant, régleront les rapports tout au moins pour une génération.

Si la question d'Afrique du Nord se présente sous un jour assez encourageant, celle d'Indochine se dresse dans les plus difficiles conditions. Depuis la liquidation de nos postes et de notre administration par l'ennemi japonais et le retrait en territoire chinois des détachements demeurés libres, il ne reste plus rien de l'autorité de la France en Cochinchine, en Annam, au Tonkin, au Cambodge et au Laos. Les militaires survivants sont en captivité ; les fonctionnaires, détenus ; les particuliers, étroitement surveillés ; tous, soumis à d'odieux outrages. Dans les États de l'Union, les Japonais ont suscité la création de gouvernements autochtones qui sont à leur dévotion, tandis qu'apparaît une résistance tournée contre l'occupant, mais résolue à obtenir ensuite l'indépendance et dirigée par des chefs communistes. Cette ligue organise un pouvoir clandestin qui s'apprête à devenir public. Quant à nous, nous sommes réduits à envoyer à Ceylan une menue avant-garde, en vue de l'éventualité où les alliés consentiraient au transport de notre Corps expéditionnaire ; nous faisons, tant bien que mal, fonctionner à partir de la frontière chinoise une mission de renseignements opérant sur l'Indochine ; nous tâchons d'obtenir du gouvernement de Tchoung-King et de ses conseillers militaires américains qu'ils facilitent le regroupement de nos détachements repliés du Tonkin et du Laos.

Mais la capitulation allemande détermine les États-Unis à en finir avec le Japon. Au mois de juin, leurs forces, avançant d'île en île, sont parvenues assez près du territoire nippon pour pouvoir y débarquer. La flotte des Japonais est balayée de la mer par les navires de Nimitz, et leur aviation se trouve trop diminuée pour tenir tête à celle de Mac Arthur. À Tokyo, cependant, le parti de la guerre garde son influence. Or, c'est avec appréhension que le Président, le Commandement et le Congrès américains envisagent la sanglante conquête, pied à pied, grotte par grotte, du sol d'un peuple vaillant et fanatisé. De ce fait, une notable évolution se produit à Washington au sujet de l'utilité d'un concours militaire français. Le Pentagone nous demande même, au début du mois de juillet, si nous serions disposés à expédier deux divisions au Pacifique. « Ce n'est pas exclu, répondons-nous. Mais, alors, nous entendons pouvoir envoyer aussi, en Birmanie, les forces voulues pour prendre part à l'offensive vers l'Indochine. »

Dès le 15 juin, je fixe la composition de notre Corps expéditionnaire. Le général Leclerc en prendra le commandement. Je suis amené, sur ce point, à passer outre à ses désirs. « Envoyez-moi au Maroc, me demande-t-il instamment. – Vous irez en Indochine, lui dis-je, parce que c'est le plus difficile. » Leclerc se met en devoir d'organiser ses unités. Au début d'août, elles sont prêtes. Un grand élan saisit tous ceux, soldats et fonctionnaires, qui se disposent à ramener le drapeau de la France sur le seul de ses territoires où il n'a pas encore reparu.

C'est alors que, les 6 et 10 août, tombe sur Hiroshima et sur Nagasaki la foudre des bombes atomiques. À vrai dire, les Japonais s'étaient montrés, avant le cataclysme, disposés à négocier la paix. Mais c'est la reddition sans conditions qu'exigeaient les Américains, certains qu'ils étaient de l'obtenir depuis la réussite des expériences du Nevada. De fait, l'empereur Hiro-Hito s'incline au lendemain de la destruction de ses deux villes bombardées. Il est convenu que l'acte, par lequel l'Empire du Soleil Levant se soumet aux vainqueurs, sera signé le 2 septembre, en rade de Yokohama, sur le cuirassé *Missouri*.

Je dois dire que la révélation des effroyables engins m'émeut jusqu'au fond de l'âme. Sans doute ai-je été, depuis longtemps, averti que les Américains étaient en voie de réaliser des explosifs irrésistibles en utilisant la dissociation de l'atome. Mais, pour n'être pas surpris, je ne m'en sens pas moins tenté par le désespoir en voyant paraître le moyen qui permettra, peut-être, aux hommes de détruire l'espèce humaine. Pourtant, ces amères prévisions ne sauraient m'empêcher d'exploiter la situation créée par l'effet des bombes. Car la capitulation fait s'écrouler, à la fois, la défense japonaise et le veto américain qui nous barraient le Pacifique. L'Indochine, du jour au lendemain, nous redevient accessible.

Nous n'allons pas perdre un jour pour y rentrer. Encore faut-il que ce soit en qualité de participants reconnus à la victoire. Dès que Tokyo a manifesté l'intention de négocier, nous n'avons pas manqué d'insister à Washington pour que la réponse adressée par les alliés porte aussi le sceau de la France, et cela a été fait. Puis, quand l'empereur Hiro-Hito décide de se soumettre, il est entendu que le commandement français recevra la reddition en même temps que les chefs alliés. J'y délègue le général Leclerc qui signe l'acte à bord du *Missouri*. Auparavant j'ai, le 15 août, nommé l'amiral d'Argenlieu haut-commissaire en Indochine.

L'envoi des troupes est la condition de tout. Soixante-dix mille hommes doivent être transportés avec beaucoup de matériel ; effort considérable, car il nous faut l'entreprendre en pleine période de démobilisation et tandis que nous maintenons une armée en Allemagne. Mais il s'agit, qu'après l'humiliante liquidation de naguère, les armes de la France donnent l'impression de la force et de la résolution. D'ailleurs, une escadre, formée du cuirassé *Richelieu* déjà dans les parages, des croiseurs *Gloire, Suffren, Triomphant*, du transport *Béarn* et de plusieurs petits bâtiments, le tout aux ordres de l'amiral Auboyneau, gagnera les côtes indochinoises. Une centaine d'avions déploieront leurs ailes dans le ciel de la Péninsule. Comme la fin de la guerre nous permet de reprendre les navires de charge prêtés par nous au « pool » interallié, nous pouvons, malgré notre indigence en fait de tonnage, régler les mouvements de telle sorte que le Corps expéditionnaire atteigne en totalité, dans les trois mois, sa destination éloignée de 14 000 kilomètres. Pourtant, si vite qu'il arrive, la situation n'en sera pas moins aussi ardue que possible.

Cent mille Japonais se trouvent en Indochine. Ils ont cessé le combat et attendent qu'on les rembarque. Mais, à présent, ils font bon ménage avec les éléments de la ligue qui va devenir le « Viet-Minh ». Ceux-ci sortent des maquis, proclament l'indépendance, réclament l'union des « trois-Ky » et mènent la propagande contre le rétablissement de l'autorité française. Au Tonkin, leur chef politique Ho-Chi-Minh et leur chef militaire Giap, tous deux communistes, forment un comité qui prend l'allure d'un gouvernement. L'empereur Bao-Daï a abdiqué et figure auprès d'Ho-Chi-Minh en qualité de « conseiller ». Notre délégué pour le Tonkin Jean Sainteny, se posant à Hanoï le 22 août, y trouve l'autorité Viet-Minh établie dans la capitale d'accord avec les Japonais. Dans toute l'Indochine, la population, qui vit récemment les Français perdre la face, se montre menaçante à l'égard de nos compatriotes. À Saigon, le 2 septembre, plusieurs d'entre eux sont massacrés, en dépit des efforts pacifiques du gouverneur Cédile, parachuté le 23 août. Aux difficultés politiques s'ajoutera la famine. Car, depuis la disparition de l'autorité française, le ravitaillement se trouve paralysé. Enfin, les alliés, mettant en application le plan qu'ils ont préparé pour l'occupation du pays, Chinois au nord du 16e parallèle, Britanniques au sud, missions américaines partout, vont compromettre gravement l'effet qu'auraient pu produire l'arrivée immédiate des responsables français et le désarmement des Japonais par les nôtres.

Il va de soi que nous n'admettons pas cette triple intrusion étrangère. Sans doute la présence des Anglais en Cochinchine ne nous inquiète-t-elle pas beaucoup. Nous nous arrangerons pour y arriver en même temps qu'eux. Et puis, l'Empire britannique a tant à faire aux Indes, à Ceylan, en Malaisie, en Birmanie, à Hong-Kong, il désire si vivement atténuer dans l'esprit des Français le ressentiment provoqué par la crise récente du Levant, qu'on peut le croire décidé à retirer bientôt ses forces. C'est ce qu'il fera, en effet. D'autre part, la présence des équipes envoyées par les États-Unis pour un travail combiné de prospection économique et d'endoctrinement politique nous paraît certes désobligeante mais, à tout prendre, sans grande portée. Par contre, l'occupation du Tonkin, ainsi que celle d'une partie de l'Annam et du Laos, par l'armée chinoise du général Lou-Han présente les pires inconvénients. Notre action politique et administrative en sera longtemps empêchée. Les Chinois une fois implantés, quand s'en iront-ils ? À quel prix ?

Cependant, le gouvernement de Tchoung-King ne cesse de nous prodiguer des assurances de bon vouloir. Dès octobre 1944, le maréchal Chiang-Kaï-Shek, recevant notre ambassadeur Pechkoff, lui a déclaré : « Je vous affirme que nous n'avons aucune visée sur l'Indochine. Même, si, le moment venu, nous pouvons vous aider à y restaurer l'autorité française, nous le ferons volontiers. Dites au général de Gaulle que c'est notre politique. Mais qu'il y voie aussi, de ma part, un engagement personnel à son égard. » Lors de mon séjour à Washington, au mois d'août, je reçois M. T. V. Soong, qui s'y trouve alors de passage. Le président de l'Exécutif et ministre des Affaires étrangères de la République chinoise me fait, à son tour, de formelles déclarations. Le 19 septembre, comme le même M. Soong me rend visite à Paris en compagnie de l'ambassadeur Tsien-Taï et que je lui parle du comportement fâcheux des troupes du général Lou-Han : « Mon gouvernement, me promet le ministre, va faire cesser cet état de choses et retirer ses forces d'Indochine. » Mais, quelles que soient les intentions, voire les prescriptions, du pouvoir central, le fait est que Lou-Han s'installe en maître au Tonkin.

Arrivée de nos soldats, départ des Japonais, retrait des troupes étrangères, ces conditions doivent être remplies pour que la France retrouve des chances en Indochine. Mais il faut, par-dessus tout, qu'elle sache ce qu'elle veut y faire. Je ne puis, évidemment, arrêter en détail ma politique tant que la situation sur place sera aussi confuse qu'elle l'est. J'en sais assez, cependant, pour être sûr que l'administration directe ne pourra être rétablie. Dès lors, le but à atteindre, c'est l'association de la République française avec chacun des pays dont se compose l'Union. Les accords à conclure devront être négociés en prenant pour interlocuteurs ceux qui paraîtront représenter le mieux les États et les populations et sans qu'aucune exclusive soit prononcée contre quiconque. Telle est l'idée que je me suis fixée.

Pour le Laos et pour le Cambodge, la présence de dynasties solides écarte toute incertitude. Pour le Vietnam, l'affaire est beaucoup plus compliquée. Je décide d'aller pas à pas. À Leclerc, lors de son départ, je prescris de prendre pied d'abord en Cochinchine et au Cambodge. Il n'ira en Annam que plus tard. Quant au Tonkin, il n'y portera ses forces que sur mon ordre et je ne veux le lui donner qu'une fois la situation éclaircie, la population excédée de la présence des Chinois, les rapports établis entre Sainteny et Ho-Chi-Minh. Le haut-commissaire d'Argenlieu reçoit de moi l'instruction de gagner en premier lieu l'Inde française. C'est depuis Chandernagor qu'il prendra vue sur les affaires. Puis, quand la présence de nos troupes aura produit quelque effet et que ses seconds auront noué les fils dans les divers territoires, il s'installera à Saigon, établissant, à partir de là, tous les contacts nécessaires.

Aux fins qui pourraient être utiles, je nourris un dessein secret. Il s'agit de donner à l'ancien empereur Duy-Tan les moyens de reparaître, si son successeur et parent Bao-Daï se montre, en définitive, dépassé par les événements. Duy-Tan, détrôné en 1916 par l'autorité française, redevenu le prince Vin-Sanh et transféré à la Réunion, a néanmoins, au cours de cette guerre, tenu à servir dans notre armée. Il y a le grade de commandant. C'est une personnalité forte. Quelque trente années d'exil n'ont pas effacé dans l'âme du peuple annamite le souvenir de ce souverain. Le 14 décembre, je le recevrai, pour voir avec lui, d'homme à homme, ce que nous pourrons faire ensemble. Mais, quelles que soient les personnes avec qui mon gouvernement sera amené à conclure les accords, je projette d'aller moi-même les sceller en Indochine dans l'appareil le plus solennel, quand le moment sera venu.

Nous sommes loin d'en être là. Le problème, pour le moment, est d'abord d'ordre militaire. Le 12 septembre, les premières troupes françaises, le 13 une unité britannique, arrivent à Saigon. C'est pour y voir l'émeute éclater le 23. Plusieurs Européens et Américains sont tués par des fanatiques. Cependant, les forces alliées, parmi lesquelles un régiment formé des cadres et soldats français hier encore prisonniers de guerre, prennent finalement le dessus. Jean Cédile obtient une trêve et, le 5 octobre, le général Leclerc fait son entrée dans la capitale, acclamé par 10 000 Français qui y essuient, depuis sept mois, force menaces et injures. À mesure que débarquent les forces du Corps expéditionnaire, les choses vont s'améliorant en Cochinchine, où de vives opérations rétablissent l'ordre public, et au Cambodge dont les ministres, instaurés par les Nippons, sont remplacés par ceux qu'il faut. D'ailleurs, les troupes japonaises quittent, peu à peu, le pays. L'amiral Mountbatten en retire les forces anglaises. Le 31 octobre, le haut-commissaire de France s'installe au Palais Norodom.

En Indochine, la France reparaît, à présent, dans sa dignité. Les problèmes, certes, restent posés sur un terrain semé d'obstacles et sous un ciel chargé d'orages. Mais, déjà, tout est changé par rapport à la grande misère où notre prestige s'était abîmé. Hier, à Saïgon, à Hué, à Hanoï, à Pnom-Penh, à Louang-Prabang, on nous croyait écartés pour toujours. Aujourd'hui, nul ne doute plus que ce qui doit être fait ne le sera qu'avec nous.

En Europe, en Afrique, en Asie, où la France avait subi un abaissement sans exemple, voici qu'un début étonnant de redressement et un extraordinaire concours de circonstances lui offrent l'occasion d'un rôle conforme à son génie. Sont-ce les rayons d'une nouvelle aurore ou les derniers feux du couchant ? La volonté des Français en décidera. Car, si nous sommes affaiblis, d'autre part la chute des adversaires, les pertes éprouvées par nos anciens concurrents, la rivalité qui oppose l'un à l'autre les deux plus grands États du monde, le désir que ressent l'univers de voir la France remplir sa mission, nous laissent, pour un temps, le champ libre.

Quant à moi, qui ne connais que trop mes limites et mon infirmité et qui sais bien qu'aucun homme ne peut se substituer à un peuple, comme je voudrais faire entrer dans les âmes la conviction qui m'anime ! Les buts que je proclame sont difficiles, mais dignes de nous. La route que je montre est rude, mais s'élève vers les sommets. Ayant lancé mes appels, je prête l'oreille aux échos. La rumeur de la multitude demeure chaleureuse, mais confuse. Peut-être, les voix qui se font entendre, sur le forum, à la tribune des assemblées, aux facultés et aux académies, du haut de la chaire des églises, vont-elles soutenir la mienne ? En ce cas, nul doute que le peuple se conforme à l'élan de ses élites. J'écoute ! C'est pour recueillir les réticences de leur circonspection. Mais quels sont ces cris, péremptoires et contradictoires, qui s'élèvent bruyamment au-dessus de la nation ? Hélas ! Rien autre chose que les clameurs des partisans.

DÉSUNION

LA route de la grandeur est libre. Mais la France, pour s'y engager, dans quel état a-t-elle été mise ! Tandis que les dépêches venues de tous les points du globe, les entretiens avec les hommes d'État, les ovations des foules étrangères, me font entendre l'appel de l'univers, en même temps les chiffres, les courbes, les statistiques, qui passent sous mes yeux, les rapports fournis par les services, les spectacles de dévastation que m'offre le territoire, les conseils où j'écoute les ministres exposer l'étendue des ravages et la pénurie des moyens, me donnent la mesure de notre affaiblissement. Nul, au-dehors, ne nous conteste plus l'un des tout premiers rôles du monde. Mais, au-dedans, l'état de la France s'exprime en un bilan de ruines.

Le tiers de la richesse française a été anéanti. Sous toutes les formes, dans toutes les régions, les destructions couvrent notre sol. Naturellement, celles des bâtiments sont les plus spectaculaires. Au cours des combats de 1940, puis des bombardements alliés, enfin de la libération, 500 000 immeubles ont été complètement détruits, 1 500 000 gravement endommagés. En proportion, ce sont les usines qui ont principalement souffert ; cause supplémentaire de retard pour la reprise économique. Il manque, en outre, des logements pour 6 millions de Français. Et que dire des gares écroulées, des voies coupées, des ponts sautés, des canaux obstrués, des ports bouleversés ? Les ingénieurs, à qui je demande vers quelle date sera terminée la réfection de nos ouvrages d'art et de nos communications, répondent : « Il y faudra vingt ans ! » Quant aux terres, un million d'hectares sont hors d'état de produire, retournés par les explosions, truffés de mines, creusés de retranchements ; 15 millions d'autres ne rendent guère, faute qu'on ait pu, pendant cinq années, les cultiver comme il faut. Partout, on manque d'outils, d'engrais, de plants, de bonnes semences. Le cheptel est réduit de moitié.

Pour être moins apparents, les dommages causés par les spoliations de biens sont beaucoup plus lourds encore. Cela s'est fait, si l'on peut dire ! régulièrement. Dans le texte de l'« armistice », les Allemands ont spécifié que « les frais des troupes d'occupation sont au compte du gouvernement français ». Sous cette rubrique, l'ennemi s'est attribué des sommes exorbitantes, grâce auxquelles il a, non seulement entretenu ses armées, mais encore payé de notre argent et expédié en Allemagne des outillages innombrables et des quantités massives de biens de consommation. De plus, un soi-disant « accord de compensation » a imputé au trésor français le règlement des différences entre la valeur des exportations qui se feraient librement vers l'Allemagne et le coût des importations de charbon et de matières premières auxquelles le Reich procéderait chez nous pour alimenter les usines qu'il y ferait tourner pour son compte. Comme il n'y eut pour ainsi dire point de ces exportations-là et que, par contre, de telles importations ne laissèrent pas d'être considérables, l'« accord » nous a été une charge terriblement lourde. Par surcroît, toutes sortes d'achats allemands au marché noir, de réquisitions partielles, d'amendes locales, de vols qualifiés, ont complété le dépouillement de la France. Et comment évaluer les milliards de journées de travail imposées à des Français au profit de l'ennemi et détournées de la production, l'abaissement de valeur physique infligé à notre peuple par la sous-alimentation, le fait que, pendant cinq ans, tout s'est usé chez nous sans qu'on ait pu entretenir, réparer, renouveler ? Au total, c'est plus de 2 000 milliards de francs 1938, soit 80 000 d'aujourd'hui, que nous coûte l'occupation. La paix trouve notre économie privée d'une grande partie de ses moyens de production, nos finances écrasées d'une dette publique colossale, nos budgets condamnés pour longtemps à supporter les dépenses énormes de la reconstruction.

Cette disparition de ressources et d'instruments de travail est d'autant plus ruineuse qu'elle suit de peu les ravages de la Première Guerre mondiale. Or, les vingt années écoulées entre la fin de celle-ci et le début de la deuxième ne nous avaient pas suffi à recouvrer les richesses perdues. En particulier, la masse des capitaux, que les Français possédaient au-dedans et au-dehors avant 1914, s'était volatilisée à mesure qu'éclataient, au long de cinquante et un mois, les 500 millions d'obus tirés par nous de la Somme aux Vosges. Pour reconstruire, ensuite, tout ce qui avait été détruit, pensionner les mutilés, les veuves, les orphelins, régler d'innombrables commandes de guerre, on avait dû continuellement emprunter, dévaluer la monnaie, renoncer aux dépenses de modernisation. En 1939, c'est donc une France très appauvrie et équipée d'une manière vétuste qui était entrée dans la lutte. Et voici qu'elle venait de voir, au cours de la nouvelle épreuve, s'engloutir une large part de ce qui lui était resté. Maintenant, pour réparer encore une fois ses ruines, elle ne dispose plus que de réserves infimes et d'un crédit terriblement réduit. Comment faire, si nous nous en tenons à nos propres et pauvres moyens ? Comment garder l'indépendance si nous recourons aux autres ?

Dans ce domaine, comme en tout, ce qui nous manque pourrait, jusqu'à un certain point, être compensé par des valeurs humaines. Mais, de celles-là aussi, nous avons perdu beaucoup. Viennent de mourir, du fait de l'ennemi, 635 000 Français, dont 250 000 tués en combattant, 160 000 tombés sous les bombardements ou massacrés par les occupants, 150 000 victimes des sévices des camps de déportation, 75 000 décédés comme prisonniers de guerre ou comme requis du travail. En outre, 585 000 hommes sont devenus des invalides. Par rapport au total de la population, le pourcentage des disparus français n'atteint pas, il est vrai, celui des Allemands ou des Russes. Mais il dépasse celui des Anglais, des Italiens, des Américains. Surtout, la perte éprouvée par notre race est relativement bien plus forte que ne semblent l'exprimer les chiffres. Car c'est dans une jeunesse peu nombreuse que la mort a fauché cette moisson. Encore avait-elle abattu chez nous, lors de la Première Guerre mondiale, un nombre double de victimes, soit la proportion la plus forte parmi tous les belligérants, et cela à une époque où le taux de notre natalité était le plus bas du monde. En somme, le peuple français, en moyenne le plus vieilli, le seul où, depuis le début du siècle, les décès l'aient constamment emporté sur les naissances et qui, en 1939, n'avait nullement comblé le vide de la précédente hécatombe, vient de subir une très grave amputation de ses rares éléments actifs. Naturellement, ceux qu'il a perdus étaient les plus entreprenants, les plus généreux, les meilleurs.

Au surplus, la diminution de substance et, par conséquent, de puissance infligée à la France pendant les deux guerres mondiales n'a fait qu'accentuer l'abaissement qu'elle avait éprouvé en l'espace de deux vies humaines. Au début du siècle dernier – tout récemment à l'échelle de l'Histoire – notre pays était le plus peuplé de l'Europe, le plus fort et le plus riche du monde, celui dont le rayonnement ne connaissait point d'égal. Mais des causes désastreuses avaient concouru à le chasser de cette position dominante et à l'engager sur une pente où chaque génération le voyait descendre plus bas. Mutilé dans le territoire que la nature lui destinait, affublé de mauvaises frontières, séparé d'un tiers de la population qui était sortie de sa race, il vivait, depuis cent trente ans, en état chronique d'infirmité, d'insécurité, d'amertume. Tandis que la capacité économique des grandes nations dépendait surtout du charbon, la France n'en avait guère. Ensuite, le pétrole avait commandé tout, mais la France n'en avait pas. Dans le même temps, la population doublait en Angleterre, triplait en Allemagne et en Italie, quadruplait en Russie, décuplait en Amérique ; chez nous, elle restait stationnaire.

Déclin physique qui allait de pair avec la dépression morale. Les désastres qui mettaient un terme à l'effort d'hégémonie déployé par la Révolution et par Napoléon Ier, plus tard, la défaite où le pays roulait sous les coups de la Prusse et de ses satellites allemands, avaient submergé les Français sous de tels flots d'humiliation qu'ils doutaient, désormais, d'eux-mêmes. Il est vrai que la victoire remportée en 1918 ranimait, un instant, leur foi. Mais elle coûtait si cher et portait des fruits si amers que le ressort se brisait net sous le choc de 1940. Encore un peu, mourait l'âme de la France. Grâce au sursaut de la résistance et au miracle de notre victoire, elle survivait, cependant, mais ralentie et comme sclérosée. D'ailleurs, tant de malheurs n'avaient pas manqué d'infliger d'affreuses blessures à l'unité. Quinze régimes s'étaient succédé depuis 1789, chacun s'imposant à son tour par la révolte ou le coup d'État, aucun ne réussissant à assurer l'équilibre, tous emportés par des catastrophes et laissant après eux d'ineffaçables divisions.

Et me voici, aujourd'hui, en charge d'un pays ruiné, décimé, déchiré, encerclé de malveillances. À ma voix, il a pu s'unir pour marcher à sa libération. Il s'est, ensuite, accommodé de l'ordre jusqu'à ce que la guerre ait cessé. Entre-temps, il a, volontiers, accueilli les réformes qui lui évitent la guerre sociale et permettent son redressement. Enfin, il m'a laissé mener l'action extérieure qui lui vaut de retrouver son rang. C'est beaucoup par rapport aux malheurs qui avaient failli l'engloutir. Mais c'est peu en comparaison de tout ce qu'il lui faut faire avant d'avoir recouvré la puissance, sans laquelle il perdrait, à la longue ; jusqu'à ses raisons d'exister.

Je me suis formé un plan qui n'est que de simple bon sens. Ce qui nous a si longtemps manqué, en fait de sources d'énergie, il s'agit de nous le procurer. Pour le charbon, l'union avec la Sarre, pratiquement accomplie déjà, et la fourniture annuelle par la Ruhr de 50 millions de tonnes, que nous sommes en train d'obtenir, nous en procureront deux fois plus que ne le font nos propres mines. Pour le pétrole, tout permet de croire que l'organisme de recherche que nous venons d'instituer ne peut manquer d'en découvrir dans les immensités françaises, puisqu'on en trouve dans chacun des grands ensembles géographiques du monde. Pour l'énergie atomique naissante, les ressources d'uranium qui semblent abondantes chez nous, ainsi que nos capacités scientifiques et industrielles, nous donnent la possibilité d'atteindre un niveau exceptionnel. Le haut-commissariat, créé à cet effet, va mettre en œuvre l'entreprise. D'autre part et quelle que soit notre actuelle pénurie, une politique délibérée d'équipement et de modernisation changera notre appareil vétuste. Le haut-commissariat au Plan est chargé de cette mission. Mais, de tous les investissements, ceux qui visent à accroître le nombre des Français nous sont les plus nécessaires. Les dispositions déjà prises : aide aux familles, allocations, vont désormais produire leurs effets. Enfin, la paix sociale à établir par l'association du capital, du travail et de la technique, l'indépendance nationale à maintenir face à qui que ce soit, pourront faire régner en France un climat propice à la fierté et à l'effort.

Ces buts, notre pays est en mesure de les atteindre, pourvu qu'il demeure uni et que l'État l'y conduise. Comment, par contre, y parviendra-t-il, s'il se divise contre lui-même, s'il n'est pas guidé dans sa marche par un pouvoir qui en soit un ? Or, à mesure qu'il redevient libre, je constate avec chagrin que les forces politiques s'emploient à le disperser et, qu'à des degrés divers, toutes s'appliquent à l'éloigner de moi.

En apparence, il me serait loisible de prolonger l'espèce de monarchie que j'ai naguère assumée et qu'a ensuite confirmée le consentement général. Mais le peuple français est ce qu'il est, non point un autre. S'il ne le veut, nul n'en dispose. À quelles secousses le condamnerais-je en prétendant lui imposer d'office et pour un temps illimité mon autorité absolue, dès lors qu'a disparu le péril qui l'a suscitée ? Au long du drame, mes déclarations n'ont, à dessein, jamais laissé de doute sur ma résolution de rendre la parole au peuple dès que les événements lui permettraient de voter. Si mon pouvoir a été progressivement reconnu, c'est, dans une large mesure, à cause de cet engagement. Me refuser, maintenant, à le remplir, ce serait imprimer à mon œuvre une marque frauduleuse. Mais ce serait aussi dresser peu à peu contre moi le pays qui ne distinguerait plus les raisons de cet arbitraire ; les communistes, alors au plus haut de leur élan et de leur influence, prenant la tête de l'opposition et se désignant, du même coup, comme mes nécessaires successeurs.

D'autant plus sûrement, qu'en dehors d'une période de danger public, il ne peut y avoir de dictature qui tienne, à moins qu'une fraction, résolue à écraser les autres, ne la soutienne envers et contre tout. Or, étant le champion de la France, non point celui d'une classe ou d'un parti, je n'ameute les haines contre personne et je n'ai pas de clientèle qui me serve pour être servie. Les résistants eux-mêmes, s'ils demeurent sentimentalement fidèles à l'idéal qui les rassemblait, m'ont déjà, pour beaucoup d'entre eux, politiquement délaissé et militent en sens très divers. Seule, l'armée pourrait me fournir les moyens d'encadrer le pays en contraignant les récalcitrants. Mais cette omnipotence militaire, établie de force en temps de paix, paraîtrait vite injustifiable aux yeux de toutes sortes de gens.

Au fond, quel fut jamais, quel peut être, le ressort de la dictature, sinon une grande ambition nationale ou bien la crainte d'un peuple menacé ? La France a connu deux empires. Elle acclama le premier en un temps où elle se sentait capable de dominer l'Europe et où elle était excédée de désordre et de confusion. Elle consentit au second dans son désir d'effacer l'humiliation des traités qui avaient scellé sa défaite et dans l'angoisse où la plongeaient de récentes secousses sociales. Encore, ces régimes césariens, comment ont-ils fini tous deux ? Aujourd'hui, nulle conquête, nulle revanche, ne tentent les citoyens ; les masses ne redoutent ni invasion, ni révolution. La dictature momentanée, que j'ai exercée au cours de la tempête et que je ne manquerais pas de prolonger ou de ressaisir si la patrie était en danger, je ne veux pas la maintenir puisque le salut public se trouve être un fait accompli. Ainsi que je l'ai promis, je donnerai donc la parole au peuple par des élections générales.

Mais, tout en écartant l'idée de mon propre despotisme, je n'en suis pas moins convaincu que la nation a besoin d'un régime où le pouvoir soit fort et continu. Un tel pouvoir, les partis sont, évidemment, inaptes à le lui donner. Mis à part les communistes, qui se destinent à dominer par n'importe quels moyens, dont le gouvernement serait, éventuellement, étayé par une organisation toute prête, qui trouveraient à l'intérieur l'appui déterminé d'une partie de la population et au-dehors celui des Soviets, mais qui mettraient la France en servitude, je constate qu'aucune des formations politiques n'est en mesure d'assurer la conduite du pays et de l'État. Bien que certaines d'entre elles puissent obtenir les suffrages d'une importante clientèle, il n'en est pas une seule dont on croie qu'elle représente l'intérêt général. Chacune, d'ailleurs, ne recueillera que les voix d'une minorité. Encore, beaucoup d'électeurs qui lui donneront leur bulletin de vote le feront-ils, non point tant pour elle, que contre d'autres. Bref, nulle organisation ne dispose du nombre, ni du crédit, qui lui permettraient de prétendre à l'autorité nationale.

Au caractère fractionnel des partis, qui les frappe d'infirmité, s'ajoute leur propre décadence. Celle-ci se cache encore sous la phraséologie. Mais la passion doctrinale, qui fut jadis la source, l'attrait, la grandeur des partis, ne saurait se maintenir intacte en cette époque de matérialisme indifférente aux idéals. N'étant plus inspirés de principes, ni ambitieux de prosélytisme, faute de trouver audience sur ce terrain, ils vont inévitablement s'abaisser et se rétrécir jusqu'à devenir chacun la représentation d'une catégorie d'intérêts. Si le pouvoir retombe à leur discrétion, il est certain que leurs dirigeants, leurs délégués, leurs militants, se mueront en professionnels faisant carrière dans la politique. La conquête des fonctions publiques, des postes d'influence, des emplois administratifs, absorbera désormais les partis, au point que leur activité se déploiera essentiellement dans ce qu'ils nomment la tactique et qui n'est que la pratique du compromis, parfois du reniement. Étant tous minoritaires, il leur faudra, pour accéder aux postes de commande, les partager avec leurs rivaux. D'où cette double conséquence que, vis-à-vis des citoyens, ils iront se démentant et se déconsidérant et que la juxtaposition constante, à l'intérieur du gouvernement, de groupes et d'hommes opposés ne pourra aboutir qu'à l'impuissance du pouvoir.

Pour moi, considérant ce que sont en France, dans le présent, les réalités politiques et, d'autre part, l'étendue et la difficulté de la tâche de l'État, je me suis fait une claire idée des institutions souhaitables. Pour en venir à ce plan, j'ai tenu compte, bien entendu, de la leçon tirée d'un désastre péniblement réparé, de mon expérience des hommes et des affaires, du rôle, enfin, que les événements me mettent en mesure de jouer dans la mise en marche de la IVe République.

Suivant moi, il est nécessaire que l'État ait une tête, c'est-à-dire un chef, en qui la nation puisse voir, au-dessus des fluctuations, l'homme en charge de l'essentiel et le garant de ses destinées. Il faut aussi que l'exécutif, destiné à ne servir que la seule communauté, ne procède pas du parlement qui réunit les délégations des intérêts particuliers. Ces conditions impliquent que le chef de l'État ne provienne pas d'un parti, qu'il soit désigné par le peuple, qu'il ait à nommer les ministres, qu'il possède le droit de consulter le pays, soit par référendum, soit par élection d'assemblées, qu'il reçoive, enfin, le mandat d'assurer, en cas de péril, l'intégrité et l'indépendance de la France. En dehors des circonstances où il appartiendrait au Président d'intervenir publiquement, gouvernement et parlement auraient à collaborer, celui-ci contrôlant celui-là et pouvant le renverser, mais le magistrat national exerçant son arbitrage et ayant la faculté de recourir à celui du peuple.

Je ne puis me dissimuler que mon projet va heurter de front les prétentions des partis. Tel ou tel d'entre eux, par conviction ou par précaution, ne se résout pas encore à s'opposer à de Gaulle. D'autres, qui lui prodiguent déjà les critiques et les avertissements, se retiennent encore de lui livrer ouvertement combat. Les communistes eux-mêmes, tout en multipliant appels du pied et moulinets, se gardent de croiser le fer. Mais il est clair que, dans le débat capital qui va s'engager, le désaccord est inévitable. À des titres divers, tous les partis entendent, en effet, que la constitution future recrée un régime où les pouvoirs dépendront d'eux directement et exclusivement et où de Gaulle n'aura pas sa place, à moins qu'il veuille consentir à n'être qu'un figurant. À cet égard, les leçons du passé, les réalités du présent, les menaces de l'avenir, ne changent absolument rien à leur optique et à leurs exigences.

Que la IIIe République ait, sans cesse, chancelé dans un fâcheux déséquilibre, pour s'abîmer finalement au fond d'un gouffre d'abandon, ils y voient, chacun pour sa part, des motifs de s'en prendre aux autres, mais non point la nécessité de renoncer aux mêmes errements. Que la France ne puisse se rétablir sans la cohésion du peuple, l'abnégation des tendances, l'impulsion d'une autorité reconnue et continue, ces principes sont tout à fait étrangers à leur univers. Pour eux, il s'agit, au contraire, de lutter contre les concurrents, d'exciter celles des passions et des revendications sur lesquelles ils prennent appui, d'occuper le pouvoir, moins pour y servir le pays dans son ensemble que pour y appliquer leur programme particulier. Que de Gaulle, ayant réussi à rassembler la nation et à la conduire au salut, doive être maintenu à sa tête, ce n'est pas leur manière de voir. Sans doute prennent-ils soin de lui décerner des éloges. Pour aujourd'hui leur attachement et, pour demain, leur prudence admettent que son départ ne saurait avoir lieu sans transitions. Ils tâchent, même, d'imaginer dans quel poste décoratif on pourrait le reléguer. Mais aucun d'entre eux n'envisage que la direction des affaires reste longtemps aux mains d'un personnage dont la seule présence serait, évidemment, incompatible avec leur régime.

Cependant, bien que je n'attende pas le soutien spontané des partis, il me paraît concevable que l'instinct du pays et la confiance qu'il m'a, jusqu'alors, accordée se manifestent assez nettement pour que les « politiques » soient obligés de suivre le courant. C'est mon affaire de demander aux Françaises et aux Français de faire connaître s'ils entendent que l'État soit bâti comme je crois qu'il doit être. S'ils répondent affirmativement, les partis s'en accommoderont et la République nouvelle aura ma participation. Sinon, je ne manquerai pas d'en tirer les conséquences.

Mais, si j'ai, dès l'origine, compté qu'en dernier ressort c'est le peuple qui déciderait, je n'en suis pas moins pénétré de doute et d'angoisse quant à ce que sera l'issue. Ce peuple, sous les témoignages émouvants qu'il me prodigue mais qui expriment sa détresse autant que son sentiment, n'est-il pas las, désabusé, divisé ? Ces vastes entreprises, cette action vigoureuse, ces fortes institutions, que je propose à son effort, ne dépassent-elles pas ses moyens et ses désirs ? Et moi, ai-je la capacité, l'habileté, l'éloquence nécessaires pour le galvaniser, dès lors que tout s'aplatit ? Pourtant, quelle que doive être un jour la réponse du pays à la question qui lui sera posée, j'ai le devoir, en attendant, d'employer à le gouverner toute l'autorité qu'il m'accorde.

À vrai dire, pendant les premiers jours qui suivent la capitulation allemande, on pourrait croire à un renouveau d'unité politique autour de moi. Momentanément, la presse ne me ménage pas les louanges. L'Assemblée consultative, le 15 mai, accueille par des salves unanimes d'applaudissements, par une magnifique *Marseillaise* et par d'enthousiastes « Vive de Gaulle ! » le discours que je prononce pour tirer les leçons de la guerre. Les personnages principaux se répandent en gestes démonstratifs à mon égard. C'est le cas, en particulier, des anciens présidents du Conseil que les Allemands détenaient comme otages et qui regagnent la patrie. La première démarche de MM. Paul Reynaud, Daladier, Sarraut, consiste à venir m'assurer de leur concours dévoué. Léon Blum, dès qu'il est libre, déclare : « La France ressuscite grâce au général de

Gaulle. Nous avons eu la chance d'avoir un général de Gaulle. Du fond de ma prison, j'ai toujours espéré que mon parti saurait l'appuyer. La France entière a confiance en lui. Sa présence est, pour notre pays, une garantie irremplaçable de la concorde intérieure. » Édouard Herriot, délivré par les Russes et passant à Moscou, y publie par la radio : « Ma conviction est que le pays est groupé autour de Charles de Gaulle, à la disposition de qui je me place moi-même sans réserves. » Mais ces gestes et ces mots n'auront pas tous de lendemain.

En fait, ce sont les soucis partisans et électoraux qui, maintenant, dominent la vie publique. Le renouvellement des municipalités leur sert, d'abord, d'aliment. En effet, pour remettre progressivement en marche la machine démocratique, le gouvernement a décidé qu'on commencerait par les communes. Les conseils municipaux, élus en 1937, avaient été soumis aux interventions arbitraires de Vichy, puis aux secousses de la libération. Ils retournent, à présent, à leur source : le suffrage des citoyens. Bien que maintes contingences locales entrent en ligne de compte dans les deux tours de scrutin du 29 avril et du 13 mai, les tendances dominantes ne laissent pas de s'en dégager. On voit ceux des partis qui sont fortement hiérarchisés et qui se targuent d'être « le mouvement » : communistes, socialistes, républicains populaires, gagner beaucoup de voix et de sièges au détriment des diverses sortes de modérés et de radicaux. On voit s'unir pour les ballottages les deux catégories de marxistes. On voit, enfin, toutes les tendances mettre en vedette ceux de leurs candidats qui ont pris une part active à la lutte contre l'ennemi ; préférence que les électeurs ratifient, d'ailleurs, très volontiers.

La tourmente a donc pu modifier la répartition des suffrages, sans, pour autant, changer la nature d'aucun des partis français, ni susciter l'apparition d'un courant vraiment nouveau. En somme, l'opinion tend plus que jamais à se fractionner suivant des revendications et des querelles particulières, non point du tout à s'assembler pour une grande œuvre nationale. Dans cette ambiance de surenchères, ce sont, tout naturellement, les communistes qui donnent le ton et exercent l'ascendant. En outre, la campagne électorale a montré, qu'en ce qui concerne les futures institutions, deux conceptions seulement occupent les « politiques ». Radicaux et modérés préconisent le retour à la constitution de 1875. Les autres proclament leur volonté d'obtenir « une assemblée unique et souveraine ». Mais, par-dessus ces divergences, tous exigent que les partis disposent, comme avant et sans restrictions, de tous les pouvoirs de l'État. Il n'est pas un observateur qui n'en conclue que, demain, c'est à quoi l'on aboutira, au besoin malgré de Gaulle. S'il est vrai, d'après Clemenceau, que « la pire souffrance de l'âme est le froid », on comprend que l'atmosphère dans laquelle j'aurai à me mouvoir, au cours des mois qui vont suivre, me sera chaque jour plus pénible.

Les élections municipales ne sont pas encore achevées que commence la rentrée en France des prisonniers de guerre, des déportés et des requis. Grand événement national, tout chargé d'émotions, de joies, mais aussi de larmes ! En quelques semaines, la patrie, les familles, les cités françaises, recouvrent deux millions et demi de leurs enfants, qui sont parmi les plus chers parce qu'ils furent les plus malheureux. Ce « grand retour » pose au gouvernement de multiples et lourds problèmes. Il n'est pas simple de transporter en

France, puis de ramener jusqu'à leurs foyers, un aussi grand nombre d'hommes qui se présentent en vagues impatientes. Il est ardu de les alimenter et de les habiller bien, alors que le pays manque cruellement de vivres et de vêtements. Il est difficile de les réintégrer aussitôt et tous à la fois dans l'activité nationale qui fonctionne encore au ralenti. Il n'est pas aisé d'hospitaliser, de soigner, de rééduquer, la masse de ceux qui sont malades ou mutilés. Or, comme la défaite du Reich libère d'un seul coup tous les Français détenus en Allemagne, les questions qui les concernent doivent être réglées sur-le-champ.

Cette vaste opération a été préparée. Le ministère des Prisonniers, Déportés et Réfugiés, créé à Alger dès 1943, s'y emploie depuis longtemps et la dirige de son mieux. Il faut regrouper les hommes là où ils se trouvent en Allemagne et organiser leur déplacement. C'est relativement facile dans la zone de l'armée française. Ce l'est moins dans celle des armées américaine et britannique. C'est très compliqué chez les Russes, lointains, méfiants, formalistes, qui sont en train de faire mouvoir les habitants de provinces entières. Cependant, un accord, conclu sans délai à Leipzig, a réglé la coopération des divers commandements militaires. Il n'y aura de graves déboires qu'en ce qui concerne les jeunes Alsaciens et Lorrains incorporés de force dans la Wehrmacht, faits prisonniers par les troupes soviétiques et qui sont, à présent confondus avec les Allemands dans tous les camps de Russie. Notre ambassadeur, le général Catroux, et la mission militaire dont il dispose à Moscou, ont de la peine à prendre leur contact, à constater leur identité, à obtenir leur rapatriement. Certains ne seront retrouvés que plus tard. Il en est qui ne reviendront pas.

Cependant, le 1er juin, soit trois semaines après que les mouvements ont commencé, le millionième de nos libérés atteint la frontière française. Un mois après, la plupart des captifs auront retrouvé la patrie. Accueillis, le mieux possible, dans des centres hospitaliers, dotés d'un pécule, démobilisés, ils reprennent leur place dans le pays privé de tout mais à qui ses enfants, jamais, n'ont été plus nécessaires.

En dépit des mesures prises, le retour d'une pareille masse dans des délais aussi courts ne peut aller sans à-coups. D'ailleurs, ce sont parfois le chagrin et la désillusion qui attendent ceux qui reviennent après une aussi longue absence. Et puis, la vie est dure, alors que dans les misères d'hier on l'imaginait autrement. Enfin, certains de ceux qui, dans les barbelés, avaient rêvé d'une patrie renouvelée s'attristent de la médiocrité morale et de l'atonie nationale où baignent trop de Français. Adoucir ces amertumes, c'est ce que commande l'intérêt supérieur du pays. Mais la surenchère partisane cherche, au contraire, à les exploiter. Dans ce concours, les communistes sont, naturellement, les premiers.

Utilisant calculs et rancœurs, ils ont pris sous leur coupe le « Mouvement national des prisonniers », qui entame la lutte contre le ministre Henri Frenay. Indépendamment des motions insultantes que le « Mouvement » publie dans les journaux et des discours que tiennent ses orateurs, il s'efforce d'organiser des manifestations aux points de rassemblement et dans les centres hospitaliers. Les cérémonies auxquelles donnent lieu le retour des captifs et, surtout, celui des déportés de la résistance lui sont autant d'occasions de faire paraître des équipes vociférantes. À Paris même, des cortèges sont formés, parcourent les boulevards, défilent avenue Foch sous les fenêtres du ministère des

Prisonniers aux cris de : « Frenay ! Au poteau ! » Dans leurs rangs, marchent des gens qui revêtent, pour la circonstance, la tenue rayée des martyrs des camps de misère. Sans doute les rapatriés, dans leur immense majorité, ne prennent-ils aucune part à ces incidents scandaleux. Mais les meneurs espèrent que le gouvernement lancera la force publique contre les manifestants, ce qui excitera l'indignation populaire, ou bien que, cédant à la menace, il sacrifiera le ministre vilipendé. Quant aux autres fractions politiques, elles assistent à l'étalage de cette démagogie, sans fournir au pouvoir aucune espèce de soutien.

Pourtant, l'affaire est vite réglée. À mon bureau, je convoque les dirigeants du « Mouvement ». « Ce qui se passe, leur dis-je, est intolérable. J'exige qu'il y soit mis un terme et c'est vous qui m'en répondez. – Il s'agit, m'affirment-ils, d'une explosion de la colère justifiée des prisonniers. Nous-mêmes ne pourrions l'empêcher. » Je leur déclare : « L'ordre public doit être maintenu. Ou bien vous êtes impuissants vis-à-vis de vos propres gens ; dans ce cas, il vous faut, séance tenante, me l'écrire et annoncer votre démission. Ou bien vous êtes, effectivement, les chefs ; alors, vous allez me donner l'engagement formel que toute agitation sera terminée aujourd'hui. Faute qu'avant que vous sortiez d'ici j'aie reçu de vous, soit la lettre, soit la promesse, vous serez, dans l'antichambre, mis en état d'arrestation. Je ne puis vous accorder que trois minutes pour choisir. » Ils vont conférer entre eux dans l'embrasure d'une fenêtre et reviennent aussitôt : « Nous avons compris. Entendu ! Nous pouvons vous garantir que les manifestations vont cesser. » Il en sera ainsi, le jour même.

L'affaire des prisonniers avait montré que l'autorité restait forte tant qu'elle n'était pas partagée, mais aussi que les « politiques » n'inclinaient pas à l'appuyer. On pouvait faire la même constatation à propos de la question financière et économique. Or, celle-ci se posait de nouveau avec acuité pendant l'été qui suivit la victoire. Comme il n'était pas possible d'éluder cette échéance, mais comme, aussi, les mesures à prendre touchaient au plus vif les intérêts des électeurs, je comptais que les partis laisseraient mon gouvernement faire ce qui était nécessaire, tout en tirant leur épingle du jeu. C'est ce qui eut lieu, en effet.

Il s'agissait, tout à la fois, de procurer au trésor des ressources exceptionnelles, de s'opposer à l'inflation et de contenir la montée des prix. C'était là le perpétuel problème dans une période où les dépenses publiques s'enflaient inévitablement, où la fin des hostilités provoquait dans la population une tendance générale à consommer davantage et où la production était encore très loin d'atteindre un niveau satisfaisant. Les dispositions prises au lendemain de la libération avaient permis d'éviter le pire. On devait, maintenant, entreprendre un nouvel effort. Mais, de toute manière, il en résulterait pour chacun maints désagréments et, pour certains, de lourds sacrifices. Les élections générales étant proches, j'aurais pu différer les décisions de quelques semaines, afin que la responsabilité fût partagée par la future Assemblée nationale. Des expédients y eussent suffi. Mais ils auraient été dispendieux. Je choisis de ne point attendre et de prendre entièrement au compte de mon gouvernement les mesures d'assainissement.

La première fut l'échange des billets. L'opération visait, en particulier, à révéler l'avoir de chaque Français.

Déjà, l'administration connaissait la valeur des fortunes en biens immobiliers, rentes, actions, obligations nominatives. Il lui restait à savoir comment était répartie la masse des titres au porteur : billets et bons à court terme. Les propriétaires avaient à présenter et, par là même, à déclarer leurs titres. On les leur remplacerait, franc pour franc, par de nouvelles vignettes. Du coup, devenaient caduques les coupures qui n'étaient pas remises aux guichets publics, celles notamment que les Allemands avaient emportées chez eux, celles aussi que leurs possesseurs préféraient perdre plutôt que d'en avouer le total. D'autre part, les détenteurs de grosses sommes en billets de banque jugèrent souvent à propos de les convertir en bons, puisque le chiffre de leur fortune serait, désormais, connu.

Tout se passa très bien, du 4 au 15 juin, sous la direction de Pleven. Il ne se produisit, dans la vie économique française, rien d'analogue à la rude secousse qu'une opération du même ordre, mais comportant, celle-là, le blocage des avoirs, avait causée en Belgique. La circulation fiduciaire, qui se montait à 580 milliards à la fin du mois de mai, n'atteignait plus, en juillet, que 444 milliards. Mais, aussi, cette « photographie » de la matière imposable allait permettre au gouvernement d'établir sur une base solide la contribution extraordinaire qu'il méditait de lever.

En attendant de le faire, il lui fallait empêcher les prix de s'élever à l'excès. Pour n'avoir pas adopté le plan d'extrême rigueur qu'avait proposé Mendès France, supprimé d'office les trois quarts des signes monétaires, bloqué d'une manière absolue le coût des denrées et les rémunérations, bref, tenté d'obtenir d'un coup un résultat décisif au risque de briser les ressorts de l'activité du pays, le gouvernement n'en était pas moins résolu à endiguer le flot ascendant. De toute façon, la stabilisation ne pourrait être réalisée avant que l'offre des produits répondît à la demande, ce qui n'aurait pas lieu de longtemps. Mais on avait les moyens d'empêcher les brutales saccades et de punir les abus. Deux ordonnances du 30 juin codifièrent ce qu'il fallait. L'une fixait la procédure suivant laquelle l'autorité arrêtait ou modifiait les prix. L'autre réglementait la manière dont les infractions devaient être réprimées. Ces ordonnances, aussitôt appliquées, allaient rester en vigueur par la suite. Elles le sont encore aujourd'hui.

Quel que fût notre souci de ménager le pays à peine convalescent et de faire les choses progressivement, il nous fallait boucler le budget de 1945 et prévoir les moyens d'alimenter celui de 1946. Comme il eût été impossible de renouveler l'emprunt de la libération et dangereux d'accroître la dette à court terme, nous choisîmes de recourir à une contribution spéciale. Une ordonnance du 15 août institua l'impôt de solidarité, destiné à régler les frais exceptionnels entraînés par le retour des prisonniers, la démobilisation et le rapatriement des troupes, l'envoi du Corps expéditionnaire en Indochine, les premiers travaux de reconstruction. Nous avions évalué à 80 milliards – soit à 900 d'aujourd'hui – les ressources à obtenir et décidé qu'elles seraient fournies par les possédants. En dehors d'eux, qui pouvait le faire ? N'étaient-ils pas, au surplus, les principaux intéressés à l'équilibre des finances, tout comme ils venaient de l'être au rétablissement de l'ordre et au maintien de la paix sociale ? Allant au plus simple, l'ordonnance prescrivait un prélèvement sur les patrimoines, une taxe sur les enrichissements acquis au cours de la guerre, une contribution sur les fonds des sociétés, le tout constituant « l'impôt exceptionnel de solidarité nationale ».

Sur le projet, l'Assemblée consultative eut à donner son avis. Les partis, au cours du débat qui eut lieu le 25 juillet, ne nous épargnèrent pas leurs critiques ; ceux de gauche, par la voix de MM. Philip, Moch, Duclos, Ramette, proclamant que le gouvernement n'allait pas assez loin dans la voie de l'amputation des capitaux privés ; ceux de droite, dont MM. Laniel et Denais exprimaient les doléances, faisant valoir que l'impôt projeté allait porter atteinte à la marche des affaires. Cependant, les groupes divers ayant ainsi déployé leurs panneaux, on n'en approuva pas moins le texte à la quasi-unanimité. Ce devait être la dernière fois que l'assemblée se résoudrait à suivre le gouvernement. Bientôt, les discussions relatives au problème constitutionnel la dresseraient ouvertement, tout entière, dans l'opposition.

Entre-temps, j'avais tenu à ce que fût réglée la douloureuse affaire de Pétain, de Laval, de Darnand, qui occupait tous les esprits et ne laissait pas d'agiter les émotions et les inquiétudes. Sans intervenir aucunement dans l'instruction menée par la Haute-Cour, le gouvernement lui avait fait connaître son désir de voir la procédure aboutir dès que possible. Les procès s'étaient donc ouverts, en commençant par celui du Maréchal. On avait annoncé qu'il en résulterait, en sens divers, de profonds remous. Il n'en fut rien. Sans doute, les hommes qui prirent part aux tristes audiences, en qualité de magistrats, de jurés, de témoins, d'avocats, ne continrent pas toujours leur passion, ni leur excitation. Mais le trouble ne dépassa pas les murs du palais de Justice. Sans doute, le public suivit-il avec un intérêt tendu les débats tels que les lui rapportaient en abrégé les journaux. Mais il n'y eut jamais, dans aucun sens, aucun mouvement de foule. Tout le monde, au fond, estimait nécessaire que la justice rendît son arrêt et, pour l'immense majorité, la cause était entendue.

Je partageais cette manière de voir. Toutefois, ce qui, dans l'accusation, me paraissait essentiel, l'était moins aux yeux de beaucoup. Pour moi, la faute capitale de Pétain et de son gouvernement c'était d'avoir conclu avec l'ennemi, au nom de la France, le soi-disant « armistice ». Certes, à la date où on l'avait signé, la bataille dans la Métropole était indiscutablement perdue. Arrêter le combat entre l'Atlantique et les Alpes pour mettre un terme à la déroute, cet acte militaire et local eût été très justifié. Il appartenait au commandement des forces intéressées – quitte à ce que la tête en fût changée – de faire le nécessaire sur ordre du gouvernement. Celui-ci aurait gagné Alger, emportant le trésor de la souveraineté française, qui, depuis quatorze siècles, n'avait jamais été livré, continuant la lutte jusqu'à son terme, tenant parole aux alliés et, en échange, exigeant leur concours. Mais, avoir retiré de la guerre l'Empire indemne, la flotte inentamée, l'aviation en grande partie intacte, les troupes d'Afrique et du Levant qui n'avaient pas perdu un soldat, toutes celles qui, depuis la France même, pouvaient être transportées ailleurs ; avoir manqué à nos alliances ; pardessus tout, avoir soumis l'État à la discrétion du Reich, c'est cela qu'il fallait condamner, de telle sorte que la France fût dégagée de la flétrissure. Toutes les fautes que Vichy avait été amené à commettre ensuite : collaboration avec les envahisseurs ; lutte menée à Dakar, au Gabon, en Syrie, à Madagascar, en Algérie, au Maroc, en Tunisie, contre les Français Libres ou contre les alliés ;

combats livrés à la résistance en liaison directe avec les polices et les troupes allemandes ; remise à Hitler de prisonniers politiques français, de juifs, d'étrangers réfugiés chez nous ; concours fourni, sous forme de main-d'œuvre, de matières, de fabrications, de propagande, à l'appareil guerrier de l'ennemi, découlaient infailliblement de cette source empoisonnée.

Aussi étais-je contrarié de voir la Haute-Cour, les milieux parlementaires, les journaux, s'abstenir dans une large mesure de stigmatiser l'« armistice » et, au contraire, se saisir longuement des faits qui lui étaient accessoires. Encore mettaient-ils en exergue ceux qui se rapportaient à la lutte politique, plutôt qu'à celle du pays contre l'ennemi du dehors. Trop souvent, les débats prenaient l'allure d'un procès partisan, voire quelquefois d'un règlement de comptes, alors que l'affaire n'aurait dû être traitée que du seul point de vue de la défense et de l'indépendance nationale. Les anciens complots de la Cagoule, la dispersion du parlement après qu'il eut abdiqué, la détention de parlementaires, le procès de Riom, le serment exigé des magistrats et des fonctionnaires, la charte du travail, les mesures antisémites, les poursuites contre les communistes, le sort fait aux partis et aux syndicats, les campagnes menées par Maurras, Henriot, Luchaire, Déat, Doriot, etc., avant et pendant la guerre, voilà qui tenait, dans les débats et les commentaires, plus de place que la capitulation, l'abandon de nos alliés, la collaboration avec l'envahisseur.

Philippe Pétain, pendant son procès, s'enferma dans le silence. Étant donné son âge, sa lassitude, le fait aussi que ce qu'il avait couvert était indéfendable, cette attitude de sa part me parut être celle de la sagesse. En se taisant, il accorda comme un ultime ménagement à la dignité militaire dont l'avaient revêtu ses grands services d'autrefois. Les faits évoqués, les témoignages apportés, le réquisitoire, les plaidoiries, firent voir que son drame avait été celui d'une vieillesse que la glace des années privait des forces nécessaires pour conduire les hommes et les événements. S'abritant de l'illusion de servir le bien public, sous l'apparence de la fermeté, derrière l'abri de la ruse, le Maréchal n'était qu'une proie offerte aux intrigues serviles ou menaçantes. La Cour prononça la peine capitale mais, en même temps, exprima le vœu qu'il n'y eût point exécution. J'étais, d'ailleurs, décidé à signer la grâce, en tout cas. D'autre part, j'avais fait prendre les dispositions voulues pour soustraire le maréchal aux injures qui risquaient de l'assaillir. À peine le jugement rendu, le 15 août, il fut transporté par avion au Portalet. Plus tard, il irait à l'île d'Yeu. Mon intention était, qu'après avoir été détenu deux ans dans une enceinte fortifiée, il allât terminer sa vie, retiré chez lui, près d'Antibes.

Pierre Laval, à son tour, comparut devant ses juges. Lors de la capitulation du Reich, un avion allemand l'avait amené en Espagne où il comptait trouver refuge. Mais le général Franco l'avait fait arrêter et reconduire, par voie aérienne, en territoire germanique. Peut-être le fugitif espérait-il y trouver un recours du côté des États-Unis ? En vain ! L'armée américaine le livrait à l'autorité française. Au mois d'octobre, le chef du gouvernement de Vichy était traduit devant la Haute-Cour.

Laval tenta, d'abord, d'exposer sa conduite, non point comme une collaboration délibérée avec le Reich, mais comme la manœuvre d'un homme d'État qui composait avec le pire et limitait les dégâts. Les jurés étant des parlementaires de la veille ou du lendemain, l'accusé pouvait imaginer que le débat tournerait à une discussion politique, confrontant, entre gens du métier, des théories diverses et aboutissant à une cote mal taillée qui lui vaudrait, finalement, les circonstances atténuantes. Cette tactique, pourtant, n'eut pas de prise sur le tribunal. Ce que voyant, Laval joua le tout pour le tout, adopta vis-à-vis de ses juges une attitude provocante et suscita, de leur part, quelques fâcheuses invectives. Prenant aussitôt prétexte de cette inconvenante sortie, il refusa de comparaître désormais devant la Cour. Ainsi cherchait-il à faire en sorte que son procès parût entaché de quelque chose d'irrégulier et que la justice fût amenée, soit à recourir à une nouvelle procédure, soit à commuer la peine capitale que l'accusé sentait inévitable et qui fut, en effet, prononcée. Il n'y eut, cependant, ni révision, ni grâce. En une suprême tentative pour se soustraire à l'exécution le condamné absorba du poison. Mais il fut remis sur pied. Alors, toutes issues fermées, Pierre Laval se redressa, marcha d'un pas ferme au poteau et mourut courageusement.

Quelques jours auparavant, Joseph Darnand avait subi la même condamnation et accueilli la mort sans plus faiblir. Son procès fut bref. L'accusé portait la responsabilité de bon nombre de crimes commis par Vichy au nom du maintien de l'ordre. L'ancien « secrétaire général » n'invoqua pour sa défense que le service du Maréchal. Ce que le national-socialisme comportait de doctrinal avait assurément séduit l'idéologie de Darnand, excédé de la bassesse et de la mollesse ambiantes. Mais, surtout, à cet homme de main et de risque, la collaboration était apparue comme une passionnante aventure qui, par là même, justifiait toutes les audaces et tous les moyens. Il en eût, à l'occasion, couru d'autres en sens opposé. À preuve, les exploits accomplis par lui, au commencement de la guerre, à la tête des groupes francs. À preuve, aussi, le fait que portant déjà l'uniforme d'officier allemand et couvert du sang des combattants de la résistance il m'avait fait transmettre sa demande de rejoindre la France Libre, Rien, mieux que la conduite de ce grand dévoyé de l'action, ne démontrait la forfaiture d'un régime qui avait détourné de la patrie des hommes faits pour la servir.

La condamnation de Vichy dans la personne de ses dirigeants désolidarisait la France d'une politique qui avait été celle du renoncement national. Encore fallait-il que la nation adoptât, délibérément, la psychologie contraire. Pendant les années d'oppression, c'étaient la foi et l'espoir en la France qui entraînaient peu à peu les Français vers la résistance et la libération. Les mêmes ressorts avaient, ensuite, joué pour empêcher la subversion et déclencher le redressement. Aujourd'hui, rien d'autre ne pouvait être efficace, du moment qu'il s'agissait d'aller vers la puissance et la grandeur. Si cet état d'esprit l'emportait dans les masses, la future Assemblée nationale en serait, sans doute, influencée. Jusqu'à la date des élections, je ferais donc tout le possible pour que soufflât sur le pays un certain air d'ardeur à l'effort et de confiance dans ses destinées.

Le 9 mai, lendemain de la victoire, je me rendis à Notre-Dame pour le *Te Deum* solennel. Le cardinal Suhard m'accueillit sous le portail. Tout ce qu'il y avait d'officiel était là. Une multitude emplissait l'édifice et débordait aux alentours. Tandis que le cantique du triomphe faisait retentir les voûtes et qu'une sorte de frémissement, s'élevant de l'assistance, glissait vers le parvis, les quais, les rues de Paris, je me sentais, à la place que la tradition m'avait assignée dans le chœur, envahi des mêmes sentiments qui avaient exalté nos pères chaque fois que la gloire couronnait la patrie. Sans que l'on pût oublier les malheurs qui compensèrent nos réussites, ni les obstacles qui, aujourd'hui même, se dressaient devant la nation, il y avait, dans cette pérennité, de quoi soutenir les courages. Quatre jours plus tard, la fête de Jeanne d'Arc offrit une semblable occasion à la ferveur patriotique. C'était, depuis cinq ans, la première fois qu'il était possible de la célébrer suivant les rites traditionnels.

Cependant, le 24 mai, je tins aux Français un langage austère. Ils m'entendirent parler à la radio de nos pertes, de nos devoirs, de la peine qu'il nous en coûterait « pour devenir ce que nous voulions être, c'est-à-dire prospères, puissants et fraternels ». Je marquai quelle rude tâche c'était que de rétablir la France « au milieu d'un univers qui n'était certes pas commode ». Je déclarai que « notre capacité de travailler et de produire et le spectacle de l'ordre que nous saurions offrir dans les domaines politique, social et moral étaient les conditions de notre indépendance, a fortiori de notre influence. Car il n'y avait pas de rayonnement dans la confusion, ni de progrès dans le tohu-bohu ». On devait donc s'attendre à ce que le gouvernement tienne en main les prix, les traitements, les salaires, quels que puissent être les mécontentements et les revendications. Cette rigueur irait, d'ailleurs, de pair avec les réformes. J'annonçai, « qu'avant la fin de l'année, l'État prendrait sous sa coupe la production du charbon et de l'électricité et la distribution du crédit, leviers de commande qui lui permettraient d'orienter l'ensemble de l'activité nationale ». D'autre part, de nouvelles mesures concernant le peuplement du pays seraient appliquées en vue du même but : rétablir notre puissance. Je comparai les Français aux marins de Christophe Colomb, qui aperçurent la terre à l'horizon quand ils étaient au pire moment de leur angoisse et de leur fatigue. Et de m'écrier : « Regardez ! Au-delà des peines et des brumes du présent, un magnifique avenir s'offre à nous ! »

Avec la même intention d'électriser quelque peu l'atmosphère, j'allai voir, le 10 juin, les départements de la Manche et de l'Orne, qui étaient, avec le Calvados, les plus sinistrés de tous. Accompagné de Dautry, je visitai Saint-Lô, Coutances, Villedieu-les-Poêles, Mortain, Flers, Argentan, Alençon, ainsi que de nombreuses bourgades. Le flot des témoignages y déferlait par-dessus les décombres. Le 18 juin, Paris fut tout entier debout pour fêter les troupes venues d'Allemagne qui descendirent les Champs-Élysées ; Leclerc et Béthouart à leur tête. Entre les soldats ravis, le peuple pleurant de joie et de Gaulle placé au centre de la cérémonie, passait ce courant enchanté qui naît d'une grande et commune émotion. Le 30 juin et le 1er juillet, je m'en fus parcourir l'Auvergne qui, dans ses graves cités de Clermont-Ferrand, de Riom, d'Aurillac, comme dans ses villages dispersés, se montra aussi chaleureuse que l'était la capitale.

La consultation nationale approchait. Le gouvernement l'envisageait pour le mois d'octobre. Aussi hâtai-je les manifestations. Celle du 14 juillet, à Paris, fut marquée, comme il convenait, par une imposante parade militaire. Mais, cette fois, la marche triomphale avait lieu d'Est en Ouest. Le général de Lattre me présenta, sur le Cours de Vincennes, des détachements fournis par toutes les grandes unités de son Armée victorieuse. Puis, le chef et les combattants de « Rhin et Danube » défilèrent, à travers une tempête d'acclamations, sous une profusion de drapeaux, par l'avenue du Trône, la Nation, le faubourg Saint-Antoine, pour passer devant moi sur la place de la Bastille.

La semaine suivante, je me rendis en Bretagne, ayant à mes côtés Pleven et Tanguy-Prigent. On ne saurait décrire l'accueil de Saint-Brieuc, de Quimper et de Vannes. Mais c'est à Brest presque entièrement rasé, à Lorient qu'on devait rebâtir de fond en comble, à Saint-Nazaire anéanti, que le sentiment populaire paraissait le plus touchant. J'allai ensuite à La Rochelle, libérée sans trop de dommages et qui, déjà, se rouvrait à la mer.

La Picardie et la Flandre me démontrèrent, à leur tour, que leur foi en l'avenir était de taille à tout surmonter. À Beauvais, puis à Amiens, où je fus reçu le 11 août en compagnie de Dautry, Lacoste, Laurent et Mayer, il ne manquait pas une voix au concert de l'enthousiasme. Par Doullens, Saint-Pol, Bruay, je gagnai Béthune où 50 000 mineurs m'attendaient devant l'Hôtel de Ville. Du balcon, je m'adressai à eux et à la nation.

« Nous avons été, déclarai-je, parmi les plus malheureux, parce que nous étions les plus exposés. Mais nous sommes en train d'accomplir un extraordinaire redressement, et je dis, en toute fierté française, que nous marchons à grands pas vers le moment où on dira de nous : « Ils se sont tirés d'affaire ! » Là-dessus, je citai des chiffres. Pour le charbon, pendant le mois qui suivit la libération des fosses, les mineurs de France avaient tiré du sol un million et demi de tonnes ; mais, au cours des quatre dernières semaines, ils venaient d'en extraire le double. Pour l'électricité, nous étions montés de 400 millions à 1 350 millions de kilowatts par mois, c'est-à-dire jusqu'au niveau de 1938. Dans le même temps, nous avions triplé la production de fonte, d'acier, d'aluminium, et décuplé l'extraction du minerai de fer. Au lendemain de la libération, nous faisions mensuellement 23 000 tonnes de ciment ; le mois dernier, 120 000 tonnes. Nous sortions de nos fours 40 000 tonnes de chaux en trente jours ; à présent, 125 000 tonnes. Nous chargions, par mois, 160 000 wagons ; maintenant, 470 000. Pour moi, dis-je, qui par devoir d'État tiens l'œil fixé sur l'aiguille qui marque les degrés, je constate que pas un jour ne s'écoule sans quelque progrès sur la veille. »

Mais, en parlant de la suite, je rejetai toute démagogie. « Qu'il s'agisse de réformes, de prix, de salaires ou d'élections, nous savons qu'aucune décision ne satisfera tout le monde. Pourtant, nous suivons notre route. Nous remettons à plus tard le compte de nos griefs, de nos déboires et de nos chagrins. Nous comprenons qu'il s'agit de vivre, c'est-à-dire d'avancer. Nous le faisons et le ferons par l'effort, la cohésion, la discipline, et non point – ah ! non, certainement ! – par les divisions intérieures. Nous le faisons et le ferons en bâtissant, peu à peu, du neuf et du raisonnable, et non point – ah ! non, certainement ! – en retournant aux vieilles formules ou en courant aux aventures… Au travail ! »

Le lendemain, ayant visité Bergues, je me rendis à Dunkerque. À voir les bassins, les écluses, les quais, qui n'étaient plus que débris et entonnoirs, et les maisons aux deux tiers effondrées, oh se demandait comment le grand port pourrait jamais revivre. Mais l'immense foule réunie place Jean-Bart se chargea de la réponse. Aux paroles que je lui adressai, elle répondit par des clameurs telles, qu'à les entendre on ne doutait de rien. Tous ensemble, devant la statue du grand marin, restée debout par miracle, nous chantâmes une *Marseillaise*, puis un *Jean Bart ! Jean Bart !* qui mettaient les malheurs en fuite. Après quoi, Calais m'offrit un spectacle pareil. Si Saint-Pierre y paraissait relativement préservé, le port n'était que désolation. Rien ne restait des anciens quartiers, à l'exception de la vieille tour du Guet et des murs de l'église Notre-Dame. Mais les Calaisiens, massés devant l'hôtel de ville où j'étais reçu par le maire, mon beau-frère Jacques Vendroux, donnaient à comprendre par le tonnerre de leurs vivats que l'avenir leur appartenait. À Boulogne, dans la ville basse, tout était ruines et deuils, ce qui n'empêchait aucunement la population de manifester une confiance retentissante. C'était le cas, notamment, pour les marins, pêcheurs, dockers, travailleurs des chantiers navals, dont le porte-parole déclara : « Nous voici ! La mer est là ! Il faudra bien que les choses s'arrangent. » Au milieu de l'ardeur générale, les foules ouvrières étaient, comme toujours, les plus vibrantes et spontanées. La visite du Portel, réduit à un fouillis de débris mais bien décidé à revivre, termina cet ultime voyage.

Mais, tandis que le sentiment de la masse se montrait ainsi disposé à surmonter les divisions, à suivre de Gaulle dans la voie du redressement national, à approuver son projet d'instituer un État fort, l'activité politique s'orientait dans un sens opposé. Toutes les décisions et attitudes de mon gouvernement étaient, maintenant, accueillies, de la part des fractions diverses, par la critique ou la hargne. Ce qui était « politique » marquait à mon égard une méfiance accentuée.

Dans le courant de juin, les partis levèrent leurs boucliers. Il faut dire que, le 3, j'avais moi-même indiqué, à l'occasion d'une conférence de presse, comment se posait le problème de la Constituante. « Trois solutions, disais-je, sont concevables. Ou bien revenir aux errements d'hier, faire élire séparément une Chambre et un Sénat, puis les réunir à Versailles en une Assemblée nationale qui modifierait, ou non, la Constitution de 1875. Ou bien considérer que cette constitution est morte et procéder à des élections pour une Assemblée constituante qui ferait ce qu'elle voudrait. Ou bien, enfin, consulter le pays sur des termes qui serviraient de base à sa consultation et auxquels ses représentants auraient à se conformer. » Je ne précisais pas encore quel était mon propre choix, mais on pouvait le deviner par le fait même que j'invoquais l'hypothèse d'un référendum. Il n'en fallut pas davantage pour que l'on vît se dresser, de toutes parts, une opposition formelle ou, tout au moins, d'expresses réserves.

Mon projet de référendum visait un triple but. Puisque le système de 1875, emporté par le désastre de 1940, se trouvait anéanti, il me semblait qu'il serait arbitraire, soit de le rétablir moi-même, soit d'en interdire le retour. Après tout, le peuple souverain était là pour en décider. Bien que je n'eusse aucun doute sur ce que serait sa réponse, je lui demanderais donc s'il voulait qu'on en revienne à la IIIe République ou bien qu'on en fasse une autre. D'autre part, quand le peuple aurait, par son vote, effacé l'ancienne constitution, la nouvelle devrait être évidemment élaborée par l'assemblée qui sortirait des élections. Mais, cette assemblée, fallait-il qu'elle fût omnipotente, qu'elle décidât, à elle seule et en dernier ressort, des institutions nationales, qu'elle détînt tous les droits, sans exception, sans frein, sans recours ? Non ! Grâce au référendum, on pourrait, d'abord, imposer quelque équilibre entre ses pouvoirs et ceux du gouvernement et, ensuite, faire en sorte que la constitution qu'elle aurait élaborée soit soumise à l'approbation du suffrage universel. Le référendum, enfin, institué comme le premier et le dernier acte de l'œuvre constitutionnelle, m'offrirait la possibilité de saisir le peuple français et procurerait à celui-ci la faculté de me donner raison, ou tort, sur un sujet dont son destin allait dépendre pendant des générations.

Mon intention, dès qu'elle fut entrevue, souleva la réprobation déterminée de tous les partis. Le 14 juin, le bureau politique du parti communiste fit connaître « qu'il avait décidé de poursuivre sa campagne pour l'élection d'une Constituante souveraine… ; qu'il s'était prononcé contre tout plébiscite, couvert, ou non, du titre de référendum… ; qu'il rejetait toute constitution de caractère présidentiel ». La Confédération générale du travail ne manqua pas d'adopter aussitôt une résolution semblable. Les socialistes, à leur tour, annoncèrent solennellement, le 21 juin, par l'organe de leur comité directeur, leur volonté d'obtenir « une assemblée constituante et législative » que rien ne devrait entraver. Ils déclaraient, en outre, « s'opposer résolument à la méthode contraire aux traditions démocratiques, qui consisterait à appeler le corps électoral à se prononcer par voie de référendum sur un projet de constitution établie par des commissions restreintes ». Le comité d'entente socialiste-communiste réuni le 22 juin ; le comité directeur du Mouvement républicain populaire par un communiqué du 24 juin ; l'Union démocratique et socialiste de la résistance, dès sa naissance, le 25 juin ; le Conseil national de la résistance siégeant le 29 juin ; le comité central de la Ligue des Droits de l'Homme dans une motion du 1er juillet, réclamèrent tous la fameuse assemblée unique et souveraine et se montrèrent opposés à l'idée d'un référendum.

De leur côté, les tenants du système d'avant-guerre s'indignaient qu'on le mît en cause. Depuis 1940, qu'ils aient été du côté de Vichy ou dans le camp de la résistance, ils s'étaient appliqués à ménager la restauration de ce qui était naguère. À leur sens, de Gaulle n'avait rien à faire d'autre que d'appeler les électeurs à désigner des députés, et les collèges jadis qualifiés à nommer des sénateurs, afin que le Parlement reparaisse dans sa forme d'autrefois. Que le pays condamnât les errements de la IIIe République, comme on le voyait nettement, c'était à leurs yeux une raison de plus pour ne pas la lui faire juger. Les divers groupements modérés se prononcèrent donc en faveur de l'élection d'une Chambre et d'un Sénat, suivant le mode d'antan. Le 18 juin, le bureau exécutif du parti-radical-socialiste demandait le « rétablissement des institutions républicaines », telles qu'elles étaient avant le drame, et se déclarait « hostile à tout plébiscite et à tout référendum ».

Ainsi, les fractions politiques, pour divisées qu'elles fussent entre la création d'une assemblée omnipotente et le retour au système antérieur, se trouvèrent unanimes à rejeter mes propres conceptions. La perspective d'un appel à la décision directe du pays leur paraissait, à toutes, scandaleuse. Rien ne montrait plus clairement à quelle déformation du sens démocratique menait l'esprit des partis. Pour eux, la République devait être leur propriété, et le peuple n'existait, en tant que souverain, que pour déléguer ses droits et jusqu'à son libre arbitre aux hommes qu'ils lui désignaient. D'autre part, le souci – dont j'étais moi-même pénétré – d'assurer au pouvoir l'autorité et l'efficacité heurtait, au fond, leur nature. Que l'État fût faible, c'est à quoi, d'instinct, ils tendaient, afin de mieux le manier et d'y conquérir plus aisément, non point tant les moyens d'agir, que les fonctions et les influences.

Ne me dissimulant pas que les tendances des partis risquaient de conduire à une constitution néfaste, je m'ancrais dans mon intention de réserver la solution à la décision du pays. Mais, avant d'engager le fer, je tâchai d'obtenir le concours d'hommes qualifiés, placés en des points différents de l'éventail et qui me semblaient susceptibles d'impressionner l'opinion politique. Je m'adressai aux présidents Léon Blum, Édouard Herriot et Louis Marin, à qui, peut-être, les années et les événements conféraient la sérénité.

Léon Blum, tout justement, sortait de la longue détention où l'avaient enfermé Vichy et le IIIe Reich. Il était, je ne l'ignorais pas, plus attaché que jamais au socialisme. Mais je savais aussi, qu'au cours de ses épreuves, des scrupules lui étaient venus quant aux idées professées et à la politique menée, naguère, par son parti. Il les avait réexaminées à la lueur de cette clarté que la lucarne d'un cachot dispense à une âme élevée. En particulier, la question des pouvoirs lui était alors apparue sous un jour nouveau. Dans ses méditations de captif, qu'il devait publier sous le titre : *À l'échelle humaine*, il notait : « Le gouvernement parlementaire n'est pas la forme unique, ni même la forme pure, de la démocratie. » Il indiquait que le régime présidentiel était, à ses yeux, le meilleur : « J'incline pour ma part, écrivait-il, vers un système de type américain, qui se fonde sur la séparation et l'équilibre des pouvoirs. » À peine la liberté lui était-elle rendue, qu'il témoignait publiquement de sa confiance à mon égard. Pour m'aider dans mon dessein de rénover la République, je crus d'abord trouver son appui.

Il me fallut bientôt déchanter. En fait, Léon Blum fut très vite ressaisi par les penchants habituels de la famille socialiste. Dès notre premier entretien, il refusa d'entrer comme ministre d'État dans le Gouvernement provisoire, alléguant sa santé déficiente mais aussi sa volonté de se consacrer entièrement à son parti. Le 20 mai, soit dix jours après son retour en France, il déclarait déjà dans une réunion des secrétaires des fédérations socialistes : « Aucun homme n'a le droit au pouvoir. Mais nous avons, nous, le droit à l'ingratitude. » Dans les articles quotidiens qu'il écrivait pour *Le Populaire* et qui, par la qualité du fond et de la forme, exerçaient une grande influence sur les milieux politiques, il soutenait à fond la thèse de l'Assemblée unique et souveraine. Au sujet du référendum, il n'en repoussait pas le principe, pourvu que soit seulement posée la question de savoir si le régime d'avant-guerre devait être rétabli. Mais, pour lui, il s'agissait beaucoup moins de rendre l'État plus fort et plus efficace que d'empêcher la réapparition du Sénat des temps révolus, contre lequel il nourrissait de tenaces griefs personnels. Rien, suivant Blum, ne devait être proposé qui pût équilibrer les pouvoirs de l'Assemblée. C'est dans la même perspective qu'il considérait ce qu'il appelait « le cas de Gaulle ». À ma personne, il ne ménageait pas l'expression de son estime, mais, à proportion de ce qu'il en disait de bon, il se défiait de mon autorité et combattait avec âpreté tout projet de désignation du chef de l'État par un suffrage élargi. Bref, il avait, lui aussi, réadopté la règle fondamentale du régime parlementaire français : Qu'aucune tête ne dépasse les fourrés de la démocratie !

Peu avant les élections, je le fis venir et lui dis : « Ma tâche de défense nationale et de salut public est à son terme. Le pays est libre, vainqueur, en ordre. Il va parler en toute souveraineté. Pour que je puisse entreprendre à sa tête une nouvelle étape, il faudrait que ses élus s'y prêtent, car, dans l'univers politique, nul ne saurait gouverner en dépit de tout le monde. Or, l'état d'esprit des partis me fait douter que j'aie, demain, la faculté de mener les affaires de la France comme je crois qu'elles doivent l'être. J'envisage donc de me retirer. Dans ce cas, j'ai le sentiment que c'est vous qui devrez assumer la charge du gouvernement, étant donné votre valeur, votre expérience, le fait aussi que votre parti sera l'un des plus nombreux dans la prochaine assemblée et, en outre, s'y trouvera dans l'axe de l'aile prépondérante. Vous pouvez être certain, qu'alors, je vous faciliterais les choses. »

Léon Blum n'objecta rien à mon éventuel départ, ce qui me donnait à comprendre qu'il l'admettait volontiers. Mais, répondant au projet que j'évoquais pour lui-même : « Cela, je ne le veux pas, déclara-t-il, parce que j'ai été, si longtemps ! tellement honni et maudit par une partie de l'opinion que je répugne, désormais, à l'idée même d'exercer le pouvoir. Et puis, je ne le peux pas, pour cette raison que la fonction de chef du gouvernement est proprement épuisante et que mes forces n'en supporteraient pas la charge. » Je lui demandai : « Si, après mon retrait, vous deviez vous récuser, qui, selon vous, pourrait prendre la suite ? – Je ne vois que Gouin ! » me dit-il. Et, faisant allusion au remplacement récent de Churchill par le leader des travaillistes, il ajouta : « Gouin est celui qui ressemble le plus à Attlee. » Évidemment, Blum considérait sous la seule optique socialiste le grand problème national dont je l'avais entretenu. J'avoue que, pensant aux expériences que le pays venait de faire et dont lui-même avait été victime, j'en éprouvais de la tristesse.

J'eus moins de succès encore du côté d'Édouard Herriot. En dépit de l'attitude ondoyante qu'il avait eue vis-à-vis de Laval et d'Abetz, quand ceux-ci, à la veille de la libération de Paris, lui proposaient de réunir l'« Assemblée nationale » de 1940 et de former un gouvernement qui ne serait pas le mien, j'avais accueilli de mon mieux ce vétéran des débats, des rites et des honneurs de la IIIe République, ce chantre toujours émouvant des impulsions contradictoires entre lesquelles oscillait le régime d'hier, ce patriote en qui les malheurs de la France avaient éveillé la désolation plutôt que la résolution, mais qui n'en avait pas moins supporté avec courage les épreuves à lui infligées par Vichy et par Hitler. Tandis qu'il revenait, par la Russie et l'Orient, de sa détention en Allemagne, je lui envoyai à Beyrouth mon propre avion. À la première visite qu'il me fit, je lui rendis sa croix de la Légion d'honneur qu'il avait retournée à Pétain sous l'occupation. Je le priai, à son tour, de faire partie de mon gouvernement. Il y serait ministre d'État chargé de la question des Nations Unies. Je pensais le trouver maniable sous les rondeurs du bon vouloir. Mais il se montra, au contraire, tout bardé de griefs et de piquants.

En somme, Herriot s'irritait surtout de constater le bouleversement de ce qui le concernait lui-même. Il me parla avec amertume de l'accueil assez indifférent qu'il venait de recevoir à Moscou et qui ne ressemblait pas à celui qu'il y avait trouvé en d'autres temps. Il ne cacha pas son dépit du médiocre enthousiasme que la ville de Lyon venait de lui témoigner. Comme il me demandait de le laisser s'installer au palais de la présidence de la Chambre des députés, qui était son ancienne résidence, et que je lui en faisais voir l'impossibilité, il exhala son mécontentement. Enfin et surtout, la relative et, d'ailleurs, assez injuste déconfiture du parti radical, avec lequel il s'identifiait, lui était cruellement sensible. Quant aux institutions, il fallait, suivant lui, en revenir à celles où il avait ses habitudes. Qu'on fasse donc élire au plus tôt une Chambre et un Sénat qui nommeront leurs présidents, enverront à l'Élysée un politique dépourvu de relief et fourniront en série des ministères composés d'interchangeables parlementaires ! Dans tout ce qui s'était passé et, notamment, dans l'écroulement du régime qui lui était cher, il voyait un affreux épisode, mais il n'en tirait pas de leçons. Édouard Herriot déclina mon offre de faire partie du gouvernement. Je lui demandai d'aider à la reconstruction de la France ; il me déclara qu'il se consacrerait à restaurer le parti radical.

Louis Marin me marqua, lui aussi, que son principal souci était de voir renaître un groupement politique conforme aux idées qu'il avait servies tout au long de sa carrière. Son influence et son action, il les employait à rassembler les modérés en vue des prochaines élections. Tant qu'il s'était agi de chasser les Allemands du territoire, ce vieux Lorrain m'avait donné son adhésion sans réserves. À présent, il reprenait sa liberté vis-à-vis de moi. Très ancien parlementaire, il était, d'ailleurs, attaché jusqu'aux moelles à la vie des assemblées, en goûtait les âpres et attrayantes fermentations et, au fond, ne souhaitait rien tant que de les voir reparaître telles qu'il les avait pratiquées. C'est pourquoi, mon intention de limiter leurs attributions lui agréait médiocrement. Pas plus que Blum et qu'Herriot, il n'accepta d'entrer dans le Gouvernement provisoire. Toutefois, il tint à m'assurer que, dans ma politique de sécurité nationale, il m'appuierait de tous ses moyens.

Faute d'avoir à mes côtés ces trois personnalités qui eussent pu contribuer à marquer l'avènement de la IVe République du signe de l'unité et de la notoriété, j'abordai donc le débat constitutionnel entouré du gouvernement que j'avais reconstitué au lendemain de la libération de Paris. Cependant, pour que ce ne soient pas toujours les mêmes qui servent de cibles, j'avais, à la fin de mai, remplacé Paul Ramadier, comme ministre du Ravitaillement, par Christian Pineau à peine sorti de Buchenwald, et attribué la Justice à Pierre-Henri Teitgen tandis que François de Menthon irait occuper le siège de la France au tribunal de Nuremberg. Teitgen transmettait à Jacques Soustelle le ministère de l'Information. Peu après, Augustin Laurent quittait, pour raisons de santé, le ministère des Postes que je confiais à Eugène Thomas revenu de déportation. C'est le 9 juillet que je saisis le Conseil du projet d'ordonnance que j'avais établi avec la collaboration dévouée de Jules Jeanneney.

La délibération fut calme et approfondie. Comme la plupart des ministres appartenaient à des partis et que ceux-ci avaient tous manifesté leur désapprobation, je fis connaître que j'acceptais d'avance les démissions qui me seraient offertes. On ne m'en remit aucune. Le Conseil adopta le texte, sans changement, à l'unanimité.

L'élection d'une assemblée était prévue pour le mois d'octobre. Le pays déciderait par référendum si l'assemblée serait constituante. La réponse par oui ou par non à cette question signifierait, soit l'avènement de la IVe République, soit le retour à la IIIe. Dans le cas où l'assemblée devrait être constituante, ses pouvoirs seraient réglés par la deuxième question du référendum.

Ou bien le pays adopterait le projet du gouvernement ; limitant à sept mois la durée du mandat de l'assemblée ; bornant ses attributions, dans le domaine législatif, au vote des budgets, des réformes de structure et des traités internationaux ; ne lui accordant pas l'initiative des dépenses ; mais lui attribuant le droit d'élire le président du gouvernement qui resterait en fonctions aussi longtemps que les députés ; enfin et surtout, subordonnant la mise en vigueur de la constitution à sa ratification par le suffrage universel. Ou bien, le pays refusant ce qui lui était proposé, l'assemblée serait omnipotente en toutes matières et pour tout le temps qu'il lui plairait d'exister. La réponse, par oui ou par non, établirait, ou n'établirait pas, l'équilibre entre les pouvoirs exécutif et législatif pour la « période préconstitutionnelle ».

Au cours de la même séance, le Conseil décida, d'autre part, que les élections cantonales auraient lieu en deux tours de scrutin les 23 et 30 septembre. De cette façon, les conseils généraux seraient constitués avant le référendum. Si, contrairement à toute attente, celui-ci décidait le rétablissement des anciennes institutions, on pourrait alors faire élire le Sénat au suffrage restreint, comme il en était jadis.

Le 12 juillet, par la radio, je fis connaître au pays sur quels points il allait être consulté et ce que je lui demandais de faire. Après avoir énoncé le texte des questions que poserait le référendum, je déclarai : « Quant à mon opinion, je l'exprime en disant ceci : J'espère et je crois que les Français et les Françaises répondront : oui ! à chacune de ces deux questions. »

Là-dessus, la parole fut passée à l'Assemblée consultative. Je prévoyais un débat animé, plein d'aigreur et sans conclusion. Ce fut, en effet, le cas. Les délégués exprimèrent leur opposition, autant vaut dire unanime, au texte du gouvernement, mais ne purent adopter aucune proposition constructive.

Au nom des radicaux et de certains modérés, MM. Plaisant, Bonnevay, Labrousse, Bastid, Astier réclamèrent avec passion la remise en vigueur de l'ancienne constitution et, d'abord, l'élection d'un sénat en même temps que d'une chambre. Pour corser leurs interventions, ces délégués ne se firent pas faute d'assimiler le référendum du général de Gaulle au plébiscite de Bonaparte et du Prince-Président. Les communistes et ceux des membres de l'Assemblée qui s'étaient liés à eux agitèrent le même épouvantail par la voix de MM. Cogniot, Duclos, Cot, Copeau, mais pour conclure, à l'opposé des orateurs précédents, qu'il fallait laisser à la Constituante le pouvoir de décider à son seul gré de toutes choses, notamment des institutions. Les socialistes, les républicains populaires, les représentants de la nouvelle Union démocratique de la résistance, ainsi que quelques modérés, calculant probablement qu'il y avait avantage électoral à ne pas rompre avec moi, adoptèrent une position moyenne. Ces fractions acceptaient, à présent, le principe d'un référendum, mais n'en proclamaient pas moins leur volonté d'obtenir une assemblée unique et souveraine et leur refus d'admettre que celle-ci vît limiter ses attributions.

Ainsi, la Consultative se partageait entre trois tendances dont aucune n'était en mesure de réunir la majorité. Mais, sans pouvoir s'accorder sur les institutions de demain, ni sur la voie à suivre pour y parvenir, on y était unanime à exiger, en tout état de cause, la primauté absolue des partis. D'autre part, personne ne faisait de concession, ni même d'allusion, aux nécessités capitales de séparation, d'équilibre, d'efficacité des pouvoirs de l'État.

Or, ce sont ces conditions-là que je fis surtout ressortir en prenant la parole à la fin de la discussion. À mon sens, c'était pour les remplir que le pays devait fixer à l'Assemblée constituante une limite à sa durée, des bornes à ses attributions, un règlement quant à ses rapports avec l'exécutif. Cette limite, ces bornes, ce règlement, il était de la responsabilité du Gouvernement provisoire de les proposer au suffrage universel. Mais j'invitais les délégués à se joindre à lui pour le faire. Je soulignais ce qu'il y avait de mensonger dans la comparaison que beaucoup feignaient d'établir entre le référendum que j'allais mettre en œuvre et le plébiscite napoléonien. Affecter de craindre que j'étouffe la République, quand je la tirais du tombeau, était simplement dérisoire. Alors qu'en 1940 les partis et le Parlement l'avaient trahie et reniée, moi « j'avais relevé ses armes, ses lois, jusqu'à son nom ». Maintenant, je faisais le nécessaire pour que sorte des élections une Assemblée à laquelle je remettrais mes pouvoirs, ce qui ne ressemblait guère à la procédure employée le 2 décembre ou le 18 brumaire. Mais il fallait que, demain et plus tard, la République ait un gouvernement, que celui-ci en soit vraiment un et qu'on n'aille pas en revenir aux déplorables pratiques d'antan.

Insistant sur ce point, qui pour moi était capital, je déclarai : « Ce que cette sorte de perpétuelle menace pesant sur les hommes qui avaient la charge de gouverner, cet état presque chronique de crise, ces marchandages à l'extérieur et ces intrigues à l'intérieur du Conseil des ministres, qui en étaient les conséquences, auront pu coûter au pays est proprement incalculable. » Je rappelai que, « de 1875 à 1940, nous avions eu cent deux gouvernements, tandis que la Grande-Bretagne en comptait vingt et l'Amérique quatorze ». Et qu'était donc l'autorité intérieure et extérieure des cabinets formés chez nous dans de pareilles conditions, par rapport à celle des ministères qui fonctionnaient à l'étranger ? J'indiquai que Franklin Roosevelt m'avait dit : « Figurez-vous qu'à moi, président des États-Unis, il m'est parfois arrivé, avant cette guerre, de ne même pas me rappeler le nom du président du Conseil français ! » – « Demain, plus encore qu'hier, affirmai-je, il ne saurait y avoir aucune efficacité dans l'action de l'État et, je le dis catégoriquement, aucun avenir pour la démocratie française, si nous en revenons à un système de cette espèce. » Et d'ajouter : « Dans le désastre de 1940, l'abdication de la République et l'avènement de Vichy, pour combien a compté le dégoût qu'éprouvait le pays à l'égard de cet absurde jeu auquel il avait si longtemps assisté et qui faisait si mal ses affaires ! »

Mais ces considérations n'étaient point de celles qui préoccupaient les partis. L'Assemblée consultative m'écouta avec déférence. Puis, elle montra par ses votes que mes soucis n'étaient pas les siens ; 210 voix contre 19 rejetèrent l'ensemble du projet du gouvernement. Une très grande majorité repoussa, ensuite, un amendement qui réclamait l'élection d'un Sénat et, par là même, le retour aux institutions d'avant-guerre. Comme, pour finir, MM. Vincent Auriol et Claude Bourdet défendaient une proposition transactionnelle, acceptant un référendum mais amenuisant largement le projet du gouvernement, leur texte était écarté par 108 voix contre 101. Le débat se terminait donc sans que la Consultative fût parvenue à formuler aucun avis positif.

Une fois encore, il me fallait trancher d'autorité. Le Conseil des ministres adopta, le 17 août, les termes définitifs de l'ordonnance relative au référendum et aux élections. Par rapport au texte primitif, les seules modifications étaient des précisions destinées à rendre improbable l'ouverture d'une crise ministérielle pendant la durée du mandat de l'Assemblée constituante. Celle-ci ne pourrait, en effet, renverser le gouvernement que par un vote spécial, à la majorité absolue du nombre des députés et après un délai d'au moins quarante-huit heures. Aucun changement n'était apporté aux deux points essentiels. Le peuple devait régler lui-même le sort final de la IIIe République. La souveraineté du peuple, formellement établie au-dessus de l'assemblée, allait, en dernier ressort, décider des institutions.

L'ordonnance du 17 août, en même temps qu'elle formulait le texte des deux questions du référendum, arrêtait les modalités du scrutin pour les élections. Mais, sur ce dernier point, les décisions prises faisaient aussitôt l'objet de véhémentes protestations.

Deux conceptions opposées et, à mon sens, également fâcheuses divisaient les fractions politiques. Pour les partisans des institutions d'avant-guerre, il fallait en revenir aussi à l'ancien régime électoral, c'est-à-dire au scrutin uninominal d'arrondissement. Indépendamment des principes, radicaux et modérés tendaient à penser, en effet, que les notables qu'ils faisaient jadis élire retrouveraient individuellement l'audience des électeurs dans les circonscriptions d'antan. Au contraire, communistes, socialistes, républicains populaires, qui comptaient obtenir les suffrages grâce à l'attrait de leurs programmes plutôt qu'à la notoriété personnelle de leurs candidats, réclamaient la représentation proportionnelle « intégrale ». À en croire ces doctrinaires, l'équité ne pourrait être arithmétiquement et moralement satisfaite que si chaque parti, proposant à la

France entière une seule liste de candidats, se voyait attribuer un nombre de sièges exactement proportionnel au total des voix recueillies par lui sur l'ensemble du territoire. À défaut de ce système « parfait » et si, plus modestement, la proportionnelle jouait dans des circonscriptions multiples, par exemple les départements, tout au moins fallait-il que les voix qui n'entreraient pas dans les quotients locaux fussent additionnées à l'échelon national. Grâce à ces restes, qui procureraient un supplément d'élus, chaque parti serait assuré de faire passer tels de ses chefs qui auraient mordu la poussière en province ou même ne se seraient présentés nulle part. Bref, l'arrondissement trop étroit et la proportionnelle trop large se combattaient par la voix d'apôtres enflammés et intéressés. Je ne me rendis aux arguments ni de l'un ni de l'autre camp.

Le mode de scrutin d'autrefois n'avait pas mon agrément. Je le trouvais, d'abord, assez injuste, compte tenu des grandes différences de population qui existaient entre les arrondissements. Naguère, Briançon avec 7 138 électeurs, Florac avec 7 343, une partie du VIe arrondissement de Paris avec 7 731, élisaient un député, tout comme Dunkerque, Pontoise, Noisy-le-Sec, qui comptaient respectivement 33 840, 35 199, 37 180 électeurs. Pour introduire plus d'équité dans ce système, il eût fallu procéder, d'un bout à l'autre du territoire, à un découpage précipité des circonscriptions, au milieu d'innombrables et farouches contestations. Mais ce qui, à cette époque, me détournait surtout du scrutin d'arrondissement, c'était la perspective du résultat qu'il risquait d'avoir quant à l'avenir de la nation en assurant infailliblement la primauté du parti communiste.

Si l'élection comportait un seul tour, comme beaucoup le demandaient par analogie avec la loi anglaise, il n'y avait aucun doute qu'un communiste serait élu dans la plupart des circonscriptions. Car chaque arrondissement verrait, face au candidat du « parti », se présenter, tout au moins, un socialiste, un radical, un républicain populaire, un modéré, un combattant exemplaire de la résistance, sans compter plusieurs dissidents et divers théoriciens. Étant donné le nombre des suffrages qu'allait recueillir partout dans le pays la IIIe Internationale et que donnaient à prévoir les élections municipales et cantonales, le communiste viendrait donc en tête le plus souvent et serait élu. Si le scrutin était à deux tours, communistes et socialistes, alors liés entre eux par leur entente contractuelle et par les tendances de la base, uniraient leurs voix dans tous les ballottages, ce qui procurerait à leur coalition le plus grand nombre de sièges et, d'autre part, riverait entre elles, par l'intérêt électoral commun, les deux sortes de marxistes. De toute façon, le scrutin d'arrondissement amènerait donc au Palais-Bourbon une majorité votant comme le voudraient les communistes. Cette conséquence échappait, sans doute, aux tenants de l'ancienne formule. Mais, étant moi-même responsable du destin de la France, je n'en courrais pas le risque.

La proportionnelle « intégrale » n'obtint pas, non plus, mon adhésion. Proposer à l'ensemble des 25 millions d'électeurs un nombre illimité de listes portant chacune 600 noms, ce serait marquer du caractère de l'anonymat presque tous les mandataires et empêcher tout rapport humain entre élus et votants. Or, en vertu du sens commun, de la tradition, de l'intérêt public, il faut que les diverses régions du pays soient, en elles-mêmes, représentées à l'intérieur des assemblées, qu'elles le soient par des gens qu'elles connaissent et que ceux-ci se tiennent à leur contact. D'ailleurs, il convient que, seul, le chef de l'État soit l'élu de toute la nation. Quant à admettre l'utilisation par chaque parti sur le plan national des restes de voix qu'il obtiendrait dans les circonscriptions, ce serait instituer deux sortes de députés, les uns élus par les départements, les autres procédant d'un collecteur mythique de suffrages sans qu'en fait on eût voté pour eux. J'y étais nettement opposé.

Le Gouvernement provisoire adopta donc simplement le scrutin de liste et la représentation proportionnelle à l'échelle départementale. Encore les départements les plus peuplés étaient-ils divisés. Aucune circonscription n'aurait plus de 9 députés. Aucune n'en compterait moins de 2. Au total, l'assemblée comprendrait 522 élus de la Métropole et 64 d'outre-mer. Le système électoral institué par mon ordonnance resta, par la suite, en vigueur. Les partis n'y apportèrent plus tard qu'une seule modification, au demeurant peu honnête : l'apparentement.

Sur le moment, un violent tollé s'éleva de toutes parts contre la décision prise. Comme l'Assemblée consultative s'était séparée le 3 août, on vit se constituer une « Délégation des gauches », destinée à organiser le concert des protestations. À l'initiative de la Confédération générale du travail, groupant alors quatre millions de cotisants, et sous la présidence de son secrétaire général Léon Jouhaux, se réunirent les mandataires des partis communiste, socialiste, radical et de la Ligue des Droits de l'Homme. Bien que les membres de la délégation ne fussent nullement d'accord entre eux au sujet du mode de scrutin, ils se trouvèrent unanimes à réprouver la solution adoptée par le gouvernement et convinrent d'effectuer auprès du général de Gaulle une démarche spectaculaire pour marquer leur opposition. Le 1er septembre, Jouhaux me demanda de le recevoir avec plusieurs délégués.

Je portais à Léon Jouhaux beaucoup de cordiale estime. Cet éminent syndicaliste avait consacré toute sa vie au service de la classe ouvrière, appliquant son intelligence et son habileté, qui étaient grandes, à frayer aux travailleurs le chemin du bien-être et de la dignité. Sous l'occupation, il avait pris immédiatement une attitude d'opposition tranchée vis-à-vis de la « révolution nationale » et montré qu'il tenait l'ennemi pour l'ennemi. Détenu par Vichy, puis déporté en Allemagne, il avait repris, maintenant, la tête de la Confédération, autant que le lui permettait l'influence croissante des communistes. Je l'avais, à plusieurs reprises, entretenu des problèmes sociaux. Mais, cette fois, mon devoir d'État m'empêchait de le recevoir. De par la loi, la Confédération générale du travail avait pour objet exclusif « l'étude et la défense d'intérêts économiques ». J'entendais, moins que jamais, reconnaître aux syndicats qualité pour se mêler de questions politiques et électorales. À la lettre de Jouhaux, je répondis que je ne pouvais donner suite à sa demande d'audience. Puis, en dépit de l'indignation qu'affectèrent d'en éprouver tous les groupements et tous les journaux, je m'en tins à ma position. Ce que voyant, chacun jugea bon de s'en accommoder aussi. Sur les bases fixées par l'ordonnance, les partis se disposèrent à affronter le suffrage universel.

La campagne électorale fut extrêmement animée, en raison, moins de la concurrence des listes, que de la passion soulevée par les questions du référendum au sujet desquelles de Gaulle s'était engagé. À vrai dire, la réponse que le public ferait à la première était connue à l'avance. Il s'agissait seulement de savoir dans quelle proportion les Français demanderaient autre chose que la IIIe République. Sur la deuxième question, une lutte passionnée se déroula dans le pays.

Les communistes, imités en maints endroits par des éléments socialistes et indirectement aidés par les radicaux et par quelques modérés, s'efforcèrent d'obtenir une majorité de « Non », afin de me mettre en échec. Ainsi la section française de la IIIe Internationale montrait-elle ouvertement qui était, à ses yeux, le principal adversaire. Ce que voyant, le Mouvement républicain populaire, l'Union démocratique de la résistance et plusieurs groupements de droite se firent les champions du « Oui ». Quant au parti socialiste, il avait, en fin de compte, officiellement rallié ma thèse. Mais, plutôt que de se battre sur un sujet qui n'était point son fait et divisait ses militants, il laissait les « questions » dans l'ombre et s'appliquait surtout à faire valoir son programme, ce qui ne soulevait guère l'exaltation du public. En somme, la bataille électorale, menée à grand renfort d'affiches, de tracts, d'inscriptions peintes sur les murs, eut pour enjeux le « Oui » demandé par de Gaulle et le « Non » réclamé par le parti communiste. Tout en m'abstenant de paraître aux réunions ou aux cérémonies pendant les trois semaines que dura la campagne, je tins à rappeler aux Français, le 17 octobre, ce qui dépendait du scrutin et quel était mon avis.

Le 21 octobre, les bureaux de vote recueillirent les bulletins en deux urnes, l'une pour le référendum, l'autre pour l'élection des députés. Sur quelque 25 millions d'inscrits, il y eut environ 20 millions de votants. Des 5 millions d'abstentionnistes, la plupart étaient des femmes qui évitaient des formalités dont elles n'avaient pas l'habitude. Tous comptes faits pour la Métropole et l'Afrique du Nord, et une fois éclaircies quelques étiquettes imprécises, les communistes eurent 160 élus, les socialistes 142, les résistants de l'Union démocratique socialiste 30, les républicains populaires 152, les radicaux 29, les modérés 66.

Ainsi, le parti communiste, bien qu'il eût obtenu le quart des suffrages exprimés, n'emportait pas l'adhésion de la grande masse de la nation. Pourtant, les événements dont la France sortait à peine lui avaient offert des chances exceptionnelles de triompher. Le désastre de 1940, la défaillance nationale de beaucoup d'éléments dirigeants, la résistance à laquelle il avait largement contribué, la longue misère populaire au cours de l'occupation, les bouleversements politiques, économiques, sociaux, moraux qu'avait subis le pays, la victoire de la Russie soviétique, les abus commis à notre égard par les démocraties de l'Ouest, étaient autant de conditions favorables à son succès. Si, décidément, le « parti » n'avait pu en saisir l'occasion, c'est parce que je m'étais trouvé là pour incarner la France tout entière. Par contre, en l'associant à la libération de la patrie et, ensuite, à son redressement, je lui avais donné le moyen de s'intégrer dans la communauté. Maintenant, le peuple lui accordait une audience considérable mais non le droit à la domination. Choisirait-il d'être l'aile marchante de la démocratie française ou bien un groupe séparé que des maîtres étrangers utiliseraient du dehors ? La réponse allait, pour une part, dépendre de ce que serait la République elle-même. Forte, fière, fraternelle, elle apaiserait peut-être, à la longue, cette révolte. Impuissante et immobile, elle déterminerait cette force à redevenir centrifuge.

Mais les autres fractions politiques voudraient-elles s'unir autour de moi pour rebâtir l'édifice ? La consultation nationale prouvait que tel était le vœu profond de la nation. Celle-ci, par plus de 96 % des voix, avait répondu « Oui » à la première question posée, attestant qu'elle condamnait, pour ainsi dire unanimement, le régime sans tête, et, partant, sans volonté et sans autorité qui avait fait faillite dans le désastre. D'autre part, elle m'exprimait personnellement sa confiance, en approuvant, par plus de 66 % de « Oui », le projet que je lui proposais contre l'omnipotence des partis. Ce témoignage se trouvait confirmé par ce qui était électoralement advenu des diverses formations politiques, suivant l'attitude qu'elles avaient prise à mon sujet. L'hostilité que me montraient les communistes leur coûtait, assurément, nombre de suffrages populaires. Les radicaux étaient écrasés, tant parce qu'ils symbolisaient et réclamaient le système d'antan, que parce que leurs principaux chefs s'opposaient à Charles de Gaulle. C'est faute d'avoir collectivement adopté à mon égard une position favorable, que les modérés perdaient presque les deux tiers des voix qui étaient, autrefois, les leurs. Si les socialistes, d'ailleurs surpris et déçus du résultat, n'arrivaient pas au premier rang, l'éloignement croissant qu'ils marquaient vis-à-vis de moi, alors que tant de leurs hommes s'en étaient tenus très proches pendant longtemps, suffisait à l'expliquer. Au contraire, on pouvait voir le Mouvement républicain populaire, à peine sorti du berceau mais affichant, dans le moment, un « gaullisme » résolu, venir en tête de toutes les formations en fait de suffrages et de sièges.

Sans doute, la consultation nationale n'avait-elle pas révélé de grand élan. Cependant, j'en tirais l'impression que le pays, dans son ensemble, souhaitait que je le conduise, tout au moins jusqu'au moment où il aurait ratifié ses institutions nouvelles. Il me semblait d'ailleurs essentiel, historiquement et politiquement, que ce fût fait d'accord avec moi, étant donné ce que les événements m'avaient amené à représenter.

Mais il me fallait reconnaître, qu'à ce point de mon parcours, les appuis que m'offrait la nation devenaient rares et incertains. Voici que s'effaçaient les forces élémentaires qu'elle m'avait naguère procurées pour le combat ; la dispersion des résistants étant un fait accompli. D'autre part, le courant d'ardeur populaire qu'elle m'avait si largement prêté était, à présent, capté en sens divers. Quant aux voix qui, traditionnellement, exprimaient sa conscience profonde, j'en recevais peu d'encouragement. En fait, elle ne déléguait plus, autour de. moi, que les partis. Or, ceux-ci, après les élections, qu'ils aient été heureux ou malheureux, se souciaient moins que jamais de me suivre. D'autant que, si l'horizon lointain restait chargé de nuages, on n'y discernait pas de menaces immédiates. La France avait recouvré son intégrité, son rang, son équilibre, ses prolongements outre-mer. Il y avait là de quoi nourrir, pour quelque temps, les jeux des partisans, leur désir de disposer de l'État, leur opinion que « l'homme des tempêtes » avait, maintenant, joué son rôle et qu'il devait laisser la place.

Pour moi, ayant fait le compte de mes possibilités, j'avais fixé ma conduite. Il me revenait d'être et de demeurer le champion d'une République ordonnée et vigoureuse et l'adversaire de la confusion qui avait mené la France au gouffre et risquerait, demain, de l'y rejeter. Quant au pouvoir, je saurais, en tout cas, quitter les choses avant qu'elles ne me quittent.

DÉPART

VOICI novembre. Depuis deux mois, la guerre est finie, les ressorts fléchissent, les grandes actions n'ont plus cours. Tout annonce que le régime d'antan va reparaître, moins adapté que jamais aux nécessités nationales. Si je garde la direction, ce ne peut être qu'à titre transitoire. Mais, à la France et aux Français, je dois encore quelque chose : partir en homme moralement intact.

L'Assemblée constituante se réunit le 6 novembre. Cuttoli, député radical et doyen d'âge, présidait. Bien que cette première séance ne pût être que de forme, j'avais tenu à être présent. Certains auraient souhaité que la transmission par de Gaulle des pouvoirs de la République à la représentation nationale revêtît quelque solennité. Mais l'idée que mon entrée au Palais-Bourbon pût comporter de l'apparat indisposait le bureau provisoire et jusqu'aux gens du protocole. Tout se fit donc sans cérémonie et, en somme, médiocrement.

Cuttoli prononça un discours qui rendait hommage à Charles de Gaulle mais prodiguait les critiques à l'égard de sa politique. Les éloges trouvèrent peu d'échos. Mais les aigreurs recueillirent les applaudissement appuyés de la gauche, tandis que la droite s'abstenait de manifester. Puis, le doyen donna lecture de ma lettre annonçant que le gouvernement démissionnerait dès que la Constituante aurait élu son bureau. Il n'y eut pas de réaction notable. Quant à moi, assis au bas de l'hémicycle, je sentais converger dans ma direction les regards lourds des six cents parlementaires et j'éprouvais, presque physiquement, le poids du malaise général.

Après que l'Assemblée eut porté Félix Gouin à sa présidence, il s'agissait pour elle d'élire le président du gouvernement. Je me gardai, bien entendu, de poser ma candidature, ni de rien dire au sujet de mon éventuel programme. On me prendrait comme j'étais, ou on ne me prendrait pas. Pendant toute une semaine, il y eut entre les groupes maints pourparlers embarrassés. Entre-temps, le 11 novembre, je présidai la cérémonie de l'Étoile. Quinze cercueils, amenés de tous les champs de bataille, étaient rangés autour de l'Inconnu, comme si ces combattants venaient lui rendre compte de leur propre sacrifice avant d'être transférés dans une casemate du Mont Valérien. Au pied de l'Arc, prononçant quelques mots, j'en appelai à l'unité et à la fraternité « pour guérir la France blessée ». – « Marchons, disais-je, sur la même route, du même pas, chantant la même chanson ! Levons vers l'avenir les regards d'un grand peuple rassemblé ! » Sur le pourtour de la place, la foule était aussi chaleureuse que jamais. Mais, près de moi, les figures officielles me signifiaient que le pouvoir allait changer de nature.

Cependant, deux jours plus tard, l'Assemblée nationale m'élisait, à l'unanimité, Président du gouvernement de la République française et proclamait que « Charles de Gaulle avait bien mérité de la patrie ». Quoique cette manifestation n'ait eu lieu qu'après huit jours de désobligeantes palabres, il pouvait sembler qu'elle exprimait l'intention délibérée de se grouper autour de moi pour appuyer ma politique. C'est ce que parut penser, par exemple, M. Winston Churchill, qui, traversant Paris ce jour-là, ayant déjeuné à ma table et apprenant ensuite l'élection, exprima son enthousiasme en une lettre généreuse. Se souvenant de cette phrase de Plutarque : « L'ingratitude envers les grands hommes est la marque des peuples forts », qui avait naguère servi d'épigraphe à un livre célèbre, il écrivait, à son tour : « Plutarque a menti ! » Mais moi, je savais que le vote était une révérence adressée à mon action passée, non point du tout une promesse qui engageât l'avenir.

Cela fut vérifié tout de suite. Le 15 novembre, entreprenant de constituer le gouvernement, j'eus à marcher sur des nids d'intrigues. Les fractions de la gauche, qui formaient à l'Assemblée une notable majorité, soulevaient de multiples réserves. Les radicaux me faisaient connaître qu'ils ne seraient pas des miens. Si tel d'entre eux acceptait, néanmoins, un portefeuille, ce serait, disaient-ils, contre l'agrément de leur groupe. Les socialistes, méfiants et sourcilleux, s'enquéraient de mon programme, multipliaient les conditions et déclaraient, qu'en tout cas, ils n'accorderaient leurs votes qu'à un cabinet ayant l'appui et la participation des communistes. Enfin, ceux-ci, jouant le grand jeu, exigeaient, par la voix de Maurice Thorez, l'un au moins des trois ministères qu'ils tenaient pour les principaux ; Défense nationale, Intérieur, Affaires étrangères. Là était bien la question. Si je venais à céder, les communistes, disposant d'un des leviers de commande essentiels de l'État, auraient, dans un moment de trouble, le moyen de s'imposer. Si je refusais, je risquais de me trouver impuissant à former le gouvernement. Mais alors, le « parti », ayant démontré qu'il était plus fort que de Gaulle, deviendrait le maître de l'heure.

Je décidai de trancher dans le vif et d'obliger les communistes, soit à entrer au gouvernement aux conditions que je leur ferais, soit à prendre le grand large. Je notifiai à Thorez que ni les Affaires étrangères, ni la Guerre, ni l'Intérieur ne seraient attribués à quelqu'un de son parti. À celui-ci, j'offrais seulement des ministères « économiques ». Sur quoi, les communistes publièrent de furieuses diatribes, affirmant qu'en refusant de leur donner ce qu'ils réclamaient « j'insultais la mémoire des morts de la guerre ». Et d'invoquer « leurs 75 000 fusillés », chiffre tout à fait arbitraire, d'ailleurs, car heureusement le total de leurs adhérents tombés sous les balles de pelotons d'exécution n'en atteignait pas le cinquième et, d'autre part, ceux des Français qui avaient sacrifié leur vie l'avaient fait – communistes compris – pour la France, non pour un parti.

Là-dessus, il me fallut subir les objurgations alarmées des diverses sortes de gens de gauche qui m'adjuraient de céder pour éviter une crise fatale, tandis que les autres groupes se tenaient muets et à l'écart. Mais ma résolution était prise. Contraindre l'Assemblée nationale à me donner raison contre l'extrême-gauche marxiste, c'est à quoi je voulais aboutir. Le 17, j'écrivis donc au président de la Constituante que, ne pouvant constituer un gouvernement d'unité, je remettais à la représentation nationale le mandat qu'elle m'avait confié. Puis, le lendemain, parlant à la radio, je pris le peuple à témoin des exigences abusives que des partisans prétendaient me dicter. J'annonçai que, pour de claires raisons nationales et internationales je ne mettrais pas les communistes à même de dominer notre politique, en leur livrant « la diplomatie qui l'exprime, l'armée qui la soutient ou la police qui la couvre ». Cela étant, je formerais le gouvernement avec l'appui de ceux qui choisiraient de me suivre. Sinon, je quitterais le pouvoir aussitôt et sans amertume.

D'ailleurs, si basse que fût l'ambiance, tous les impondérables, émanant de toutes les frayeurs, me faisaient croire que j'allais l'emporter. De fait, après un débat auquel je n'assistai pas, l'Assemblée me réélut Président du gouvernement par toutes ses voix, sauf celles des communistes. Il est vrai qu'André Philip, porte-parole des socialistes, s'était efforcé d'expliquer l'adhésion gênée des siens en proclamant que la Chambre m'attribuait « le mandat impératif » de constituer un ministère où l'extrême-gauche serait représentée. Cette sommation ne trompa personne. Il était clair que les communistes n'avaient pu imposer leur loi. Pas un seul député, en dehors de leur propre groupe, ne les avait approuvés et, dans le vote décisif, ils se trouvaient isolés contre tous sans exception. Ainsi était rompu, d'emblée, un charme qui risquait fort de devenir malfaisant.

Les communistes en tirèrent immédiatement les conséquences. Dès le lendemain, leur délégation vint me dire qu'ils étaient prêts à entrer dans mon gouvernement en dehors de toute condition et que je n'aurais pas de soutien plus ferme que le leur. Sans me leurrer sur la sincérité de ce repentir soudain, je les fis, en effet, embarquer, jugeant, qu'au moins pour un temps, leur ralliement sous ma coupe pourrait servir la paix sociale, dont le pays avait tant besoin !

Le 21, le gouvernement était constitué. Quatre portefeuilles allaient à des députés communistes : Billoux, Croizat, Paul et Tillon ; quatre à des socialistes : Moch, Tanguy-Prigent, Thomas et Tixier ; quatre à des républicains populaires : Bidault, Michelet, Prigent et Teitgen ; deux à des résistants de l'Union démocratique : Pleven et Soustelle ; un à Giacobbi, radical ; un à Dautry et un à Malraux qui n'étaient pas parlementaires et n'avaient aucune appartenance ; l'ensemble étant surmonté de quatre ministres d'État : un socialiste, Auriol ; un républicain populaire, Gay ; un modéré, Jacquinot ; un communiste, Thorez. Comme prévu et annoncé, l'extrême-gauche marxiste ne recevait que des ministères économiques : Économie nationale, Travail, Production, Fabrications d'armement.

Le 23 novembre, je prononçai devant l'Assemblée un discours où je fis ressortir la gravité des conditions où le pays était placé, la nécessité d'adopter au plus tôt des institutions assurant « la responsabilité, la stabilité, l'autorité du pouvoir exécutif », enfin le devoir des Français et de leurs représentants de s'unir pour refaire la France. Cette fois encore, la représentation nationale m'approuva à l'unanimité. Dans la crise qui, sans aucune raison valable, s'était prolongée pendant dix-sept jours, seuls les partis avaient trouvé leur aliment et leur satisfaction.

En dépit de l'accord apparemment réalisé, je ne pouvais pas douter que mon pouvoir fût en porte-à-faux. Sans doute, au cours du mois de décembre, fis-je adopter par le gouvernement, puis voter par l'assemblée, la loi qui nationalisait la Banque de France et quatre établissements de crédit et instituait un Conseil national du crédit auprès du ministre des Finances. Peu après, une autre loi réglait les modalités à appliquer pour le transfert à l'État de la production et de la distribution de l'électricité et du gaz. Au cours de ces deux débats, tous amendements démagogiques avaient pu être écartés. D'autre part, la satisfaction m'était donnée, le 15 décembre, d'inaugurer l'École nationale d'administration, institution capitale qui allait rendre rationnels et homogènes le recrutement et la formation des principaux serviteurs de l'État, jusqu'alors originaires de disciplines dispersées. L'École, sortie toute armée du cerveau et des travaux de mon conseiller Michel Debré, recevait le jour, il est vrai, dans l'atmosphère assez sceptique dont l'entouraient les grands corps de la fonction publique et les milieux parlementaires. Mais elle n'en verrait pas moins se dissoudre les préventions, jusqu'à devenir peu à peu, au point de vue de la formation, de la conception et de l'action administratives, la base de l'État nouveau. Cependant, et comme par une sorte d'ironique coïncidence, au moment même où naissait cette pépinière des futurs commis de la République, la menace d'une grève générale des fonctionnaires venait mettre brutalement en cause la cohésion du gouvernement et ma propre autorité.

Il n'était, certes, que trop vrai que le niveau de vie des personnels des services publics souffrait beaucoup de l'inflation. L'augmentation de leurs traitements n'atteignait pas celle des prix. Mais ce que réclamaient, pour eux, les syndicats ne pouvait être accordé, sous peine d'effondrement du budget et de la monnaie. Bien que cela fût constaté par le Conseil des ministres, que j'y eusse marqué ma détermination de n'allouer aux intéressés que le supplément raisonnable proposé par René Pleven et ma résolution d'interdire la grève sous peine de sanctions à infliger aux contrevenants, je vis une vive agitation se lever au sein du ministère. Plusieurs membres socialistes, suivant les consignes que leur donnait leur parti, me firent entendre qu'ils se retireraient, plutôt que d'opposer un refus aux syndicats et de pénaliser les agents et employés qui manqueraient à leur service. En même temps, les fonctionnaires étaient convoqués par leurs fédérations, le 15 décembre, au Vélodrome d'hiver, afin d'y stigmatiser « l'insuffisance dérisoire des mesures envisagées par le gouvernement » et d'y décider la grève générale.

Par un étrange détour, au moment où une crise grave paraissait inévitable, le soutien des communistes me permit de la surmonter. Au sein du Conseil, qui tenait une nouvelle séance, Maurice Thorez affirma soudain qu'il ne fallait point céder à une pression intolérable et que, moyennant quelques menus aménagements, les dispositions proposées par le ministre des Finances et approuvées par le Président devaient être entérinées. Du coup, la perspective d'un éclatement du cabinet s'éloignait à l'horizon. L'après-midi, au Vélodrome d'hiver, alors que des orateurs, mandatés par des syndicats et liés au parti socialiste, avaient invité l'assistance à cesser le travail et à entrer en conflit avec le gouvernement, le représentant communiste, à l'étonnement général, s'en prit vivement aux agitateurs. « Pour les fonctionnaires, déclara-t-il, faire grève, ce serait commettre un crime contre la patrie ! » Puis, à la faveur du désarroi produit par cet éclat imprévu du « parti des travailleurs », il fit décider que la grève était, tout au moins, différée. Dès lors, pour régler la question, il ne restait à accomplir que des rites parlementaires.

Le 18 décembre, à la fin du débat que l'Assemblée nationale avait ouvert sur le sujet, je précisai que le gouvernement n'irait pas au-delà des mesures qu'il avait arrêtées, quel que fût son regret de ne pouvoir faire davantage pour les serviteurs de l'État. « Nous sommes parvenus, dis-je, au moment même où il s'agit, économiquement et financièrement parlant, de tout perdre ou de tout sauver. » J'ajoutai : « Il faut savoir si, se trouvant devant une difficulté sérieuse et présentant sa solution, le gouvernement, tel qu'il est, a ou n'a pas votre confiance. Il faut savoir également si, par-dessus les préoccupations qui concernent les partis, l'Assemblée nationale saura, ou non, faire passer l'intérêt général de la nation. » L'ordre du jour finalement voté fut aussi confus et anodin que je pouvais le souhaiter.

Mais ce succès était momentané. Quelques jours après, on allait voir, plus clairement encore, à quel point devenait précaire le pouvoir du général de Gaulle face aux partis et à l'Assemblée.

La budget de 1946 se trouvait en discussion. Pour le bon ordre, le gouvernement tenait à ce que le vote final eût lieu le 1er janvier. Mais, ce jour-là, tandis que les débats semblaient toucher à leur terme, les socialistes demandèrent, tout à coup, un abattement de 20 % sur les crédits prévus pour la Défense nationale. Il était évident qu'une proposition aussi sommaire et aussi soudaine, visant un ordre de dépenses dont personne n'ignorait qu'on ne pouvait, du jour au lendemain, le comprimer dans de telles proportions, s'inspirait, tout à la fois, de démagogie électorale et de malveillance à mon égard.

Comme j'étais retenu rue Saint-Dominique par les visites protocolaires que m'y rendaient, en ce jour de l'An, le corps diplomatique et les autorités, le débat au Palais-Bourbon se traînait sans trouver d'issue. Pleven ministre des Finances, Michelet ministre des Armées,

Tillon ministre de l'Armement, Auriol ministre d'État, eurent beau, suivant mes instructions, déclarer que le gouvernement repoussait la proposition, la gauche : socialistes, communistes et la plupart des radicaux, soit au total la majorité, s'apprêtait à la voter. Cependant et comme pour prouver que de Gaulle était en cause, l'Assemblée attendait, pour conclure, que je vienne en personne prendre part à la discussion.

Je le fis dans l'après-midi. En ma présence, MM. Philip et Gazier menèrent l'attaque avec passion, soutenus par les applaudissements de leurs collègues socialistes ; les radicaux comptant les coups. À vrai dire, les interpellateurs protestaient que leur intention n'était pas de renverser le gouvernement. Il s'agissait seulement, disaient-ils, de l'obliger à s'incliner devant la volonté parlementaire. Les républicains populaires laissaient voir qu'ils n'approuvaient pas l'agression déclenchée contre moi sur un pareil terrain, tandis que la droite exprimait son inquiétude, mais ces fractions de l'Assemblée se gardaient de condamner explicitement les opposants. Quant aux communistes, hésitant entre l'impératif immédiat de la démagogie et leur tactique du moment, ils me faisaient dire que l'assaut n'avait aucunement leur accord, mais que, si les socialistes devaient le pousser à fond, eux-mêmes ne pourraient éviter de me refuser leurs suffrages.

Ce soir-là, sondant les cœurs et les reins, je reconnus que, décidément, la cause était entendue, qu'il serait vain et, même, indigne d'affecter de gouverner, dès lors que les partis, ayant recouvré leurs moyens, reprenaient leurs jeux d'antan, bref que je devais maintenant régler mon propre départ.

En deux brèves interventions, je marquai à l'Assemblée ce qu'avaient de dérisoire la contrainte qu'on voulait m'imposer et la légèreté avec laquelle des représentants du peuple se disposaient à tailler dans la défense nationale pour se donner l'avantage d'une manœuvre partisane. Puis, allant au fond du débat, je déclarai que cette discussion posait tout le problème des institutions de demain. Le gouvernement ayant, en connaissance de cause, assumé sa responsabilité en une matière aussi grave, était-il acceptable que le parlement voulût l'obliger à se démentir et à s'humilier ? Entrait-on dans le régime d'assemblée ? Pour ma part, je m'y refusais. Si les crédits demandés n'étaient pas votés le soir même, le gouvernement ne resterait pas en fonction une heure de plus. « J'ajouterai un mot, déclarai-je. Ce mot n'est pas pour le présent, il est déjà pour l'avenir. Le point qui nous sépare, c'est une conception générale du gouvernement et de ses rapports avec la représentation nationale. Nous avons commencé à reconstruire la République. Après moi, vous continuerez de le faire. Je dois vous dire en conscience – et sans doute est-ce la dernière fois que je parle dans cette enceinte – que si vous le faites en méconnaissant notre histoire politique des cinquante dernières années, si vous ne tenez pas compte des nécessités absolues d'autorité, de dignité, de responsabilité du gouvernement, vous irez à une situation telle, qu'un jour ou l'autre, je vous le prédis, vous regretterez amèrement d'avoir pris la voie que vous aurez prise. »

Comme s'ils voulaient eux-mêmes souligner que leur attitude n'avait été que manœuvre et palinodie, les malveillants se turent tout à coup. L'ordre du jour adopté par l'Assemblée quasi unanime ne me dictait aucune condition. Après quoi, le budget fut tout simplement voté. Mais, bien que ma défaite n'eût pas été accomplie, le seul fait qu'elle eût paru possible produisit un effet profond. On avait vu mon gouvernement battu en brèche par la majorité au long d'une discussion remplie de sommations menaçantes. On sentait que, désormais, il pourrait en être de même à propos de n'importe quoi. On comprenait que, si de Gaulle se résignait à cette situation pour tenter de rester en place, son prestige irait à vau-l'eau, jusqu'au jour où les partis en finiraient avec lui ou bien le relégueraient en quelque fonction inoffensive et décorative. Mais je n'avais ni le droit, ni le goût, de me prêter à ces calculs. En quittant le Palais-Bourbon dans la soirée du 1er janvier, mon départ se trouvait formellement décidé dans mon esprit. Il n'était plus que d'en choisir la date, sans me la laisser fixer au gré de qui que ce fût.

En tout cas, ce serait avant la fin du mois. Car le débat constitutionnel devait s'ouvrir à ce moment et j'étais sûr, qu'en demeurant à l'intérieur du régime naissant, je n'aurais pas la possibilité de faire triompher mes vues, ni même de les soutenir. Le projet que la commission désignée à cet effet par la Constituante s'apprêtait à présenter était tout juste à l'opposé de ce que j'estimais nécessaire. Il instituait le gouvernement absolu d'une assemblée unique et souveraine ; l'exécutif n'ayant d'autre rôle que d'appliquer ce qui lui serait prescrit ; le président du Conseil étant élu par le parlement et ne pouvant former son équipe qu'après avoir satisfait à un examen complet de sa tendance et de son programme et pris des engagements qui le lieraient étroitement d'avance. Quant au président de la République, on inclinait, avec beaucoup d'hésitations, à prévoir qu'il y en aurait un, mais soigneusement privé de tout rôle politique, n'ayant pas la moindre prise sur les rouages de l'État et confiné dans une fade fonction de représentation. Sans doute était-ce là l'emploi que les meneurs du jeu destinaient au général de Gaulle. D'ailleurs, les commissaires, aussi bien que les partis, se gardaient de prendre avec moi aucun contact sur le sujet. Comme j'avais, un jour, convoqué le rapporteur, M. François de Menthon, pour m'enquérir de l'état des travaux, je m'entendis répondre que l'Assemblée et sa Commission considéraient que « je n'avais pas à me mêler du débat, n'étant pas moi-même constituant ». Essayer de poursuivre ma route avec les partis, c'eût donc été, dans ce domaine capital comme à tous autres égards, accepter à l'avance l'impuissance et les avanies.

L'imminence du démembrement du pouvoir de Charles de Gaulle n'échappait naturellement pas aux chancelleries étrangères. Aussi, les conditions de notre action extérieure, qui, d'abord, s'étaient éclaircies, s'assombrissaient-elles de nouveau. Dès le début de décembre, Paris apprenait par les agences qu'une réunion des ministres des Affaires étrangères américain, britannique et soviétique aurait lieu, le 15, à Moscou, « afin d'y tenir des conversations sur un certain nombre de questions intéressant particulièrement les trois pays ». On semblait en revenir au système d'exclusion de la France, auquel la conférence de Londres, l'installation de gouvernements quadripartites en Allemagne et en Autriche, le fait que nous occupions un siège permanent au Conseil de sécurité des Nations Unies, notre participation à l'armistice japonais, etc., avaient paru mettre fin.

Il est vrai que l'objet de la réunion des « trois » était de préparer les traités de paix concernant la Bulgarie, la Roumanie, la Hongrie et la Finlande et que Londres, Moscou et Washington alléguaient, pour justifier notre mise à l'écart, que la France n'avait pas été officiellement en guerre avec Sofia, Bucarest, Budapest et Helsinki, l'ouverture des hostilités contre les satellites du Reich s'étant produite au temps de Vichy. Mais, pour les participants de Yalta et de Potsdam, il s'agissait, en réalité, de mettre en application ce qu'ils avaient décidé naguère, en dehors de nous, à propos de ces malheureux États, c'est-à-dire de les livrer à la discrétion des Soviets. À la notification que nos alliés nous firent, le 28 décembre, des conclusions de leur conférence, nous répondîmes, le 3 janvier, qu'elles ne nous engageaient pas et d'autant moins que la France avait, dans ces diverses parties de l'Europe, des intérêts de premier ordre dont il n'était pas tenu compte. Mais l'accueil dilatoire qui fut fait à notre note donnait à comprendre que les trois attendaient un prochain changement dans la conduite des affaires françaises pour faire passer la muscade.

Il en était de même pour le règlement final de la cruelle affaire du Levant. Depuis la crise du mois de mai, les rapports franco-britanniques étaient restés au Frigidaire conformément à mes directives. En Syrie et au Liban, les faibles forces que nous y maintenions et les grandes unités qu'y avaient portées les Britanniques demeuraient sur leurs positions ; l'agitation des politiciens continuant de provoquer des troubles ; les gouvernements de Damas et de Beyrouth multipliant les notes et les communiqués pour réclamer le départ de toutes les troupes étrangères ; enfin, les États arabes voisins : Égypte, Irak, Transjordanie, Palestine, faisant chorus avec « leurs frères opprimés », tout en s'accommodant, pour eux-mêmes, de la tutelle et de l'occupation britanniques.

Les choses en étaient là, quand, au début de décembre, je fus saisi d'un projet d'accord qui venait d'être établi entre le gouvernement anglais et notre ambassade à Londres. Le texte paraissait prévoir que Français et Britanniques évacueraient simultanément le territoire syrien ; les Français se regroupant au Liban, sans qu'il fût aucunement spécifié que les Anglais en feraient autant. Cela ne changerait pas grand-chose à notre situation, car la plupart de nos éléments se trouvaient déjà stationnés sur le sol libanais. Mais, pour les Anglais, il semblait que l'accord comportât, de leur part, des concessions importantes : d'abord, le terme mis à leur présence militaire en Syrie en même temps que cesserait la nôtre ; ensuite, leur départ au Liban où, quant à nous, nous demeurerions ; enfin, la reconnaissance de notre droit à maintenir un établissement militaire au Liban, jusqu'à ce que l'Organisation des Nations Unies fût en mesure de nous relever des responsabilités du mandat. Sachant quels étaient, d'une part, le savoir-faire du Foreign Office et, d'autre part, l'horreur du vide de notre diplomatie quand il s'agissait de nos relations avec l'Angleterre, je doutai, à première vue, que les choses fussent ce qu'elles semblaient être. Mais, comme à Paris le Quai d'Orsay, à Londres notre ambassade, me certifiaient que telle était bien la signification du projet, je donnai mon agrément. Le 13 décembre, MM. Bevin et Massigli signèrent, à Whitehall, deux accords ; l'un relatif au regroupement des troupes ; l'autre prévoyant des consultations entre les deux gouvernements pour éviter le retour d'incidents en Orient.

Cependant, il apparut bientôt que l'interprétation donnée par notre diplomatie n'était pas celle des Anglais. Le général de Larminat, envoyé à Beyrouth pour régler avec le général Pilleau, commandant la

9e armée britannique, les détails des mesures militaires à prendre de part et d'autre, constata, dès le premier contact, qu'il existait de profondes divergences entre les instructions reçues respectivement par lui-même et par son partenaire. Les Anglais admettaient bien que tout le monde quittât la Syrie. Mais ils considéraient, qu'alors, leurs forces, tout comme les nôtres, se regrouperaient au Liban, soit pour nous environ 7 000 hommes, pour eux plus de 35 000. Après quoi, ils n'en partiraient que si nous en partions nous-mêmes. En fin de compte, l'« accord » reviendrait à ceci : que les Français se retireraient de tout le Moyen-Orient – car nos troupes, embarquées à Beyrouth, ne pourraient aller ailleurs qu'à Alger, Bizerte ou Marseille – tandis que les Anglais, restant en forces au Caire, à Bagdad, à Amman et à Jérusalem, domineraient seuls cette région du monde.

J'arrêtai aussitôt les frais et rappelai Larminat. Mais, dans l'action à entreprendre sur le terrain diplomatique, ou bien pour redresser cet étrange malentendu, ou bien pour dénoncer l'accord, je trouvai chez les nôtres toutes sortes de réticences. Les Anglais, de leur côté, se refusaient d'autant plus nettement à revenir sur ce qu'ils tenaient pour acquis qu'ils discernaient qu'un peu de patience leur permettrait – moi parti – de parvenir à leurs fins. Je dois dire que, dans une affaire grave et qui me tenait fort au cœur, la preuve que je n'avais plus prise sur un levier essentiel eût fait déborder le vase si, déjà, pour maintes autres raisons, il n'avait pas ruisselé de toutes parts.

Avant d'accomplir les gestes décisifs, je jugeai bon de me recueillir. Antibes m'offrait le refuge d'Eden-Roc. Pour la première fois depuis plus de sept ans, je pris quelques jours de repos. Ainsi m'assurais-je moi-même et pourrais-je faire voir aux autres que mon départ ne serait pas l'effet d'une colère irréfléchie ou d'une dépression causée par la fatigue. En méditant devant la mer, j'arrêtai la façon dont j'allais m'en aller : quitter la barre en silence, sans m'en prendre à personne, ni en public, ni en privé, sans accepter aucune sorte de fonction, de dignité ou de retraite, enfin sans rien annoncer de ce que je ferais ensuite. Plus que jamais, je devais me tenir au-dessus des contingences.

Après huit jours passés dans le Midi, je rentrai à Paris le 14 janvier. C'était lundi. Ma démission serait pour le dimanche. J'employai la semaine à promulguer des lois et à arrêter des décrets, dont les textes, accumulés en mon absence et qu'il était urgent d'appliquer, requéraient ma signature. À plusieurs de mes ministres, notamment à ceux de l'Intérieur, de la Justice et des Armées, j'annonçai mon retrait imminent. J'en fis autant à l'adresse des commissaires de la République que j'avais spécialement convoqués. Ainsi, ceux qui étaient, soit au gouvernement, soit localement, responsables de l'ordre public ne seraient pas surpris par l'événement.

Je pus, avant l'échéance, vérifier encore une fois quelle était, à mon égard, l'ambiance parlementaire. M. Herriot, qui l'appréciait en expert consommé, jugea le moment venu de me prendre personnellement à partie. Il le fit le 16 janvier. Quelques jours auparavant, avait été publiée la régularisation d'un certain nombre de citations, attribuées en Afrique du Nord, trois ans plus tôt, par le général Giraud à des soldats, marins et aviateurs tués ou estropiés au cours des tristes engagements que Darlan avait prescrits contre les Américains. Je n'avais pas voulu effacer ces pauvres témoignages. Le président du parti radical, brandissant la liste parue au *Journal Officiel*, en appelait à « ma propre justice », pour condamner une mesure où il disait voir une injure à l'égard de nos alliés et la glorification d'une bataille néfaste à la patrie. Applaudissements et ricanements, fusant sur de nombreux bancs, appuyaient cette intervention.

Une telle sortie, sur un pareil sujet, m'était certes désobligeante. Mais l'accueil que lui faisait, en ma présence, une assemblée dont la plupart des membres avaient naguère suivi mon appel me remplit, je dois l'avouer, de tristesse et de dégoût. Je répondis à Édouard Herriot qu'il n'était pas question d'arracher du cercueil de pauvres morts et de la poitrine de malheureux mutilés les croix qu'on leur avait décernées, trois ans plus tôt, pour avoir combattu suivant les ordres de leurs chefs et bien que ces ordres eussent été donnés à tort. Puis, marquant mes distances par rapport à l'interpellateur, qui, à la veille de la libération de Paris, avait eu la faiblesse de négocier et de déjeuner avec Laval et avec Abetz, j'ajoutai que j'étais le meilleur juge de ces citations, parce que : « moi, je n'avais jamais eu affaire avec Vichy, ni avec l'ennemi, excepté à coups de canon ». La querelle que m'avait cherchée Herriot tourna court. Mais j'avais vu comment les partis pris et les rancœurs politiques altéraient les âmes jusqu'au fond.

Le 19 janvier, je fis convoquer les ministres, pour le lendemain, rue Saint-Dominique. À l'exception d'Auriol et de Bidault, qui se trouvaient alors à Londres, et de Soustelle en tournée au Gabon, tous étaient réunis, le dimanche 20 au matin, dans la salle dite « des armures ». J'entrai, serrai les mains et, sans que personne s'assît, prononçai ces quelques paroles : « Le régime exclusif des partis a reparu. Je le réprouve. Mais, à moins d'établir par la force une dictature dont je ne veux pas et qui, sans doute, tournerait mal, je n'ai pas les moyens d'empêcher cette expérience. Il me faut donc me retirer. Aujourd'hui même, j'adresserai au Président de l'Assemblée nationale une lettre lui faisant connaître la démission du gouvernement. Je remercie bien sincèrement chacun de vous du concours qu'il m'a prêté et je vous prie de rester à vos postes pour assurer l'expédition des affaires jusqu'à ce que vos successeurs soient désignés. » Les ministres me firent l'effet d'être plus attristés qu'étonnés. Aucun d'entre eux ne prononça un mot, soit pour me demander de revenir sur ma décision, soit même pour dire qu'il la regrettait. Après avoir pris congé, je me rendis à mon domicile, route du Champ d'entraînement.

On me rapporta, qu'après ma sortie, les ministres conférèrent entre eux quelques instants. M. Thorez observa, paraît-il : « Voilà un départ qui ne manque pas de grandeur ! » – M. Moch dit : « Cette retraite est grave, à coup sûr ! Mais d'un mal peut sortir un bien. La personnalité du Général étouffait l'Assemblée nationale. Celle-ci va pouvoir, maintenant, se révéler librement. » – M. Pleven fit entendre la voix de l'amertume et de l'inquiétude : « Voyez à quoi vos groupes ont abouti ! » reprocha-t-il à ceux de ses collègues dont les partis avaient fait obstacle à mon action. – « Nous sommes placés, déclarèrent MM. Gay et Teitgen, devant la lourde responsabilité de succéder à de Gaulle. Notre Mouvement tâchera d'en être digne. » – « Allons donc ! s'écria M. Thorez. Du moment qu'avec le général vous ne pouviez pas en sortir, comment le ferez-vous sans lui ? »

Dans la lettre que j'écrivis au président de l'Assemblée, je fis en sorte qu'il n'y eût pas une ombre de polémique. « Si je suis resté, disais-je, à la tête du gouvernement après le 13 novembre 1945, c'était pour assurer une transition nécessaire… Maintenant, les partis sont en mesure de porter leurs responsabilités. » Je m'abstenais de rappeler en quel état se trouvait la nation, quand « j'avais assumé la charge de la diriger vers sa libération, sa victoire et sa souveraineté ». Mais je constatais : « Aujourd'hui, après d'immenses épreuves, la France n'est plus en situation d'alarme. Certes, maintes souffrances pèsent encore sur notre peuple et de graves problèmes demeurent. Mais la vie même des Français est, pour l'essentiel, assurée. L'activité économique se relève. Nos territoires sont entre nos mains. Nous avons repris pied en Indochine. La paix publique n'est pas troublée. À l'extérieur, en dépit des inquiétudes qui subsistent, l'indépendance est fermement rétablie. Nous tenons le Rhin. Nous participons, au premier rang, à l'organisation internationale du monde, et c'est à Paris que doit se réunir, au printemps, la première conférence de la paix. » Enfin, j'exprimai « le vœu profondément sincère que le gouvernement de demain pût réussir dans sa tâche ». M. Félix Gouin m'adressa une réponse de très bon ton.

Mais, si j'avais l'âme tranquille, ce n'était pas le cas pour le monde des politiques. Après s'y être fort agité en raison de ma présence, on s'agitait à cause de mon absence. Dans ce milieu courut le bruit que je pensais à un coup d'État, comme si le fait que, de mon gré, j'abandonnais le pouvoir ne suffisait pas à marquer cette crainte du caractère de l'absurdité. Sans aller jusqu'à de tels soupçons, certains crurent opportun de montrer leur vigilance. C'est ainsi que M. Vincent Auriol, rentré précipitamment de Londres et supposant que j'allais parler à la radio pour soulever la colère populaire, m'écrivit, le 20 au soir, pour me dire, qu'en agissant de la sorte, « je diviserais le pays pour l'avantage et la satisfaction des ennemis de la démocratie ». Je calmai les alarmes du ministre d'État. À vrai dire, s'il m'avait convenu d'exposer les raisons de ma retraite, je n'aurais pas manqué de le faire, et cette explication, donnée au peuple souverain, n'eût été en rien contraire aux principes démocratiques. Mais je jugeais que mon silence pèserait plus lourd que tout, que les esprits réfléchis comprendraient pourquoi j'étais parti et que les autres seraient, tôt ou tard, éclairés par les événements.

Où aller ? Depuis que j'envisageais la perspective de mon éloignement, j'avais résolu de résider, le cas échéant, à Colombey-les-deux-Églises et commencé à faire réparer ma maison endommagée pendant la guerre. Mais il y faudrait plusieurs mois. Je songeai, d'abord, à gagner quelque contrée lointaine où je pourrais attendre en paix. Mais le déferlement d'invectives et d'outrages lancés contre moi par les officines politiciennes et la plupart des journaux me détermina à rester dans la métropole afin que nul n'eût l'impression que ces attaques pouvaient me toucher. Je louai donc au Service des Beaux-Arts le pavillon de Marly, que j'habitai sans bouger jusqu'en mai.

Cependant, tandis que le personnel du régime se livrait à l'euphorie des habitudes retrouvées, au contraire la masse française se repliait dans la tristesse. Avec de Gaulle s'éloignaient ce souffle venu des sommets, cet espoir de réussite, cette ambition de la France, qui soutenaient l'âme nationale. Chacun, quelle que fût sa tendance, avait, au fond, le sentiment que le Général emportait avec lui quelque chose de primordial, de permanent, de nécessaire, qu'il incarnait de par l'Histoire et que le régime des partis ne pouvait pas représenter. Dans le chef tenu à l'écart, on continuait de voir une sorte de détenteur désigné de la souveraineté, un recours choisi d'avance. On concevait que cette légitimité restât latente au cours d'une période sans angoisse. Mais on savait qu'elle s'imposerait, par consentement général, dès lors que le pays courrait le risque d'être, encore une fois, déchiré et menacé.

Ma manière d'être, au long des années, se trouverait commandée par cette mission que la France continuait de m'assigner, lors même que, dans l'immédiat, maintes fractions ne me suivissent pas. Quoi que je dise ou qu'on me fît dire, mes paroles, réelles ou supposées, passeraient au domaine public. Tous ceux à qui j'aurais affaire prendraient la même attitude que si, en tant qu'autorité suprême, je les avais reçus dans les palais nationaux. Où qu'il m'arrivât de paraître, l'assistance éclaterait en ardentes manifestations.

C'est cette atmosphère qui m'enveloppa au cours de l'action publique que je menai, tout d'abord, une fois quitté mon rang officiel : faisant connaître, à Bayeux, ce que devraient être nos institutions ; condamnant, en toute occasion, la constitution arrachée à la lassitude du pays ; appelant le peuple français à se rassembler sur la France pour changer le mauvais régime ; lançant, depuis maintes tribunes, des idées faites pour l'avenir ; paraissant devant les foules dans tous les départements français et algériens, deux fois au moins pour chacun d'eux et, pour certains, davantage, afin d'entretenir la flamme et de prendre le contact de beaucoup d'émouvantes fidélités. Ce sont les mêmes témoignages qui m'ont été prodigués, après 1952, quand je pris le parti de laisser là la conjoncture, jugeant le mal trop avancé pour qu'on pût y porter remède avant que ne se déchaînât l'inévitable secousse ; quand il m'arriva, quelquefois, de présider une cérémonie ; quand j'allai visiter nos territoires d'Afrique et ceux de l'océan Indien, faire le tour du monde de terre française en terre française, assister au jaillissement du pétrole au Sahara. Au moment d'achever ce livre, je sens, autant que jamais, d'innombrables sollicitudes se tourner vers une simple maison.

C'est ma demeure. Dans le tumulte des hommes et des événements, la solitude était ma tentation. Maintenant, elle est mon amie. De quelle autre se contenter quand on a rencontré l'Histoire ? D'ailleurs, cette partie de la Champagne est tout imprégnée de calme : vastes, frustes et tristes horizons ; bois, prés, cultures et friches mélancoliques ; relief d'anciennes montagnes très usées et résignées ; villages tranquilles et peu fortunés, dont rien, depuis des millénaires, n'a changé l'âme, ni la place. Ainsi, du mien. Situé haut sur le plateau, marqué d'une colline boisée, il passe les siècles au centre des terres que cultivent ses habitants. Ceux-ci, bien que je me garde de m'imposer au milieu d'eux, m'entourent d'une amitié discrète. Leurs familles, je les connais, je les estime et je les aime.

Le silence emplit ma maison. De la pièce d'angle où je passe la plupart des heures du jour, je découvre les lointains dans la direction du couchant. Au long de quinze kilomètres, aucune construction n'apparaît. Pardessus la plaine et les bois, ma vue suit les longues pentes descendant vers la vallée de l'Aube, puis les hauteurs du versant opposé. D'un point élevé du jardin, j'embrasse les fonds sauvages où la forêt enveloppe le site, comme la mer bat le promontoire. Je vois la nuit couvrir le paysage. Ensuite, regardant les étoiles, je me pénètre de l'insignifiance des choses.

Sans doute, les lettres, la radio, les journaux, font-ils entrer dans l'ermitage les nouvelles de notre monde. Au cours de brefs passages à Paris, je reçois des visiteurs dont les propos me révèlent quel est le cheminement des âmes. Aux vacances, nos enfants, nos petits-enfants, nous entourent de leur jeunesse, à l'exception de notre fille Anne qui a quitté ce monde avant nous. Mais que d'heures s'écoulent, où, lisant, écrivant, rêvant, aucune illusion n'adoucit mon amère sérénité !

Pourtant, dans le petit parc – j'en ai fait quinze mille fois le tour ! – les arbres que le froid dépouille manquent rarement de reverdir, et les fleurs plantées par ma femme renaissent après s'être fanées. Les maisons du bourg sont vétustes ; mais il en sort, tout à coup, nombre de filles et de garçons rieurs. Quand je dirige ma promenade vers l'une des forêts voisines : Les Dhuits, Clairvaux, Le Heu, Blinfeix, La Chapelle, leur sombre profondeur me submerge de nostalgie ; mais, soudain, le chant d'un oiseau, le soleil sur le feuillage ou les bourgeons d'un taillis me rappellent que la vie, depuis qu'elle parut sur la terre, livre un combat qu'elle n'a jamais perdu. Alors, je me sens traversé par un réconfort secret. Puisque tout recommence toujours, ce que j'ai fait sera, tôt ou tard, une source d'ardeurs nouvelles après que j'aurai disparu.

À mesure que l'âge m'envahit, la nature me devient plus proche. Chaque année, en quatre saisons qui sont autant de leçons, sa sagesse vient me consoler. Elle chante, au printemps : « Quoi qu'il ait pu, jadis, arriver, je suis au commencement ! Tout est clair, malgré les giboulées ; jeune, y compris les arbres rabougris ; beau, même ces champs caillouteux. L'amour fait monter en moi des sèves et des certitudes si radieuses et si puissantes qu'elles ne finiront jamais ! »

Elle proclame, en été : « Quelle gloire est ma fécondité ! À grand effort, sort de moi tout ce qui nourrit les êtres. Chaque vie dépend de ma chaleur. Ces grains, ces fruits, ces troupeaux, qu'inonde à présent le soleil, ils sont une réussite que rien ne saurait détruire. Désormais, l'avenir m'appartient ! »

En automne, elle soupire : « Ma tâche est près de son terme. J'ai donné mes fleurs, mes moissons, mes fruits. Maintenant, je me recueille. Voyez comme je suis belle encore, dans ma robe de pourpre et d'or, sous la déchirante lumière. Hélas ! les vents et les frimas viendront bientôt m'arracher ma parure. Mais, un jour, sur mon corps dépouillé, refleurira ma jeunesse ! »

En hiver, elle gémit : « Me voici, stérile et glacée. Combien de plantes, de bêtes, d'oiseaux, que je fis naître et que j'aimais, meurent sur mon sein qui ne peut plus les nourrir ni les réchauffer ! Le destin est-il donc scellé ? Est-ce, pour toujours, la victoire de la mort ? Non ! Déjà, sous mon sol inerte, un sourd travail s'accomplit. Immobile au fond des ténèbres, je pressens le merveilleux retour de la lumière et de la vie. »

Vieille Terre, rongée par les âges, rabotée de pluies et de tempêtes, épuisée de végétation, mais prête, indéfiniment, à produire ce qu'il faut pour que se succèdent les vivants !

Vieille France, accablée d'Histoire, meurtrie de guerres et de révolutions, allant et venant sans relâche de la grandeur au déclin, mais redressée, de siècle en siècle, par le génie du renouveau !

Vieil homme, recru d'épreuves, détaché des entreprises, sentant venir le froid éternel, mais jamais las de guetter dans l'ombre la lueur de l'espérance !

DOCUMENTS

Les documents reproduits ci-après, *in extenso* ou en partie, sont déposés aux Archives Nationales ou figurent au *Journal Officiel*.

Lettre au général Eisenhower,
commandant en chef interallié.

Paris, le 6 septembre 1944.

Mon cher Général,

Le rythme accéléré de l'avance en Belgique et en Lorraine des armées sous votre haut commandement, ainsi que l'attitude des troupes allemandes en retraite me donnent à penser que les armées alliées pourront pénétrer prochainement en territoire allemand.

D'autre part, la situation des forces françaises mises à votre disposition se définit aujourd'hui comme suit :

— La Division Leclerc va, comme je l'espère, être engagée de nouveau et rapidement sur le front de bataille du général Bradley.

— L'Armée « B », dont le débarquement en France n'est pas encore achevé et paraît être poursuivi avec lenteur, opérerait, selon mes informations, à la fois à l'ouest du Rhône et dans les Alpes, avec une direction stratégique qui orienterait ensuite le gros de ses éléments sur la Franche-Comté et l'Alsace.

Étant donné cette situation, le Gouvernement français attacherait du prix à connaître vos intentions au sujet de l'emploi des forces françaises dans l'éventualité, qui semble imminente, d'une large et profonde pénétration en Allemagne.

Il va de soi que l'intention du gouvernement est de voir les troupes françaises faire partie des forces d'invasion et d'occupation.

Après l'effort accompli par l'armée française renaissante et les forces de l'intérieur, je puis vous dire que la nation tout entière ne pourrait imaginer que son armée ne pénétrât pas sur le sol ennemi.

Je charge le général Juin, chef d'état-major général de la Défense nationale, de vous entretenir de cette question, qui est du reste liée à celle des effectifs à maintenir en France pour en achever le nettoyage et assurer la sécurité des arrières des armées.

. . . .

Veuillez agréer, etc.

Communiqué de la présidence du Gouvernement.

Paris, le 9 septembre 1944.

Le gouvernement présidé par le général de Gaulle est constitué de la manière suivante :

Ministre d'État : le président JEANNENEY.

Ministre de la Justice : M. F. de MENTHON.

Ministre des Affaires étrangères : M. G. BIDAULT.

Ministre de l'Intérieur : M. A. TIXIER.

Ministre de la Guerre : M. A. DIETHELM.

Ministre de la Marine : M. L. JACQUINOT.

Ministre de l'Air : M. TILLON.

Ministre de l'Économie nationale : M. P. MENDÈS-FRANCE.

Ministre de la Production : M. R. LACOSTE.

Ministre de l'Agriculture : M. TANGUY-PRIGENT.

Ministre du Ravitaillement : M. GIACOBBI.

Ministre de la Santé publique : M. F. BILLOUX.
Ministre des Colonies : M. R. PLEVEN.
Ministre du Travail et de la Sécurité sociale : M. A. PARODI.
Ministre des Transports et des Travaux publics : M. René MAYER.
Ministre des P.T.T. : M. Augustin LAURENT.
Ministre de l'Éducation nationale : M. CAPITANT.
Ministre des Prisonniers : M. H. FRENAY.
Ministre de l'Information : M. P.-H. TEITGEN.
Ministre des Finances : M. LEPERCQ.
Ministre délégué en Afrique du Nord : Le général CATROUX.

Discours du général de Gaulle au Palais de Chaillot, le 12 septembre 1944.

Pendant les dix-huit jours qui se sont écoulés déjà depuis que l'ennemi qui tenait à Paris capitula devant nos troupes, une vague de joie, de fierté, d'espérance a soulevé la nation française. Le pays et le monde sont témoins que le choc que représente cette Libération, accomplie pour les cinq sixièmes de notre territoire et notamment pour la capitale, a mis en éclatante lumière à la fois la volonté de combattre, l'enthousiasme et la sagesse de notre peuple. S'il était encore quelque part des gens qui doutaient de ce que voulait réellement la nation opprimée et de sa capacité de se dominer elle-même, je suppose qu'ils sont, à présent, définitivement éclairés.

En tout cas, la réunion d'aujourd'hui, organisée par le Conseil qui inspira et coordonna sur place, au prix de quels périls et de quelles pertes ! l'action menée contre l'ennemi et contre les usurpateurs, est par elle-même magnifiquement symbolique. Avec le Conseil national de la Résistance, auquel j'adresse les remerciements du gouvernement et du pays tout entier, voici assemblés ici, en même temps que les représentants des grands Corps de l'État, des hommes de toutes origines et de toutes nuances qui se sont mis au premier rang de ceux qui mènent le combat. Or qui ne voit qu'une même flamme anime et qu'une même raison conduit toute cette élite française ? Il ne me serait pas possible de trouver un auditoire plus qualifié et plus digne pour parler, comme je vais le faire, du présent et de l'avenir du pays.

La voilà donc enfin refoulée et humiliée cette puissance militaire allemande, qui, appuyée sur l'exceptionnelle capacité de combattre, d'entreprendre, de souffrir, d'un grand peuple fanatisé, secondée par d'ambitieux auxiliaires, aidée par le défaitisme et, parfois, la trahison de certains dirigeants des nations qu'elle voulait asservir, favorisée par la dispersion des États du parti de la liberté, avait tenté de saisir la domination du monde ! L'édifice, battu en brèche depuis des mois et des années, mais attaqué cette fois avec force et avec audace, paraît ébranlé jusque dans ses fondements. L'horizon se dore des lumières de la victoire.

Cette victoire, pour la saisir telle qu'elle doit être, c'est-à-dire complète et totale, de nouveaux et sanglants efforts seront encore nécessaires. Mais, quels que doivent être les obstacles et le terme, il est désormais acquis que la France en aura sa part.

De toute notre âme nous entendons rendre hommage aux braves et chères nations qui sont en train de la remporter avec nous. Notre hommage s'adresse à l'Empire britannique, qui, comme nous, tira l'épée le 3 septembre 1939, qui subit à nos côtés les revers de 1940, qui ensuite, presque solitaire, sauva l'Europe par sa résolution et qui triomphe maintenant avec nous, sur notre sol, en attendant que nous allions ensemble abattre définitivement l'ennemi commun sur son territoire.

Notre hommage s'adresse à la Russie soviétique, qui, sous l'agression de 1941, vit les armées allemandes s'avancer jusqu'aux portes de Leningrad et de Moscou et pénétrer jusqu'au fond du Caucase, mais sut trouver, dans l'admirable courage de son peuple, les vertus de ses combattants et l'organisation de ses vastes richesses, l'énergie et les moyens nécessaires pour chasser l'envahisseur et briser dans de terribles batailles l'essentiel de sa force guerrière.

Notre hommage s'adresse aux États-Unis d'Amérique, qui, attaqués à leur tour en décembre 1941 et refoulés d'abord jusqu'aux extrémités du Pacifique, ont su devenir une grande puissance militaire et réaliser par-delà les mers les immenses entreprises qui ramènent l'Europe à la vie, tout en arrachant au Japon les bases qui bientôt le menaceront au cœur.

Notre hommage s'adresse aux vaillantes nations, polonaise, tchécoslovaque, belge, hollandaise, luxembourgeoise, norvégienne, yougoslave, grecque, qui furent entièrement submergées par l'abominable marée mais qui, comme nous-mêmes, ne désespérèrent jamais et voient paraître, à leur tour, l'aube de la libération.

Mais, si un peuple tel que le nôtre, accoutumé aux grands malheurs comme aux grandes gloires, sait reconnaître que chacun des États qui forment, avec lui, l'équipe de la liberté a noblement mérité son amitié et son estime, il sait aussi se juger lui-même et mesurer, sans s'en faire accroire, le rôle qu'il aura joué dans la prochaine victoire commune.

Certes, nous avons assez souffert pour n'oublier jamais notre désastre initial. Nous savons que, mal préparés, nous aussi, aux formes nouvelles de la guerre, point remis des pertes gigantesques que nous avions prodiguées au cours du dernier conflit, pratiquement isolés à l'avant-garde des démocraties, n'ayant, pour nous couvrir, ni mers protectrices, ni vastes étendues, nous nous trouvâmes submergés par la force mécanique allemande et précipités brutalement dans un désarroi matériel et moral qui permit au défaitisme et à la trahison de paralyser chez beaucoup la volonté de vaincre. Tout de même ! nous étions en ligne dès le 3 septembre 1939. Et, tandis qu'en 1940 tout ce que l'Allemagne possédait de chars, de canons et d'avions s'acharnait à nous abattre, ces chars, ces canons, ces avions, qui taillaient dans notre chair, ne taillaient pas dans la chair des autres ! Par la suite, malgré l'oppression, la nuit de l'isolement, la propagande mensongère, l'obstination de servitude des usurpateurs du pouvoir, jamais la masse des Français ne tint la défaite pour acquise et jamais nos drapeaux ne furent absents des champs de bataille. À peine le malheur était-il accompli, que la nation commençait la lente et dure ascension qui l'a conduite hors de l'abîme. La flamme de la Résistance française ne devait pas s'éteindre ; elle ne s'éteignit pas.

Ce qu'il nous en a coûté de pertes, de fureurs, de larmes, d'autres que nous en feront un jour, à loisir, le total. Constatons simplement que nos armées, refaites homme par homme, d'abord dans les profondeurs lointaines de l'Empire, puis sur les bords de la Méditerranée, ont apporté un concours important à cette bataille d'Afrique qui, en trois ans, liquida l'Empire de Mussolini et chassa les Allemands de la Libye et de la Tunisie. Constatons que nos troupes ont joué dans la grande victoire d'Italie un rôle capital. Constatons qu'en même temps de vaillantes unités, jaillies spontanément de la douleur et de l'espérance nationales, se formaient sur le territoire métropolitain, littéralement dans les jambes de l'ennemi et, malgré d'indicibles difficultés d'organisation, d'armement et d'encadrement, entamaient le combat au premier signal. Constatons enfin que, dans la bataille de France, ce qu'ont déjà accompli nos forces, soit par la manœuvre et les attaques des grandes unités de campagne, soit par les actions de détail partout menées par les unités de l'intérieur, a compté pour beaucoup dans les succès de la coalition. Il peut y avoir intérêt à noter, par exemple, que, des 350 000 hommes que, suivant les chiffres officiels, l'ennemi a laissés prisonniers entre les mains des alliés depuis le début de la bataille de France jusqu'au 10 septembre, 105 000 se sont rendus aux troupes françaises, dont près de 50 000 à notre armée du Rhône, 20 000 aux soldats de Leclerc et plus de 35 000 à nos forces de l'intérieur en tous points du territoire. Depuis, on en annonce davantage. Certes, en d'autres temps et circonstances, nous faisions mieux et plus que cela. Mais qui pourrait contester, qu'en dépit des terribles conditions intérieures et extérieures où la France s'est trouvée réduite, elle aura voulu et elle aura su signer, elle aussi, la victoire ?

Il n'est vraiment pas nécessaire d'expliquer comment et pourquoi cette continuité de la volonté et, j'ajoute, de l'effort de notre peuple dans la guerre lui donnent le droit, oui le droit, de faire valoir ses intérêts dans ce qui sera bientôt le règlement du conflit mondial. Aussi bien voulons-nous croire que, finalement, ce droit ne sera plus contesté et que cette sorte de relégation officielle de la France, dont ont tant souffert ceux qui parlent et agissent en son nom, va faire place à la même sorte de relations que nous avons, depuis quelques siècles, l'honneur et l'habitude d'entretenir avec les autres grandes nations.

Mais, en ayant réussi à se maintenir dans la lutte, ce n'est pas à elle-même seulement que la France aura rendu service. Car, ainsi, elle aura fait en sorte qu'il soit juste et qu'il soit possible d'associer aux actes qui assureront la sécurité de tous et l'organisation mondiale de la paix un État sans lequel on ne voit point comment pourraient être valablement et durablement construites, ni la sécurité, ni l'organisation mondiale, ni la paix.

Oui, nous croyons qu'il est de l'intérêt supérieur des hommes que les dispositions qui régleront demain le sort de l'Allemagne vaincue ne soient pas discutées et adoptées sans la France, parce qu'il se trouve qu'aucune puissance n'est plus intéressée que la France à ce qui touche au voisin dont elle a eu, depuis plus de deux mille ans, à s'occuper plus que quiconque et qu'il serait bien aléatoire de vouloir édifier quelque chose en dehors du principal intéressé. Nous croyons que décider sans la France quoi que ce soit qui concerne l'Europe serait une grave erreur ; d'abord parce que la France est intégrée à l'Europe, au point que ce qui touche une partie quelconque du vieux continent la touche elle-même d'une manière directe et réciproquement, ensuite parce qu'elle s'honore de pouvoir apporter à la solution de chacun des problèmes européens une expérience assez chèrement acquise et une confiance assez exceptionnelle de la part de beaucoup. Nous croyons, enfin, que déterminer sans la France les conditions politiques, économiques, morales, dans lesquelles les habitants de la terre auront à vivre après le drame, serait un peu aventuré, car, après tout, 100 millions d'hommes fidèles vivent sous notre drapeau dans les cinq parties du monde et, d'autre part, beaucoup de nos semblables croient que toute grande construction humaine serait arbitraire et fragile s'il y manquait le sceau de la France.

Il est vrai que ce n'est point tout que de reprendre son rang. Encore faut-il le tenir. Au fond de l'océan des douleurs et des outrages où elle fut plongée depuis plus de quatre ans et dont elle émerge aujourd'hui, la nation française a mesuré les causes de ses malheurs provisoires, celles dont elle fut elle-même responsable et celles qui incombent à d'autres. Elle a discerné également les voies et moyens de retourner à sa vocation de liberté et de grandeur. Pour y parvenir, il s'est formé dans notre – peuple, au milieu des épreuves, une extraordinaire unité nationale. Telle est la force immense à laquelle en appelle le Gouvernement pour remplir sa mission au service du pays.

S'il a le droit et le devoir d'en appeler à cette force, c'est d'abord parce qu'il est le Gouvernement de la République. Assurément, le raz de marée qui a passé sur la France a balayé les organismes par quoi s'exprimait normalement la volonté nationale. Assurément, la masse des citoyens a jugé que de profondes réformes devaient être apportées au fonctionnement de nos institutions. C'est pourquoi il n'existe, en droit ni en fait, aucun autre moyen d'établir l'édifice nouveau de notre démocratie que de consulter le souverain, qui est le peuple français. Dès que la guerre voudra bien le permettre, c'est-à-dire dès que le territoire sera entièrement libéré et que nos prisonniers et déportés auront regagné leurs foyers, le gouvernement conviera la nation à élire, par le suffrage universel de tous les hommes et de toutes les femmes de chez nous, ses représentants dont la réunion constituera l'Assemblée nationale. Jusque-là, le gouvernement remplira sa tâche avec le concours de l'Assemblée consultative élargie, destinée à fournir une expression aussi qualifiée que possible de l'opinion et dont les hommes éprouvés qui forment aujourd'hui le Conseil national de la Résistance seront tout naturellement le noyau. Mais, dès que la souveraineté aura été rétablie dans la personne des mandataires élus de la nation, le gouvernement déposera entre leurs mains le pouvoir provisoire dont il assume la charge.

Si le Gouvernement est celui de la République, ce n'est pas seulement parce qu'il fait en sorte de conduire la nation, selon ses vœux et ses intérêts, jusqu'au nouveau départ de la démocratie française, mais c'est aussi pour cette raison qu'il fait et fera appliquer les lois, les justes lois, que la nation s'était données au temps où elle était libre et qui s'appellent les lois républicaines. Sans doute n'affirmons-nous pas que toutes soient parfaites, mais, telles quelles, elles sont les lois ! et, tant que la souveraineté nationale ne les aura pas modifiées, c'est le strict devoir du pouvoir exécutif, fût-il, comme il l'est, provisoire, de les faire exécuter dans leur esprit et dans leurs termes, ainsi qu'il l'a fait d'ailleurs, sans hésiter et sans fléchir, depuis plus de quatre années, par tous les hommes et dans tous les territoires qu'il arrachait successivement à l'ennemi ou à Vichy. Sans doute les circonstances lui imposent-elles parfois de prendre des dispositions qui ne sont pas formulées dans nos codes et d'associer souvent à l'élaboration de ces dispositions l'Assemblée consultative, mais il le fait sous sa responsabilité, dont la nation, à juste titre, considère qu'elle est entière. Il appartiendra ensuite aux futurs élus du pays de les transformer, ou non, en lois proprement dites. Faute de s'en tenir fermement à ces principes, il n'y aurait qu'arbitraire et chaos, dont la nation ne veut pas. Mais, en les appliquant, nous trouvons les conditions de l'ordre, de l'efficience et de la justice.

Or, ces conditions d'ordre, d'efficience, de justice, si nulle entreprise humaine ne saurait s'en passer, à fortiori sont-elles nécessaires dans la situation où se trouve le pays. D'abord, nous faisons la guerre, et je dis tout net que, sauf effondrement subit de l'ennemi, nous n'avons pas fini de la faire. Tout semble montrer que l'ennemi, en dépit des pertes terribles qu'il a subies à l'Est et à l'Ouest et malgré la défection de tous ses satellites, à l'exception d'un seul, s'apprête à livrer une nouvelle grande bataille pour tenter de couvrir son territoire jusqu'à ce que l'hiver vienne, espère-t-il, ralentir les opérations offensives des armées alliées et françaises. Or, à cette bataille-là et à celles qui, éventuellement, suivront, nous entendons participer dans la plus large mesure possible. Il en sera de même de l'occupation en Allemagne. C'est dire que nous avons à pratiquer une politique militaire tendant à constituer des grandes unités, aptes, comme celles dont nous disposons déjà, à manœuvrer et à vaincre, où que ce soit et sur n'importe quel champ de bataille, un adversaire encore puissant et résolu. À cet égard, l'ardente jeunesse qui, à l'appel de la patrie, s'est groupée pour le combat dans nos forces de l'intérieur nous fournit les éléments humains de ces formations nouvelles. Comme les bataillons des volontaires de 1791 et 1792, ils apportent à l'armée nationale les trésors de leur ardeur et de leur valeur. Je puis annoncer que, déjà, une division se forme en Bretagne. Je compte qu'une autre sera formée par la Région de Paris. Je suis certain que d'autres encore pourront être constituées ailleurs, sans préjudice des milliers d'hommes et des fractions constituées qui sont allés ou qui iront compléter nos grandes unités en ligne. Tous les soldats de France font partie intégrante de l'armée française et cette armée doit demeurer, comme la France à qui elle appartient, une et indivisible.

S'il est de fait, qu'en beaucoup de régions du territoire, la grande bataille de libération a passé sans entraîner de ruines massives, il ne l'est pas moins que certaines autres ont subi de terribles ravages. D'ailleurs, l'ennemi tient toujours dans tout ou partie de quinze de nos départements et, en particulier, dans un grand nombre de nos ports. Nos communications ferroviaires, fluviales, portuaires se trouvent en ce moment paralysées, pour la plupart, par des destructions de toutes sortes, et notre matériel roulant par voie de fer ou par voie de terre a, en grande partie, disparu. Encore faut-il ajouter que les transports destinés aux armées ont naturellement la priorité sur ceux qui intéressent les populations. Les prélèvements innombrables, opérés par l'ennemi depuis 1940 sur l'ensemble de nos ressources et notamment sur nos stocks, nos matières premières, nos machines, nos combustibles, entraînent un appauvrissement considérable de nos moyens de production. Enfin, les nécessités militaires ne permettront pas, de longtemps, à nos alliés de procéder chez nous à des importations notables. Bref, nous nous trouvons, et chaque Français le sait bien, devant une période difficile où la libération ne nous permet nullement l'aisance mais comporte, au contraire, le maintien de sévères restrictions et exige de grands efforts de travail et d'organisation en même temps que de discipline. Bien qu'on puisse être certain que cette situation ira en s'améliorant, il faut prévoir que l'amélioration sera lente. Cela, la nation le sait et elle est décidée, en dépit de ce qu'elle a souffert, à supporter noblement ces épreuves, comme un grand peuple qui refuse de gaspiller le présent afin de mieux bâtir l'avenir.

Car c'est bien de l'avenir qu'il s'agit ! de l'avenir vers lequel des millions et des millions de Français et de Françaises regardent avec ardeur et avec confiance, de l'avenir dont la nation entière veut qu'il soit une rénovation.

Oui, certes, une rénovation ! Ce qu'auront coûté, avant et pendant ce drame, à notre puissance, à notre unité, à notre substance même, les négligences, médiocrités, injustices, que nous avions pratiquées ou tolérées, et aussi, sachons le dire, le manque de hardiesse et de continuité des pouvoirs publics dans le rôle d'impulsion et de direction, nous le voyons d'une manière assez éclatante pour avoir résolu de prendre un chemin nouveau.

Pour résumer les principes que la France entend placer désormais à la base de son activité nationale, nous dirons que, tout en assurant à tous le maximum possible de liberté et tout en favorisant en toute matière l'esprit d'entreprise, elle veut faire en sorte que l'intérêt particulier soit toujours contraint de céder à l'intérêt général, que les grandes sources de la richesse commune soient exploitées et dirigées non point pour le profit de quelques-uns mais pour l'avantage de tous, que les coalitions d'intérêts qui ont tant pesé sur la condition des hommes et sur la politique même de l'État soient abolies une fois pour toutes et, qu'enfin, chacun de ses fils, chacune de ses filles, puisse vivre, travailler, élever ses enfants, dans la sécurité et dans la dignité.

Mais les plus nobles principes du monde ne valent que par l'action. À cet égard, notre peuple entier discerne que son bonheur et sa grandeur dépendent d'abord de son propre effort. Certes, le Gouvernement a le devoir d'assurer, au fur et à mesure que cela est possible, les conditions sans lesquelles le progrès serait compromis ou l'injustice perpétuée. Certes, il lui appartient, par exemple, de faire en sorte que le niveau de vie des travailleurs français monte à mesure que montera celui de la production française. Certes, il est de son domaine, comme la loi lui en donne, d'ailleurs, dès à présent le droit, de placer par réquisition ou par séquestre à la disposition directe de l'État l'activité de certains grands services publics ou de certaines entreprises, en attendant que la souveraineté nationale règle les modalités des choses. Certes, il a le devoir de faire verser à la collectivité nationale les enrichissements coupables obtenus par ceux qui travaillaient pour l'ennemi. Certes, il lui revient de fixer les prix des denrées et de régler et contrôler les échanges aussi longtemps que ce qui est produit et transportable n'équivaut point aux demandes de la consommation. Mais, pour nous reconstruire peu à peu, dans la guerre d'abord, puis dans la paix, pour bâtir une France nouvelle, il faut bien autre chose et bien davantage. Il faut un vaste et courageux effort national.

Eh bien ! c'est à cet effort que nous appelons la nation. Nous savons dans quel état nous sommes, matériellement, démographiquement, moralement. Nous savons tout ce qui est, chez nous, détruit ou médiocre, dans tous les ordres d'idées. Nous savons tout ce qui nous manque par rapport à tout ce qui est à faire.

Mais nous savons également ce que sont notre terre, notre sous-sol, notre Empire, ce que nous valons, quand nous le voulons bien, comme agriculteurs, ouvriers, commerçants, techniciens, patrons, inventeurs, penseurs, pour peu que nous marchions ensemble, serrés en rangs fraternels, dans la discipline consentie d'un peuple fort. Nous savons ce que nos pères avaient su faire autrefois de la France, quand elle était nombreuse. Nous savons enfin qu'il n'y a pas chez nous un jeune homme, ni une jeune fille, qui ne rêvent de vivre libres, forts, aimants et joyeux, dans le travail d'une grande époque et dans une grande patrie.

Le plan de mise en valeur de nos ressources matérielles, intellectuelles, morales, le gouvernement va l'établir à mesure des inventaires que la guerre nous découvrira. Il va l'établir, compte tenu du chemin que prendront les autres puissances du monde, car tout se tient et s'enchaîne sur notre terre d'aujourd'hui. Il va l'établir en s'aidant du large conseil des organismes qualifiés, qu'ils soient ceux du travail, de la production, de la recherche ou de la pensée. Cette guerre, où nous vaincrons l'ennemi qui prétendait nous asservir, va se prolonger dans la lutte contre tous les éléments qui s'opposent à notre progrès. Et vous, hommes et femmes de la Résistance française, vous tous croisés à la croix de Lorraine, vous qui êtes le ferment de la nation dans son combat pour l'honneur et pour la liberté, il vous appartiendra demain de l'entraîner, pour son bien, vers l'effort et vers la grandeur. C'est alors, et alors seulement, que sera remportée la grande victoire de la France !

Communiqué de l'« Information ».

Paris, le 13 septembre 1944.

Cet après-midi, une conférence de presse a été tenue par M. René Mayer, ministre des Communications.

… Le ministre, parlant des communications terrestres, ferroviaires et maritimes, a dit qu'elles ne pourront être remises en état que d'après un plan d'ensemble, lequel ne pourra être dressé que lorsque l'ampleur des destructions de toutes sortes sera connue.

Rien que pour la région de Paris, il a estimé à un millier les coupures de voies ferrées et il a indiqué que le nombre de locomotives qui nous restent peut être estimé à 25 % de leur ancien total.

Il s'est félicité de l'arrivée hier à Paris d'un premier train de 1 000 tonnes de charbon venant directement des mines du Nord et il a dit espérer que, d'ici quelque temps, trois trains de charbon arriveront chaque jour à Paris.

Abordant le problème du tonnage, M. René Mayer a précisé qu'il nous reste environ 1 100 000 tonnes, qui sont à la disposition du commandement interallié jusqu'à la fin de la guerre. Le transport de nos produits d'Afrique du Nord est donc fonction du tonnage qui n'est pas absorbé par les besoins militaires.

Le ministre a observé que la plupart de nos ports, à part Bordeaux et Nantes, ont été rendus inutilisables par les Allemands et qu'il nous faudra plusieurs années et des dizaines de milliards pour les remettre en état.

En terminant, le ministre a déclaré que, pour longtemps, il faut s'attendre, si l'on va vers Bordeaux, à subir un transbordement à Orléans et à traverser la Loire à pied. Il a invité les journalistes présents à faire comprendre au public… que la priorité va d'abord être donnée aux transports de charbon, de blé et autres denrées de première nécessité.

Enfin, il a rendu hommage à la corporation des cheminots qui donne l'exemple du travail, après avoir donné celui de la résistance.

Décret du 19 septembre 1944 relatif à l'organisation des forces françaises de l'Intérieur.

ARTICLE PREMIER. – Les forces françaises de l'Intérieur font partie intégrante de l'armée et sont soumises aux règles générales de l'organisation et de la discipline militaires.

Elles relèvent de la seule autorité du ministre de la Guerre.

Les formations encore en opérations constituent des groupements qui sont placés, pour ces opérations, aux ordres d'un commandement désigné par le président du Gouvernement, chef des armées.

Les autres formations sont placées, dans chaque région militaire, sous les ordres du commandant de la région.

ART. 2. – Les formations actuelles des forces françaises de l'Intérieur seront immédiatement regroupées en bataillons de marche d'infanterie, ou, dans la mesure des possibilités, en unités équivalentes des autres armes.

Le nombre, la composition, le stationnement de ces unités seront fixés par arrêté du ministre de la Guerre.

Les cadres actuels des forces françaises de l'Intérieur constitueront l'encadrement de base de ces unités.

ART. 3. – Au fur et à mesure de leur instruction et de leur armement, les unités ainsi formées seront :

ou affectées, en gardant leur composition, à des grandes unités déjà existantes,

ou constituées en grandes unités nouvelles.

ART. 4, 5. –…

C. DE GAULLE.

Lettre au général Eisenhower.

Paris, le 21 septembre 1944.

Mon cher Général,

Par votre lettre du 13 septembre 1944, vous voulez bien me confirmer votre intention d'engager en Alsace, puis en territoire allemand, l'ensemble des forces françaises constituant l'Armée « B ». Vous me demandez, d'autre part, quels éléments de ces forces le Gouvernement français compte laisser à votre disposition pour les opérations dont vous êtes sur le point d'arrêter le plan.

J'ai l'honneur de vous faire connaître que le Gouvernement français maintient à votre disposition entière toutes les unités et les services constituant l'Armée « B », à l'exception de deux divisions.

Il s'agit, d'abord, de la 1re Division motorisée d'infanterie (général Brosset), dont la présence peut être nécessaire dans la région de Paris. Cette division, une fois stationnée près de Paris, pourrait opérer le remplacement de certains éléments indigènes, difficiles à utiliser l'hiver, par des éléments français et contribuer à l'instruction des unités des forces de l'intérieur qui doivent être réorganisées dans la région. La 1re D.I.M. serait alors placée dans la zone de commandement du général Kœnig, gouverneur militaire de Paris et commandant la région de Paris.

Il s'agit, ensuite, de la 1re Division blindée (général du Vigier), qui devrait recevoir pour mission de réduire, dans le plus bref délai possible, les résistances allemandes dans la région entre La Rochelle et Bordeaux afin que ces deux ports puissent être utilisés au plus tôt.

Pour les opérations, cette division serait, naturellement, sous votre haut commandement.

Les 2e D.B., 5e D.B., 2e D.I.M., 3e D.I.A., 4e D.M.M. et 9e D.I.C., ainsi que les 1er et 2e C.A. et les éléments de l'Armée « B » demeureront à votre disposition pour l'exécution de vos plans en Alsace et en Allemagne. À ce sujet, je dois appeler votre attention sur la grande importance que j'attache à voir des troupes françaises participer directement à la libération de Strasbourg.

Enfin, je profite de cette occasion pour vous rappeler que nous désirons le transport dans la Métropole, dans le plus bref délai possible, du 4e Régiment de Zouaves, de la Brigade de Spahis à pied et du 1er Régiment de Spahis marocains, actuellement en Afrique du Nord et prêts à être embarqués.

Je vous serais obligé de me dire si vous êtes d'accord et, dans l'affirmative, de bien vouloir donner les ordres nécessaires à ces mouvements.

Veuillez croire, etc. :

Lettre au général de Lattre de Tassigny,
commandant la Ire Armée.

Paris, le 7 octobre 1944.

Mon cher Général,

J'ai reçu votre lettre. Mon impression est que nous allons nous trouver, depuis la mer du Nord jusqu'à la Suisse, devant un front stabilisé. Ceci va impliquer, de la part des Alliés, des disposition stratégiques nouvelles. De toute façon, il y en a pour tout l'hiver.

Il est essentiel que nous participions aux futures batailles de 1945 avec le maximum de forces. Rien n'est plus important, pour le moment, que de continuer de grandes unités nouvelles, de les encadrer, de les instruire et de les armer. Ceci, sans préjudice de l'envoi de 2 divisions en Extrême-Orient.

Vous verrez en détail, avec le ministre, comment vous-même pouvez et devez dès à présent :

a) « Blanchir » à fond la Division Magnan et envoyer les Sénégalais dans le Midi avec des cadres, de façon à en faire une division pour l'Extrême-Orient.

b) Imposer à toutes vos divisions la valeur d'un régiment du F.F.I.

c) Constituer avec ce qu'il y a de meilleur dans les F.F.I. de votre zone une nouvelle division.

D'autre part, je serai probablement obligé de vous reprendre, un jour ou l'autre, la Division du Vigier et la Division Brosset.

J'attends avec confiance le compte rendu de l'opération que vous avez dû engager hier à votre gauche. Sachez que j'ai pour vous une complète estime et une sincère amitié.

Lettre du général de Gaulle
au général Eisenhower, à Versailles.

Paris, le 10 octobre 1944.

Mon cher général,

Le général commandant la Ire Armée française m'a rendu compte de ce qu'il avait reçu du haut commandement allié des directives pour l'administration militaire des territoires allemands occupés. Il demande pour cette fin la mise à sa disposition du personnel qualifié nécessaire.

J'ai l'honneur de vous faire connaître mon point de vue sur cette importante question.

1° Sans préjuger quelle sera la zone des territoires allemands qui sera réservée à l'occupation et à l'administration françaises ou alliées dans le cadre interallié après la fin des hostilités, question dont la solution est du domaine du gouvernement français et des gouvernements alliés, j'estime que l'armée française doit assurer initialement l'administration militaire des territoires qu'elle est appelée à occuper progressivement au cours des opérations elles-mêmes.

En outre, je crois devoir appeler votre attention sur le rôle particulier, vis-à-vis de certains territoires français, joué depuis 1940 par les « Gaue » : Westmark, chef-lieu Sarrebruck, et Oberrhein, chef-lieu Karlsruhe, auxquels le Reich a arbitrairement rattaché les départements français de la Moselle d'une part, du Haut-Rhin et du Bas-Rhin d'autre part. La présence d'un organisme français d'aministration dans ces deux villes, dès leur occupation par les armées alliées, est donc indispensable au rétablissement rapide de la souveraineté française sur son propre territoire.

Enfin, l'occupation par les armées alliées des territoires rhénans posera de nombreux problèmes de grande importance pour la France et qui devront obtenir des solutions immédiates sur le plan technique. J'estime que ces solutions, préparant le rétablissement de la France dans les droits et intérêts qu'elle y détient, ne peuvent être prises sans que les autorités françaises compétentes ne soient appelées à participer à leur élaboration. Parmi les principaux problèmes de cette nature et à titre d'exemple, je puis mentionner la question des ports de Kehl et de Strasbourg dont l'interdépendance nécessite un organisme commun de direction français.

2° Le recrutement du personnel français nécessaire à l'exécution de ces missions, tant en ce qui concerne les officiers qualifiés à adjoindre aux différents états-majors de l'Armée du général de Lattre de Tassigny, qu'en ce qui concerne également les équipes spécialisées dans les différentes branches de l'administration du territoire et des services publics, peut être assuré dans des délais courts et sans difficultés particulières. Nombreux sont, en effet, les officiers et les fonctionnaires français connaissant bien les questions allemandes…

3° Je vous prie de vouloir bien me faire connaître votre accord à ce sujet.

Sincèrement vôtre.

Lettre du général de Gaulle au général Eisenhower.

Paris, le 13 octobre 1944.

Mon cher Général,

J'ai bien reçu, en son temps, votre lettre du 25 septembre 1944, au sujet du transport dans d'autres régions de deux divisions françaises actuellement en ligne dans les Vosges et devant Belfort : 1re Division blindée (général du Vigier) ; 1re Division française libre (général Brosset).

Quelque intérêt que pourrait, à certains égards, présenter actuellement le maintien de ces unités sur le front de l'Est, des nécessités d'ordre national imposent au Gouvernement français d'employer ces divisions dans les conditions que je vous ai exposées par ma lettre du 21 septembre 1944.

L'utilisation du port de Bordeaux, le seul grand port français qui ne soit pas détruit, dépend de l'anéantissement des forces ennemies qui tiennent encore l'embouchure de la Gironde. Le Gouvernement français estime cette opération indispensable et urgente. La 1re Division blindée y serait employée concurremment avec des forces françaises de l'intérieur. L'arrivée en ligne devant Belfort de la 5e Division blindée permet, d'ailleurs, d'y remplacer la 1re Division blindée.

D'autre part, la nécessité de pousser l'organisation et l'instruction des forces françaises nouvelles exige la présence dans la zone de l'intérieur d'au moins une division de ligne. La 1re Division française libre devrait, en conséquence, être amenée dans la région de Paris.

Il en résulterait que, sur les 8 divisions et les 2 corps d'armée français actuellement organisés et armés, une seule division demeurerait en réserve, ce qui ne paraît pas excessif dans la période actuelle.

Au cas où ces dispositions vous paraîtraient incompatibles avec les opérations en cours ou imminentes, je suis naturellement prêt à examiner la question avec vous. J'attire, en effet, votre attention sur le fait que vous ne m'avez fourni, jusqu'à présent, aucune indication quant à vos projets, bien qu'ils intéressent la France au premier chef et comportent l'emploi de celles des forces françaises que le gouvernement a placées à votre disposition.

Je dois enfin ajouter, une fois de plus, que ce gouvernement désire essentiellement augmenter le nombre des grandes unités françaises susceptibles de participer aux opérations actives et qu'il est en mesure de le faire si nos Alliés consentent à lui fournir l'armement indispensable.

Sincèrement à vous.

Ordre du général de Gaulle concernant les attributions du général de Larminat.

Paris, 14 octobre 1944.

Le général de Corps d'Armée de Larminat est désigné comme commandant des forces françaises en opérations sur le front de l'Ouest (réduits allemands de la côte française de l'Atlantique).

Conférence de presse, tenue à Paris, le 25 octobre 1944.

. . . .

Question. – Pouvez-vous dire si la France participera à l'occupation de l'Allemagne et dans quelles conditions ?

Réponse. – Si les troupes françaises entrent en Allemagne, et j'espère bien qu'elles y entreront par la force des armes avec les Alliés, les troupes françaises occuperont le territoire allemand qu'elles auront pris aux armées allemandes. Quant aux conditions politiques de cette occupation militaire, je vous dirai très franchement qu'aucune conversation n'a eu lieu entre la France et les gouvernements alliés à ce sujet.

Q. – Ce manque de conversations s'appliquerait-il également aux conditions politiques de l'occupation après un armistice éventuel ?

R. – Vous avez une notion suffisante maintenant de l'opinion française… pour concevoir comme inimaginable une situation dans laquelle le sort de l'Allemagne vaincue et, en particulier, les conditions de l'occupation de son territoire seraient réglées sans la France.

. . . .

Q. – Y a-t-il un refus de la part des Alliés de donner des armes à la France en ce moment ?

R. – Je puis vous dire que, depuis le commencement de la bataille de France, nous n'avons pas reçu de nos alliés de quoi armer une seule grande unité française. Il faut d'ailleurs se rendre compte des difficultés considérables qui se sont présentées jusqu'à présent au commandement allié. La bataille elle-même implique un énorme travail d'aménagement des ports détruits et des communications, de ravitaillement des forces en ligne, et cela peut expliquer dans une certaine mesure que, jusqu'à présent, le tonnage d'armement qui serait nécessaire pour armer des grandes unités françaises nouvelles ne soit pas encore parvenu.

Q. – Vous avez dit, mon Général : dans une certaine mesure ?

R. – Oui, j'ai dit : dans une certaine mesure.

. . . .

Q. – Pourriez-vous nous donner vos impressions sur la renaissance du Gouvernement français par les Alliés et ses conséquences ?

R. – Je puis vous dire que le gouvernement est satisfait qu'on veuille bien l'appeler par son nom.

. . . .

Q. – Le Gouvernement français s'est, à plusieurs reprises, occupé des prisonniers et internés déportés en Allemagne. Est-ce qu'on s'occupe actuellement de nos prisonniers en Allemagne ?

R. – Les prisonniers de guerre sont actuellement en contact avec la Croix-Rouge internationale. Ces contacts n'ont pas cessé. Pour ce qui est des autres, c'est-à-dire des déportés et des prisonniers politiques, le statut international de la Croix-Rouge ne prévoit pas ces contacts. C'est une difficulté grave, d'autant plus qu'aucune puissance neutre ne représente, actuellement, les intérêts français, ni les intérêts des Français, en territoire allemand. Vous savez sans doute que le soi-disant Gouvernement de Vichy avait conclu avec ses collaborateurs allemands que les intérêts français en Allemagne seraient représentés par lui-même et par ses représentants en Allemagne. À ce point de vue, sa présence en Allemagne, ses prétentions dans cette matière, le parti qu'en tire l'ennemi pour empêcher les secours à nos propres gens, sont, comme les autres effets de la « collaboration », directement opposés à l'intérêt français et à l'intérêt des Français, parce que cela empêche une autre solution pour la représentation de ces intérêts.

. . . .

Q. – Quelle est l'importance des forces allemandes qui luttent encore à l'ouest de la France ? Les Alliés ont-ils l'intention d'aider les forces françaises pour les combattre ?

R. – À l'ouest de la France, c'est-à-dire dans le réduit allemand de Lorient, dans celui de Saint-Nazaire, dans celui de La Rochelle et à l'embouchure de la Gironde : à Royan, d'une part, et à la pointe de Grave, d'autre part, nous apprécions qu'il y a 90 000 hommes environ de troupes allemandes. En outre, une forte artillerie, des approvisionnements en munitions considérables et même quelques navires qui guerroient le long des côtes. Il y a des communications entre ces éléments allemands et le reste des forces allemandes, quelquefois par avion, en tous les cas par radio et par agents. C'est une situation préoccupante, d'abord parce qu'il est odieux que les Allemands soient encore dans cette partie de la France, comme dans toute autre partie ; ensuite, parce qu'ils nuisent aux populations ; enfin, parce qu'ils empêchent d'utiliser des ports français. Bordeaux, par exemple, est un port intact. Or, on ne peut pas utiliser Bordeaux parce que l'embouchure de la Gironde est occupée par les Allemands.

Quant aux opérations militaires qui sont destinées à réduire les résistances allemandes, je vous demande la permission de ne pas vous en parler. Ce qui est certain c'est que, jusqu'à présent, sauf à Brest où les forces américaines ont courageusement et durement réduit la résistance allemande, ce sont essentiellement les forces françaises de l'Intérieur qui tiennent le contact avec l'ennemi. Évidemment, ces forces sont mal armées et, malgré leur courage, à peine suffisantes pour cette mission de contact. Pour réduire les résistances allemandes il faudra des forces plus puissantes.

Q. – Quelle est la position de la France vis-à-vis des populations noires ?

R. – Vous avez peut-être suivi les travaux de la conférence d'Afrique centrale à Brazzaville. Après Brazzaville, le Gouvernement français a fixé sa politique. Cette politique, d'ailleurs, ne s'applique pas seulement aux territoires habités par des Noirs, elle s'applique à tous les territoires français ou associés à la

France. La politique française consiste à mener chacun de ces peuples à un développement qui lui permette de s'administrer et, plus tard, de se gouverner lui-même. Je ne parlerai pas d'une Fédération française, parce qu'on peut discuter sur le terme, mais d'un système français où chacun jouera son rôle.

Telle est la politique française pour le développement des pays noirs en particulier. Peut-être savez-vous que, pendant cette guerre même, la France a fait beaucoup au point de vue de ce développement. Si vous alliez vous promener en Afrique française, spécialement dans les pays des moins favorisés, comme le Congo, vous seriez très étonnés de la transformation de ces pays pendant la guerre. Il n'y a pas de comparaison, je vous assure, entre la manière dont vivait un Noir du Congo en 1935 et la manière dont vit le même Noir du Congo en 1944. C'est une chose qu'on ne sait pas en général, parce qu'il faut la voir sur place. Mais c'est une réalité.

Q. – Quelles sont les conséquences sur le plan administratif et sur le plan des relations avec les Alliés de la délimitation annoncée, il y a quelque jours, pour la zone des armées ?

R. – Sur le plan administratif, aucune espèce de différence. L'administration des Français n'a jamais été exercée que par le Gouvernement français. Vous avez circulé, vous n'avez jamais vu aucun préfet qui eût été nommé par une autorité autre que par le Gouvernement français. C'est dire qu'au point de vue des gens qualifiés pour exercer l'administration des Français le tracé de la zone de l'intérieur n'apporte naturellement aucun changement. Il ne pourrait jamais arriver que les Français, une fois l'ennemi chassé, fussent administrés par d'autres que par les fonctionnaires du Gouvernement français. Dans la zone des armées, d'après l'accord que le Gouvernement français a conclu avec le Gouvernement britannique, le 25 août dernier, et que le commandement français a conclu avec le commandement interallié le même jour, 25 août, il est prévu que, dans la zone des armées, le commandement militaire interallié a certains droits pour l'utilisation des ressources en vue de la bataille. Ceci est tout à fait naturel. D'ailleurs, c'est le Gouvernement français qui avait proposé ces accords, dès le mois de septembre 1943. Ils ont été signés le 25 août dernier.

Q. – Puisque nous passons au problèmes intérieurs, pouvez-vous nous dire quelles sont vos impressions, après les voyages que vous avez faits en France, sur la situation morale et sur la situation économique ?

R. – Quant à la situation économique, il y a les apparences et puis il y a les réalités. Dans beaucoup de régions la première apparence est assez favorable, vous l'avez constaté, parce qu'il est de fait que l'agriculture française est restée relativement intacte. Les terres sont là, les hommes qui restaient et les femmes ont travaillé les terres. Il est exact que, cette année, la récolte de blé, de céréales, de pommes de terre, de fruits est une assez bonne récolte. Comme la France, au point de vue agricole, est un pays relativement riche, l'impression que donne cet ensemble agricole de la France est meilleure qu'on ne pouvait croire ; cela est vrai.

Au point de vue industriel, c'est complètement différent. D'abord, un grand nombre des industries françaises ont été pillées par les Allemands qui ont enlevé les stocks et même certaines machines pour les utiliser. D'autre part, ces industries sont en grande partie coupées du charbon, coupées du courant électrique et coupées des matières premières. Par exemple, vous allez à

Lille où il y a beaucoup d'industrie textiles : la plupart sont relativement intactes, mais le charbon n'est pas encore arrivé aux usines, le courant électrique commence seulement à reprendre et il n'y a pas de coton. Il y a toute une réorganisation industrielle du territoire à faire et, en particulier, une circulation du charbon, du courant électrique et des matières premières à rétablir. Cela est difficile et sera long.

Quant à la situation morale, il y a une chose qui domine tout, qui éclate à tous les yeux, quand on voit les Français et les Françaises rassemblés, c'est que le peuple français est fidèle à lui-même, c'est-à-dire qu'il est absolument résolu à être vainqueur. Ensuite, que le peuple français veut décider lui-même de ses institutions et qu'il n'acceptera de dictature d'aucune sorte. Voilà le deuxième point qui frappe.

Enfin, le troisième point c'est que les Français comprennent parfaitement bien l'étendue du malheur qui leur est arrivé et dont ils savent qu'en partie, je dis en partie, ils sont responsables. Ils comprennent aussi très bien l'étendue de l'effort qu'il faut qu'ils fassent pour se rétablir et cet effort ils veulent le faire. Ils veulent se rétablir, non pas comme ils étaient, mais sous des formes nouvelles, du point de vue politique, du point de vue économique, du point de vue social et même du point de vue moral.

Voilà le sentiment général de tous les Français et, malgré quelques incidents locaux inévitables après tout ce qui s'est passé et étant donné les conditions tumultueuses de la bataille contre l'ennemi et de la libération, je vous prends à témoin que la France est un pays en ordre. Je vous affirme qu'elle le restera. Je vous garantis que l'ordre continuera et que la France prendra le chemin de la démocratie nouvelle sans aucun bouleversement et parce que c'est la volonté générale.

Q. – Qu'entendez-vous, mon Général, par démocratie nouvelle ?

R. – Je crois… Oh ! vous allez me faire parler bien longtemps et j'ai déjà eu l'occasion d'expliquer ce que pense la France à ce sujet. Je crois que la démocratie que les Français veulent avoir, c'est un système politique dans lequel autant que possible, puisque les hommes demeurent les hommes, les abus de l'ancien régime parlementaire seront abolis.

Q. – Est-ce que vous pourriez nous parler un peu de la situation des forces françaises de l'Intérieur, en province, dans le Sud-Ouest ? À Toulouse ? À Bordeaux ?

R. – Les F.F.I. sont presque tous des jeunes gens d'une extrême qualité et dont la France fera, vous verrez, une armée impressionnante. C'est l'affaire encore de quelques mois. Vous verrez alors l'armée que la France aura su se faire avec ces jeunes gens et avec les troupes qu'elle avait déjà, en mettant les uns avec les autres.

Ces F.F.I. – c'est une chose qu'on a rarement vu dans l'Histoire – se sont formés spontanément sur le terrain, dans leur pays. Naturellement ils ne se sont pas toujours formés d'une manière régulière et c'est pourquoi leur aspect, leur organisation furent assez divers et même disparates.

Là-dessus est venue l'autorité de l'État. L'État, au fur et à mesure qu'il fait régner son autorité rend régulières ces forces françaises qui appartiennent seulement à l'État. Je vous dirai, par exemple, qu'il y a trois jours je suis allé voir la Ire Armée du général de Lattre de Tassigny dans les Vosges et devant Belfort. Il y a trois semaines, j'y avais déjà passé et il y avait alors sur le terrain plus de 50 000 F.F.I. venus pour combattre. Je les ai revus il y a trois jours ; il n'y a plus de comparaison avec ce qui était il y a trois semaines ; 52 000 hommes venant des forces françaises de l'Intérieur entrent maintenant dans la composition de la Ire Armée ; dans trois semaines encore il n'y aura plus de différence entre ceux qui sont venus d'Afrique après être passés par l'Espagne ou l'Angleterre ou ailleurs et ceux qui sont venus de Toulouse, de Limoges ou du Nord.

Restent les autres, ceux qui sont encore dans l'intérieur. C'est une question d'habillement et d'armement. Leur habillement progresse lentement parce que nous sommes dans des difficultés incroyables à ce sujet. Leur armement ne progresse malheureusement pas, nous en avons dit les raisons. Que cet armement vienne et le Gouvernement français garantit que l'armée française sera en mesure de prendre, aux batailles finales de l'année prochaine, une part considérable.

Q. – On peut dire, mon Général, que des bruits disant qu'il y avait des désordres et qu'on faisait des réquisitions locales sont sans fondement ?

R. – Il y a eu des réquisitions, cela est vrai. Mais comment voulez-vous qu'il en fût autrement ? Les troupes sortaient du maquis et avaient pris l'habitude de se nourrir comme elles pouvaient. Puis, sont venus les combats de libération. Ces éléments avaient certaines habitudes, et il a fallu du temps pour organiser les services, en particulier l'Intendance, dans les régions et les départements. Dans l'intervalle, il est vrai qu'il y a eu des réquisitions.

. . . .

Une chose est essentielle, c'est que le parti de la liberté remporte la victoire uni, réellement uni… Que la paix qui suivra ces immenses efforts soit également une paix d'union. Que, de toute cette somme d'efforts et de souffrances en commun de tant d'hommes et de tant de femmes, il résulte une organisation mondiale telle que la sécurité, la dignité et le développement de chaque peuple soient possibles et même garantis par tous les autres. Si l'humanité en arrive là, tous ceux qui sont morts, tous ceux qui ont souffert ne seront pas morts et n'auront pas souffert pour rien. C'est là maintenant le vrai problème des peuples et, par conséquent, des hommes d'État.

Communiqué du gouvernement au sujet des groupements armés.

Paris, le 28 octobre 1944.

Le Conseil des ministres a examiné la question des groupements armés qui subsistent dans un certain nombre de départements et qui n'appartiennent ni à l'armée ni à la police de l'État. Certains de ces groupements, formés pendant la période insurrectionnelle pour la lutte contre l'ennemi, sont demeurés en activité en se donnant pour objet la lutte contre la 5e Colonne, la répression du marché noir et la défense de la République. Parfois ces groupes armés procèdent à des réquisitions et, même, à des arrestations.

Le Conseil des ministres rend hommage aux services que ces groupements ont pu rendre pendant la période insurrectionnelle. Mais la période insurrectionnelle est terminée. Il n'appartient qu'au gouvernement et à ses représentants dans les régions et les départements d'assurer, conformément aux lois de la République, les pouvoirs d'administration et d'exercer les pouvoirs de police. Les commissaires régionaux de la République sont en mesure de réprimer toute tentative éventuelle de la 5e Colonne pour troubler l'ordre.

D'autre part, tous les rapports reçus par le gouvernement signalent l'inquiétude et le malaise que provoque, dans la population, le maintien de groupes armés qui n'appartiennent ni à l'armée ni à la police de l'État et qui continuent à opérer parfois des perquisitions, des réquisitions et des arrestations illégales.

Enfin, beaucoup d'éléments appartenant à ces groupements pourraient trouver, dans une préparation militaire organisée par l'autorité compétente, le moyen de se tenir prêts à contribuer efficacement à la défense des localités où ils vivent, dans le cas où la situation militaire viendrait à le rendre nécessaire. Il faut ajouter que l'armement actuellement en possession de tels groupements pourrait être ainsi, pour une grande partie, employé à armer les unités nouvelles de l'armée dont le manque d'armes est notoire.

Le Conseil des ministres, fermement résolu à assurer le respect de l'ordre dans le cadre de la légalité républicaine et à utiliser pour la préparation militaire des hommes qui ont fait leurs preuves, a pris les décisions suivantes :

1° Les lois et règlements de la République sur le port d'armes dans les lieux publics et la détention des armes de guerre doivent être appliqués ;

2° Les perquisitions, réquisitions et arrestations opérées par des organisations qui ne procèdent pas de l'autorité responsable sont illégales, engagent la responsabilité de leurs auteurs et les mettent sous le coup des sanctions prévues par la loi ;

3° Le ministre de la Guerre est chargé d'organiser immédiatement des centres de préparation militaire, ainsi que l'utilisation de l'armement actuellement détenu par les divers groupements ;

4° Le gouvernement, qui dirige la répression de la collaboration et des activités de la 5e Colonne, invite les Français et les Françaises qui posséderaient des informations fondées sur la collaboration avec l'ennemi, sur le marché noir, ou sur les agissements de la 5e Colonne, à les transmettre aux autorités régulières de l'administration et de la police qui prendront les mesures nécessaires.

Le gouvernement compte sur la coopération de tous les Français et de toutes les Françaises fidèles à leur devoir pour l'aider dans la lourde tâche de reconstruction administrative, économique et sociale de la France. La nation doit fournir la preuve que, d'accord avec le gouvernement que préside le général de Gaulle, elle est résolue à accomplir dans l'ordre, derrière nos armées au combat, l'immense effort de travail et d'organisation qui est indispensable pour que la France, redevenue libre et indépendante, arrache la victoire à l'ennemi et reprenne sa place dans le monde.

Entretien avec M. Winston Churchill,
en présence de MM. Georges Bidault et Anthony Eden,
rue Saint-Dominique, le 11 novembre 1944.

Le général de GAULLE, s'adressant à M. Churchill, ouvre l'entretien en posant la question du réarmement de la France. La présence d'une forte armée française sur le continent intéresse-t-elle la Grande-Bretagne ?

M. CHURCHILL. – Le rétablissement de l'armée française est à la base de notre politique. Sans l'armée française, il ne peut y avoir de règlements européens solides. La Grande-Bretagne, à elle seule, ne dispose pas des éléments d'une grande armée. Elle a donc un intérêt primordial à favoriser la renaissance d'une grande armée française. C'est une politique au sujet de laquelle mon opinion n'a jamais varié.

Ce sont donc seulement les étapes du réarmement de la France et non le principe de ce réarmement qui sont en cause. À cet égard, le problème dépend essentiellement de la durée des opérations. Si la bataille actuellement engagée à l'ouest de l'Europe est décisive, c'est-à-dire si les forces alliées pénètrent profondément dans le dispositif allemand, la résistance ennemie peut prendre fin d'ici trois mois. Sinon, les hostilités se prolongeront jusqu'au printemps et, peut-être, jusqu'à l'été prochain.

Aujourd'hui, l'armée britannique a mis en jeu la totalité des unités dont elle dispose. Les formations nouvelles qui devraient être engagées proviendraient de l'autre côté de l'Atlantique. En admettant que la guerre dure encore six mois, il ne sera pas possible, dans un délai aussi court, de mettre sur pied beaucoup d'autres divisions nouvelles aptes aux formes modernes de la bataille.

GÉNÉRAL DE GAULLE. – Pourtant, il faut commencer. Jusqu'à présent, nous n'avons rien reçu en fait d'armement ou d'équipement depuis qu'on se bat en France. Il y a quelques semaines, certains pensaient que la guerre était pratiquement terminée. Je dois dire que ni vous, ni moi n'étions de cet avis. Aujourd'hui, les choses apparaissent différemment. Qu'en pensent nos alliés ? Nous avons besoin de le savoir.

M. CHURCHILL. – Je vais explorer nos disponibilités et vous fournir un rapport. Peut-être pourrons-nous vous céder du matériel de seconde zone, déjà quelque peu déclassé mais utile pour l'instruction.

GÉNÉRAL DE GAULLE. – Ce serait, déjà, quelque chose. Nous ne prétendons pas créer d'emblée de grandes unités absolument conformes aux tableaux de dotation les plus récents des Britanniques ou des Américains.

M. CHURCHILL. – Combien de divisions aurez-vous au printemps ?

GÉNÉRAL DE GAULLE. – Nous aurons, en plus de nos 8 divisions de ligne actuelles, 8 divisions nouvelles. Nous disposons des hommes et des cadres nécessaires. Il nous manque le matériel de transport, les armes lourdes, l'équipement de radio. Nous aurons des fusils, des fusils mitrailleurs, des mitrailleuses ; ce qui nous fait défaut, ce sont les tanks, les canons, les camions, les moyens de transmissions.

M. CHURCHILL. – Les Américains pensent terminer la guerre avant qu'aucune division à former n'ait pu être mise sur pied. Ils veulent donc réserver tout le tonnage disponible aux unités déjà constituées.

GÉNÉRAL DE GAULLE. – Peut-être les États-Unis se trompent-ils. Au surplus, la Grande-Bretagne, bien plus encore que les États-Unis, doit penser aux événements qui feront suite en Europe à l'avenir immédiat. Une victoire remportée sur l'Allemagne sans l'armée française serait d'une exploitation politique difficile. L'armée française doit prendre sa part de la bataille pour que le peuple français ait, comme ses alliés, conscience d'avoir vaincu l'Allemagne.

. . . .

M. CHURCHILL. – Nous allons étudier la question avec les Américains. Je soulignerai l'importance qu'il y a à faire participer la France à la victoire.

Toutefois, le problème changera d'aspect lorsque l'Allemagne sera battue. Il ne s'agira plus de conduire des opérations, mais d'occuper des territoires. Ne doit-on pas, en vue de cette situation, prévoir des tableaux de dotation d'un type particulier ?

GÉNÉRAL DE GAULLE. – Nous avons prévu, outre nos divisions de ligne, 40 autres régiments destinés précisément à faire de l'occupation. Mais, si la France n'a pas le sentiment d'avoir pris part à la victoire, elle sera dans de mauvaises conditions pour pratiquer l'occupation.

M. CHURCHILL. – Je le comprends. Mais tout est difficile en raison de la pénurie de moyens de transport par mer. Les formations déjà engagées ou déjà équipées doivent être utilisées les premières. Si la guerre doit prendre fin dans trois mois, rien d'utile ne peut être fait en ce qui concerne vos grandes unités nouvelles. Si elle doit durer six mois, c'est une autre affaire.

. . . .

M. EDEN. – Tout dépendra, en fin de compte, de la durée de la guerre.

M. CHURCHILL. – Les Américains affirment qu'ils sont en train d'armer 140 000 hommes de troupes françaises et envisagent d'en armer ultérieurement 400 000.

GÉNÉRAL DE GAULLE. – Les Américains ne songent à armer nos effectifs que pour en faire des gardes-voie. Nous pensons à autre chose. En tout cas, je retiens ce que vous nous avez dit au sujet de votre contribution possible à notre réarmement.

. . . .

M. BIDAULT. – Il y a deux choses qu'il faut garder présentes à l'esprit. Si la France ne participe pas aux opérations de la victoire, les troupes d'occupation françaises n'auront pas un esprit de combattants. Les Allemands ne les considéreront pas comme des vainqueurs. Or, les Français ne veulent pas n'être, en Allemagne, que les héritiers des vainqueurs.

D'autre part, n'oubliez pas que la nouvelle armée française est composée de volontaires. Les hommes que vous avez vus défiler ce matin font partie des 500 000 soldats français qui, sans instruction militaire, sans armement et sans uniforme, se sont héroïquement battus. Ces hommes n'ont pas seulement un ennemi à vaincre. Ils ont une revanche à exercer contre le passé. En six mois, ils peuvent devenir des combattants d'élite.

GÉNÉRAL DE GAULLE. – M. Bidault a raison. Tout cela est très important du point de vue psychologique.

M. CHURCHILL. – Ce qui est également essentiel, c'est le rôle qui doit revenir à l'armée française plus tard, dans quelques années.

GÉNÉRAL DE GAULLE. – Nous abordons là un autre problème. Nous avons cru comprendre que vous étiez tombés d'accord avec les Russes et les Américains pour la division de l'Allemagne en zones d'occupation.

M. CHURCHILL. – C'est exact ; au moins provisoirement.

GÉNÉRAL DE GAULLE. – Puis-je vous demander ce qui a été prévu ?

M. CHURCHILL. – Il y aura deux zones d'occupation : une zone russe et une zone occidentale dont le nord sera occupé par les Britanniques et le sud par les Américains.

M. EDEN. – N'avez-vous pas reçu d'indications à ce sujet, depuis que vous avez été invité à discuter des problèmes allemands avec la commission européenne de Londres ?

M. MASSIGLI. – Pas encore.

M. EDEN. – Nous avons l'intention de démarquer à votre profit une partie de notre zone.

GÉNÉRAL DE GAULLE. – Laquelle ?

M. CHURCHILL. – C'est à discuter. Cela se réglera facilement entre amis.

GÉNÉRAL DE GAULLE. – N'avez-vous rien précisé à ce sujet avec les autres ?

M. CHURCHILL. – À Québec, rien n'a été décidé... On ne parlait pas encore de la participation française à l'occupation. Nous y sommes favorables et les Américains également.

GÉNÉRAL DE GAULLE. – L'occupation de l'Allemagne n'ouvre pas une perspective agréable, mais nous estimons nécessaire que, pendant un certain temps, l'Allemagne tout entière soit occupée. Si cette vue prévaut, nous tenons à avoir notre zone ; d'abord, pour des raisons de convenance et, ensuite, parce que nous ne pourrons plus jamais nous désintéresser de la couverture de notre territoire à l'Est. Nous venons de connaître une expérience trop cruelle et de subir un jeu trop dangereux. Nous ne pouvons plus être envahis.

M. CHURCHILL. – Ce soir à six heures, on annoncera officiellement votre entrée à la commission consultative de Londres. C'est au sein de cet organisme que votre thèse doit être débattue.

M. EDEN. – D'ores et déjà, nous avons demandé aux Alliés :

a) que vous receviez en charge une partie de notre zone ;

b) qu'une zone propre vous soit attribuée. Il appartient à la commission consultative d'examiner cette proposition.

D'autre part, les puissances représentées à la commission sont d'accord pour associer les petits alliés à l'occupation.

M. Bidault. – On peut rétrocéder des subdivisions aux Belges et aux Hollandais ; la France doit avoir sa zone propre.

M. Churchill et M. Eden. – Tout à fait d'accord ! Il doit y avoir une zone française.

Général de Gaulle. – Quelle position commune pourrions-nous adopter, vous et nous, en accord avec les Russes et les Américains, au sujet de la façon de traiter l'Allemagne ?

M. Churchill. – Il faut en effet une position commune. Vous-mêmes êtes les principaux intéressés.

Général de Gaulle. – Qu'en pense Staline ?

M. Churchill. – À Moscou, nous avons surtout parlé de la conduite de la guerre, de la Pologne et des Balkans. On a convenu que la Grèce était zone d'influence anglaise, la Roumanie et la Hongrie zones d'influence russe, la Yougoslavie et la Bulgarie zones d'intérêts communs…

M. Eden. – Le Gouvernement français va entrer à la commission consultative, précisément au moment où les Russes manifestent le désir d'en intensifier les travaux. Ils ont augmenté le personnel de leur délégation. On va sans doute pouvoir étudier plus à fond la question allemande.

Général de Gaulle. – Et les problèmes concernant les autres États aussi ?

M. Eden. – Oui.

Général de Gaulle. – En somme, au sujet de l'Allemagne, vous n'avez pas encore de doctrine définie ?

M. CHURCHILL. – Les militaires veulent conserver en Allemagne des points d'appui où ils tiendront garnison, occuperont les aérodromes et d'où rayonneront des colonnes mobiles dotées d'un armement léger. Les Allemands, eux, disposeront d'une police locale. Ils seront responsables du maintien de l'ordre et de l'approvisionnement des populations.

Les formations alliées d'occupation ne seront donc pas nécessairement de grandes unités.

GÉNÉRAL DE GAULLE. – Indépendamment des problèmes militaires de l'occupation, avez-vous fixé vos idées au sujet des mesures à prendre vis-à-vis de l'économie allemande ?

M. CHURCHILL. – À la vérité, il n'y a encore rien de décidé. À Téhéran, on a échangé des idées intéressantes, mais vagues. À Québec et à Moscou, nous nous sommes efforcés de serrer de plus près la question. Nous sommes les commis voyageurs de la sagesse et de la camaraderie.

Quant à la Ruhr et à la Sarre, il est entendu entre nous et les Américains qu'elles ne doivent plus servir d'arsenal à l'Allemagne. Ces régions sont appelées à servir, pendant plusieurs années, de fonds de reconstruction à la Russie et aux autres pays dévastés.

GÉNÉRAL DE GAULLE. – Je vois que vous mentionnez spécialement la Ruhr et la Sarre. Il est vrai que les Allemands ont beaucoup utilisé la Sarre depuis que nous avons eu l'infortune de leur rendre les mines qui nous appartenaient en vertu du traité de Versailles.

M. EDEN. – On a aussi examiné la possibilité, une fois que la Russie et les autres pays dévastés auront effectué dans la Ruhr les prélèvements auxquels ils ont droit, de soumettre cette région à un contrôle international. Mais on n'a pas encore déterminé les modalités de ce contrôle.

GÉNÉRAL DE GAULLE. – Participerez-vous à ce contrôle ?

M. CHURCHILL. – Rien n'a encore été décidé.

M. EDEN. – Les Russes ne sont pas opposés à ce plan.

GÉNÉRAL DE GAULLE. – Et Roosevelt ?

M. CHURCHILL. – Les Américains sont très sévères pour l'Allemagne. C'est ainsi qu'ils sont d'avis que les Polonais prennent la Silésie jusqu'à l'Oder.

M. EDEN. – Russes, Américains et Britanniques sont d'accord au sujet de cette compensation, mais les Polonais ne l'ont pas encore acceptée positivement.

M. BIDAULT. – Selon certains renseignements recueillis ici, les Polonais pourraient donner leur accord au règlement des frontières. Ce qui les préoccupe, c'est la menace qui pèse sur l'indépendance du futur gouvernement polonais.

M. EDEN. – Les Polonais ont péché par indécision. S'ils avaient accepté plus tôt les frontières auxquelles ils se résignent aujourd'hui, la question de leurs rapports avec le Comité de Lublin ne se serait jamais posée.

M. CHURCHILL. – Nous sommes résolus à rendre à la Pologne un espace vital équivalant à son territoire d'avant-guerre. Mais nous ne nous sommes jamais engagés à la restaurer dans ses anciennes frontières. Les Polonais peuvent prendre Dantzig, des territoires de Prusse-Orientale et tout ce qu'ils peuvent absorber jusqu'à l'Oder. Les Russes sont d'accord, les Américains aussi, surtout depuis les élections. Les Polonais perdront Lwow ; ils perdront aussi Vilno, qu'ils ont conquis autrefois contre le gré de la France et de l'Angleterre.

Ce projet consacre l'annexion de territoires peuplés de 7 millions d'Allemands. Un certain nombre d'entre eux trouveront leur place dans les contingents de travailleurs à déplacer pour participer à la reconstruction des pays alliés dévastés. D'autres pourront être recasés en Allemagne où les travaux de reconstruction susciteront un appel de main-d'œuvre.

GÉNÉRAL DE GAULLE. – Je suis heureux de constater que votre position au sujet de la Pologne est à peu près la nôtre. La Pologne doit pouvoir vivre et vivre indépendante. Nous comprenons que les Polonais regrettent Lwow, mais on peut imaginer des compensations en direction de l'Oder. Il y aura là une garantie contre un retour à la politique de Beck. Quant aux problèmes de populations, la prolificité polonaise les atténuera à la longue.

M. CHURCHILL. – Le précédent gréco-turc est encourageant.

GÉNÉRAL DE GAULLE. – Oui ! Et c'est une expérience de transfert de population qui peut valoir aussi pour l'ouest de l'Europe. Mais, quant aux Polonais, il faut éviter que, par l'artifice d'un gouvernement sans crédit, ils ne tombent sous l'entière dépendance des Russes. Nous voulons une Pologne indépendante.

M. CHURCHILL. – J'ai reçu des Russes, à ce sujet, des assurances formelles. Le bolchevisme ne doit pas traverser la ligne Curzon. Les Russes nient toute prétention de panslavisme. Ils ne désirent pas porter atteinte à l'indépendance des pays balkaniques. Je les crois sincères aujourd'hui. Peut-être, dans dix ans, lorsque Staline sera aussi vieux que je le suis, les choses changeront-elles.

GÉNÉRAL DE GAULLE. – Eh bien ? Vous avez accepté Bonomi ?

M. CHURCHILL. – Je voulais garder Badoglio.

GÉNÉRAL DE GAULLE. – Je le sais ; c'est pourquoi je vous pose cette question.

M. CHURCHILL. – Le nouveau régime est faible. Toutefois, les Italiens acceptent de combattre. Il y aura des troubles en Italie. Il y en a en Grèce. En Yougoslavie, Tito n'est pas sans reproche. Mais il combat nos ennemis. C'est là le critère qui, partout, détermine notre ligne de conduite.

GÉNÉRAL DE GAULLE. – En somme, pour l'Italie, vous attendez ?

M. CHURCHILL. – Notre armée en Italie a besoin d'organiser ses arrières. L'Italie est très ruinée.

GÉNÉRAL DE GAULLE à M. EDEN. – Vous avez dit aux Communes que l'Italie ne retrouverait pas ses colonies ?

M. EDEN. – Oui. Notre position est que l'Italie n'a plus, sur le terrain colonial, aucune prétention à poser.

M. CHURCHILL. – Notre position a toujours été : pas de changements territoriaux jusqu'à la conclusion de la paix, sauf par voie d'accords amiables. C'est la position que nous avons prise vis-à-vis des Russes à propos de la question polonaise. C'est celle que nous prenons en ce qui concerne les Italiens.

M. EDEN. – Notre position est qu'ils n'ont pas de droits à faire valoir. Nous n'avons pas dépassé cette attitude de principe.

M. CHURCHILL. – Quant à nous, nous n'avons aucune ambition territoriale. Nous sortirons de la guerre affaiblis économiquement pour quelque temps, mais nous ne présentons aucune revendication au détriment de quiconque, notamment de la France, notre nation sœur. Nulle part dans le monde nous ne cherchons à miner vos positions, même pas en Syrie.

Général de Gaulle. – Le Président, à Québec, vous a-t-il parlé de ses projets en ce qui concerne les bases ?

M. Churchill. – Dakar ?

Général de Gaulle. – Oui, et Singapour.

À Washington, le Président m'a exposé sa conception selon laquelle il se regarde comme « trustee » du continent américain dont la sécurité repose sur le recours éventuel à des points d'appui français, anglais, hollandais, spécialement dans le Pacifique. Il a également mentionné Dakar. J'ai répondu : « Si vous parlez de cession de bases : non ! Si vous proposez, par contre, un système international où des bases seraient soumises à un statut identique et qui respecterait partout la souveraineté de chacun, alors, on peut discuter. »

M. Churchill. – Dans votre esprit, ces bases seraient-elles placées sous la sauvegarde des Nations Unies ?

Général de Gaulle. – Non. Il ne peut s'agir que d'un droit d'usage.

M. Churchill. – Il faudra, cependant, instituer une organisation internationale de sécurité, à laquelle seront dévolues des prérogatives dans certaines parties du monde. Selon moi, les Américains pourront conserver les bases japonaises qu'ils ont conquises dans le Pacifique. Quant à la Grande-Bretagne, elle a concédé aux États-Unis des facilités extraordinaires dans les Antilles en échange de 50 vieux torpilleurs désuets. Les bateaux étaient sans intérêt pour nous. L'objet de la transaction était de lier les États-Unis à la marche des événements. Nous avons ainsi fait de grandes concessions à la cause commune. Je me félicite donc de la position que vous avez prise. Nous ne sommes pas prêts, nous non plus, à abandonner nos droits souverains.

GÉNÉRAL DE GAULLE. – Oui. Vous seuls avez qualité pour administrer vos bases. Nous seuls avons le droit d'administrer les nôtres.

M. CHURCHILL. – Peut-être y aura-t-il des conseils régionaux.

GÉNÉRAL DE GAULLE. – Nous avons de bonnes nouvelles d'Indochine.

M. CHURCHILL. – Je sais que Mountbatten a accueilli Blaizot. Ils ont commencé un travail de recherches de renseignements en Indochine.

GÉNÉRAL DE GAULLE. – Ce qu'il faut, maintenant, c'est préparer l'envoi de troupes.

M. CHURCHILL. – Il faudra en parler aux Américains. Mountbatten relève du « Combined Chiefs of Staff », bien que les ordres opérationnels lui soient adressés directement, par nous. Nos rapports au sein du « Combined Chiefs of Staff » sont, d'ailleurs, excellents. Les malentendus, s'il s'en produit, sont réglés directement entre nos chefs d'état-major ou entre le Président et moi-même. Jamais nos relations avec les Américains, les Russes et vous-mêmes n'ont été aussi amicales qu'en ce moment.

GÉNÉRAL DE GAULLE. – Pour ce qui est de l'avenir de nos relations réciproques, je veux vous parler très franchement. Il est essentiel que la France sente que l'Angleterre a fait quelque chose pour armer les troupes françaises.

M. CHURCHILL. – Tout dépend des Américains.

GÉNÉRAL DE GAULLE. – Peut-être. Mais notre peuple ignore ces distinctions techniques, alors qu'il serait impressionné par un concours immédiat de l'Angleterre.

M. CHURCHILL. – Bedell Smith est d'accord pour que nous disposions de notre propre matériel à notre gré. Mais, comme je vous l'ai dit, le tonnage disponible doit être réservé aux unités destinées à être engagées avant la fin des hostilités.

. . . .

GÉNÉRAL DE GAULLE. – Nous avons parlé de certains problèmes qui nous sont communs ; l'armement de nos unités, l'occupation des territoires conquis, le règlement de la question allemande, le sort de l'Europe orientale dont nous n'avons pu jusqu'à présent discuter. Nous, Français, n'avons pas d'autres intentions que de nous refaire et de garder votre alliance, l'alliance russe et aussi, bien entendu, l'amitié des Américains. C'est d'ailleurs un service à rendre à ces derniers que de les mettre en garde contre la tentation de bouleverser ce qui existe. Nous sommes, vous et nous, depuis longtemps installés aux Indes ou en Indochine et dans certaines positions en Extrême-Orient. Nous connaissons bien ces pays. Nous savons qu'il ne faut pas y procéder par remaniements inconsidérés.

Pour la Syrie et le Liban, nous voulons leur indépendance réelle. Nous agissons comme vous avez fait en Irak et en Égypte. Nous ne pensons pas que notre influence dominante au Levant soit de nature à vous nuire. Nous ne faisons rien et nous ne ferons rien contre vous, en Irak, en Palestine ou en Égypte. Nous sommes, d'ailleurs, déjà arrivés à des accords sur les questions orientales en 1904, puis en 1916. Pourquoi ne pourrions-nous en faire autant aujourd'hui ?

M. CHURCHILL. – Les grands empires coloniaux ont naturellement beaucoup de conceptions communes. Il est plus facile aux Russes ou aux Américains de prêcher le désintéressement.

GÉNÉRAL DE GAULLE. – Évidemment. C'est pourquoi nous devons éviter de nous disputer à propos de querelles accessoires.

M. CHURCHILL. – Les événements dans le monde ont évolué si vite dans le sens que vous espériez que vous pouvez maintenant prendre patience et faire confiance à l'avenir. Ne dramatisons rien. Poursuivons nos conversations. En traversant l'Égypte, j'ai demandé aux militaires britanniques pourquoi ils construisaient des installations au Levant. Ils m'ont répondu que le Levant se prêtait mieux que les déserts d'Égypte et de Palestine à l'organisation de bases d'instruction. J'ai demandé pourquoi les baraquements étaient bâtis en pierre. On m'a répliqué que le bois était rare au Levant et que la pierre y était abondante. Cependant, je vous assure que nous n'avons pas le désir de prendre votre place en Syrie ou au Liban.

GÉNÉRAL DE GAULLE. – Pourquoi donc insistez-vous tellement pour que nous renoncions au commandement des troupes spéciales ? Nous en avons besoin pour le maintien de l'ordre dont nous sommes responsables jusqu'à la fin du mandat.

M. EDEN. – Je croyais que vous vous étiez engagés à transférer les troupes spéciales aux États sans attendre la fin des hostilités.

GÉNÉRAL DE GAULLE. – Non ! Nous voulons le faire quand la guerre sera terminée. Jusque-là, nous sommes responsables de l'ordre dans les États. Vous le savez.

M. EDEN. – Je pensais que vous étiez engagés à ce transfert sans attendre la fin de la guerre.

M. MASSIGLI. – Non !

M. BIDAULT. – Aucun terme n'est prévu.

GÉNÉRAL DE GAULLE. – Il faudra que nous traitions un jour dans son ensemble le problème du Proche-Orient.

M. CHURCHILL. – Quand vous avez promis l'indépendance aux États, la situation en Méditerranée était très critique. Nous avons garanti votre engagement.

GÉNÉRAL DE GAULLE. – Nous ne revenons pas sur cet engagement.

M. CHURCHILL. – Nous ne contestons pas à la France la place que les traités lui feront au Levant. Nous ne vous disputerons pas une position analogue à celle que nous occupons en Irak. C'est une position qui n'est pas parfaite, mais qui est tolérable. Écartez donc de votre esprit toute idée d'ambition de notre part en Syrie et au Liban.

M. BIDAULT. – Nous ne prêtons pas aux Anglais le noir dessein de nous supplanter au Levant. Mais nos représentants locaux croient parfois que les vôtres s'accommoderaient volontiers de notre élimination pure et simple et s'attendent à nous voir faire place nette. Ce que nous voulons, c'est demeurer présents aux États sous la forme des avantages que les traités nous concéderont.

M. CHURCHILL. – Les États tiennent à leur indépendance. Vous risquez de provoquer des troubles.

M. EDEN. – Nous avons dit aux Syriens et aux Libanais que nous étions partisans de traiter. Je ne serais pas étonné que les Russes et les Américains aient tenu un autre langage.

M. BIDAULT. – Notre présence en Syrie et au Liban où des Français sont tombés les uns contre les autres constitue pour nous un patrimoine sacré. Notre querelle sur ce point est une épine qu'il faut extraire dans l'intérêt de nos relations.

M. CHURCHILL. – À la conférence de la paix, j'appuierai vos demandes concernant la Syrie et le Liban. Pas, toutefois, au point de recommencer la guerre.

GÉNÉRAL DE GAULLE. – En tout cas, vous avez intérêt à nous informer le plus possible de l'évolution des problèmes où nos intérêts respectifs se trouvent engagés. On évitera ainsi des malentendus. Nous agirons de même vis-à-vis de vous.

M. CHURCHILL. – Les colonies ne sont plus aujourd'hui un gage de bonheur, ni un signe de puissance. Les Indes sont pour nous un fardeau très lourd. Les escadrilles modernes comptent plus que les territoires au-delà des mers.

GÉNÉRAL DE GAULLE. – Vous avez raison. Pourtant, vous n'échangeriez pas Singapour contre des escadrilles.

M. CHURCHILL. – Nous avons eu un échange de vues extrêmement amical qu'il faudra reprendre bientôt. L'essentiel est de rebâtir une France forte. Mais ce sera difficile de vous y aider maintenant, faute de tonnage. C'est pourtant votre tâche essentielle. Laissez-moi vous féliciter de la stabilité que vous avez déjà su introduire dans votre pays. Ce matin, la démonstration de la force française était impressionnante. Avant mon départ, les gens en Angleterre avaient eu peur.

GÉNÉRAL DE GAULLE. –… des F.F.I. ?

M. CHURCHILL. – Oui. Mais tout a bien marché.

GÉNÉRAL DE GAULLE. – On a toujours raison de faire confiance à la France.

Communiqué du Gouvernement.

Paris, le 14 novembre 1944.

M. Bidault, ministre des Affaires étrangères, a reçu ce matin M. Bogomolov, ambassadeur de l'Union soviétique, M. Duff Cooper, ambassadeur de Grande-Bretagne, et M. Jefferson Caffery, ambassadeur des États-Unis, qui venaient, au nom de leurs gouvernements respectifs, inviter le Gouvernement français à désigner un représentant permanent à la commission consultative européenne de Londres.

Le représentant du Gouvernement français y siégera sur un pied de parfaite égalité avec les représentants des gouvernements américain, britannique et soviétique.

Télégramme au général de Lattre de Tassigny.

Paris, le 20 novembre 1944.

La France a appris avec fierté les étapes victorieuses de sa Ire Armée : Montbéliard, Belfort, le Rhin.

À vous, mon Général, et aux magnifiques troupes sous votre commandement, j'adresse l'expression de ma satisfaction profonde et de celle du gouvernement.

C'est avec une ardente confiance que le pays tout entier suit les progrès de ses soldats.

Communiqué de la présidence du Gouvernement.

Paris, le 20 novembre 1944.

Les éléments avancés de la Ire Armée française ont atteint le Rhin au sud-est de Mulhouse, le 19 novembre, à 19 heures.

Entretien du général de Gaulle avec le maréchal Staline, au Kremlin, le 2 décembre 1944, à 21 heures.

Le maréchal Staline serre la main du général de Gaulle et l'invite à s'asseoir en face de lui devant une grande table à tapis vert où sont préparés papiers et crayons. Il lui demande s'il a fait bon voyage et, sur la réponse affirmative du Général, commence à tracer des figures géométriques au crayon rouge sur sa feuille de papier, en attendant que l'interlocuteur engage la conversation.

Le Général exprime au Maréchal sa satisfaction d'être l'hôte du gouvernement soviétique qu'il remercie de l'avoir, par l'intermédiaire de l'ambassadeur Bogomolov, invité à faire ce voyage.

Le Maréchal pose quelques questions sur le séjour du Général à Bakou et sur les impressions qu'il a emportées de sa visite à Stalingrad. Le Général ayant fait l'éloge de l'œuvre de reconstruction déjà accomplie dans cette glorieuse cité, le Maréchal lui demande dans quel état matériel se trouve la France après sa libération et si la remise en marche de ses moyens de production se poursuit de manière satisfaisante. Le Général fait allusion aux graves difficultés que son gouvernement s'efforce de surmonter, surtout en ce qui concerne les moyens de transport et les matières premières...

Passant à la situation générale de la France en Europe et dans le monde, le Général expose que le rétablissement d'une France forte constitue sur le continent, avec une Russie puissante, la meilleure garantie de sécurité. Il sait gré au gouvernement soviétique d'avoir pris l'initiative de proposer que la France soit admise, en qualité de membre égal et permanent, dans la commission consultative des Affaires européennes. Le Maréchal estime que la chose allait de soi et que la France doit reprendre la place qu'elle mérite.

Le général de Gaulle dit, qu'en effet, la défaite de 1940 fut un accident. Celui-ci a tenu à une erreur de conception stratégique et d'organisation, qui a privé la

France des moyens militaires voulus. Mais il y a eu aussi, dans ce malheur, la conséquence du fait que la France, constamment exposée à l'agression allemande, n'avait pas réussi, au cours des négociations du traité de Versailles, à convaincre les Alliés occidentaux de la nécessité d'assurer la sécurité réelle de ses frontières. Les propositions formulées par Clemenceau au Conseil Suprême au sujet du Rhin avaient été malheureusement rejetées et les garanties qui nous avaient été apportées en compensation étaient illusoires. La Russie était alors absente et son concours nous a manqué. Elle aurait mieux compris, sans doute, les besoins de la France ; sa propre position vis-à-vis de la menace allemande étant pareille à la nôtre. Maintenant, il fallait éviter que se renouvelle une erreur aussi funeste dans le règlement de la paix de demain.

Le Maréchal ayant demandé si le général de Gaulle avait déjà envisagé un plan concret, celui-ci répond que la frontière géographique et militaire de la France est constituée par le Rhin et que l'occupation de cette ligne est nécessaire à sa sécurité.

Le Maréchal répond : « Il est bon, en effet, que la France soit sur le Rhin. Il est difficile de faire objection à cela. » Puis, après quelques secondes de réflexion, il ajoute : « Toutefois, aucune frontière naturelle, si forte soit-elle, ne peut constituer une garantie absolue de sécurité si elle n'est pas protégée par une nation solide et une armée forte. Il ne faut pas s'endormir derrière une illusion de sécurité comme le fut la ligne Maginot. Il y a, chez nous, des gens qui demandent à porter nos frontières sur les Carpathes, parce que cette chaîne de montagnes constitue une protection naturelle de la Russie. Or, les Carpathes ne nous protégeront pas si nous sommes faibles et incertains. D'autre part, la sécurité doit être garantie aussi par des alliances et des accords entre nations amies. L'histoire des deux guerres a démontré que ni la France, ni la Russie, ni même ces deux pays ensemble n'étaient assez forts pour venir à bout de l'Allemagne. Pour atteindre ce but, le concours d'autres puissances leur aura été nécessaire. Par conséquent, ce n'est que par une solide entente entre l'Union soviétique, la France, la Grande-Bretagne et l'Amérique qu'une victoire totale pourra être obtenue et une paix durable établie. L'Union soviétique et la France ne peuvent régler seules la question du Rhin. Le général de Gaulle a-t-il déjà abordé ce problème avec Londres et Washington ? »

Le général de Gaulle répond que l'accord des quatre puissances est en effet indispensable, sur ce point comme sur beaucoup d'autres, et que cet accord sera grandement facilité par la participation de la France aux travaux de la commission consultative des Affaires européennes. Mais, en précisant comme il vient de le faire la revendication française au sujet du Rhin, il avait l'espoir que l'Union soviétique, en raison de sa position semblable à celle de la France et qui l'expose aux mêmes dangers immédiats, comprendrait aisément le bien-fondé de notre demande, l'adopterait pour son compte et l'appuierait, le moment venu, auprès des autres puissances alliées.

D'ailleurs, poursuit le Général, s'il n'a évoqué jusqu'à présent, à la demande du maréchal Staline, que le problème de la future frontière occidentale de l'Allemagne, il serait heureux de connaître les vues et les projets du gouvernement soviétique à l'égard de la frontière orientale.

Le Maréchal répond que les anciennes terres polonaises de la Prusse Orientale, de la Poméranie, de la

Silésie doivent être légitimement restituées à la Pologne. « En somme, la frontière de l'Oder ? » demande le général de Gaulle. – « L'Oder, et même plus loin », répond le Maréchal. « L'Oder et la Neisse. Et aussi des rectifications de frontière pour la Tchécoslovaquie qui, de toute manière, rétablira ses frontières de 1938. »

Le général de Gaulle observe que le tracé de ces frontières s'inspire des mêmes considérations géographiques et des mêmes nécessités militaires sur lesquelles le peuple français fonde sa revendication au sujet du Rhin. Il doit constater que, dans l'esprit du maréchal Staline, la question de la frontière orientale de l'Allemagne est déjà tranchée, quoi qu'en puissent penser les alliés de la Russie, mais que celle de la frontière occidentale ne l'est pas parce que Washington et Londres n'ont pas encore pris position.

Le Maréchal revient sur la garantie de paix et de sécurité qu'offre le maintien d'une solide entente entre les grands alliés qui soutiennent le principal poids de la guerre. L'Union soviétique et la Grande-Bretagne ont déjà, sur ce plan, conclu un traité d'alliance de vingt ans. Il conviendrait que l'Union soviétique et la France envisagent un accord du même genre, afin de se prémunir contre le danger commun d'une nouvelle agression allemande.

Le général de Gaulle répond que tel est bien le désir de son gouvernement. Nos deux pays étant les voisins immédiats de l'Allemagne sont les plus intéressés à s'unir pour leur défense commune. Déjà, avaient été conclus dans ce but l'alliance de 1892, puis le pacte de 1935. Ce dernier pourrait servir de base à la négociation d'un nouvel accord mieux adapté aux conditions actuelles.

Le maréchal Staline et M. Molotov rappellent ensemble, avec vivacité, que le pacte de 1935 n'a jamais été appliqué, que l'Union soviétique, instruite par cette pénible expérience, n'entend pas conclure un accord qui ne serait pas garanti par une sincère et solide volonté d'en respecter la lettre et l'esprit. Le général de Gaulle fait observer qu'il n'est pas Pierre Laval et que, s'il souhaite conclure un pacte avec l'Union soviétique, c'est pour en assurer la pleine application et établir une entente solide entre la France et la Russie.

Le maréchal Staline et M. Molotov enregistrent cette assurance avec satisfaction. L'accord envisagé s'intégrera dans la bonne entente et l'étroite collaboration des quatre grands alliés et de toutes les Nations Unies.

Le général de Gaulle se retire à 23 heures.

Entretien du général de Gaulle
avec le maréchal Staline, au Kremlin,
le 6 décembre 1944, à 18 heures.

Étaient présents :

Le général de Gaulle	Le maréchal Staline
M. Bidault	M. Molotov
M. Garreau	M. Bogomolov
M. Dejean	M. Podzerov

GÉNÉRAL DE GAULLE. – J'ai demandé à vous voir aujourd'hui. Nous voudrions, au cours de notre séjour à Moscou, mettre au point avec vous un ensemble de questions qui se posent en ce moment et qui se poseront demain. Nous aimerions avoir votre opinion et nous vous donnerons la nôtre, si vous le voulez bien.

MARÉCHAL STALINE. – Je vous en prie.

GÉNÉRAL DE GAULLE. – Nous vous avons remis un projet de pacte relatif aux mesures que pourraient prendre la France et l'Union soviétique pour leur sécurité commune à l'égard de l'Allemagne. Nous en discutons, vous et nous. Mais, corrélativement à cela, il y a un certain nombre de questions qu'il est nécessaire d'éclaircir entre nous. Je me permettrai de poser quelques questions précises. Ce que je dirai sera ferme et sincère.

Il y a l'affaire de la Pologne.

Je vais remonter assez loin.

Le maréchal Staline sait que, depuis très longtemps et pour toutes sortes de raisons : de civilisation, de religion, de politique, etc., la France et la Pologne ont été liées entre elles par des sentiments communs.

MARÉCHAL STALINE. – Je le sais.

GÉNÉRAL DE GAULLE. – Pendant très longtemps, la France a essayé de maintenir une Pologne indépendante entre les États voisins. Elle n'y a pas réussi. La Pologne a disparu.

Après la dernière guerre, la France a désiré une Pologne susceptible de s'opposer à l'Allemagne. Tel était le but auquel tendait la politique française quand elle a contribué à refaire, après 1918, un État indépendant polonais.

Nous savons quelles ont été les conséquences de la politique suivie par la Pologne entre les deux guerres. La politique de Beck – et des gens qui lui ressemblent – nous a vivement mécontentés et nous a mis gravement en danger, vous et nous.

Nous mesurons les dangers que présenterait pour la paix et, en particulier, pour l'Union soviétique la reprise par la Pologne d'une politique de ce genre à l'égard de l'Allemagne vaincue. Nous savons que l'Allemagne a toujours désiré utiliser la Pologne pour une semblable politique.

MARÉCHAL STALINE. – L'Allemagne veut dévorer la Pologne. Elle le voudra toujours.

GÉNÉRAL DE GAULLE. – Avant de la dévorer, elle cherchera toujours à l'utiliser. Nous, Français, avons intérêt à ce que soient créées des conditions telles que l'Allemagne ne puisse pas le faire une fois de plus. Je tiens à le dire, parce que c'est la vérité.

Nous ne sommes donc pas du tout opposés à ce que le maréchal Staline a dit, l'autre jour, des frontières occidentales de la Pologne. Nous croyons qu'une telle solution exclurait l'accord entre l'Allemagne et la Pologne.

MARÉCHAL STALINE. – Vous avez raison.

GÉNÉRAL DE GAULLE. – Si, en même temps, l'extension de la Pologne à l'ouest peut permettre une solution pour ses frontières orientales, nous serons tout à fait d'accord.

MARÉCHAL STALINE. – La frontière orientale de la Pologne a été confirmée par Clemenceau. C'était la ligne Curzon.

GÉNÉRAL DE GAULLE. – Nous n'avons aucune objection contre la ligne Curzon, si la Pologne reçoit à l'ouest des compensations.

MARÉCHAL STALINE. – Il est indispensable qu'elle reçoive ces territoires. Notre armée fera ce qu'il faut pour cela.

GÉNÉRAL DE GAULLE. – Cependant, nous croyons que la Pologne doit rester un État indépendant, comme, d'ailleurs, le maréchal Staline l'a toujours dit.

MARÉCHAL STALINE. – Certainement. Il n'y a pas le moindre doute à ce sujet.

GÉNÉRAL DE GAULLE. – Nous savons que la situation présente a troublé beaucoup d'esprits polonais. Nous ne savons pas exactement ce que le peuple polonais pensera après sa libération par les armées Rouges. Après quelques difficultés et quelques remous, peut apparaître une situation politique bonne au point de vue polonais et favorable pour les relations de la Pologne avec l'Union soviétique et avec la France.

Je tiens à dire au gouvernement soviétique, qu'à ce moment et même d'ici là, si la France a l'occasion et la possibilité d'agir sur les esprits polonais, elle le fera dans ce sens. Elle le fera, d'ailleurs, en consultation avec ses Alliés : l'Union soviétique, la Grande-Bretagne, les États-Unis.

Comme le gouvernement soviétique le sait, nous avions dès le début et nous avons gardé des relations avec le gouvernement polonais de Londres. Ceci a commencé avec Sikorski et a continué. Du reste, tant que les Polonais ne sont pas maîtres de leur territoire, nous avons peu d'intérêts pratiques à régler avec eux. Nous observons le déroulement de la situation. La vérité n'apparaîtra que lorsque le territoire polonais sera libéré. Je répète que nous sommes prêts à exercer notre influence sur les Polonais, sur tous les Polonais, dans le sens de l'union entre eux, de l'acceptation par eux des nouvelles frontières et d'une attitude franchement amicale à l'égard de la France et de l'Union soviétique.

MARÉCHAL STALINE. – J'ai compris.

Vous m'avez posé une question. Je vais vous en poser une. Puis-je vous demander : qu'est-ce qu'un bloc occidental ?

GÉNÉRAL DE GAULLE. – Puis-je vous demander ce que vous entendez par là ? On a parlé d'un tel bloc.

Nous, Français, sommes des Continentaux. Nous répugnons à la perspective que l'Europe puisse être divisée en plusieurs morceaux. L'idée d'un bloc occidental, ou oriental, ou méridional, ou septentrional, nous paraît tout à fait fâcheux. Ceci dit, il est vrai que nous tenons pour indispensable de faire certaines choses pratiques entre gens intéressés aux mêmes objets pratiques.

Au fond, il ne doit y avoir en Europe qu'un seul bloc, celui des gens intéressés à ne pas être attaqués par l'Allemagne. C'est pourquoi le premier accord, qu'après la libération de la France nous ayons proposé à une puissance, c'est celui que nous vous proposons.

Cela étant, il est vrai que nous avons des voisins immédiats, la Belgique, la Hollande, le Luxembourg, l'Italie. Avec ces États nous avons des arrangements à faire parce que nous vivons tout près les uns des autres. Nous aurons aussi des arrangements de voisinage à faire avec la Grande-Bretagne.

Mais, en tout cela, il n'y a pas de bloc, autrement dit pas de groupe d'États qui veuille se séparer des autres, à fortiori agir à leur détriment.

MARÉCHAL STALINE. – Je m'excuse si j'ai posé une question superflue, si je vous ai placé dans une situation difficile. Mais j'ai dans l'esprit une déclaration faite par M. Pierlot, d'après laquelle le bloc existe.

GÉNÉRAL DE GAULLE. – Que peut signifier cette déclaration ?

MARÉCHAL STALINE. – Je ne sais. Je vous l'ai demandé. Je pensais que vous le saviez.

GÉNÉRAL DE GAULLE. – La Belgique a, dans le passé, tantôt conclu avec la Grande-Bretagne ou la France, tantôt dénoncé, des accords pour sa défense. De tels arrangements ne sont pas un bloc. Peut-être veut-on dire que la Belgique a des produits à échanger avec la France ou la Grande-Bretagne et qu'il faut faire des accords pour cela. Cela non plus n'est pas un bloc.

MARÉCHAL STALINE. – Je n'accuse personne. Je connais la situation en Belgique et la situation en France. Certes, la France et la Belgique ont besoin d'une alliance solide. Je comprends surtout que la France aura besoin d'une alliance avec les pays limitrophes contre l'éventualité d'une agression allemande.

GÉNÉRAL DE GAULLE. – En tout cas, en ce qui nous concerne et pour en finir avec ces histoires de bloc, le ministre des Affaires étrangères, M. Bidault, a fait récemment, au nom du gouvernement, une déclaration catégorique. L'Angleterre ne nous a jamais demandé de faire un bloc avec elle. Nous non plus. Nous cherchons à faire le bloc européen Moscou-Paris-Londres, pour la sécurité commune. Le reste n'est qu'arrangements locaux. Il y a eu, au cours de l'Histoire, le bloc de l'Allemagne et de ses alliés, qui s'est appelé la Triplice, puis l'Axe, et qui peut se reformer. L'autre bloc, c'est le bloc anglo-franco-soviétique.

MARÉCHAL STALINE. – Je le comprends.

Le général de Gaulle a parlé, entre autres choses, il y a quelques instants, d'un pacte d'assistance mutuelle et de sécurité. Je pense que nous pourrions le conclure un de ces jours.

En ce qui concerne la Pologne, le général de Gaulle sait, qu'au cours des dernières trente années, la Pologne a servi deux fois de corridor, de couloir, à l'armée allemande pour envahir la Russie. Cela ne peut pas continuer. Il faut que ce couloir soit fermé et il faut que ce soit la Pologne elle-même qui ferme ce couloir. Il ne doit pas être fermé de l'extérieur. Pour cela, il faut une Pologne forte, indépendante, démocratique. Un État ne peut être fort s'il n'est pas démocratique. Nous avons intérêt à une Pologne forte. Si la Pologne est forte, elle ne sera plus attaquée.

Il s'agit d'une volte-face, d'un grand tournant dans notre politique. Jusqu'à cette guerre, la Pologne et la Russie vivaient en état de conflit. Les Polonais ont, au cours des siècles, occupé deux fois Moscou. Les Russes, deux cents ans après, ont occupé deux fois Varsovie. Cela n'est pas demeuré sans répercussions sur les relations polono-russes. Nous voudrions en finir. La dernière guerre a été une leçon. L'amitié polono-russe est pour la Pologne et pour la Russie la meilleure garantie contre une menace allemande. Cette manière de voir est acceptée par la Russie et par les meilleurs éléments polonais. Telle est la base de la nouvelle politique polono-russe.

L'Histoire nous montre une France amie et protectrice de la Pologne et de son indépendance. En cela consistait l'attitude différente de la France et des autres puissances à l'égard de la Pologne. Les Polonais le savent. Ils peuvent encore penser à l'heure actuelle que la France adoptera à leur égard une attitude plus favorable que celle de la Grande-Bretagne et des États-Unis. Laissez-moi vous dire que j'y comptais et que j'y compte.

L'Angleterre s'est liée au gouvernement polonais émigré de la même façon qu'elle s'est liée avec Mikhaïlovitch en Yougoslavie. Il est maintenant difficile pour elle de se tirer d'affaire. À l'heure actuelle, Mikhaïlovitch se cache au Caire. Il ne peut plus entrer en Yougoslavie. Je redoute que la même chose n'arrive à certains Giraud et Laval au sein du gouvernement émigré de Londres.

Les hommes politiques réfugiés à Londres jouent aux ministres. Un autre groupe à Lublin fait le travail.

Il a réalisé une réforme agraire analogue à celle que la France a faite vers la fin du XVIIIe siècle et qui a posé la base de la force française. Il y a une différence entre ces deux groupes. L'un est inutile. L'autre est utile. C'est la raison pour laquelle le gouvernement soviétique a établi de bonnes relations avec la nouvelle Pologne renaissante représentée par le Comité polonais de la libération nationale. J'avais pensé que la France comprendrait mieux que l'Angleterre et l'Amérique. D'ailleurs, je ne doute pas que, dans quelque temps, la Grande-Bretagne et les États-Unis comprennent.

GÉNÉRAL DE GAULLE. – Avez-vous des informations sur l'opinion réelle de l'ensemble de la population polonaise ?

MARÉCHAL STALINE. – Je surveille. J'observe.

GÉNÉRAL DE GAULLE. – Vous savez mieux que personne l'inconvénient qu'il y aurait à construire en Pologne un gouvernement que l'opinion n'accepterait pas.

MARÉCHAL STALINE. – Je peux vous exposer pourquoi la situation du gouvernement polonais de Londres a baissé.

La population polonaise voyait l'Armée Rouge s'avancer, battre les Allemands, remporter des victoires. À côté de l'Armée Rouge, elle voyait les troupes polonaises se battre. Elle se demandait : « Où est le gouvernement polonais de Londres ? Pourquoi n'est-il pas dans la Pologne libérée ou qui se libère ? »

Un autre moment dans le déclin du gouvernement de Londres a coïncidé avec l'échec de la prétendue insurrection de Varsovie. Le peuple polonais a appris que cette insurrection avait été déclenchée sans l'accord du commandement de l'Armée Rouge. Si on avait demandé au gouvernement soviétique s'il était prêt à aider cette révolte, il aurait certainement dit non. Notre armée venait de réaliser une avance de 600 kilomètres, de Minsk à Varsovie. Son artillerie, ses munitions, venaient de bases situées à 400 kilomètres encore plus à l'arrière. Nos troupes n'étaient pas prêtes à prendre Varsovie. On ne le leur a pas demandé. Le peuple polonais sait qu'il a été lancé dans une aventure coûteuse. Ce sont les agents du gouvernement émigré qui ont permis à l'Allemagne de remporter ce succès à Varsovie.

Un troisième facteur est intervenu. Le Comité de Lublin a entrepris la réforme agraire. Ses fonctionnaires étaient l'objet d'attentats de la part des agents du gouvernement de Londres. Le comité a pris les terres des Polonais en émigration ou partis avec les Allemands. Il les a vendues aux paysans. Il a réalisé ce que la France avait accompli elle-même à la fin du XVIIIe siècle, créant ainsi son autorité comme État démocratique. C'est dans ces conditions que le Comité polonais de Lublin a acquis une grande force. Parallèlement, d'après les informations du gouvernement soviétique, est tombée l'influence du gouvernement polonais de Londres.

GÉNÉRAL DE GAULLE. – Je répète ce que j'ai dit au début. Nous verrons clair après la libération. Si la France a de l'influence sur les Polonais, elle l'emploiera à les unir dans l'amitié de la France et de l'Union soviétique.

Comme d'autres gouvernements, la France est en relations avec le gouvernement polonais de Londres. S'il y a lieu de changer cela, elle le fera d'accord avec ses alliés…

Sur un point mentionné par le maréchal Staline je dois faire une observation. Il y a une grande différence entre Laval et le général Giraud. Celui-ci, quelles que fussent par ailleurs ses opinions, n'a jamais marché avec les Allemands. Il les a, au contraire, glorieusement combattus.

MARÉCHAL STALINE. – Je connais cette différence. Je ne veux pas les mettre ensemble.

GÉNÉRAL DE GAULLE. – Et maintenant, que pense le maréchal Staline de la situation dans les Balkans ?

MARÉCHAL STALINE. – On a chassé les Allemands dans la mesure du possible. La Bulgarie a accepté les conditions de l'armistice. Ces conditions seront certainement exécutées. L'indépendance bulgare n'en sera pas affectée. La Bulgarie recevra, pourtant, le châtiment mérité.

Nos troupes ne se sont pas avancées en Grèce. Elles n'ont pas l'habitude de s'avancer à la fois dans toutes les directions. En Grèce, il y a la flotte et les troupes britanniques. C'est à elles qu'il faut demander quelle est la situation…

La Yougoslavie a été et restera indépendante. Elle doit devenir un État fédéré.

Sur la Roumanie, M. Molotov a fait une déclaration qui reste en vigueur. La Roumanie sera punie sur la base des conditions d'armistice, mais elle restera indépendante.

Je pense qu'un nouveau gouvernement national sera formé en Hongrie. Les alliés avaient mené secrètement des pourparlers d'armistice avec Horthy. L'armistice était presque décidé. Les Allemands l'ont appris, on ne sait comment, Horthy a été arrêté.

… S'il se forme un gouvernement démocratique en Hongrie, nous l'aiderons à y retourner la situation contre l'Allemagne.

GÉNÉRAL DE GAULLE. – Je remercie le maréchal Staline des éclaircissements qu'il m'a fournis.

La France, libérée depuis trois mois, reprend peu à peu ses forces et sa position. Son premier geste est de se tourner vers Moscou pour éclaircir la situation et proposer un pacte.

Quant aux autres États, nous notons que l'Union soviétique affirme son désir de les voir évoluer dans le sens de la démocratie et de l'amitié pour la Russie et pour nous. Mais, pour nous, la base du régime démocratique réside dans des élections. Dans la mesure où nous le pouvons, nous réclamons de telles élections pour les États asservis par l'Allemagne et qui recouvrent leur liberté. Quant à l'exécution, nous croyons qu'elle doit être réglée avec les autres grandes puissances et nous désirons nous concerter à ce sujet avec nos alliés, spécialement avec l'Union soviétique, quand le moment sera venu.

MARÉCHAL STALINE. – Je crois, tout de même, que nous pourrons nous entendre.

On m'a dit que le général de Gaulle a dû renoncer à visiter le régiment « Normandie » à cause du mauvais temps. Il a exprimé le désir que les aviateurs français viennent à Moscou. Ils seront ici bientôt.

GÉNÉRAL DE GAULLE. – Je vous remercie.

MARÉCHAL STALINE. – Pas de quoi me remercier. Ce n'est pas difficile.

Entretien du général de Gaulle,
avec le maréchal Staline, au Kremlin,
le 8 décembre 1944.

Étaient présents :

Le général de Gaulle   Le maréchal Staline

M. Bidault M. Molotov
M. Garreau M. Bogomolov

GÉNÉRAL DE GAULLE. – Après nos conversations de ces derniers jours, le moment paraît venu de conclure. Je voudrais exposer de nouveau et clairement notre position sur certains problèmes d'une importance capitale pour vous et pour nous.

Pour nous, la préoccupation essentielle, la question vitale, c'est l'affaire allemande.

Nous considérons cette affaire à trois points de vue : les frontières, le désarmement, les alliances.

Pour ce qui est des frontières allemandes, nous n'avons pas d'objection à ce qu'à l'Est elles soient marquées par l'Oder et la Neisse.

En ce qui concerne les frontières occidentales de l'Allemagne nous tenons pour indispensable que l'État allemand ou les États allemands n'exercent à l'Ouest du Rhin aucune souveraineté.

Le désarmement présente lui-même trois aspects : militaire, économique et moral.

Au sujet du désarmement économique, nous considérons, non seulement qu'à l'intérieur de l'Allemagne l'industrie lourde ne doit pas être employée à des fins d'armement, mais encore que le bassin de la Ruhr doit être soustrait à la souveraineté de l'État allemand et soumis à un régime international, aussi bien pour l'administration que pour l'exploitation des mines et des usines au profit de la paix.

Cette internationalisation de la Ruhr pourra être, en fait, moins difficile qu'on ne pourrait le penser. Sa population est composée presque exclusivement d'ouvriers. Elle comprend, d'ailleurs, un grand nombre d'ouvriers étrangers. Le caractère cosmopolite que présenterait, dans une certaine mesure, la population de la Ruhr faciliterait l'établissement d'un régime international.

Pour ce qui est des frontières Sud de l'Allemagne, nous considérons qu'il faut rendre les Sudètes aux Tchécoslovaques et faire de l'Autriche un pays libre et indépendant.

Quant au corps même de l'Allemagne, ne préjugeons rien. Nous verrons.

Nous en arrivons aux alliances. Il y a deux grands pays qui, en raison de leur position géographique, sont particulièrement exposés à une agression allemande, la France et l'Union soviétique.

D'autre part, ce sont les deux seuls pays qui, par la nature des choses, ont toujours eu et conserveront une grande armée. En Grande-Bretagne, l'armée permanente est et sera toujours un objet de discussion ; chez vous et chez nous, c'est une institution.

Il est donc conforme à la nature des choses que nous soyons alliés en premier lieu, de façon à pouvoir agir préventivement et riposter immédiatement. Nous sommes les deux seuls pays à pouvoir le faire. Si nous sommes associés pour cela, les autres États de l'Europe – les États balkaniques par exemple – ne pourront pas aller de l'autre côté parce que nous serons les plus forts.

Du point de vue de la France, l'alliance franco-soviétique est donc d'importance primordiale.

Quant à la Grande-Bretagne, l'Histoire – surtout celle des vingt années qui ont séparé les deux guerres – montre qu'elle est très gênée pour agir préventivement et pour agir immédiatement. D'abord, en raison de sa position géographique. En outre, parce que toute action britannique est subordonnée à un concert avec les dominions. Ceux-ci sont très éloignés ; ils ne sont pas directement menacés ; ils ont des intérêts divergents. Pour toutes ces raisons, il est difficile à la Grande-Bretagne de prendre des mesures préventives ou des mesures immédiates en cas de conflit ou de menace de conflit.

C'est ainsi, qu'en 1914, la Grande-Bretagne a hésité avant d'entrer en guerre. Elle n'a agi que parce que la Belgique était envahie et qu'ainsi l'Angleterre se sentait immédiatement en péril. Si l'agression allemande est dirigée, non vers l'ouest, mais vers l'est, l'Angleterre aura du mal à se décider. Si elle l'a fait en septembre 1939, c'est après une série de capitulations. En revanche, quand l'agression allemande est en cours et que la Grande-Bretagne se sent menacée, elle agit avec constance, courage, énergie. Il est certain que la Grande-Bretagne doit être associée à la France et à l'Union soviétique dans la défense de la paix. Mais c'est un autre étage de la sécurité.

La sécurité doit être envisagée, enfin, sous son aspect mondial. Je pense ici essentiellement à la participation de l'Amérique, que les querelles européennes contrarient, qui les comprend mal, qui a une foule d'intérêts épars dans le monde, dont les préoccupations essentielles ne concernent pas l'Europe et qui ne se met en route qu'au dernier moment. Roosevelt n'est entré dans la présente guerre que lorsque la France était terrassée, lorsque la Grande-Bretagne était à bout, lorsque les armées allemandes avaient atteint le Caucase. Encore, ne l'a-t-il fait qu'en raison de l'agonie japonaise. Dans l'édifice de la sécurité, l'Amérique représente le troisième étage. Cet étage ne doit pas être négligé. Il doit être construit. Mais il doit couronner l'édifice.

Vous nous avez saisis d'une proposition de pacte tripartite anglo-franco-soviétique. Je tiens à vous dire que nous n'avons pas d'objection de principe à un tel pacte. Mais nous considérons qu'il ne répond pas au problème. Nous préférons de beaucoup un système de sécurité à trois étages :

pacte franco-soviétique ;

pactes anglo-soviétique et franco-britannique ;

sécurité collective (avec inclusion de l'Amérique).

Un point que je tiens à souligner c'est qu'un pacte tripartite présenterait des complications très grandes. Entre la France et l'Union soviétique il n'y a pas d'objet de contestation directe. Avec la Grande-Bretagne nous en avons toujours eu et nous en aurons toujours. Vous aussi, vous avez avec les Britanniques des divergences, par exemple en Iran. Vous en aurez peut-être en Extrême-Orient.

Il n'est donc pas facile de conclure un pacte tripartite. En outre, son jeu peut être gêné et même entravé par des oppositions d'intérêts. Cela est d'autant plus vrai que les Allemands s'entendront à combiner leurs agressions avec des complications entre alliés. Nous considérons donc que le pacte tripartite n'est pas la meilleure méthode pour réaliser la sécurité. »

Le maréchal Staline vante les avantages d'un pacte tripartite. Les Anglais seraient liés directement à la France et à l'Union soviétique. Ce serait sérieux et solide. On pourrait se concerter, amener l'Angleterre à agir plus vite. Staline se demande si cela ne vaudrait pas mieux. Puis, brusquement, il change de sujet.

« Après tout, nous pouvons faire un pacte à nous deux. Mais il faut que la France comprenne l'intérêt essentiel de la Russie soviétique dans l'affaire polonaise.

Nous ne pouvons pas admettre une Pologne qui, tantôt marche contre Moscou, tantôt contre l'Allemagne. Nous voulons une Pologne franchement sympathique aux alliés et résolument anti-allemande. Cela n'est pas possible avec le gouvernement de Londres. Il représente un esprit antirusse qui a toujours existé en Pologne. Au contraire, nous pourrions nous rencontrer avec une autre Pologne, grande, forte, amie de la France et de l'Union soviétique, parce que démocratique. Si vous partagez cette manière de voir, faites un arrangement avec Lublin et, alors, nous pourrons conclure un pacte avec vous. Churchill sera évidemment froissé. Tant pis ! Cela ne fera qu'une fois de plus. Lui aussi m'a offensé bien souvent. »

De ce que vient de dire le maréchal Staline, le général de Gaulle croit pouvoir conclure que la Russie n'entend faire un pacte avec la France qu'à condition qu'un arrangement officiel intervienne avec le Comité de Lublin. Il estime que cette proposition présente peu d'intérêt.

Il répète que le Gouvernement français veut bien envoyer un délégué à Lublin et accepter à Paris un délégué de Lublin, mais sans que ces délégués aient le caractère de représentants diplomatiques. Il ne veut pas faire de convention avec le Comité de Lublin. La France et l'Union soviétique ont un intérêt commun à une Pologne unie, mais non en une Pologne artificielle en laquelle la France, pour sa part, n'aurait pas confiance.

Staline termine l'entretien en parlant du régiment « Normandie » et du dîner qui doit avoir lieu le lendemain soir au Kremlin.

Texte du Traité d'alliance et d'assistance mutuelle entre la République française et l'Union des Républiques socialistes soviétiques.

Le Gouvernement provisoire de la République française et le Présidium du Conseil suprême de l'Union des Républiques socialistes soviétiques,

Déterminés à poursuivre en commun et jusqu'au bout la guerre contre l'Allemagne,

Convaincus, qu'une fois la victoire acquise, le rétablissement de la paix sur une base stable et son maintien pour un durable avenir comportent comme condition l'existence d'une étroite collaboration entre eux et avec l'ensemble des Nations Unies,

Décidés à collaborer, afin de créer un système international de sécurité permettant le maintien effectif de la paix générale et garantissant le développement harmonieux des rapports entre les nations,

Désireux de confirmer les engagements réciproques résultant de l'échange de lettres du 20 septembre 1941 relatif à l'action conjointe dans la guerre contre l'Allemagne,

Assurés de répondre, par la conclusion d'une alliance entre la France et l'U.R.S.S., aux sentiments comme aux intérêts des deux peuples, aux exigences de la guerre comme aux besoins de la paix et de la reconstruction économique, en conformité entière avec les buts que se proposent les Nations Unies,

Ont résolu de conclure un traité à cet effet et ont désigné pour leurs plénipotentiaires, savoir :

Le Gouvernement provisoire de la République française : M. Georges Bidault, ministre des Affaires étrangères,

Le Présidium du Conseil suprême de l'Union des Républiques socialistes soviétiques : M. Viatcheslav Mikhaïlovitch Molotov, commissaire du peuple aux Affaires étrangères de l'U.R.S.S.

Lesquels, après avoir échangé leurs pleins pouvoirs reconnus en bonne et due forme, sont convenus des dispositions suivantes :

ARTICLE PREMIER. – Chacune des Hautes Parties Contractantes continuera de combattre aux côtés de l'autre et des Nations Unies jusqu'à la victoire finale sur l'Allemagne. Chacune des Hautes Parties Contractantes s'engage à prêter à l'autre aide et assistance dans leur lutte par tous les moyens dont elle dispose,

ART. 2. – Les Hautes Parties Contractantes n'accepteront, ni d'entrer en négociations séparées avec l'Allemagne, ni de conclure sans mutuel consentement un armistice ou un traité de paix, soit avec le gouvernement hitlérien, soit avec tout autre gouvernement ou autorité créés en Allemagne dans le but de prolonger ou d'entretenir la politique d'agression allemande ;

ART. 3. – Les Hautes Parties Contractantes s'engagent à prendre d'un commun accord, à la fin du présent conflit avec l'Allemagne, toutes mesures nécessaires pour éliminer toute nouvelle menace provenant de l'Allemagne et faire obstacle à toute initiative de nature à rendre possible une nouvelle tentative d'agression de sa part ;

ART. 4. – Dans le cas où l'une des Hautes Parties Contractantes se trouverait impliquée dans des hostilités avec l'Allemagne, soit à la suite d'une agression commise par celle-ci, soit par le jeu de l'article 3 ci-dessus, l'autre lui apportera immédiatement toute l'aide et l'assistance en son pouvoir ;

ART. 5. – Les Hautes Parties Contractantes s'engagent à ne pas conclure d'alliance et à ne participer à aucune coalition dirigée contre l'une d'elles ;

ART. 6. – Les Hautes Parties Contractantes conviennent de se donner l'une à l'autre toute l'assistance économique possible après la guerre, en vue de faciliter et de hâter la reconstruction des deux pays et de contribuer à la prospérité du monde.

ART. 7. – Le présent traité n'affecte en rien les engagements précédemment assumés par les Hautes Parties Contractantes envers les États tiers en vertu de traités publiés.

ART. 8. – Le présent traité, dont les textes français et russe font également foi, sera ratifié et les instruments de ratification en seront échangés à Paris aussitôt que faire se pourra.

Il prendra effet à compter de l'échange des instruments de ratification et restera en vigueur pendant vingt ans. Si, un an au moins avant l'expiration de cette période, il n'est pas dénoncé par l'une des Hautes Parties Contractantes, il restera en vigueur sans limitation de durée, chacune des Hautes Parties Contractantes pouvant alors y mettre fin par une déclaration à cet effet avec préavis d'un an.

Ordonnance portant institution des « Houillères nationales du Nord et du Pas-de-Calais ».

. . . .

ARTICLE PREMIER. – Il est institué, sous le nom de Houillères nationales du Nord et du Pas-de-Calais, un établissement de caractère industriel et commercial doté de la personnalité civile et de l'autonomie financière et chargé de gérer, dans l'intérêt exclusif de la nation, l'ensemble des exploitations houillères du Nord et du Pas-de-Calais ;

Art. 2. – Les Houillères nationales du Nord et du Pas-de-Calais sont placées sous l'autorité et le contrôle du ministre chargé des mines.

Elles prennent possession du fonds de commerce, des installations minières de toute nature, de leurs dépendances légales et des industries annexes, des chemins de fer et des ports, qu'exploitaient les concessionnaires ou amodiataires, et généralement de ceux de leurs biens, situés sur le territoire des concessions ou à proximité de celles-ci, qui sont affectés à l'exploitation, au logement du personnel et aux services sociaux.

Les Houillères nationales du Nord et du Pas-de-Calais succèdent, en ce qui concerne l'exploitation des mines, à tous les droits et obligations du concessionnaire vis-à-vis de l'État.

Les Houillères nationales du Nord et du Pas-de-Calais prennent également possession des biens et services des groupements constitués par les concessionnaires dans leur intérêt commun et, notamment, du comptoir des mines du Nord et du Pas-de-Calais… ;

Art. 3. – …

Art. 4. – Une ordonnance, prise dans le délai d'un an à compter de la publication de la présente ordonnance, déterminera :

Le statut et l'organisation définitifs des Houillères nationales du Nord et du Pas-de-Calais ;

Les indemnités qui seront allouées aux propriétaires, concessionnaires, amodiataires ou exploitants, à raison de leur dépossession.

Discours prononcé par le général de Gaulle à l'Assemblée consultative, le 21 décembre 1944.

M. le ministre des Affaires étrangères a développé le premier, dans ce débat, quelles étaient, au point de vue technique, au point de vue des tenants et aboutissants, les lignes essentielles du pacte franco-soviétique que nous venons de signer à Moscou avec la Russie.

D'autre part, la discussion qui s'est instituée après la déclaration de M. le ministre des Affaires étrangères a permis à des membres éminents de cette Assemblée d'exprimer leur opinion sur l'ensemble des questions que pose le traité, car il va de soi que, lorsque deux grandes puissances signent un engagement, tous les problèmes du monde sont posés.

Quant à moi, sans vouloir revenir sur ce qui a été dit – et si bien dit – et qui marque une unanimité vraiment complète de toutes les opinions de cette Assemblée et, je pense aussi, du pays, je voudrais, dans cette grave matière, exposer en quelques mots ce que fut, ce qu'est et ce que sera la philosophie de l'alliance franco-russe que nous venons de conclure.

Le pacte d'alliance et d'assistance mutuelle que la France vient de conclure avec la Russie soviétique répond à une tendance rendue, dans les deux pays, naturelle et traditionnelle par les épreuves de leur politique européenne. Il constitue l'acte d'union scellé entre les deux grandes puissances du continent, non seulement pour mener la guerre jusqu'à la victoire totale, mais encore pour faire en sorte que l'Allemagne, une fois vaincue, demeure hors d'état de nuire. Enfin, ce pacte est le signe par lequel la Russie et la France manifestent leur volonté d'étroite collaboration dans toutes les mesures qui conduisent au statut de l'Europe de demain.

Un grand peuple, mais qui perpétuellement tend à la guerre parce qu'il ne rêve que de domination, capable, pour écraser les autres, de fournir d'extraordinaires efforts et d'endurer d'extrêmes sacrifices, toujours prêt à acclamer et à suivre jusque dans le crime ceux qui lui promettent la conquête, tel est le peuple allemand. Tel il est surtout depuis que l'ambition et la rigueur prussiennes s'imposèrent à lui sur les ruines du vieil empire des Habsbourg et, qu'en même temps, le développement de l'industrie moderne est venu se conjuguer avec son goût des batailles pour le transformer tout entier en un instrument de combat puissant et résolu. Encore, les dons qui lui sont impartis dans les domaines de la pensée, de la science, de l'art, bien loin d'humaniser ses tendances, ne laissent pas, au contraire, de les ériger en systèmes d'après lesquels le règne du peuple allemand devient ainsi un droit éminent et un devoir implacable.

C'est un fait que, dans l'espace de quatre-vingts ans, la volonté germanique de domination, d'abord habilement contenue dans la formule d'unité du Reich, telle que Bismarck l'avait proclamée, élargie ensuite en pangermanisme à la manière de Guillaume II, s'épanouissant enfin dans les frénétiques exigences d'Hitler, fut la cause de ces grandes guerres, dont, par une sorte de fatale gradation, chacune dépasse la précédente en durée et en dimensions.

Dans ce perpétuel danger, de terribles leçons ont montré à la Russie et à la France tout ce qu'elles gagnaient à s'unir et tout ce qu'elles perdaient à se séparer. En 1870, étant seuls, nous avions succombé, mais, dès 1875, l'intervention diplomatique de la Russie avait détourné l'Allemagne de se ruer à nouveau sur nous. L'Alliance conclue dès 1892 put contenir, pendant vingt-deux ans, à la fois les ambitions occidentales et le « Drang nach Osten » du pangermanisme. Lorsque, en 1914, l'Allemagne et l'Autriche-Hongrie passèrent à l'attaque, l'offensive russe en Prusse contribua essentiellement à notre rétablissement sur la Marne. Après quoi, l'activité simultanée des deux fronts Est et Ouest infligea à l'ennemi l'usure dont Foch, à la fin, sut tirer la victoire. Si, à la faveur des événements de 1917, Bethmann-Hollweg parvenait à imposer à la Russie des conditions draconiennes, l'issue victorieuse de la deuxième bataille de France contraignait finalement l'Allemagne à abandonner ses conquêtes.

On a, tout à l'heure, parfaitement bien rappelé comment la politique de tergiversations et de méfiance menée entre Paris et Moscou dans l'intervalle des deux guerres et leur désunion au moment décisif furent à la base du retour de la Wehrmacht sur le Rhin, de l'Anschluss, de l'asservissement de la Tchécoslovaquie, de l'écrasement de la Pologne, toutes entreprises par lesquelles Hitler préludait à l'invasion de la France, suivie, une année plus tard, par l'invasion de la Russie.

On a aussi très justement montré comment l'effort russe, en faisant subir à l'instrument militaire allemand d'irréparables blessures, fut la condition essentielle de la libération de notre territoire métropolitain.

Pour la France et la Russie, être unies, c'est être fortes ; se trouver séparées, c'est se trouver en danger. En vérité, il y a là comme un impératif catégorique de la géographie, de l'expérience et du bon sens.

Cette vérité, imposée aux deux peuples par tout ce qu'ils viennent de vivre, a dominé, je puis le dire, les négociations de Moscou. Les deux gouvernements ont conclu à la nécessité d'une association particulière entre la Russie et la France ; c'est là, aux yeux des deux contractants, l'étape de base de l'édifice de la victoire et, demain, celui de la sécurité.

Dans le monde d'aujourd'hui, où un réalisme assez exclusif préside, paraît-il, aux relations entre les peuples, c'est la raison qui dicte les pactes. Peut-être, cependant, y entre-t-il dans quelque mesure ces sentiments de sympathie qui viennent du fond de l'Histoire et qui, d'ailleurs, procèdent souvent de l'instinct populaire quant aux intérêts traditionnels des nations.

Si l'alliance franco-russe fut imposée, une fois de plus, aux deux gouvernements par la claire appréciation de ce qui était utile, l'amitié naturelle des deux peuples n'a pas laissé d'y contribuer. De cette amitié, les siècles passés avaient apporté déjà mille motifs et mille témoignages. Mais combien la guerre présente en aura-t-elle fourni de nouveaux !

Oui, la somme énorme des efforts consacrés à la lutte commune, soit sur les champs de bataille, soit dans les travaux de l'arrière par des millions et des millions d'hommes et de femmes de l'Union soviétique, les sacrifices incroyables qu'ils ont consentis, la capacité déployée par ceux qui les dirigent, et d'abord par le plus grand d'entre eux, le maréchal Staline, ont si profondément touché notre peuple dans sa détresse d'hier et dans son ardeur d'aujourd'hui qu'ils ont élevé au plus haut la sympathie séculaire que nous, Français, avons toujours nourrie à l'égard du peuple russe.

Puissent tous les braves officiers et soldats qui combattent là-bas pour la défense de leur sainte terre, tous les bons ouvriers et ingénieurs qui y forgent les armes des batailles, tous les paysans et dirigeants courageux qui s'y acharnent à faire produire le sol, savoir que leur labeur, leur douleur, leur valeur éclairent, pour tout le peuple de France, le traité qu'en son nom nous avons été signer !

Mais, parce que les deux principales puissances du continent européen, immédiatement exposées aux périls venus de l'Allemagne, exemptes de toute concurrence d'intérêts en quelque point du monde que ce soit, rendues solidaires, pour leur reconstruction, par les destructions qu'elles ont toutes deux subies, capables, grâce à leurs institutions militaires, d'agir conjointement, à tout moment, contre l'agresseur, ont décidé de s'unir l'une à l'autre suivant des termes précis, il va de soi que ni l'une ni l'autre n'envisage l'organisation du monde et même la sécurité sans le concours contractuel des nations qui, dans la présente guerre, sont, comme elles, engagées à fond dans le même effort. La base et les termes des accords qui peuvent être conclus par la France avec telle ou telle de ces nations dépendent évidemment des conditions dans lesquelles chacune se trouve placée par rapport à nous, par rapport à l'ennemi et par rapport au reste du monde et qui influent, d'une manière décisive, sur ce qu'il leur est possible de faire. Mais je puis dire formellement que de tels accords nous paraissent, par avance, naturels et souhaitables.

C'est ainsi que la France, qui eut à ses côtés la Grande-Bretagne et les dominions britanniques depuis le premier jusqu'au dernier jour du précédent conflit et dont le sol enterre un million de leurs braves soldats ; la France, qui entra dans cette guerre en même temps qu'ils y sont entrés, qui, après les désastres subis en commun sur son territoire, les vit demeurer inébranlables dans leur volonté de vaincre, qui trouva chez eux recours et secours pour les premières forces qu'elle reportait au combat ; la France, dont la libération s'est accomplie pour une large part depuis les rivages de la vieille Angleterre et qui connaît le rôle de premier plan joué sur les théâtres d'opérations d'Afrique, d'Europe et d'Extrême-Orient par la marine, l'armée, l'aviation britanniques ; la France ne conçoit pour demain ni la victoire, ni la sécurité, vis-à-vis de l'Allemagne sans l'alliance effective avec Londres.

Il n'est pas moins évident que des liens précis s'imposent avec les États du continent qui furent, qui sont et qui risqueraient d'être encore les victimes désignées des ambitions germaniques, tels la Pologne, la Tchécoslovaquie, la Belgique, la Hollande, le Luxembourg.

L'épreuve subie en commun avec tout ce qu'elle comporte de leçons et d'expériences ne doit pas se terminer sans l'établissement d'un système général de coopération et de sécurité, tout au moins au point de vue stratégique et au point de vue économique.

Un tel système devra compter, évidemment et au premier rang, les États-Unis d'Amérique, dont les efforts prépondérants, aussi bien sur le front occidental de l'Europe que sur le théâtre du Pacifique, ont ajouté dans le cœur des Français l'admiration à l'amitié et sans le puissant concours desquels on ne voit pas comment seraient possibles la victoire aujourd'hui et la paix durable demain.

À cette œuvre collective, la France se propose, suivant son génie, sa tradition et ses capacités, d'apporter le concours de ce qu'elle sait faire.

La satisfaction que nous causent l'heureuse conclusion du pacte franco-soviétique et l'accord des intentions russes et françaises, tel qu'il s'est révélé dans les conversations de Moscou, ne sauraient, bien au contraire, nous détourner de regarder en face les durs devoirs du présent.

Certes, nous voyons mieux, maintenant, ce que peut être l'aboutissement de nos efforts dans cette guerre. Mais ces efforts ne sont point à leur terme. Il reste à vaincre, et l'ennemi prouve, en ce moment même, sur les champs de bataille de Belgique, de Luxembourg et d'Alsace, que, pour avoir gravement souffert et beaucoup reculé, il n'est pas encore abattu. Il semble que le même concours d'événements, qui peu à peu fait reconnaître à tous qu'on ne peut procéder en dehors de la France au règlement des affaires du monde, montre en même temps qu'il est impossible de remporter sans nous la victoire qui le permettra.

Dans l'un et l'autre de ces deux domaines, la France revendique toutes ses responsabilités.

Note pour les ministres de la Justice,
de l'Intérieur et de la Guerre.

Paris, le 30 décembre 1944.

Les odieux incidents, qui se sont produits récemment dans les prisons de Maubeuge, Annecy, Bourges, Alès, révèlent, de la part des ministres de la Justice, de l'Intérieur et de la Guerre, une sorte d'hésitation à exercer leur autorité, un défaut de prévoyance et une confusion quant à leurs attributions respectives, qui risquent de compromettre gravement à la fois l'ordre public et le prestige du gouvernement. Les mêmes défauts apparaissent à l'échelon des commissaires de la République, préfets, procureurs généraux, commandants de régions militaires intéressés.

Dans le cas où le jugement de certains accusés, ou bien la commutation de leur peine capitale, risquent de fournir des prétextes locaux d'excitation, il appartient naturellement au garde des Sceaux et, au-dessous de lui, aux procureurs généraux de prendre ou de provoquer les mesures préalables nécessaires pour que la détention, le procès et l'exécution de la peine aient lieu dans des conditions d'emplacement et de temps qui limitent au minimum les risques d'incident.

La garde des prisons, la sécurité des cours de justice, de leurs membres et des témoins, l'escorte des inculpés et des condamnés, etc., sont à assurer par la force publique, placée, pour le maintien de l'ordre, à la disposition du ministre de l'Intérieur, des commissaires de la République et des préfets (Gendarmerie, Garde mobile, Forces Républicaines de sécurité), quitte à procéder à temps au renforcement indispensable, soit par mise en œuvre de réserves, soit par prélèvements momentanés sur d'autres régions ; l'autorité militaire ayant, en outre, à prêter son concours, lorsqu'elle en est requise.

Pour être efficaces, les mesures à prendre dans les circonstances délicates doivent être concertées. C'est l'affaire du ministre de la Justice de provoquer auprès de ses collègues de l'Intérieur et de la Guerre l'établissement en commun d'un plan précis dans chaque cas particulier ; les trois ministres ayant alors à donner des ordres explicites aux responsables locaux qui relèvent de chacun d'eux.

Je prie les ministres de la Justice, de l'Intérieur et de la Guerre d'établir entre eux sans délai des liaisons nécessaires, de préparer en commun les moyens et de donner les ordres voulus pour que des crimes tels que ceux qui viennent d'être commis sur la personne d'inculpés ou de condamnés soient désormais rendus impossibles. D'autre part, aucune défaillance dans la répression de ces crimes ne peut être tolérée.

Allocution prononcée à la radio le 31 décembre 1944.

Une année disparaît, dont l'Histoire dira qu'elle fut l'une des plus grandes qu'a vécues la France.

Oh ! Non point certes que notre patrie y ait paru dans sa puissance. C'est un pays torturé par l'ennemi, puis ravagé par la bataille, bouleversé enfin dans ses moyens d'existence et de production, qui vient de vivre les douze longs mois de 1944. Mais c'est un pays résolu, confiant en soi, maître de lui-même, qui vient de réapparaître entre l'Atlantique et le Rhin. Comme un homme qui, se relevant après un grave accident, tâte ses membres, s'essaie à la marche, reprend ses forces et son aplomb, ainsi avons-nous maintenant fait l'inventaire de nous-mêmes. Nous sommes blessés, mais nous sommes debout.

Or, devant nous se tient l'ennemi ! l'ennemi qui, à l'ouest, à l'est et au sud, a reculé peu à peu, mais l'ennemi encore menaçant, actuellement redressé dans un sursaut de rage et qui va, au cours de l'année 1945, jouer, sans ménager rien, les derniers atouts qui lui restent.

Toute la France mesure à l'avance les épreuves nouvelles que cet acharnement comportera, pour elle comme pour ses alliés.

Mais toute la France comprend que le destin lui ouvre ainsi la chance d'accéder de nouveau, par un effort de guerre grandissant, à cette place éminente qui fut la sienne depuis tant de siècles et qu'il est nécessaire qu'elle garde pour elle-même et pour les autres, je veux dire celle d'une puissance sans laquelle rien ne se décide, ni la victoire, ni l'ordre du monde, ni la paix.

Car, en dépit des pertes que nous avons subies, de la captivité de deux millions et demi de nos hommes, des destructions causées à nos moyens de transport et à nos usines, du manque cruel de matières premières, nous avons commencé à nous refaire une grande armée, dont tout annonce qu'elle est appelée à jouer un rôle capital dans cette phase décisive de la guerre.

Chaque Français, qui réfléchit aux conditions dans lesquelles nous sommes, discerne le dur effort d'organisation, de compétence et de discipline qu'une telle entreprise exige du haut en bas de la hiérarchie. J'ai eu naguère l'occasion de dire, je répète aujourd'hui, qu'à cet égard le gouvernement a arrêté son plan, qu'il le suit et qu'il le mènera au terme. Après la mise sur pied en Afrique des forces admirables qui mènent la bataille d'Alsace, après avoir pris part à toutes celles de la Méditerranée, comme aux combats de Normandie, de Paris et de Lorraine, après l'incorporation de la magnifique jeunesse qui a, sur le territoire, combattu pour la libération au milieu même de l'ennemi, voici que commencent dans la Métropole les mesures d'appel des classes et de mobilisation. Tout cela est, et demeurera, conjugué avec les possibilités progressives d'armement et d'équipement que nous procurent à la fois nos propres fabrications et le concours de nos alliés. À ce sujet, je suis heureux de pouvoir annoncer aujourd'hui que ce concours vient de nous être largement promis pour nombre d'unités nouvelles et dans des délais satisfaisants. Jusqu'à l'écrasement total de l'ennemi et l'établissement définitif de la sécurité de la France d'un bout à l'autre du Rhin, pas un jour ne se passera sans que notre épée soit plus lourde. La Victoire trouvera, j'en réponds, la France au premier rang et les armes à la main.

Mais, aussi, elle la trouvera libre. En dehors des contraintes indispensables de la guerre, chaque Français, chaque Française, a repris possession de soi-même, recouvré la possibilité de penser, de parler, de croire, comme il lui convient de le faire. Et voici que notre peuple, c'est-à-dire la collectivité de quarante-deux millions de Français et de Françaises, va pouvoir recommencer à exercer son droit de suffrage. À moins que les circonstances de la guerre ne viennent soudain s'y opposer, les élections municipales et départementales auront lieu au printemps prochain. Ces élections seront, bien entendu, provisoires et ne vaudront que jusqu'au retour des absents. Il y sera procédé dans la dignité des personnes et dans la liberté des opinions qui doivent marquer le choix des citoyens dans un pays comme le nôtre, accoutumé à la démocratie et d'autant plus résolu à la recouvrer qu'il a pratiqué plus cruellement l'expérience de ce qui lui coûtait le fait de l'avoir perdue. Il y sera procédé sous l'égide de la seule protection qualifiée, celle de l'État républicain, s'exerçant par son gouvernement et ses représentants désignés et responsables.

Mais, tandis qu'elle renaît à la vie d'un pays libre, la nation française se débat au milieu de multiples difficultés quant à sa production et ses échanges. Il est bien inutile d'énumérer les obstacles que tout le monde connaît. Il ne serait pas moins vain d'affecter de détenir le transcendant secret qui permettrait de les surmonter quand on voudrait et comme on voudrait. En vérité, l'activité économique du pays ne renaîtra que peu à peu, à mesure que les transports, la distribution d'énergie, l'importation des matières premières iront en s'améliorant et que notre sol cessera d'être le champ de bataille des nations. J'ai des raisons d'affirmer que l'année 1945 nous apportera de lents mais constants progrès. On peut espérer notamment, que le printemps prochain verra revenir dans nos ports un nombre appréciable de navires qui ne seront plus chargés exclusivement de troupes, d'armes, de munitions et de rations militaires. Aujourd'hui, nous devons nous accommoder de ce que nous avons en en tirant durement le meilleur parti possible et supporter courageusement les contraintes et les déficits. Mais, en même temps, nous avons le devoir de créer, entre tous ceux qui participent à la tâche sacrée de la production française : chefs d'entreprise, ingénieurs, ouvriers, paysans, les modalités et l'atmosphère de cette réelle et franche collaboration dans l'effort, l'initiative, les traverses et le succès, qui doit devenir la psychologie nouvelle de notre activité nationale. D'autre part, nous devons poursuivre, comme nous avons commencé de le faire, mais sérieusement et solidement, un certain nombre de réformes de base qui correspondent à la fois aux exigences de l'économie moderne et à celles du progrès social.

Cet effort suprême, pour la victoire, la liberté et le renouveau, exige l'union de tous les Français. J'entends l'union sincère et fraternelle, non point celle que l'on proclame, mais bien celle que l'on pratique. Dans cette guerre qui dure depuis trente ans, il n'est que trop facile à chacun de découvrir les erreurs et les fautes des autres. Car, qui donc en fut exempt ? Sauf un nombre infime de malheureux qui ont consciemment préféré le triomphe de l'ennemi à la victoire de la France et qu'il appartient à la justice de l'État de châtier équitablement, la masse immense des Français n'a jamais voulu autre chose que le bien de la patrie, lors même que certains furent parfois égarés sur le chemin. Au point où nous en sommes et étant donné tout ce qu'il nous reste à faire pour nous sauver, nous relever et nous agrandir, les fureurs intestines, les querelles, les invectives sont injustes et malfaisantes. Dans la communauté française, tous les Français, paysans, ouvriers, bourgeois, qu'ils fussent, comme on disait naguère, de droite, du centre ou de gauche, ont leur place et doivent la tenir. Nous ne sommes pas trop en France pour refaire la France mutilée.

Au moment où l'année de la libération s'efface devant l'année de la grandeur, que les pensées des cent six millions d'hommes et de femmes qui peuplent la France et l'Empire s'unissent avec confiance, loyalement, fraternellement ! Que ces pensées se portent vers nos soldats, nos marins, nos aviateurs, qui font valoir, par les armes, la gloire de la patrie ! Qu'elles n'oublient pas nos vaillants alliés qui souffrent et qui luttent comme nous, pour la même cause que nous-mêmes ! Qu'elles aillent trouver dans leur tristesse nos chers, nos braves garçons que l'ennemi nous a pris, mais dont chacun détient en lui une part de l'honneur, du combat, de l'avenir de la France ! Qu'elles entourent celles et ceux qui souffrent en silence pour la patrie : mamans en deuil, femmes à leur foyer vide, enfants malheureux, vieux parents seuls ; toutes celles et tous ceux dont le cœur ce soir, berce tristement son chagrin. Français, Françaises, que vos pensées se rassemblent sur la France ! Plus que jamais, elle a besoin d'être aimée et d'être servie par nous tous qui sommes ses enfants. Et puis, elle l'a tant mérité !

Lettre au général de Lattre de Tassigny.

Paris, le 1er janvier 1945.

Mon cher Général,

Il n'est pas impossible que le commandement allié, redoutant d'exposer des moyens importants dans le saillant de Wissembourg, décide de replier la ligne de combat sur les Vosges à hauteur de Saverne.

Un tel repli reviendrait à abandonner Strasbourg.

Si des dispositions de cette nature pourraient être justifiables du point de vue de la stratégie anglo-américaine, il va de soi que l'armée française, elle, ne saurait consentir à l'abandon de Strasbourg.

Par lettre d'aujourd'hui, dont ci-joint copie, j'en avertis le général Eisenhower.

Dans l'éventualité où les forces alliées se retireraient de leurs positions actuelles au nord du dispositif de la Ire Armée française, je vous prescris de prendre à votre compte et d'assurer la défense de Strasbourg.

Veuillez croire, mon cher Général, à mes sentiments cordialement dévoués.

Lettre au général Eisenhower.

Paris, le 1er janvier 1945.

Mon cher Général,

Le général Juin, chef d'état-major de la Défense nationale, m'a rendu compte de vos préoccupations au sujet de certaines éventualités qui pourraient se produire dans le Bas-Rhin.

La situation de la VIIe Armée américaine entre Sarre et Rhin, dans le cas d'une extension des attaques allemandes, et votre souci de récupérer des réserves dont le besoin se fait sentir ailleurs vous conduiraient à envisager un raccourcissement du front de la VIIe Armée en la portant sur des positions moins exposées.

Une telle opération, si elle était poussée jusqu'à la ligne des Vosges, par exemple, pourrait comporter l'abandon de Strasbourg.

Sans contester que cet abandon puisse, éventuellement, se justifier du point de vue stratégique de la part des armées des Alliés, le Gouvernement français ne peut évidemment laisser Strasbourg retomber aux mains de l'ennemi, sans faire, quant à lui, tout ce qui est possible pour le défendre.

D'autre part, mon opinion est que, dans l'hypothèse où le saillant de Wissembourg serait évacué, Strasbourg peut être défendu, en s'appuyant au minimum, au nord, sur le canal de la Marne au Rhin.

Je suis prêt à pousser de ce côté toutes les forces françaises en voie de formation qu'il me sera possible de prélever à l'intérieur et, en premier lieu, la Ire Division du général Billotte, dont la tête se trouve à Reims. Ces forces seraient mises à la disposition du général de Lattre. Je suis assuré que vous leur fournirez le soutien nécessaire.

Quoi qu'il advienne, les Français défendront Strasbourg.

Veuillez croire, etc.

Télégramme au Président Roosevelt.

Paris, le 2 janvier 1945.

Le général Eisenhower a pris la décision de replier le Groupe d'armées Devers sur les Vosges. Cette décision équivaut à l'évacuation sans combat de l'Alsace et d'une partie de la Lorraine.

Le Gouvernement français ne peut accepter, pour ce qui le concerne, une telle retraite qui ne lui paraît pas stratégiquement justifiée et qui serait déplorable au point de vue de la conduite générale de la guerre comme au point de vue national français. Je vous demande avec confiance d'intervenir dans cette affaire, qui risque d'avoir à tous égards de graves conséquences.

Télégramme à M. W. Churchill.

Paris, le 2 janvier 1945.

Je vous communique le texte d'un télégramme que j'adresse au Président Roosevelt. Je vous demande de m'appuyer dans cette très grave affaire.

Télégramme au général de Lattre.

Paris, le 3 janvier (matin).

. . . .

La Ire Armée et vous-même faites partie du dispositif allié, pour cette unique raison que le Gouvernement français l'a ordonné et seulement jusqu'au moment où il en décide autrement. Si vous aviez été amené, ou si vous étiez amené, à évacuer l'Alsace, le gouvernement ne pourrait admettre que ce fût sans une grande bataille, même – et je le répète – si votre gauche s'était trouvée, ou se trouvait, découverte par le retrait de vos voisins.

Communiqué de la présidence du Gouvernement.

Paris, le 4 janvier 1945.

Le 3 janvier, une conférence relative aux opérations militaires sur le front Ouest a réuni, au grand-quartier-général interallié, le général de Gaulle, président du Gouvernement français, M. W. Churchill, Premier ministre de Grande-Bretagne, et le général Eisenhower, Commandant en chef les armées alliées.

Le maréchal Sir Alan Brooke, chef de l'état-major impérial britannique, le général Juin, chef de l'état-major français de la Défense nationale, et le général Bedell Smith, chef de l'état-major du général Eisenhower, assistaient à cet entretien.

À l'issue de la conférence, le président du Gouvernement français et le Premier ministre britannique se sont longuement entretenus.

Mémorandum adressé aux gouvernements américain, britannique et russe, le 15 janvier 1945.

Le Gouvernement provisoire de la République française a eu connaissance, d'après des informations publiques, d'un projet de conférence entre les hauts représentants de la Grande-Bretagne, des États-Unis d'Amérique et de l'Union soviétique, ayant pour but de préciser les conditions de leur coopération dans la guerre.

À ce sujet, le Gouvernement provisoire de la République française croit devoir appeler l'attention du Gouvernement des États-Unis d'Amérique (ou de la Grande-Bretagne, ou de l'Union soviétique) sur les observations suivantes :

Les opérations militaires à l'ouest se déroulent actuellement sur le territoire français ou au voisinage immédiat de ses frontières. La France y engage, dans toute la mesure de ses possibilités actuelles, une importante et croissante contribution, non seulement par ses forces armées, terrestres, navales et aériennes, mais encore par certaines ressources indispensables à la bataille, notamment ses moyens de transport et ses ports.

Il apparaît, en outre, à la lumière des récents événements militaires que la poursuite de la lutte jusqu'à la victoire suppose nécessairement une participation constamment accrue de la France à l'effort de guerre commun. Cette participation ne peut être assurée dans des conditions satisfaisantes sans une révision des programmes de fabrication, de fournitures et de transports qui sont actuellement en vigueur entre les Alliés, révision à laquelle il ne saurait être utilement procédé sans la participation directe du Gouvernement provisoire de la République française.

Il convient d'observer, d'autre part, que les conférences tenues entre les autres grandes puissances alliées amènent celles-ci à préjuger, sans que la France y ait pris part, du règlement de certaines affaires d'ordre politique ou économique, qui, cependant, intéressent directement ou indirectement la France, alors que le Gouvernement provisoire de la République française ne saurait évidemment se considérer comme engagé par aucune des décisions prises en dehors de lui et que, de ce fait, ces décisions perdent de leur valeur.

Indépendamment de tous motifs de haute convenance politique ou morale, il paraît donc opportun au Gouvernement provisoire de la République française de faire connaître que sa participation à de telles conférences est, à ses yeux, nécessaire pour tout ce qui a trait aussi bien aux problèmes concernant la conduite générale de la guerre qu'à ceux dont le règlement intéresse l'avenir de la paix ; problèmes dans lesquels la responsabilité de la France est évidemment engagée.

Le Gouvernement provisoire de la République française ne peut douter que son point de vue ne soit partagé par les autres grandes puissances alliées.

Entretien avec M. Harry Hopkins, envoyé spécial du Président Roosevelt, rue Saint-Dominique, le 27 janvier 1945.

M. Caffery assistait à l'entretien.

M. HARRY HOPKINS indique qu'il a eu, dans l'après-midi, une conversation avec M. Bidault, au cours de laquelle un certain nombre de questions particulières ont été abordées. Ce qu'il voudrait, dans son entretien avec le général de Gaulle, c'est négliger les détails et aller au fond des choses. Il constate et déplore l'existence d'un malaise dans les rapports entre Paris et Washington.

Le GÉNÉRAL de GAULLE déclare que ce malaise existe, en effet.

M. HARRY HOPKINS voudrait que l'on ait recours à lui, non seulement à l'occasion de son court passage à Paris, mais également dans les semaines prochaines, pour dissiper ce malaise. La guerre atteint son point culminant. L'avenir du monde se dessine en ce moment et dépend dans une large mesure de l'action concertée des États-Unis et de la France. Il est donc nécessaire que les relations franco-américaines sortent de l'impasse actuelle. M. Hopkins désire contribuer personnellement à cette évolution. Sa bonne volonté est à la disposition du gouvernement français.

Le GÉNÉRAL de GAULLE demande à M. Hopkins de préciser les raisons du malaise dont il parle.

M. HOPKINS répond qu'il va s'exprimer très franchement. Le malaise est ancien. Il remonte à la défaite des armées françaises en 1940, défaite qui a stupéfait le public américain, et à la politique adoptée à cette époque par le gouvernement américain à l'égard du gouvernement de Vichy. Cette politique a, d'emblée, mécontenté ceux des Français qui, au-dedans ou au-dehors, avaient choisi de continuer le combat. Au fur et à mesure qu'elle se poursuivait, cette politique a, d'incident en incident, jusqu'en novembre 1942, provoqué l'irritation d'une fraction croissante du peuple français et aussi de l'opinion publique américaine. Pourtant, dans le même temps, les États-Unis construisaient leur puissance militaire et entraient en guerre contre l'Allemagne. Peu à peu, la poursuite du combat et la recherche des moyens propres à détruire l'ennemi devenaient l'unique préoccupation du peuple américain et de son gouvernement. Dans cette deuxième phase, l'attitude du général de Gaulle a parfois irrité le gouvernement américain. (M. Hopkins revient sur son propos et souligne que le mot « irrité » est peut-être excessif. En tout cas, aucun terme plus fort ne répondrait à la réalité.)

Le GÉNÉRAL de GAULLE répond que le passé est le passé et qu'il n'y a pas lieu, aujourd'hui, d'y attacher trop d'importance. Le malaise actuel, selon lui, tient accessoirement à une série de difficultés secondaires, inséparables des conditions du moment. L'on ne livre pas combat côte à côte sans s'exposer à certaines frictions. Il n'y a là rien de fondamental. Mais les rapports franco-américains souffrent également d'un élément beaucoup plus important. Il s'agit de l'incertitude où se trouvent les Français quant à la conception que se font les États-Unis de l'avenir de la France. Beaucoup de Français ont peu à peu pris conscience de l'enjeu exceptionnel du conflit actuel en ce qui concerne leur pays. Il est exact, qu'au cours des années qui précédèrent la guerre, la France était sur son déclin. Il y avait à cela des raisons économiques, démographiques et autres. Mais cette décadence procédait avant tout de l'agression allemande.

Tandis qu'au XVIIIe siècle l'histoire extérieure de la France est surtout faite de sa rivalité avec l'Angleterre, c'est, dès le XIXe siècle, l'agression allemande qui constitue l'élément déterminant de notre destin. La France, au cours des soixante-dix dernières années, a eu à subir trois fois l'assaut de l'Allemagne. Chaque fois, même lorsqu'elle sortait victorieuse de la guerre, elle en demeurait affaiblie. Si les Français veulent, cette fois, que la victoire consacre le retour de la France à son rang de grande puissance, c'est parce qu'ils sentent que leur tranquillité et leur prospérité intérieures sont à ce prix. Or, dans le passé, les États-Unis n'ont pas paru comprendre que le sort même de la France était lié à cette vocation de grandeur. En 1917, ils sont intervenus tardivement, après que le président Wilson se fut prêté à des tentatives de paix de compromis. Après nous avoir apporté un appui important, surtout sur le plan moral, les États-Unis se sont déclarés contre les mesures militaires de sauvegarde réclamées par le Gouvernement français, puis ont laissé la France porter seule le fardeau de la sécurité européenne. Le résultat a été que la France, en dépit d'un effort financier et militaire considérable et aussi par suite d'erreurs et de faiblesses dont elle porte la responsabilité, a engagé le combat en 1939 sans y être préparée. En 1940, le Gouvernement français, dont faisait partie le général de Gaulle, a fait en vain appel au président Roosevelt. Pourtant, de la réponse des États-Unis dépendait, pour beaucoup, le choix que le gouvernement allait faire entre la continuation de la lutte dans l'Empire ou la capitulation devant l'Allemagne. Ce fut, ensuite, la politique américaine à l'égard de Vichy, puis le débarquement en Afrique du Nord et les expédients auxquels le gouvernement américain crut devoir recourir. Ces expédients ne favorisèrent pas ceux des Français, qui, précisément, se faisaient l'idée la plus haute de la grandeur de la France. Ce furent, enfin, les réticences et les hésitations qui ont précédé le débarquement en France et l'installation à Paris du Gouvernement français.

Cette politique, d'ailleurs, n'est pas obligatoirement une politique déraisonnable. Tout dépend de l'idée que l'on se fait de la place de la France dans le monde. Mais, si l'avenir prouve que la France est appelée à reconquérir son rang de grande puissance, ne peut-on concevoir une autre grande politique américaine, qui eût consisté, dès 1940, à prendre parti pour la France, à refuser d'admettre sa défaite et à lui faire confiance ?

M. HOPKINS déclare qu'il est d'accord avec le général de Gaulle. Celui-ci vient de réduire le problème à ses données essentielles. Mais il reste que le peuple américain a été très frappé de l'étendue du désastre français en 1940. Au fur et à mesure qu'il fut mis au courant des dessous de la politique française avant la guerre, il a été effrayé des faiblesses qu'ils révélaient.

Le GÉNÉRAL de GAULLE reprend, qu'aujourd'hui encore, les Français n'aperçoivent pas clairement les desseins de la politique américaine à leur égard. Les troupes françaises se battent de leur mieux avec les moyens qu'elles ont. Ces moyens, dans une large mesure, leur ont été fournis par les États-Unis. Mais on n'a pas l'impression que les concours partiels que l'on nous donne, ici ou là, correspondent à une politique résolue de reconstruction d'une grande puissance française. De même, il est troublant que les trois puissances, qui doivent à l'étendue de leur territoire ou à leur éloignement des champs de bataille de n'avoir pas succombé au premier choc des armées allemandes, entreprennent de reconstruire l'Europe sans la France. Encore une fois, c'est une politique qui peut se justifier si la France est désormais exclue des premiers rôles dans le monde. Dans le cas contraire, cette politique n'est pas bonne. L'avenir seul dira si l'on a bien calculé.

M. HOPKINS dit que, pour sa part, il ne conçoit pas que la France puisse être absente du Comité consultatif européen. Sa place y est marquée. Elle doit y siéger sur un pied d'égalité matérielle et psychologique. Ce qu'il réprouve, ce sont les récriminations formulées à ce sujet.

Le GÉNÉRAL de GAULLE fait observer que le Gouvernement français ne réclame rien à cet égard.

M. HOPKINS souligne que les États-Unis et la France ont certainement beaucoup de conceptions communes. La question du Rhin, par exemple, pourrait être aisément résolue entre les États-Unis et la France, plus aisément peut-être qu'entre l'une ou l'autre de ces deux puissances et la Grande-Bretagne.

Le GÉNÉRAL de GAULLE réplique que la France, du seul fait de sa situation géographique, est en mesure de régler la question rhénane pour ce qui la concerne. Elle la réglera bien ou mal. Elle la réglera, soit avec, soit contre l'Allemagne. Mais, pour finir, elle la réglera.

M. HOPKINS, en demandant à prendre congé, prononce des paroles d'espoir quant à l'avenir des relations franco-américaines. « Le pont a été heureusement franchi. » Il doit revoir, si le général de Gaulle est d'accord, M. Bidault et certains ministres. Il demeure à l'entière disposition du général de Gaulle pour parler de toutes les questions d'intérêts communs. Le GÉNÉRAL charge M. Hopkins de transmettre ses amitiés au président Roosevelt.

Communiqué de la présidence du Gouvernement.

Paris, le 20 février 1945.

Le 12 février à 17 heures, le général de Gaulle, président du Gouvernement provisoire de la République française, a reçu M. Jefferson Caffery, ambassadeur des États-Unis, qui lui a communiqué un message adressé à l'ambassadeur par le président Roosevelt.

Dans ce message, le président Roosevelt chargeait l'ambassadeur d'exprimer au général de Gaulle ses regrets de ne pouvoir se rendre à Paris, comme le Gouvernement français l'y avait invité depuis le mois de novembre 1944. En revanche, le président Roosevelt invitait le chef du Gouvernement français à se rendre à Alger pour l'y rencontrer. Si le général de Gaulle acceptait l'invitation, la date de la rencontre lui serait indiquée ultérieurement.

Le président du Gouvernement provisoire de la République française répondit à l'ambassadeur qu'il se félicitait d'apprendre que le président Roosevelt projetait de rendre visite à un port français. Le général de Gaulle ajoutait que l'invitation qui lui était adressée de se rendre dans ce port le prenait à l'improviste, dans un moment où beaucoup d'affaires exigeaient sa présence à Paris et au lendemain d'une conférence entre trois chefs de gouvernements alliés, leurs conseillers et leurs experts, conférence à laquelle la France n'avait pas pris part et dont elle ignorait encore les multiples objets. Le général de Gaulle pria l'ambassadeur d'assurer le président Roosevelt qu'il ne cessait d'espérer de le voir se rendre à Paris, où le gouvernement et toute la population seraient, à tout moment, extrêmement heureux de le voir.

On sait que, depuis cette date, le gouvernement travaille activement aux échanges de vues qui s'imposent entre la France et les gouvernements alliés au sujet des conclusions de la Conférence de Yalta.

Télégramme au général Mordant, délégué général en Indochine.

Paris, le 21 février 1945.

Je vous rappelle que, dans l'hypothèse A, il vous appartiendra de déclencher sur votre initiative le plan des opérations militaires et subversives tel que je l'ai arrêté. Vous devez agir, au besoin, sans en référer au gouvernement, ce qui risquerait de retarder la résistance.

L'essentiel est de n'être pas mis hors d'état d'agir par des retards.

L'hypothèse A concerne, comme vous le savez, le cas de désarmement ou de neutralisation de vos forces. Vous aurez à apprécier si, même en l'absence d'ultimatum, la tentative d'occupation par des forces japonaises des points que vous estimez capitaux pour la défense constitue, ou non, l'hypothèse A.

Des négociations en vue de gagner du temps ne sont pas à écarter mais ne doivent, en aucun cas, compromettre notre liberté d'action pour la mise en œuvre du plan, dont je vous fais, d'autre part, télégraphier l'essentiel par l'état-major de la Défense nationale.

Les forces françaises d'Indochine ne doivent, à aucun prix, se laisser mettre hors d'état de combattre.

Je tiens à vous assurer, mon Général, de mon entière confiance.

Instructions données au général Doyen,
Commandant le détachement d'Armée des Alpes.

Paris, le 21 février 1945.

1° Le Commandement du front des Alpes est créé à la date du 1er mars 1945.

Le général Doyen assurera ce commandement, sous les ordres tactiques du général Devers, commandant le 6e Groupe d'armées.

Il aura son poste de commandement à Grenoble. (Ultérieurement, plus au sud.)

2° Le front des Alpes englobe la totalité de la frontière franco-italienne.

3° Pour tout ce qui concerne les opérations, le commandant du front des Alpes relève du général commandant le 6e Groupe d'armées.

4° Le commandement du front des Alpes relève du ministre de la Guerre à tous autres points de vue et lui adresse toutes demandes à cet effet.

Ordonnance instituant des comités d'entreprise.

. . . .

ARTICLE PREMIER. – Des comités d'entreprise seront constitués dans toutes les entreprises industrielles ou commerciales, quelle qu'en soit la forme juridique, employant habituellement, dans un ou plusieurs établissements, au moins 100 salariés.

Des décrets en Conseil d'État détermineront les services publics à caractère industriel ou commercial, y compris les services exploités en régie, même monopolisés, dans lesquels il sera obligatoirement créé des comités d'entreprise et, s'il y a lieu, les modalités particulières de composition et de fonctionnement de ces comités.

. . . .

ART. 2. – Le comité d'entreprise coopère avec la direction à l'amélioration des conditions collectives de travail et de vie du personnel, ainsi que des règlements qui s'y rapportent, à l'exception des questions relatives aux salaires.

Le comité d'entreprise assure ou contrôle la gestion de toutes les œuvres sociales établies dans l'entreprise au bénéfice des salariés ou de leurs familles, ou participe à cette gestion, quel qu'en soit le mode de financement, dans les conditions qui seront fixées par un décret pris en Conseil d'État…

ART. 3. – Dans l'ordre économique, le comité d'entreprise exerce, à titre consultatif, les attributions ci-après :

a) Il étudie toutes les suggestions émises par le personnel dans le but d'accroître la production et d'améliorer le rendement de l'entreprise et propose l'application des suggestions qu'il aura retenues. Il peut émettre des vœux concernant l'organisation générale de l'entreprise.

b) Il propose, en faveur des travailleurs ayant apporté par leur initiative ou leurs propositions une collaboration particulièrement utile à l'entreprise, toute récompense qui lui semble méritée.

c) Il est obligatoirement informé des questions intéressant l'organisation, la gestion et la marche générale de l'entreprise. Le chef d'entreprise devra faire, au moins une fois par an, un exposé d'ensemble sur la situation et l'activité de l'entreprise, ainsi que sur ses projets pour l'exercice suivant.

Lorsque l'entreprise est constituée sous la forme d'une société par actions ou, quelle que soit sa forme, lorsqu'elle réunit d'une façon continue plus de 500 salariés, le comité est, en outre, informé des bénéfices réalisés et peut émettre des suggestions sur leur emploi.

Dans les entreprises qui revêtent la forme d'une société anonyme, la direction est tenue de communiquer au comité, avant leur présentation à l'assemblée générale des actionnaires, les comptes de profits et pertes, le bilan annuel et le rapport des commissaires aux comptes, ainsi que les autres documents qui seraient soumis à l'assemblée générale des actionnaires.

. . . .

ART. 5. – Le comité d'entreprise comprend le chef d'entreprise ou son représentant et une délégation du personnel, composée comme suit :

De 100 à 500 sal. : 5 dél. tit., 3 dél. suppl.

De 501 à 1 000 sal. : 6 dél. tit., 4 dél. suppl.

De 1 001 à 2 000 sal. : 7 dél. tit., 5 dél. suppl.

Au-dessus de 2 000 sal. : 8 dél. tit., 5 dél. suppl.

ART. 6. – Les représentants du personnel sont élus, d'une part par les ouvriers et employés, d'autre part par les ingénieurs, chefs de service, agents de maîtrise ou assimilés, sur des listes établies par les organisations syndicales les plus représentatives pour chaque catégorie de personnel…

ART. 7 à 26. – . . . .

Fait à Paris, le 22 février 1945.

C. DE GAULLE.

Décret portant création d'un Haut-Comité de la Population et de la Famille.

. . . .

ARTICLE PREMIER. – Il est créé, à la Présidence du gouvernement, un Haut-Comité de la Population et de la Famille.

Ce Haut-Comité est consulté par le gouvernement sur toutes les mesures concernant la protection de la famille, le développement de la natalité, le peuplement rural, la déconcentration urbaine, l'établissement des étrangers sur le territoire français et leur intégration dans la population française.

ART. 2. – Le Haut-Comité de la Population et de la Famille est présidé par le président du gouvernement ; il comprend neuf membres désignés par arrêté du président du gouvernement…

Le président peut appeler à siéger au Comité avec voix consultative :

1° des représentants des différents ministères à raison des affaires intéressant leur Département ;

2° telle personne ou tel représentant d'association qu'il juge utile de convoquer à raison de sa compétence.

ART. 3, 4, 5. – …

Fait à Paris, le 4 mars 1945.

C. DE GAULLE.

Télégramme au général Mordant en Indochine.

Paris, le 10 mars 1945.

L'action de l'ennemi semble déclenchée dans les conditions prévues par notre hypothèse A. Je compte que la résistance armée des forces sous votre commandement, avec le concours des éléments civils, va s'opposer à l'attaque japonaise.

J'ai lieu d'espérer que vous pourrez conduire la résistance de manière à la faire durer jusqu'à ce que les opérations *menées* à l'extérieur et de l'extérieur par nos Alliés nous mettent à même de gagner la dernière manche.

En tout cas, il faut combattre. Le gouvernement, le pays, les armées ont confiance en vous, ainsi qu'en tous les bons Français et Indochinois qui sont sous vos ordres. Amitiés.

Déclaration du Gouvernement de la République relative à l'Indochine.

24 mars 1945.

Le Gouvernement de la République a toujours considéré que l'Indochine était appelée à tenir une place particulière dans l'organisation de la communauté française et à y jouir d'une liberté adéquate à son degré d'évolution et à ses capacités. La promesse en a été faite par la déclaration du 8 décembre 1943. Peu après, les principes de portée générale énoncés à Brazzaville sont venus préciser la volonté du gouvernement.

Aujourd'hui, l'Indochine combat. Les troupes où Indochinois et Français sont mêlés, les élites et les peuples de l'Indochine que ne sauraient abuser les manœuvres de l'ennemi, prodiguent leur courage et déploient leur résistance pour le triomphe de la cause qui est celle de toute la communauté française. Ainsi, l'Indochine s'acquiert-elle de nouveaux titres à recevoir la place à laquelle elle est appelée.

Confirmé par les événements dans ses intentions antérieures, le gouvernement estime devoir, dès à présent, définir ce que sera le statut de l'Indochine lorsqu'elle aura été libérée de l'envahisseur.

La Fédération indochinoise formera, avec la France et avec les autres parties de la communauté, une « Union française » dont les intérêts à l'extérieur seront représentés par la France. L'indochine jouira, au sein de cette Union, d'une liberté propre.

Les ressortissants de la Fédération indochinoise seront citoyens indochinois et citoyens de l'Union française. À ce titre, sans discrimination de race, de religion ou d'origine et à égalité de mérites, ils auront accès à tous les postes et emplois fédéraux, en Indochine et dans l'Union.

Les conditions suivant lesquelles la Fédération indochinoise participera aux organismes fédéraux de l'Union française, ainsi que le statut de citoyen de l'Union française, seront fixés par l'Assemblée constituante.

L'Indochine aura un gouvernement fédéral propre, présidé par le gouverneur général et composé de ministres responsables devant lui, qui seront choisis aussi bien parmi les Indochinois que parmi les Français résidant en Indochine. Auprès du gouverneur général, un Conseil d'État, composé des plus hautes personnalités de la Fédération, sera chargé de la préparation des lois et des règlements fédéraux. Une assemblée, élue selon le mode de suffrage le mieux approprié à chacun des pays de la Fédération et où les intérêts français seront représentés, votera les taxes de toute nature, ainsi que le budget fédéral, et délibérera des projets de lois. Les traités de commerce et de bon voisinage intéressant la Fédération indochinoise seront soumis à son examen.

La liberté de pensée et de croyance, la liberté de la presse, la liberté d'association, la liberté de réunion et, d'une façon générale, les libertés démocratiques, formeront la base des lois indochinoises.

Les cinq pays qui composent la Fédération indochinoise et qui se distinguent entre eux par la civilisation, la race et les traditions garderont leur caractère propre à l'intérieur de la Fédération.

Le gouvernement général sera, dans l'intérêt de chacun, l'arbitre de tous. Les gouvernements locaux seront perfectionnés ou réformés ; les postes dans chacun de ces pays y seront spécialement ouverts à ses ressortissants.

Avec l'aide de la Métropole et à l'intérieur du système de défense générale de l'Union française, la Fédération indochinoise constituera des forces de terre, de mer et de l'air, dans lesquelles les Indochinois auront accès à tous les grades, à égalité de qualification avec le personnel provenant de la Métropole ou d'autres parties de l'Union française.

Le progrès social et culturel sera poursuivi et accéléré dans le même sens que le progrès politique et administratif.

L'Union française prendra les mesures nécessaires pour rendre l'enseignement primaire obligatoire et effectif et pour développer les enseignements secondaire et supérieur. L'étude de la langue et de la pensée locale y sera étroitement associée à la culture française.

Par la mise en œuvre d'une inspection du travail indépendante et par le développement syndical, le bien-être, l'éducation sociale et l'émancipation des travailleurs indochinois seront constamment poursuivis.

La Fédération indochinoise jouira, dans le cadre de l'Union française, d'une autonomie économique lui permettant d'atteindre son plein développement agricole, industriel et commercial et de réaliser, en particulier, l'industrialisation qui permettra à l'Indochine de faire face à sa situation démographique. Grâce à cette autonomie et en dehors de toute réglementation discriminatoire, l'Indochine développera ses relations commerciales avec tous les autres pays et, notamment, avec la Chine, avec laquelle l'Indochine, comme l'Union française tout entière, entend avoir des relations amicales étroites.

Le statut de l'Indochine, tel qu'il vient d'être ainsi examiné, sera mis au point après consultation des organes qualifiés de l'Indochine libérée.

Ainsi, la Fédération indochinoise, dans le système de paix de l'Union française, jouira de la liberté et de l'organisation nécessaires au développement de toutes ses ressources. Elle sera à même de remplir, dans le Pacifique, le rôle qui lui revient et de faire valoir, dans l'ensemble de l'Union française, la qualité de ses élites.

Télégramme au général de Lattre.

Paris, le 29 mars 1945.

Mon cher Général,

Il faut que vous passiez le Rhin, même si les Américains ne s'y prêtent pas et dussiez-vous le passer sur des barques. Il y a là une question du plus haut intérêt national. Karlsruhe et Stuttgart vous attendent, si même ils ne vous désirent pas.

Veuillez croire, mon cher Général, à mon entière confiance et en ma fidèle amitié.

Discours du général de Gaulle,
Place de l'Hôtel-de-Ville,
à Paris, le 2 avril 1945.

Parmi les points de la terre que le Destin a choisis pour y rendre ses arrêts, Paris fut en tout temps particulièrement symbolique. Il l'était surtout dans ces moments de l'Histoire où, sur le sol de la France, se décidait le sort de l'Europe et, par là même, celui du monde. Il l'était quand la ville de sainte Geneviève, en faisant reculer Attila, annonçait la victoire des Champs Catalauniques et le salut de l'Occident. Il l'était lorsque Jeanne d'Arc, en montant à l'assaut de la porte Saint-Honoré, présageait du retour de toutes les terres françaises à l'unité et à l'indépendance. Il l'était quand Henri IV, pour rétablir l'État dans sa capitale, mettait fin sous ses murs à la guerre de Religion et montrait à la Chrétienté, bouleversée par des luttes affreuses, que la voie du salut était celle de la tolérance. Il l'était quand l'Assemblée des trois ordres proclamait les Droits de l'Homme devant la nation et devant l'univers. Il l'était lorsque la reddition de Paris, en janvier 1871, consacrait le triomphe de l'Allemagne prussienne et l'avènement des ambitions du nouvel Empire germanique. Il l'était encore quand, dans les jours fameux de septembre 1914, les armées de Joffre et de Gallieni, en sauvant sur la Marne la capitale française, assuraient pour le compte de tous les peuples libres la victoire de la justice et du droit. Il l'était, hélas ! lorsqu'en 1940, Paris, non défendu, tombait aux mains de l'ennemi, tandis que, par l'écroulement du rempart français, la liberté de l'Europe se trouvait en péril de mort et que la menace se dressait devant le monde tout entier.

C'est pourquoi, le rôle qu'allait jouer Paris dans la dernière bataille de France devait revêtir une importance extrême. Tandis que les armées alliées et françaises s'ouvraient, par les durs combats de Normandie et de Provence, le chemin vers le cœur du pays captif et que nos forces de l'intérieur paralysaient l'envahisseur sur une foule de points du territoire, il n'y avait pas dans le monde un seul homme qui ne se demandât : « Que va faire Paris ? » Certes, nul n'ignorait, ni chez l'ennemi, ni chez nos amis, que quatre années d'oppression n'avaient pu réduire l'âme de la capitale, que la trahison n'était qu'une écume ignoble à la surface d'un corps resté sain, que les rues, les maisons, les usines, les ateliers, les bureaux, les chantiers de Paris avaient vu s'accomplir, au prix des fusillades, des tortures, des emprisonnements, les actes héroïques de la Résistance. Mais, dès l'instant où la Terre apprenait que les armées alliées avaient pris pied sur le sol de la France, des centaines et des centaines de millions de pensées se tournaient vers la Ville, attendant d'elle quelqu'une de ces éclatantes actions, par quoi, depuis des siècles, elle signait les événements.

Cette action d'éclat, Paris l'a accomplie. Ce fut sa libération, entreprise de ses propres mains, achevée avec l'appui d'une grande unité française et consacrée par l'immense enthousiasme d'un peuple unanime. Mais il s'est trouvé, par une exceptionnelle rencontre, que la libération de Paris a revêtu un caractère qui la marquera, dans l'Histoire de la France, comme une sorte de chef-d'œuvre complet et même, j'ose le dire, de réussite quelque peu merveilleuse.

Car, nous tous, Français et Françaises, qui, dans les quatre terribles années, au fond de la fureur et de l'humiliation et afin de nous soutenir dans notre combat et dans notre souffrance, n'avions jamais cessé de rêver à la libération de Paris, de travailler à ce qu'elle s'accomplît non seulement dans la joie de nos cœurs, mais aussi par la force de nos armes, de vouloir qu'elle fût une étape de notre revanche sur la défaite et sur le malheur, disons bien haut que nous avons été comblés.

Combats commencés dans la Cité, au cœur antique de Paris, par sa vaillante police, puis étendus aux vingt arrondissements par les forces de l'intérieur, qui se formaient, heure par heure, autour des chefs désignés et des noyaux longuement préparés ; direction de la lutte exercée, suivant le plan prévu, par le commissaire du Gouvernement de la République entouré du Conseil national de la Résistance et du Comité parisien de la Libération, qui groupaient fraternellement des hommes qualifiés de toutes origines et opinions ; accès de nos rues, places et boulevards, peu à peu interdits aux Allemands par de multiples barricades et d'innombrables escarmouches ; enlèvement de vive force de points d'appui tenus par l'occupant et blocus de ses garnisons réfugiées dans les centres organisés en forteresses ; intervention d'une division blindée française, venue depuis les bords du lac Tchad jusque sur les rives de l'Orne, par-dessus les déserts et les mers, à travers quatre ans de bataille, de sacrifices et de gloire, juste à point et juste à temps pour se ruer à l'aide de Paris, enfoncer la ceinture de défense de l'ennemi dans la banlieue sud et, côte à côte avec les combattants levés dans la ville, le réduire dans ses retranchements, le faire capituler, puis détruire ou mettre en fuite les renforts qui lui venaient du Nord ; enfin, sous les plis des drapeaux tricolores arborés à toutes les fenêtres et au milieu du déferlement inouï de la joie et de la fierté nationale, réinstallation triomphante dans sa capitale de l'État républicain ; tout cela s'est enchaîné, de scène en scène et d'acte en acte, comme un drame bien ordonné. À la libération de Paris, en vérité, rien n'a manqué de ce qu'il fallait qu'elle fût pour être digne de la France.

C'est par là que prirent soudain leur sens et leur valeur tant d'épreuves endurées au long des années terribles par tous ceux et toutes celles qui avaient résolu de ne point écouter les voix de l'abandon, tant d'actions accomplies dans l'ombre pour affaiblir l'adversaire, tant de martyres subis pour la France au fond des cachots ou aux poteaux d'exécution. C'est par là qu'apparut l'efficacité de l'effort mené, depuis juin 1940, avec le but de maintenir la France dans la guerre pour lui sauver son honneur, de rassembler le pays dans la volonté de vaincre pour lui conserver l'unité, de refaire peu à peu sa puissance pour assurer son avenir. C'est par là qu'était payé l'effort sanglant des bons soldats, qui, rassemblés de mois en mois, bataillon après bataillon, dans tous les points de l'Empire, pour les luttes d'Afrique, d'Italie et de France, ou levés dans la Métropole pour les coups de main du maquis ou les combats de la libération, se retrouvaient pareils les uns aux autres, portant la même Croix de Lorraine, pour former une fois de plus la grande armée française. Cette armée, nous la voyons renaître aujourd'hui avec ses jeunes ardeurs et ses anciens drapeaux. Au moment où je parle, elle franchit le Rhin entre Spire et Bâle, tout en tenant le front des Alpes et le front de l'Atlantique et en mettant, en Indochine, les Japonais en échec.

Mais, tandis que, sur l'Europe couverte de ruines, ruisselante de sang et de larmes, épuisée de privations, la Victoire semble ouvrir ses ailes, tandis que les armées frappent les coups de la décision, tandis que tous ceux et toutes celles que la rafale a séparés se réunissent par la pensée en attendant de se rejoindre, la France découvre avec lucidité quel effort il lui faut fournir pour réparer tout ce que cette guerre, commencée voici plus de trente ans, a détruit de sa substance.

Car, je le déclare nettement, nos devoirs, comme nos pertes, sont immenses. Dans l'ordre matériel, notre appareil économique, lequel était, d'ailleurs, en partie vieilli, a subi de graves destructions ; d'innombrables maisons, usines, ateliers, gares, moyens de transport et de communication, ont simplement disparu. Notre population, décimée dans sa fraction la plus active et d'avance trop peu nombreuse, ne suffira qu'à grand-peine à la tâche de la reconstruction. Sachons que nous ne réparerons tout cela que par un travail acharné dans une étroite discipline nationale.

Dans le domaine moral, des germes de divisions subsistent, qu'il faut extirper, à tout prix. Nous avons payé assez cher tous ceux qu'avaient déjà semés entre Français tant de secousses intérieures, naturellement conjuguées avec tant d'invasions, puisqu'il n'y a pas d'exemple que les batailles intestines de la France n'y amènent bientôt l'étranger. Silence aux surenchères des partis, comme aux intérêts particuliers ! Parlons peu ! Travaillons ! Et, sans abdiquer ni taire nos justes diversités, aplanissons ce qui nous oppose !

Au point de vue intérieur, notre pays, qui se retrouve au milieu d'un monde durci, ne doit compter que sur lui-même pour obtenir ce qu'il lui faut et prendre la place qu'il veut prendre. Convainquons-nous, une fois pour toutes, qu'en notre temps il n'est rendu à chacun que suivant ses œuvres. Peut-être, d'ailleurs, ces rudes et franches conditions sont-elles pour nous préférables à quelque ambiance d'illusion. Ah ! certes, ne renonçons pas à nous montrer les amis loyaux de ceux qui sont nos amis, ni à faire tout notre possible pour que le bon sens, l'esprit de justice, le respect des nations les unes pour les autres, quelles que soient leurs dimensions, aient assez de force et de vertu pour permettre de construire une organisation du monde telle que la paix pour tous et le droit de chacun soient effectivement assurés. Mais il est bon, sans doute, pour ce qui nous concerne, que les réalités soient rigoureuses et incommodes. Car, pour un peuple comme le nôtre, qui repousse les caresses infâmes de la décadence et, de tout son instinct réveillé, tend à la rénovation, mieux valent les obstacles et les aspérités que les pentes molles et faciles.

Ah ! si la nation française ne venait pas de donner la preuve qu'elle veut renaître libre et grande, nous ne serions pas là pour tenir ce langage. Si, dans l'écroulement du désastre, elle avait jusqu'en ses profondeurs accepté la servitude, si l'oppression par l'ennemi n'avait eu pour effet que de la faire plier davantage, si la bataille menée sur son sol n'avait suscité chez elle que des alarmes et des plaintes au lieu d'y faire lever les combattants, si maintenant, devant ses deuils, ses ruines et ses restrictions, elle s'abîmait dans le désordre ruineux des luttes intérieures, alors la triste chanson du doute pourrait pénétrer les cœurs. Mais, bien loin que soient apparues ces marques de mortelle faiblesse, au contraire nous avons vu monter dans le ciel de notre épreuve les signes grandissants de la force et du renouveau.

Il s'est trouvé, fût-ce aux pires moments, que notre peuple jamais n'a renoncé à lui-même. Il s'est trouvé que plus la terreur, le mensonge, la corruption, s'efforçaient de nous maintenir à terre, plus le courage, la lucidité, le dévouement, se déployaient parmi les Français. Il s'est trouvé, qu'au premier coup de canon annonçant l'arrivée des secours sur le sol de France, toutes les armes que nous avions furent tournées contre l'ennemi. Il s'est trouvé, enfin, que les difficultés matérielles et morales qu'il nous faut vaincre, les sacrifices qu'il nous faut endurer, pour nous tirer décidément d'affaire, n'ont fait que resserrer davantage la cohésion nationale. Qui l'a prouvé mieux que Paris ?

M. le Président du Conseil municipal, en décrétant que la Ville de Paris ferait partie de l'Ordre des Compagnons de la Libération, dont je vais avoir l'honneur de vous remettre l'insigne, le Gouvernement de la République française entend, tout à la fois, consacrer les mérites guerriers de Paris dans la plus grande épreuve de la patrie et lui marquer, au nom du pays, l'absolue confiance qu'il lui porte pour jouer dans l'œuvre sacrée du renouveau national le rôle exemplaire qui revient à la capitale.

« Paris ! Nous vous reconnaissons comme notre Compagnon, pour la Libération de la France, dans l'Honneur et par la Victoire ! »

Note pour les ministres des Affaires étrangères et de la Guerre, au sujet de l'occupation de l'Allemagne.

Paris, le 10 avril 1945.

Les gouvernements de Moscou, Washington et Londres se sont mis d'accord entre eux – et en dehors de la France – sur la nécessité de maintenir, après les hostilités, l'occupation militaire totale de l'Allemagne et pour une durée qui sera déterminée ultérieurement suivant les circonstances. Il a été entendu entre ces gouvernements que le territoire du Reich serait divisé en trois zones d'occupation : russe, britannique et américaine.

Par la suite, après l'admission de la France à la Commission européenne de Londres, il a été demandé au gouvernement français de faire connaître quelles régions il aurait l'intention d'occuper, au cas où il serait décidé que l'occupation comporterait une zone proprement française.

Voici notre proposition :

1° Le Gouvernement français estime, comme les autres Gouvernements alliés, que la totalité du territoire du Reich doit être, après les hostilités, occupée et gouvernée militairement par les Alliés pendant une durée qui sera déterminée plus tard suivant les circonstances ;

2° Nous acceptons la division du territoire du Reich en zones propres aux divers occupants, à la condition qu'il y ait une zone française et que cette zone soit celle qui est précisée ci-dessous ;

3° La zone proprement française doit comprendre, à la fois, ceux des territoires rhénans que nous aurons décidé de séparer du Reich et certains territoires de la rive droite du Rhin dont nous envisageons l'occupation pour une durée indéterminée ;

4° Les territoires rhénans à occuper et à contrôler par nous, sans qu'on doive envisager actuellement le terme de cette occupation et de ce contrôle, sont ceux de la rive gauche du Rhin et, sur la rive droite, une bande à délimiter de manière à englober le bord est du fleuve depuis la frontière suisse jusqu'à Cologne inclus, les villes ou agglomérations qui touchent au

Rhin, la large tête de pont du Taunus jusqu'à Francfort exclu, la tête de pont de Mannheim, le Kaiserstuhl. Il n'est pas exclu que la Belgique et le Luxembourg puissent être associés au contrôle et à l'occupation des territoires de la rive gauche en certains points particuliers (Aix-la-Chapelle, vallée de l'Our, etc.). D'autre part, le bassin minier rhéno-west-phalien, au nord de Cologne et sur les deux rives du Rhin, doit être placé sous un régime interallié de contrôle et d'occupation avec participation de la France ;

5° Les territoires allemands à occuper et à contrôler par nous sur la rive droite du Rhin, d'une manière que nous considérons, à l'avance, comme temporaire, sont : les Hesse (Hesse-Nassau, Hesse-Cassel, Hesse-Darmstadt) et Bade.

En ce qui concerne le régime à appliquer aux voies ferrées de ces territoires et, notamment, à la ligne : Cassel-Fulda, il y aurait lieu de tenir compte du fait que la zone d'occupation américaine (Bavière et Wurtemberg) devrait être, en principe, ravitaillée à partir de la mer du Nord (Brême-Hambourg) ;

6° L'occupation de l'Autriche par les Alliés est également prévue. La France doit préconiser, non point une division du territoire autrichien par zones, mais une occupation collective à laquelle elle entend participer. Si ce point de vue ne pouvait l'emporter, la France revendiquerait le Tyrol comme zone propre d'occupation, ce qui impliquerait le contrôle français sur la voie ferrée Constance-Lindau reliant Bade au Tyrol et nécessaire aux communications de nos forces en Autriche ;

7° Nous sommes, dès à présent, en mesure de procéder à l'occupation des territoires rhénans et de participer à celle des territoires allemands et autrichiens avec 16 divisions complètes. L'une de ces divisions pourrait être affectée au Corps interallié du bassin rhéno-westphalien. Une autre assumerait l'occupation du Tyrol. Les 14 divisions restantes constitueraient une force plus que suffisante pour occuper les territoires de la zone française en Rhénanie et en Allemagne, y compris notre contribution à la garnison de Berlin.

Lettre à Georges Bidault, ministre des Affaires étrangères.

Paris, le 17 avril 1945.

Mon cher Ministre,

Au moment où vous partez pour San Francisco à la tête de la délégation française, je crois devoir appeler votre attention, non pas sur tel ou tel point des instructions que je vous ai remises au nom du gouvernement et qui sont suffisamment précises, mais sur l'attitude générale qu'il me paraît indiqué de prendre au cours de la Conférence.

Je ne saurais trop vous recommander, en premier lieu, d'imposer au comportement de la délégation un caractère réservé. Les déploiements verbaux, qui ont souvent marqué, du côté français, les conférences internationales de naguère, seraient aujourd'hui déplacés. Les temps, d'ailleurs, sont différents et la rhétorique est mal appréciée dans les grandes affaires. Il faut être, en tout, attentif, objectif, se refuser aux longues discussions et se garder des déclarations qui n'ont pas été soigneusement écrites et pesées à l'avance. La discipline de la délégation à cet égard doit être rigoureuse et vous saurez certainement l'imposer.

L'intention de celles des puissances qui se trouvent les plus fortes à la fin du présent conflit est de « réaliser » au plus tôt leurs avantages. C'est le cas de la Russie et des États-Unis et, dans une certaine mesure, de l'Angleterre. L'intérêt de la France, momentanément affaiblie mais qui recouvre chaque jour un peu plus de sa puissance et de son influence, est de ne rien précipiter. Les solutions d'attente sont grosso modo les meilleures pour nous actuellement. Tout ce qui nous engage en tant que faible vis-à-vis des forts est, à priori, très délicat.

Vous aurez à vous défendre, non seulement contre les pressions de celles des puissances qui ont hâte de consacrer l'état d'équilibre qui leur est momentanément avantageux par rapport à nous, mais encore contre le désir naturel de nos propres négociateurs. Ce désir, en effet, est de s'accorder avec leurs partenaires et, comme on dit, d'aboutir. J'insiste sur le fait qu'une telle disposition risque de jouer, dans la période où nous sommes, à notre détriment. C'est dire qu'il n'y faut pas céder, lors même qu'un tumulte orchestré de presse et de radio étrangères, voire françaises, se déchaînerait pour vous entraîner. Depuis que nous sommes malheureux, ce que nous avons fait de plus fructueux fut en même temps ce qui provoqua les plus violents orages.

Pensez toujours que vous allez à San Francisco pour discuter d'un pacte éventuel d'organisation mondiale de la sécurité et non pas pour autre chose. Gardez-vous donc d'entrer dans des négociations annexes concernant, notamment, l'Allemagne, le Rhin, l'Orient, l'Extrême-Orient, toutes questions qui comportent pour la France d'immenses conséquences et qui ne peuvent être menées par elle dans le cadre lointain et plus ou moins truqué de San Francisco.

Tout en vous assurant de mon entière et amicale confiance, je vous demande de ne jamais perdre de vue les responsabilités collectives du gouvernement, ni celles, exceptionnelles, que je porte moi-même devant le pays. Je compte donc que vous me tiendrez au courant de tout ce qui se passera en ce qui nous concerne et que vous m'en référerez à temps pour toute décision importante que vous croiriez nécessaire de prendre.

Je vous prie de croire, etc.

Ordre au général Doyen, commandant le détachement d'armée des Alpes.

Paris, le 29 avril 1945.

I. – Le général commandant le Détachement d'armée des Alpes portera ses forces jusqu'à la ligne incluse : Crête à l'est de Vintimille – col de Larche – Borgo-San-Salmazzo ;

Crête : col de Larche – col de la Croix-Villanova – crête et col de Sestrières-Busseleno ;

Glacier de Rochemelon – col de la Galize – crête du Grand Paradis-Bar.

Cette ligne atteinte, il s'y maintiendra jusqu'à nouvel ordre du gouvernement.

II. – Il appartient au général commandant le Détachement d'armée des Alpes d'assurer l'administration des territoires occupés, cette administration comportant un régime différent dans chacune des quatre régions suivantes :

1° Conformément à mon ordre du 24 avril, la région dite « des Six Communes » et la région de la Basse-Roya, y compris Vintimille, sont à administrer au moyen du personnel fourni par le préfet des Alpes-Maritimes ;

2° La région à l'ouest de la ligne : crête de l'Assiette (depuis le Grand-Queyrac) – col de Sestrières – mont Preitas – crête Plane – Est de Suze – glacier de Rochemelon sera administrée directement par l'autorité militaire ;

3° La question de l'administration du val d'Aoste est actuellement réservée ;

4° Le reste du territoire occupé par le Détachement d'armée des Alpes, à l'est de l'ancienne frontière de 1939, pourra être administré par les autorités locales, sous le contrôle direct de l'autorité militaire.

Lettre au général Eisenhower.

Paris, le 1er mai 1945.

Mon cher Général,

Je vous remercie sincèrement de votre lettre du 28 avril, concernant la solution que vous vous proposez d'apporter à la question de l'utilisation de Stuttgart comme centre militaire de communications pour la bataille.

Je me garderai d'entrer dans aucune discussion sur ce sujet, qui relève de vos seules attributions stratégiques. Je me permets simplement de vous dire, qu'à mon avis, il n'est pas certain que, pendant la période des opérations, l'utilisation militaire et l'administration d'une région doivent nécessairement se confondre. C'est ainsi que Nancy, puis Metz, qui sont à la fois des préfectures et des chefs-lieux de régions militaires françaises, ont été ou sont encore utilisées comme centres de communications par la IIIe Armée américaine, sans qu'à ma connaissance cette situation ait fait obstacle aux magnifiques succès du général Patton. Vous-même, tout récemment, avez bien voulu demander que des forces françaises procèdent, dès à présent, à l'occupation de certaines régions de la rive gauche du Rhin situées sur les arrières des armées américaines et que celles-ci utilisent pour leurs communications. En tout cas, vous comprendrez certainement que le gouvernement et l'occupation des territoires allemands en général, notamment de Stuttgart, sont des problèmes qui dépassent le cadre des opérations militaires et qui engagent, d'une manière directe, la responsabilité du Gouvernement français.

La difficulté que nous venons de rencontrer provient d'une situation qui ne vous incombe nullement et qui est le défaut d'accord et, par conséquent, de liaison entre les gouvernements américain et britannique, d'une part, et le Gouvernement français, d'autre part, en ce qui concerne la politique de guerre en général et l'occupation des territoires allemands en particulier. Mais le fait que les points de vue et les nécessités des deux parties n'ont pas été, jusqu'à présent, accordés ni même confrontés n'empêche naturellement pas que ces points de vue et ces nécessités subsistent. Faute d'avoir pu faire entrer les siens dans un plan commun, le Gouvernement français est nécessairement amené à les faire valoir séparément.

Dans le même ordre d'idées, le fait que le commandement français est absent de l'organisme commun de direction stratégique appelé « chefs d'état-major combinés » et que, par suite, les décisions qui y sont prises n'englobent pas les nécessités nationales françaises a eu pour résultat de m'obliger moi-même –

quoique à mon grand regret – à intervenir quelquefois, soit dans les plans, soit dans l'exécution. Vous reconnaîtrez certainement que, tout en acceptant de placer sous votre haut commandement les forces françaises d'opérations sur le théâtre occidental, j'ai toujours réservé le droit du Gouvernement français d'intervenir éventuellement, pour que les forces françaises soient employées conformément à l'intérêt national français qui est le seul qu'elles aient à servir.

Je n'ai naturellement jamais fait d'exception pour celles des forces françaises qui ont bénéficié de l'armement américain. Je dois, d'ailleurs, appeler votre attention sur le fait que cet armement leur a été attribué par les États-Unis au titre des accords « Lend-Lease », en vertu desquels la France et l'Empire français fournissent, de leur côté et dans la mesure de leurs moyens, d'importants services aux forces américaines.

Au demeurant, je constate avec beaucoup de regret, qu'à l'heure qu'il est, aucune nouvelle grande unité française n'a été complètement armée par les États-Unis depuis le commencement des opérations en Europe occidentale, malgré tout ce qui avait paru être entendu depuis longtemps.

Vous pouvez être certain, en tout cas, que je suis profondément sensible aux sentiments que vous voulez bien exprimer quant à la bonne camaraderie de combat qui s'est toujours manifestée dans la bataille entre les forces américaines et françaises. Je tiens à vous dire que je mesure à son extrême valeur la part que vous avez prise personnellement dans cette étroite coopération. Vous pouvez être assuré que le Gouvernement français est, au plus haut point, désireux de la voir se poursuivre.

Sincèrement à vous.

Télégramme au président Truman, à Washington.

Paris, le 4 mai 1945.

Je vous remercie de votre message.

Puisque vous vous référez à la lettre que m'a écrite, le 28 avril, le général Eisenhower, je n'ai rien de mieux à faire que de vous communiquer le texte de la réponse que je lui ai adressée, le 2 mai. Je remets copie de ce texte à M. l'Ambassadeur des États-Unis en le priant de vous le transmettre. Vous serez ainsi, je l'espère, mieux éclairé sur les raisons qui sont à l'origine de l'affaire de Stuttgart.

Cela étant, et pour répondre à la franchise dont vous voulez bien user à mon égard, je crois devoir exprimer le vœu que d'aussi fâcheuses frictions puissent être évitées. Il suffirait pour cela que les alliés de la France voulussent bien reconnaître que des questions qui la touchent d'aussi près que l'occupation du territoire allemand doivent être discutées et décidées avec elle.

Comme vous le savez, cela n'a malheureusement pas été le cas jusqu'à présent, malgré mes demandes réitérées.

J'espère vivement, qu'à ce point de vue comme à d'autres, les choses pourront finalement s'éclaircir. Je suis persuadé, pour ma part, que vous-même et votre gouvernement en retireriez satisfaction autant que le Gouvernement français.

Télégramme du général de Gaulle au général de Lattre.

Paris, le 7 mai 1945.

Je vous ai désigné pour participer à l'acte solennel de la capitulation à Berlin. Il est prévu que, seuls, le général Eisenhower et le représentant du commandement russe signeront comme parties contractantes. Mais vous signerez comme témoin. Vous devrez, en tout cas, exiger des conditions équivalentes à celles qui seront faites au représentant britannique, à moins que celui-ci signe pour Eisenhower.

Allocution à la radio le 8 mai 1945.

La guerre est gagnée ! Voici la victoire ! C'est la victoire des Nations Unies et c'est la victoire de la France !

L'ennemi allemand vient de capituler devant les armées alliées de l'ouest et de l'est. Le commandement français était présent et partie à l'acte de capitulation. Dans l'état de désorganisation où se trouvent les pouvoirs publics et le commandement militaire allemands, il est possible que certains groupes ennemis veuillent, çà et là, prolonger pour leur propre compte une résistance sans issue. Mais l'Allemagne est abattue et elle a signé son désastre !

Tandis que les rayons de la gloire font, une fois de plus, resplendir nos drapeaux, la patrie porte sa pensée et son amour, d'abord vers ceux qui sont morts pour elle, ensuite vers ceux qui ont, pour son service, tant combattu et tant souffert ! Pas un effort de ses soldats, de ses marins, de ses aviateurs, pas un acte de courage ou d'abnégation de ses fils et de ses filles, pas une souffrance de ses hommes et de ses femmes prisonniers, pas un deuil, pas un sacrifice, pas une larme n'auront donc été perdus !

Dans la joie et la fierté nationale, le peuple français adresse son fraternel salut à ses vaillants alliés, qui, comme lui, pour la même cause que lui, ont durement, longuement, prodigué leurs peines, à leurs héroïques armées et aux chefs qui les commandent, à tous ces hommes et à toutes ces femmes, qui, dans le monde, ont lutté, pâti, travaillé, pour que l'emportent, à la fin des fins ! la justice et la liberté.

Honneur ! Honneur pour toujours ! à nos armées et à leurs chefs ! Honneur à notre peuple, que des épreuves terribles n'ont pu réduire, ni fléchir ! Honneur aux Nations Unies qui ont mêlé leur sang à notre sang, leurs peines à nos peines, leur espérance à notre espérance et qui, aujourd'hui, triomphent avec nous !

Ah ! Vive la France !

Note pour Jules Jeanneney, ministre d'État, chargé de l'intérim des Affaires étrangères.

Paris, le 12 mai 1945.

1° J'ai donné au général Doyen l'ordre de prendre sous son autorité l'administration des territoires que nous occupons à l'est de l'ancienne frontière italienne de 1939. Ce qu'il a fait ;

2° Nous ne devons pas accepter, dans l'espèce, l'intrusion des Alliés. Nous n'avons, d'ailleurs, aucun engagement envers eux à ce sujet, car ils ont signé sans nous l'armistice avec l'Italie ;

3° La question du tracé futur de la frontière franco-italienne est une affaire qui concerne la France et l'Italie. J'observe, d'ailleurs, que les alliés agissent, en ce qui concerne les dispositions relatives à la frontière orientale de l'Italie (Trieste), comme si nous n'existions pas.

Discours prononcé par le général de Gaulle à l'Assemblée consultative, le 15 mai 1945.

La victoire est aux dimensions de la guerre. L'Allemande, entraînée jusqu'au fanatisme dans le rêve de la domination, avait voulu que, matériellement, politiquement, moralement, la lutte fût une lutte totale. Il fallait donc que la victoire fût une victoire totale. Cela est fait. En tant qu'État, en tant que puissance, en tant que doctrine, le Reich allemand est complètement détruit. Une fois de plus, il est prouvé que pour un peuple, si résolu et puissant qu'il soit, l'ambition effrénée de dominer les autres peut arracher des succès plus ou moins éclatants et plus ou moins prolongés mais que le terme est l'effondrement.

Alors qu'est à peine séchée l'encre de la capitulation en partie double de Reims et de Berlin, le jour n'est pas venu de s'étendre sur les péripéties du drame qui finit. Les dimensions mêmes des faits, à fortiori leurs conséquences, ne pourront se mesurer qu'avec le recul du temps. Une chose est certaine : la France a engagé dans cette guerre son existence en tant que nation et jusqu'au destin physique et moral de chacun de ses enfants, mais elle a gagné la partie.

Que la France ait été exposée aux plus grands périls possibles, il n'en pouvait être autrement. Stratégiquement, les terres françaises devaient, de par la nature, jouer un rôle capital. C'est sur le sol de la France que fut, d'abord, scellée la victoire de l'ennemi, ensuite décidée sa défaite. Qu'on imagine ce qu'eut été le développement du conflit si la force allemande avait pu disposer des possessions françaises d'Afrique ! Au contraire, quelle fut l'importance de notre Afrique du Nord comme base de départ pour la libération de l'Europe ! Dans le domaine politique, il fallait que la France fût abattue pour que parût réalisable l'horrible projet allemand de transformer l'Europe en un Empire formé de maîtres et d'esclaves. De fait, Paris une fois pris, l'Italie et l'Espagne se trouvaient décidément entraînées dans l'orbite de la corruption, les Balkans étaient à merci, et il devenait possible de tenter de détruire la Russie. Au point de vue moral, enfin, il dépendait du choix de la France que les monstrueuses conceptions, qui inspiraient le dynamisme, l'organisation, les procédés du national-socialisme, prissent le caractère de doctrines universelles ou restassent bloquées à l'étage dégradant du crime et de l'oppression. En vérité, cette conjonction de facteurs géographiques, matériels, spirituels, qui a fait de la France ce qu'elle est, la vouait, dans le déchirement du monde, à rester en vedette des événements et à courir d'insignes dangers.

Eh bien ! ni le malheur militaire, ni la faillite des institutions, ni le mensonge, ni la violence, n'ont pu faire taire l'instinct national, ni détourner notre peuple de son éternelle vocation.

Dès le 3 septembre 1939, nous avons tiré l'épée, seuls avec l'Angleterre, pour défendre le droit violé sous les espèces de la Pologne. Nous connaissions, pourtant, la disproportion des forces. Nous mesurions l'affaiblissement relatif que nous avaient causé les pertes immenses, non réparées et non compensées, de la précédente guerre. Nous n'ignorions rien de l'état de dispersion mortelle où se trouvaient les démocraties. Nous savions bien n'avoir à compter que sur des concours limités très étroitement. Nous n'avions, contre l'irruption mécanique allemande, aucune protection naturelle. Il ne nous manquait, de la part de l'ennemi, aucune de ces assurances ; promesses et propositions, ni, chez nous, aucune de ces doctrines de renoncement, qui eussent pu nous engager au repliement et à la neutralité. Pourtant, nous n'avons pas attendu d'être attaqués et envahis pour prendre délibérément le plus grand risque de notre Histoire. Nous l'avons fait sans passion de conquêtes, sans fureur de revanche, sans affolement de vanité. Nous l'avons fait parce que nous avons répondu à la loi éternelle qui a fait de nous l'avant-garde d'une civilisation fondée sur le droit des peuples et le respect de la personne humaine. Quoi qu'il nous en ait coûté et lors même qu'aujourd'hui ces services et ces mérites paraissent avoir perdu de leur poids, nous ne regrettons pas d'avoir donné cet exemple.

Cependant, la foudroyante surprise infligée par la force mécanique allemande à notre système militaire, l'impuissance d'un régime politique inadéquat aux grandes épreuves, l'avènement de l'abandon sous l'équivoque d'une gloire sénile, précipitaient la France dans les ténèbres de l'oppression. Dans un tel anéantissement, il ne lui restait plus, pour combattre et pour vaincre, que les forces profondes et spontanées de son peuple. Il s'agissait de savoir si, à partir de rien, ayant contre elle non seulement l'ennemi, avec ses pompes et ses œuvres mais encore toute l'autorité, usurpée, certes, mais peinte aux couleurs de la loi, elle verrait, ou non, sourdre de ses entrailles une source capable de la maintenir dans la lutte et de refaire, au fond de l'abîme, l'État, la force, l'unité nationale. En vingt siècles d'une existence traversée par d'immenses douleurs, la patrie n'avait jamais connu une situation semblable. Et, parmi les nations dont l'Allemand triomphant submergeait les territoires, il n'en était pas une seule qui se trouvât dans un tel dépouillement, puisque toutes avaient vu les détenteurs de leur légitimité en emporter le trésor hors des atteintes de l'ennemi.

L'effort fut entrepris dans les conditions voulues pour qu'il n'y eût pas d'interruption dans la belligérance française. Il fut tel que ceux qui y prirent part n'ont jamais – non, pas un seul instant ! – cessé de ressentir cette conviction ardente, inlassable, lumineuse, qui surmonte tous les obstacles et que seule peut inspirer l'âme même de la patrie. Mais, pour que le but fût atteint, il fallait que l'effort fût, de bout en bout, non point du tout le concours dispersé qu'apporteraient des groupes de Français à la lutte livrée par diverses puissances, mais bien une action nationale, unique, indépendante, souveraine, embrassant à la fois le dedans et le dehors, élevée au-dessus de toute tendance particulière, de tout clan, de tout parti, n'admettant d'autres lois que celles que le pays s'était à lui-même données, ne composant à aucun degré et vis-à-vis de personne avec les droits, les intérêts, l'autorité de l'État et rassemblant, à mesure des événements, tous les citoyens, toutes les forces, toutes les terres. Il le fallait pour qu'à la fin la France fût debout, menant un seul combat, avec une seule épée, un seul territoire, une seule justice et une seule loi. Je ne doute pas que cette rigueur obstinément centralisatrice ait paru lourde à tels ou tels groupes que le goût du centrifuge portait aux actions parallèles, c'est-à-dire, en fait, séparées. Je sais que tel ou tel allié a pu maintes fois s'offusquer de cette inflexibilité d'indépendance et de souveraineté. Mais il fallait, il fallait à tout prix, que notre effort fût indivisé pour que la France restât indivisible. Et, quand nos généraux reçurent, à Reims et à Berlin, avec leurs camarades américains, soviétiques et britanniques, la reddition sans condition du Reich et de ses armées, c'est bien devant la France aussi que l'Allemagne a capitulé.

Cependant, le seul chemin qui pût nous mener là était le chemin des batailles. Il fallait qu'à mesure de la poursuite de la guerre nos forces nouvelles allassent à l'ennemi pour le frapper et le tuer. Il ne pouvait y avoir d'autre ciment de la cohésion nationale, d'autre démonstration de notre volonté de vaincre, d'autre contribution de la France à la lutte commune, que les exploits, le sang des combattants. Or, jamais ne nous fut plus lourde et plus âpre la difficulté de mener le combat. L'appareil officiel du gouvernement, de l'administration, du commandement, longtemps tourné contre la guerre ou tout au moins enchaîné par des consignes d'immobilité, les possibilités d'armement autonome presque entièrement anéanties, les communications coupées sous peine de mort entre la nation elle-même et ceux qui, au loin, tenaient le tronçon de son glaive, les variations compliquées du concours de nos alliés, telles furent les conditions dans lesquelles fut maintenu, déployé, développé, l'effort militaire de la France.

Qu'on se rappelle les faits d'armes, par quoi des unités héroïques – et dont le mérite et la gloire sont parmi les plus grands de notre Histoire militaire – ont, seules, porté, en Érythrée, en Libye, en Orient, au Fezzan, sur toutes les mers et dans tous les ciels, l'honneur des armes de la France et relié ainsi le passé avec l'avenir ! Qu'on pense aux grands combats de Tunisie et d'Italie, où nos armées renaissantes jouèrent un rôle si glorieux et si efficace ! Qu'on songe à la gigantesque bataille de France, où nos forces ne cessèrent pas de frapper chaque jour plus fort que la veille, soit qu'elles vinssent de l'Empire, pour briser, côte à côte avec nos alliés, toutes les défenses allemandes depuis la Méditerranée ou la Manche jusqu'au Rhin, soit qu'elles se fussent secrètement, douloureusement, formées à l'intérieur de la Métropole, afin de paralyser par mille actions de détail tout l'ensemble des communications ennemies. Qu'on se représente la ruée finale et victorieuse, où nos armées, définitivement soudées, chassèrent devant elles au cœur de l'Allemagne, puis en pleine Autriche, l'adversaire en déroute, ou bien débouchèrent des Alpes dans la plaine piémontaise, ou bien firent capituler l'ennemi retranché tout au long de la côte atlantique ! Mais, qu'en évoquant ces actions glorieuses qui du premier jusqu'au dernier jour ont nourri la fierté et l'espérance de la patrie, on imagine en même temps l'immense et inlassable effort d'organisation, d'adaptation, de discipline, qui fut déployé depuis le haut jusqu'en bas, pour reforger pièce à pièce, au moyen d'éléments si divers et si dispersés, au milieu de tant de déboires ou de retards d'armement et d'équipement, l'instrument militaire de notre guerre.

Il est vrai qu'à chaque pas de la route vers la victoire l'exemple de ceux qui succombaient venait exalter les vivants. Soldats tombés dans les déserts, les montagnes ou les plaines, marins noyés que bercent pour toujours les vagues de l'océan, aviateurs précipités du ciel pour être brisés sur la terre, combattants de la Résistance tués aux maquis ou aux poteaux d'exécution, vous tous qui, à votre dernier souffle, avez mêlé le nom de la France, c'est vous qui avez exalté les courages, sanctifié l'effort, cimenté les résolutions. Vous fûtes les inspirateurs de tous ceux et de toutes celles qui, par leurs actes, leur dévouement, leurs sacrifices, ont triomphé du désespoir et lutté pour la patrie. Vous avez pris la tête de l'immense et magnifique cohorte des fils et des filles de la France qui ont dans les épreuves attesté sa grandeur, ou bien sous les rafales qui balayaient les champs de bataille, ou bien dans l'angoisse des cachots, ou bien au plus fort des tortures des camps de déportation. Votre pensée fut, naguère, la douceur de nos deuils. Votre exemple est, aujourd'hui, la raison de notre fierté. Votre gloire sera, pour jamais, la compagne de notre espérance.

Mais, s'il est vrai que nous pouvons maintenant regarder sans baisser la tête la route que nous venons de suivre, nous avons acquis assez complètement et depuis assez longtemps l'expérience de la victoire pour ne point nous laisser éblouir par celle-ci. Dans une guerre qui commença par un désastre effrayant, la France parvint à l'emporter avec le concours de ses puissants alliés. Mais elle n'en mesure pas moins avec une lucidité entière toute la profondeur de l'abîme d'où elle sort, toutes les fautes amères qui l'y avaient précipitée, tous les hasards exceptionnels qui l'en ont à la fin tirée. La nation voit les choses telles qu'elles sont. Elle sait d'abord que, pour que justice soit faite à l'Univers, le Japon, à son tour, doit être abattu et elle veut contribuer à cet achèvement par les armes. Jetant les yeux sur le passé, elle voit ce que lui ont coûté ses illusions, ses divisions, ses faiblesses. Regardant le présent, elle mesure les atteintes qu'a subies sa puissance. Se tournant vers l'avenir, elle discerne le long et dur effort qui, seul, peut la rendre assez forte, fraternelle et nombreuse pour assurer son destin et, par là même, lui permettre de jouer pour le bien de l'humanité un rôle dont il est trop clair que l'univers ne se passerait pas. En un mot, le terme de la guerre n'est pas un aboutissement. Pour la IVe République, il n'est qu'un point de départ. En avant donc pour l'immense devoir de travail, d'unité, de rénovation ! Que notre nouvelle victoire marque notre nouvel essor !

Lettre au général Eisenhower.

Paris, le 17 mai 1945.

Mon cher Général,

Je dois attirer votre attention sur le sort des nombreux déportés politiques français qui n'ont pu encore être rapatriés. D'après les informations qui nous parviennent, beaucoup de ces malheureux ont été maintenus dans les camps et continuent à y souffrir des conditions d'existence affreuses que vous avez pu vous-même constater. Épuisés par les privations, nombre d'entre eux sont morts depuis leur libération. Mais il en est qui auraient pu peut-être être sauvés si leur régime d'existence avait été modifié. Ce dont ils ont, en effet, besoin, c'est d'être hébergés dans des établissements où ils puissent recevoir les soins appropriés à leur état et, en tout état de cause, installés dans des conditions d'hygiène satisfaisantes.

Je sais combien vos sentiments font écho aux nôtres en face de cette douloureuse situation. Je compte donc sur votre amical appui pour que les mesures suivantes soient prises immédiatement :

1° Transfert des malades des camps dans les hôpitaux voisins, même s'il est indispensable de procéder à l'évacuation des Allemands qui pourraient s'y trouver ;

2° Installation des non-malades graves dans des hôtels ou, à la rigueur, dans des casernes ;

3° Autorisations nécessaires pour permettre aux missions techniques françaises, destinées à apporter des secours à nos déportés et qui sont actuellement prêtes à partir, de se rendre dans les camps où elles doivent accomplir leur mission.

Je compte sur votre grand désir de soulager, dans toute la mesure du possible, les misères de ces malheureux, et dont j'ai la preuve dans la diligence avec laquelle les armées américaines placées sous votre commandement procèdent au rapatriement de nos prisonniers.

Veuillez agréer, etc.

Télégramme du général de Gaulle au roi George VI, au président Truman et au généralissime Staline.

Paris, le 22 mai 1945.

Je vous serais reconnaissant de ce que vous pourrez faire personnellement pour améliorer la situation des déportés politiques et des prisonniers français qui se trouvent dans la zone occupée par vos troupes.

Tout ce qui pourra assurer leur rapatriement rapide et tous les soins qui pourront leur être donnés avant leur départ sera accueilli par la France avec une gratitude particulière.

Message au président Truman.

Paris, le 29 mai 1945.

M. Bidault m'a mis au courant des entretiens qu'il a eus avec vous. Il m'a dit, notamment, que vous avez bien voulu lui exprimer le désir de me rencontrer et qu'il vous avait répondu que je souhaiterais moi-même cette rencontre. Je suis sûr qu'il en résulterait beaucoup de bien pour l'avenir des relations de nos deux pays dans l'intérêt de tout le monde. J'ignore si votre intention est de vous rendre prochainement en Europe. Au cas où vous projetteriez ce voyage, j'espère que vous passerez à Paris ou dans toute autre ville de France qui vous agréerait. Ce serait, pour moi, une excellente occasion de vous voir, et je puis vous assurer que le gouvernement et le peuple français en seraient, comme moi-même, très heureux. Si, au contraire, vous n'envisagez pas de quitter actuellement les États-Unis, j'irais très volontiers vous y rendre visite à la date que vous m'indiqueriez…

Que notre rencontre doive avoir lieu ici ou aux États-Unis, je sens que, pour produire tous ses bons effets et, en particulier, être accueillie par mon pays avec une confiance et une joie sans réserves, il conviendrait qu'elle n'ait pas lieu immédiatement avant ou immédiatement après une réunion qui se ferait entre vous-même, le maréchal Staline et M. Churchill. Je suis sûr que vous comprendrez les raisons qui m'amènent à vous indiquer cette impression.

Je vous prie de croire, Monsieur le Président, à mes sentiments sincèrement dévoués.

Télégramme au général Beynet, à Beyrouth.

Paris, le 1er juin (3 h 00).

Le Premier ministre m'a adressé, le 31 mai, le message dont vous connaissez le texte. Je n'ai adressé aucune réponse à M. Churchill et ne lui en adresserai aucune.

Voici mes instructions pour ce qui concerne l'attitude à prendre par les troupes françaises.

1° Si des troupes anglaises se présentent pour patrouiller aux abords des nôtres ou occuper certaines positions que nous n'occupons pas, cela sera toléré ;

2° Partout où les forces anglaises ne se présenteront pas en fait, les forces françaises maintiendront telles quelles les positions qu'elles occupent et opéreront comme il était antérieurement prévu ;

3° Partout où cela apparaîtra comme avantageux aux commandement français en raison de l'attitude et des effectifs des forces britanniques sur le terrain, les forces françaises se concentreront sur certaines positions choisies et s'y maintiendront en attente. Ces positions seront naturellement conservées par nous, quoi qu'il arrive ;

4° Il va de soi qu'aucun élément des troupes françaises ou spéciales ne doit, sous aucun prétexte, se laisser démunir d'aucune partie de son matériel ;

5° Vous ferez notifier au commandement militaire britannique les ordres que je vous donne. Vous ferez connaître à tous les éléments des forces françaises du Levant que j'ai entière confiance dans leur sang-froid et aussi dans leur fermeté au milieu de ces circonstances exceptionnellement difficiles.

Communiqué de la présidence du Gouvernement.

Paris, le 1er juin 1945.

Depuis le 8 mai, les troupes françaises de certaines garnisons syriennes, en particulier Alep, Homs, Hama et Damas, ainsi que plusieurs établissements militaires et civils français, ont été attaqués sporadiquement par des bandes armées, à la tête desquelles se trouvaient souvent des éléments de la gendarmerie et de la police locales dépendant du gouvernement syrien. Ces désordres ont commencé au lendemain du jour où le général Beynet, délégué général et plénipotentiaire de France, venait de proposer aux gouvernements syrien et libanais d'entrer en négociations avec lui sur la base des instructions qu'il avait reçues du Gouvernement français. Nos troupes ont dû riposter et ont maîtrisé partout la situation, sauf dans le territoire du Djebel Druze uniquement tenu par quelques escadrons recrutés sur place. Nos pertes se sont élevées à une douzaine de tués. À Damas, il a été nécessaire d'utiliser l'artillerie.

Dans un désir de détente et pour donner satisfaction à une demande du gouvernement britannique, alléguant ses inquiétudes de voir les incidents de Syrie se répercuter dans d'autres régions du Proche-Orient, le gouvernement français a donné, le 30 mai, l'ordre aux forces françaises du Levant de cesser le feu. Cet ordre a été exécuté dans la matinée du lendemain. Dans l'esprit du gouvernement français, il s'agissait de créer, si possible, un climat plus favorable à des conversations avec les gouvernements américain et britannique et, éventuellement, avec les gouvernements des divers États arabes, conversations concernant l'ensemble de la situation dans le Proche-Orient et dont il conviendrait, en outre, que le gouvernement soviétique fût, tout au moins, informé. Le 31 mai, à 17 heures, M. Holman, conseiller à l'ambassade britannique, a apporté à la présidence du gouvernement le texte d'un message adressé par M. Winston Churchill au général de Gaulle, texte qui avait été lu à 15 h 45 par M. Eden à la Chambre des Communes. Ce télégramme étant ainsi publié dans son fond et dans sa forme ne pouvait comporter qu'une réponse publique que le président du Gouvernement provisoire de la République française a jugé préférable de ne pas adresser au Premier ministre britannique.

Les ordres donnés aux troupes françaises par le gouvernement français sont de cesser le feu et de garder leurs positions.

Message au maréchal Staline.

Paris, le 2 juin 1945.

Les opérations étant terminées en Europe, je vous demande de remettre à la disposition de l'aviation française le régiment « Normandie-Niemen ». Je saisis cette occasion pour vous remercier encore d'avoir accueilli les aviateurs français au sein de la glorieuse armée de l'Air soviétique et de leur avoir fourni des armes pour participer aux combats contre l'ennemi nazi. La fraternité d'armes, ainsi scellée sur les champs de bataille, apparaît dans notre victoire commune comme un gage certain de l'amitié des deux peuples soviétique et français.

Télégramme au général Beynet,
à Beyrouth.

Paris, le 3 juin 1945.

Je vous réitère les ordres que je vous ai donnés et qui ne concordent pas du tout avec les prétentions des Britanniques, telles qu'elles sont formulées dans la note du général Paget.

Nos troupes ont à se concentrer sur des positions à fixer par le commandement français et à s'y tenir en attente. En aucun cas, elles ne doivent être subordonnées au commandement britannique. Vous interpréteriez d'une manière tout à fait inexacte ma volonté et celle du gouvernement si vous pensiez qu'elles vont, quant à la conciliation, au-delà de ce que je vous ai moi-même prescrit. Nous souhaitons que ne vienne pas à s'imposer la nécessité de nous opposer par la force aux forces britanniques. Mais cela ne va que jusqu'au point à partir duquel nous perdrions la possibilité d'employer éventuellement nos armes, ce que le comportement des Anglais peut rendre nécessaire. S'ils menacent de faire feu sur nous, dans quelque circonstance que ce soit, nous devons menacer de faire feu sur eux. S'ils tirent, nous devons tirer.

Encore une fois, veuillez indiquer cela très clairement au commandement britannique. Rien ne serait pire qu'un malentendu.

Message au président Truman.

Paris, le 7 juin 1945.

L'ambassadeur Caffery me remet votre message du 7 juin. J'ai pris également connaissance de la note qu'il a remise hier à M. Bidault, au nom du gouvernement des États-Unis. Il n'a jamais été, évidemment, dans l'intention ni dans les ordres du gouvernement français, ni dans ceux du général Doyen, commandant du détachement d'armée des Alpes, de s'opposer par la force à la présence de troupes américaines dans les petites zones actuellement occupées par nous à l'est de la frontière franco-italienne de 1939. Il y a d'ailleurs, en ce moment même, dans ces zones, des troupes américaines en même temps que des troupes françaises et elles y vivent ensemble, comme partout, en bonne camaraderie.

Il s'agit simplement de savoir pourquoi les forces françaises qui ont enlevé ces petites zones à l'ennemi allemand et à l'ennemi fasciste italien en seraient maintenant exclues par nos alliés. Ce recul, qui nous serait imposé sur un terrain conquis par nous, serait ressenti en France d'autant plus profondément que, comme vous le savez, c'est par ce terrain même que la France a été envahie en juin 1940 par l'armée italienne. En outre, et bien que je sois d'accord avec vous sur la nécessité d'attendre les traités pour régler les questions de frontières, je dois vous rappeler que plusieurs villages intéressés ont une population d'origine française, ce qui rend l'affaire d'autant plus sensible pour nous. Enfin, entre notre expulsion de cette région et celle que pratiquent actuellement les Anglais à notre égard en Syrie, il y aurait une coïncidence, si fâcheuse quant aux sentiments du peuple français, que je dois la signaler d'une manière pressante à votre attention.

Quoi qu'il en soit et pour vous donner satisfaction dans la mesure où cela nous est possible, j'envoie le général Juin auprès du maréchal Alexander pour traiter cette affaire avec lui, afin de trouver une solution.

Lettre à Georges Bidault.

Paris, le 2 juin 1945.

Mon cher Ministre,

Les rapports reçus de Washington et de Londres, au sujet de notre zone d'occupation en Allemagne, font ressortir que le gouvernement américain tient à conserver dans sa zone : le Taunus, Wiesbaden, Darmstadt et Mannheim, durant la période de « redéploiement » des forces américaines. Cette intention paraît moins nette en ce qui concerne Karlsruhe. Il semble, enfin, que les Américains acceptent que les cercles de : Buhl et Rastatt dans le pays de Bade, et d'Oberwesterwald en Hesse-Nassau, fassent partie de la zone française.

Quant au gouvernement britannique, il paraît déterminé à conserver actuellement les provinces d'Aix-la-Chapelle et de Cologne dans la zone britannique.

Dans ces conditions et étant donné l'intérêt que présente une solution provisoire rapide, j'estime qu'il faut nous en tenir, pour l'instant, aux précisions suivantes :

Sur la rive droite du Rhin.

Nous acceptons, dans la région de Coblence, les limites proposées par le gouvernement américain (cercles d'Ober et Unter Westerwald, Unterlahn, Saint-Goar, tous inclus en zone française).

Nous demandons le cercle de Karlsruhe, jusqu'à la voie ferrée Bruchsal-Muhlacker (cette voie ferrée demeurant incluse dans la zone américaine). Toutefois, nous ne faisons pas de ce point particulier concernant Karlsruhe une condition impérative.

Nous acceptons que les cercles de Friedrichshafen (Wurtemberg) et de Lindau (Bavière) fassent partie de la zone française.

Sur la rive gauche du Rhin.

Sans renoncer, pour la suite, à l'occupation d'Aix-la-Chapelle et de Cologne, nous sommes prêts à occuper, dès à présent, la zone proposée par le gouvernement britannique. Cercles de Prum, Daun, Ahrweiler, Neuwied, Altenkirchen, inclus en zone française.

Enfin nous considérons que la mise en place de nos forces doit avoir lieu simultanément sur les deux rives du Rhin.

Croyez, etc.

Ordonnance ponant nationalisation des transports aériens.

. . . .

ARTICLE PREMIER. – Est transférée à l'État, à compter du 1er septembre 1944, la propriété des actions de capital pour la compagnie Air-France. Est également transférée à l'État la propriété des actions des compagnies Air-Bleu et Air-France-Transatlantique…

ART. 2. – Les indemnités dues aux actionnaires des entreprises susvisées, en raison des mesures prévues à l'article premier ci-dessus, seront arrêtées conjointement par les ministres de l'Air, des Finances et de l'Économie nationale, des Travaux publics et des Transports, des Postes, Télégraphes et Téléphones, sur proposition d'une commission spéciale opérant conformément aux dispositions de la loi du 11 juillet 1938 sur l'organisation de la nation pour le temps de guerre.

ART. 3, 4, 5, 6. – …

Fait à Paris, le 26 juin 1945.
C. DE GAULLE.

Message au président Truman.

Paris, le 5 juillet 1945.

J'accepte avec grand plaisir l'aimable invitation que vous voulez bien m'adresser. Sauf circonstances de force majeure, je me rendrai donc aux États-Unis vers la fin du mois d'août. Nous conviendrons en temps utile des lieux et des dates exactes. Laissez-moi vous dire, dès à présent, que j'ai confiance que nos entretiens seront profitables aux relations entre nos deux pays amis et alliés et serviront à la paix du monde.

Discours à l'Assemblée consultative,
le 29 juillet 1945.

Le débat qui vient de se dérouler a mis en lumière cette grande diversité de conceptions, d'arguments, peut-être aussi de passions, qui devait forcément apparaître sur un tel sujet et dans de telles circonstances. Nul ne se méprend, en effet, sur l'importance extrême que revêtent, pour la nation, les premiers actes par lesquels elle va, après d'immenses malheurs, entamer la reconstruction de ses institutions politiques. D'autre part, il est trop évident que les terribles événements qui, en fait, n'ont laissé des institutions antérieures que les palais qui leur servaient de cadre, devaient nécessairement entraîner des divergences dans les opinions, dès le moment où il s'agirait de réparer leurs conséquences.

Avant d'exposer quelles raisons ont inspiré le gouvernement, quant aux projets dont l'Assemblée est saisie, je crois devoir, ne fût-ce que pour déblayer, si j'ose dire, le terrain, me demander tout haut devant vous par quelle sorte de prodige ont pu être évoqués ici je ne sais quels périls auxquels ces raisons risqueraient d'exposer la démocratie de demain. En somme, le gouvernement, qui assume en ce moment la direction du pays, par suite du désastre de 1940, de la disparition de la IIIe République, de l'établissement du régime de

Vichy, toutes catastrophes dont on voudra bien reconnaître, qu'il n'est, en rien, responsable et que même il a, tant soit peu, contribué à y remédier, le gouvernement, dis-je, envisage les dispositions voulues pour rendre la parole au peuple, rétablir la représentation nationale, lui remettre ses pouvoirs et céder la place à un autre gouvernement, lequel procédera du choix des futurs élus. Or, c'est à ce propos même que certains affectent l'inquiétude quant au sort de la République, laquelle, hélas ! est détruite et que, depuis sa destruction, le gouvernement s'applique à faire renaître ! En vérité, je ne saurais croire qu'un pareil retournement des faits et de l'équité trouve créance dans l'Assemblée. C'est donc en toute objectivité que je lui demande de peser les motifs qui nous ont inspirés.

De quelque façon qu'on retourne le problème, qui consiste, en partant de rien, à créer un instrument constituant, on ne peut imaginer pratiquement que trois sortes de solutions. Ou bien remettre en action les organismes prévus par la Constitution antérieure, c'est-à-dire faire élire une Chambre des députés et un Sénat, qui pourront se réunir ensuite en Assemblée nationale afin d'élire le président de la République et de procéder aux changements constitutionnels que les deux assemblées auront, au préalable et séparément, envisagés. Ou bien faire élire une seule Assemblée, à laquelle le pays devra s'en remettre, totalement et exclusivement, du destin de tout et de tous. Ou bien, enfin, tout en s'en tenant, au départ, à l'élection d'une Assemblée unique, sans préjuger aucunement des institutions futures, qui doivent d'ailleurs, à mon avis, comporter deux Chambres, faire en sorte que cette Assemblée ait le mandat formel d'élaborer une Constitution dans un délai déterminé et, qu'en attendant qu'elle l'ait fait, le fonctionnement des pouvoirs soit soumis à un règlement.

Ces trois sortes de solutions ont trouvé dans l'Assemblée leurs partisans déterminés, et je n'en éprouve, pour ma part, aucun étonnement. Il me semble même que les arguments, qui ont été apportés à l'appui de chacune des trois, préfigurent, en quelque sorte, le débat réellement constitutionnel qui s'engagera, l'automne prochain, entre les constituants, de quelque manière qu'ils aient été élus. Je suis, par contre, assez surpris que l'idée même de recourir à la décision du pays pour choisir une des trois solutions ait paru, tout au moins initialement, éloignée de beaucoup d'esprits. Car enfin, il faut bien remarquer que, par exemple, les très respectables fidèles de la Constitution de 1875, ou bien les ardents partisans de l'Assemblée omnipotente, qui, les uns comme les autres, regrettent que le Président du gouvernement ait été jusqu'à exprimer son opinion en la matière, eussent trouvé tout naturel que le même gouvernement décidât de son propre chef de la solution à adopter et l'imposât au pays, pourvu toutefois, bien entendu, qu'elle fût conforme aux conceptions que préconisent, soit les premiers, soit les seconds, et qui sont, d'ailleurs, contradictoires…

Cependant, le gouvernement, qui, lui, est responsable de la manière dont la nation va être consultée, ce qui engage gravement la suite, ne se croit pas qualifié pour en décider lui-même et trancher par son seul jugement entre les avis divers qui sont si chaleureusement formulés. Si nulle issue n'était possible, excepté celle qu'il choisirait, il ne manquerait certes pas d'en prendre la responsabilité, comme ce serait son strict devoir et comme il l'a fait, depuis cinq ans, un mois et douze jours, sur beaucoup de sujets qui comportaient de graves conséquences. Mais, pour savoir lequel des trois instruments constituants concevables est préféré par la nation, celle-ci est là pour le dire. Il n'est que de l'interroger. En le faisant, le gouvernement est convaincu qu'il prend la voie la plus démocratique. Bien plus, il croit que c'est la seule qui le soit. À ceux qui invoquent les précédents, soit pour en déformer totalement le sens, soit au contraire pour constater que, dans les occasions où des institutions républicaines nouvelles durent être données au pays, il ne fut jamais encore recouru à un référendum, je répéterai que la situation dans laquelle nous nous trouvons ne comporte aucun précédent et que si, pour en sortir, il faut une innovation, mieux vaut la chercher dans les suffrages du peuple plutôt que dans l'arbitraire.

Permettez-moi d'évoquer aussi une considération dont je vous demande de peser l'importance. Après tant de régimes successifs, notre pays risque d'éprouver, à l'égard des institutions, quelque chose comme du scepticisme. Pour rendre au peuple français la foi constitutionnelle, faute de laquelle la démocratie serait probablement condamnée, il est bon qu'il soit associé d'une manière directe à la construction nouvelle, non seulement en la ratifiant, mais encore en prenant en main la truelle des fondations.

Le gouvernement compte donc s'en remettre au pays du soin de décider lui-même s'il entend, au départ, revenir à la Constitution de 1875, ou bien donner à une assemblée élue au suffrage direct tous les pouvoirs sans limite et sans exception, ou bien lui conférer le mandat constituant dans un équilibre déterminé avec les autres pouvoirs. Mais, parce que le gouvernement entend respecter ainsi le libre choix de la nation, ce n'est certes point à dire qu'il n'ait pas, lui aussi, le droit d'avoir une opinion. Je vais donc dire pourquoi nous paraîtrait, d'une part, fâcheux le retour initial aux institutions antérieures et, d'autre part, dangereuse la création d'une assemblée qui ne trouverait, dans ses pouvoirs, ses attributions et sa durée, absolument d'autres limites que celles qui pourraient convenir à la majorité de ses membres.

L'abdication de l'Assemblée nationale, le 10 juillet 1940, a toujours été, à mes yeux, de valeur nulle et non avenue. Je n'ai jamais, quant à moi, tenu pour légitime aucun des actes qui furent accomplis par le prétendu Gouvernement de Vichy, et c'est sur ce ferme principe que les organismes successifs, que j'ai été amené à présider et qui ont dirigé la nation dans la guerre, ont fondé toute leur action. Mais, du fait que la légitimité a disparu avec la Constitution de la IIIe République, il ne s'ensuit pas que, pour la ressusciter, il suffise de remettre en vigueur cette Constitution elle-même. La vertu d'une constitution consiste en ceci qu'elle procède de la volonté du peuple et qu'elle répond aux conditions dans lesquelles doit vivre l'État. Or, outre qu'il nous paraît plus que douteux que les institutions de 1940, après les événements qui les ont fait s'écrouler et auxquels – c'est le moins qu'on puisse dire – elles n'étaient pas adaptées, soient encore conformes à la volonté du pays, ce que montrera le référendum, il nous semble évident qu'elles ne correspondent plus, en ce qui concerne l'organisation, le fonctionnement et les rapports réciproques du pouvoir exécutif et du pouvoir législatif, aux nécessités de notre époque.

À cela leurs partisans objectent que l'Assemblée nationale, prévue par la Constitution de 1875 et formée de la réunion de la Chambre et du Sénat, aurait tous les moyens de procéder à une réforme constitutionnelle.

Mais ne serait-il pas bien hasardeux d'attendre que, par leur propre jeu et en dehors de la pression immédiate de durs événements, des institutions consentent à se transformer elles-mêmes d'un seul coup et d'une manière profonde ? J'ajoute que, pour avoir des chances de susciter dans la nation cette foi constitutionnelle dont je parlais tout à l'heure et sans laquelle on ne ferait rien que des textes sans vertu, il est indispensable, à mon sens, que la procédure même qui sera appliquée à l'œuvre constitutionnelle soit adaptée à la psychologie générale du pays. Or, j'ai la conviction que cette psychologie est celle du renouveau et que, d'ailleurs, s'il en était autrement, la France n'aurait plus, sous quelque constitution que ce soit, qu'à descendre la pente de la décadence. Voilà pourquoi les sérieux scrupules juridiques, qui ont pu dans mon esprit militer parfois, je l'avoue, en faveur d'une remise en place du système de juin 1940, se sont effacés devant des certitudes politiques, morales et nationales et, j'ajoute, comme tout à l'heure monsieur le Président de la Commission de la France d'outre-mer, devant des considérations relatives à la Communauté française.

Quant à l'institution d'une Assemblée, qualifiée de souveraine et disposant en propre de tous les pouvoirs de l'État, je suis convaincu qu'elle exposerait le pays à la plus grave confusion et qu'elle risquerait, d'abus en abus, de conduire à l'abîme la démocratie elle-même. Au demeurant, parmi ceux qui paraissaient d'abord en admettre le principe, beaucoup jugeaient, cependant, nécessaire de fixer, dans la pratique, des limites aux attributions et à la durée d'une telle assemblée et des règles pour organiser un équilibre entre les pouvoirs. Mais je n'ai pu découvrir quel organisme ou quelle conférence pourrait avoir qualité pour fixer aujourd'hui ces limites et ces règles et les imposer par avance à une assemblée qui n'est pas encore élue. En droit comme en fait, le pays seul peut décider des conditions dans lesquelles fonctionneront les pouvoirs pendant la période transitoire, où, ayant choisi ses mandataires constituants, il n'aura, cependant, pas encore de constitution.

C'est pourquoi le gouvernement, qui se trouve par la force des choses seul en mesure de prendre l'initiative vis-à-vis de la nation, croit nécessaire de lui soumettre un règlement de cette sorte. Il s'agit, tout d'abord, de proposer au pays, qu'en déterminant la durée du mandat de l'Assemblée et en fixant sa capacité législative sur les lois essentielles : budget, traités, réformes de structure, il amène l'Assemblée à concentrer son labeur sur son principal objet qui sera, bien évidemment, d'établir la Constitution. Car enfin, à partir du moment où le peuple se sera fait entendre, rien n'importera davantage que de bâtir les institutions qui encadreront son activité. Faute de le faire rapidement, nous serions – j'en ai, quant à moi, profondément conscience – exposés aux aventures.

Il s'agit, ensuite, de faire en sorte que le pouvoir exécutif émane du choix de l'Assemblée elle-même, qui en élit le Président, et que ce pouvoir dispose, pendant la brève période qui précédera la mise en vigueur de la nouvelle Constitution, de ces attributions législatives mineures dont il faudra bien de toute manière débarrasser les futures assemblées si l'on veut qu'elles puissent s'atteler aux grandes réformes indispensables, et en outre des garanties de stabilité sans lesquelles il serait désormais inutile de parler de gouvernement.

Nous touchons là, tout le monde le sent, à un point qui est essentiel, non seulement pour les quelques mois de transition dont nous avons parlé, mais encore pour tout l'ensemble de nos institutions futures. Je ne crois pas qu'on puisse trouver en France beaucoup de gens qui ne condamnent pas l'absurde système, en vertu duquel, avant 1940, l'existence du gouvernement de la République pouvait être mise en cause tous les jours. Ce que cette sorte de perpétuelle menace, imposée à ceux qui avaient la charge de gouverner, cet état presque chronique de crise, ainsi que ces marchandages à l'extérieur et ces intrigues à l'intérieur du Conseil même des ministres, qui en étaient les conséquences, auront pu coûter au pays est proprement incalculable. J'ai dit hier que, de 1875 à 1940, nous avons eu 102 ministères, alors que la Grande-Bretagne en a compté 20 et que les États-Unis ont vécu sous 14 présidents. J'ai eu, l'an dernier, l'occasion d'entendre le grand président Roosevelt me dire ceci : « Moi, président des États-Unis, figurez-vous qu'il m'est arrivé, à plusieurs reprises, de ne même pas me rappeler qui était le chef du gouvernement de la France ! » Demain, plus encore qu'hier, il ne saurait y avoir, dans l'action de l'État, aucune continuité possible et, je le dis catégoriquement, aucun avenir pour la démocratie française, si de telles conditions persistent. Pour combien a compté, dans l'avènement de Vichy, le dégoût qu'éprouvait le pays pour cette espèce de jeu, auquel il avait si longtemps assisté et qui faisait si mal ses affaires !

Assurément, la responsabilité du pouvoir exécutif doit être entière. Mais pourquoi faudrait-il qu'elle pût être évoquée à tout propos, à tout instant ? Pourquoi ne pas admettre, qu'en attendant que la Constitution soit faite et ait posé elle-même des règles dans ce domaine, il devrait être possible que l'Assemblée, ayant choisi pour former et diriger le gouvernement quelqu'un qui ait sa confiance, lui fit crédit pour quelques mois, tout en se réservant, cependant, la décision dans les matières législatives les plus importantes ? Dans le concert des cinq grandes puissances où, malgré d'injustes retards, notre pays prend sa place et auquel il va appartenir de réorganiser, pour la paix, le monde bouleversé par la guerre, faudra-t-il que la France soit, encore une fois, la seule dont les représentants se trouvent constamment à la merci d'un mouvement d'une assemblée ? On pourrait désespérer si, après les leçons que nous avons subies, nous en revenions à un pareil système !

Quant à ôter à la consultation du pays toute apparence, je ne dirai pas d'un plébiscite, car ce qui est proposé en est exactement le contraire, mais celle d'une opinion exprimée par le seul gouvernement, c'est à vous qu'il appartient de le faire. Joignez-vous au gouvernement ! Entourez-le ! Faites en sorte, qu'au moment où il interrogera la nation et lui demandera d'approuver des règles transitoires pour le fonctionnement des pouvoirs publics qui, cette fois, directement ou non, ne procéderont que de son suffrage, il ait votre accord de principe ! Comment nier l'importance et le bienfait que comporterait, pour le présent et pour l'avenir, un pareil rassemblement ?

Veuillez me pardonner si, avant de quitter cette tribune, je me permets de prononcer quelques mots, hélas ! d'ordre personnel. Si je le fais, c'est peut-être parce que beaucoup des interventions que nous avons entendues m'y ont, en somme, incité ; mais c'est surtout parce que, pour achever d'éclairer le débat, cela est devenu nécessaire. Pour moi qui – ah ! je vous en prie, croyez-moi ! – n'ambitionne rien d'autre que de garder l'honneur d'avoir marché à la tête de la France depuis le fond du gouffre jusqu'au moment où, victorieuse et libre, elle aura repris en main ses destinées, comment pourrais-je aller jusqu'au terme si, sur une question aussi grave et qui est, pour celui qui vous parle, affaire de conscience nationale, je voyais se séparer fondamentalement de moi les représentants de ceux qui furent mes compagnons. Cela, je ne le dis certes pas pour peser sur l'avis que vous allez formuler. D'ailleurs, pour vous aussi, c'est une affaire de conscience. Mais je le dis simplement pour que rien ne vous soit caché des éléments du problème dont vous aurez à juger au seul service de la nation.

Discours à Béthune, le 11 août 1945.

Il est vraiment saisissant que le Gouvernement de la République vienne saluer Béthune, héroïque et ravagée, au moment même où les dernières bombes de la guerre mondiale éclatent sur les champs de mort du Pacifique. Les dernières ? Oui, mais les plus terribles. Il est grand temps que se termine, par une victoire totale du camp de la liberté, l'immense destruction des vies et des biens déchaînée par la furie de domination des Empires. Dans le drame gigantesque qui va prendre fin, nous avons été longtemps, en Europe et en Asie, parmi les plus malheureux, parce que nous nous trouvions d'abord parmi les plus exposés. Nous allons demeurer parmi les plus éprouvés, parce que c'est notre éternel destin de servir de centre aux cataclysmes. Bref, nous sortons de la tempête décimés et appauvris. Mais, de même que les pires malheurs ne purent nous désespérer – n'est-ce pas, Béthune ? – notre dure situation présente ne nous décourage nullement – n'est-ce pas Béthune ? – Bien mieux, j'affirme que, d'obstacle en obstacle, de déception en déception, nous sommes en train d'accomplir un extraordinaire redressement. J'ai toujours eu garde de bercer d'illusions ceux qui voulaient bien m'écouter, et les Français ont assez souffert pour n'admettre point qu'on les flatte. Mais je dis, en toute justice et en toute fierté française, que nous marchons à grands pas vers le moment où l'on dira en parlant de nous : « Ils se sont tirés d'affaire ! »

Hier, où en étions-nous ? Sans vouloir remonter jusqu'à l'époque, pourtant bien proche, où nous nous trouvions au fond du gouffre, où l'ennemi, soit directement, soit par personnes interposées, tyrannisait l'âme et écrasait le corps de la patrie, où nous ne pouvions imaginer le destin de la France qu'à travers les succès ou les revers des autres, revoyons en esprit la situation du pays telle qu'elle était il y a quelque dix mois, lorsque la grande bataille venait de libérer la majeure partie du territoire. Comparons cette situation avec celle où nous sommes parvenus et sachons reconnaître, qu'à travers d'incroyables obstacles, nous avons fait pas mal de chemin vers le mieux.

Qui donc aurait pu oublier déjà la grande confusion matérielle, qui, sous la vague d'enthousiasme de la libération, s'était emparée du pays, au cours des grands combats menés sur notre sol contre un ennemi acharné, soit par les armées alliées et françaises venues d'outremer, soit par les unités de nos forces de l'intérieur ? Qui donc ne se souviendrait des ports alors paralysés, des ruines entassées, des communications coupées, de la justice dispersée, de l'administration désorientée, de la police bouleversée ? Mais qui donc se refuserait à constater qu'en quelques mois, sans luttes civiles et sans ruineuses secousses, l'ordre et la liberté ont repris leurs droits chez nous ? Je ne prétends certes pas que tout soit aujourd'hui parfait. Pour ranimer complètement et rénover de fond en comble l'immense appareil de l'État, tel qu'il était quand nous le prîmes en main, pour rétablir la situation morale et matérielle de la nation profondément blessée, il faut un effort dont je déclare hautement qu'il est loin d'être à son terme, qu'aucun coup de baguette magique ne fut, n'est, ne sera susceptible d'accomplir en un clin d'œil et que nous ne mènerons à bien qu'en y apportant, depuis le haut jusqu'en bas, encore beaucoup de volonté, d'ardeur et de dévouement. Mais, je demande qu'on voie ce que nous sommes par rapport à ce que nous fûmes.

Puisque nous sommes à Béthune, c'est-à-dire dans un centre essentiel de la production et du travail, où tout le monde sait fort bien que, pour la France, tout dépend maintenant de ce qu'elle produit et fournit, je vais citer quelques chiffres qui marquent assez bien le progrès de notre effort. Le charbon d'abord, naturellement ! En octobre 1944, un million et demi de tonnes sont sorties de notre sol ; or, nos mineurs, au cours de ces dernières semaines, en ont tiré en moyenne deux fois plus. Il n'y a pas à douter que, ce mois d'août, ils nous en donneront trois millions. Après la libération, ils en étaient à 40 % de l'extraction d'avant-guerre. Les voici à 75 %. Je suis sûr qu'ils iront bientôt jusqu'à 100 % et davantage. Pour l'électricité, nous avons atteint, en juillet dernier, 1 350 millions de kilowatts, c'est-à-dire autant qu'en juillet 1938. Depuis octobre, nous avons triplé la production d'aluminium, triplé aussi celle de fonte et d'acier, décuplé celle du minerai de fer. Notre production de ciment était tombée à 23 000 tonnes par mois ; elle se monte à 120 000 tonnes. Nous ne faisions plus, dans le même temps, que 40 000 tonnes de chaux. Nous en faisons 125 000. Nous chargions, en septembre, octobre et novembre, en moyenne 162 000 wagons par mois. Nous en avons chargé, en juillet dernier, 470 000. Le textile, le caoutchouc, les industries chimiques, rencontrent encore de graves embarras. Mais, pour ces branches d'industrie, il n'y a aucun rapport avec la situation tragique qui était la leur cet hiver. Certes, nous n'en sommes pas même encore à la moitié du niveau de la production d'avant-guerre, mais moi, qui, par devoir d'État, tiens l'œil fixé sans cesse sur l'aiguille qui marque les degrés, je puis dire que pas un jour ne s'écoule sans quelque progrès sur la veille.

Il est vrai que, si notre destin dépend d'abord de nous-mêmes, les conditions dans lesquelles il nous est possible de faire valoir parmi les autres nos conceptions et nos intérêts sont évidemment essentielles. Or, pas plus que l'état des choses à l'intérieur ne peut encore nous paraître bon, notre situation extérieure ne saurait nous satisfaire. Combien de Français, ensevelis depuis deux mille ans dans la terre natale, ont frémi au fond de leur tombe lorsqu'il fut connu que le sort de l'Allemagne vaincue avait été en partie tranché sans que la France ait eu la parole ? Loin de nous, d'ailleurs, l'idée de nous répandre en vaines récriminations. Nous savons bien que, par le temps qui court, chacun se fait entendre en proportion de sa puissance. Tout en pensant que, pour l'ordre du monde, cette sorte de règle du jeu, née des brutales exigences de la guerre, ira en s'adoucissant, et tout en nourrissant, d'ailleurs, la conviction raisonnée que, dans l'échelle relative des moyens, nous saurons, à mesure du temps et sans nuire à personne, nous élever de quelques degrés, nous prenons aujourd'hui froidement les choses telles qu'elles sont.

Mais cette lucidité nous permet de discerner aussi ce que déjà nous avons gagné à mesure de notre redressement. L'an dernier, à pareille époque, il n'y avait même pas de Gouvernement français reconnu. Tout se passait alors, au point de vue international, comme si la France n'était plus qu'un grand souvenir du passé et une inconnue de l'avenir. Observons simplement qu'aujourd'hui la France gouverne et administre les terres allemandes avec les trois autres grandes puissances, qu'elle est installée fortement sur le Rhin et sur le Danube, qu'elle fait partie du Conseil établi pour diriger l'organisation des Nation Unies, qu'elle vient d'accepter de prendre part à la prochaine Conférence de Londres, où son ministre des Affaires étrangères et ses collègues américain, russe, britannique et chinois auront à mettre sur pied les traités de paix relatifs à l'Allemagne et à l'Italie. Constatons que les territoires que, dans les quatre parties du monde, nous avons associés à nos destinées, sont, à travers vents et marées, restés fidèles à notre cause. L'Indochine, qui est opprimée par l'ennemi japonais et qui manque encore physiquement au concert de l'Union française, va y revenir, nous en sommes sûrs, d'autant plus chère qu'elle a plus souffert, d'autant plus libre qu'elle l'a mieux mérité. Entendons enfin s'élever, de plus en plus haute, la voix des peuples, grands et petits, qui saluent avec amitié la résurrection de la France.

Oui, je l'affirme ! La France, blessée, écrasée, humiliée, a repris sa marche en avant. Or, dans le monde tel qu'il est, où l'explosion effroyable des bombes atomiques fait apparaître tout à coup quelles forces immenses sont susceptibles de s'y déchaîner, soit pour la destruction, soit pour le bien des hommes, la route qui monte est la seule possible pour une nation qui veut vivre, avec son génie, ses droits, sa liberté. Or, c'est bien ce que nous voulons.

Oui, nous souffrons ! Et je ne sais que trop quelles peines et quelles privations étreignent aujourd'hui chez nous tant d'hommes et tant de femmes. Oui, nous nous irritons de beaucoup de médiocrités, d'insuffisances, d'absurdités, qui compliquent notre tâche à tous. Oui, nous savons que, dans un pays à qui la guerre vient de coûter 5 000 milliards, c'est-à-dire près de la moitié de sa fortune nationale, et qui a vu, par surcroît, la tempête emporter ses institutions, aucune décision, qu'il s'agisse de réformes, de prix, de salaires, d'élections ou de référendum, ne saurait satisfaire tout le monde à la fois, pas plus que le meunier de la fable, cheminant avec son fils et son âne, ne pouvait recueillir l'approbation de chaque passant. Mais nous suivons notre route. Nous remettons à plus tard le compte de nos griefs, de nos déboires et de nos chagrins. Nous comprenons qu'il s'agit de vivre, c'est-à-dire d'avancer. Nous le faisons et le ferons par l'effort incessant, la cohésion nationale, la discipline réfléchie, et non point – ah ! non, certainement ! – par le vain dénigrement et les divisions intérieures. Nous le faisons et le ferons en tenant nos yeux fixés sur le but commun, qui est grand, lointain et difficile, mais qui seul nous paiera de tout, et non point – ah ! non, certainement ! – en nous laissant absorber, disperser et arrêter par des querelles dérisoires. Nous le faisons et le ferons en bâtissant, peu à peu, du neuf et du raisonnable, et non point – ah ! non, certainement ! – en retournant aux vieilles formules, ni en courant aux aventures.

C'est ainsi qu'à partir de l'abîme nous avons gagné la guerre. Il n'y a pas d'autre moyen de gagner notre paix, c'est-à-dire pour chacun et chacune un sort meilleur, plus juste et plus digne et, pour notre patrie, la place qui doit être la sienne au premier rang des nations ! Au travail !

Télégramme au roi George VI.

Paris, le 15 août 1945.

J'ai été profondément sensible au message de Votre Majesté, dont les peuples et les armées ont apporté à la victoire finale la plus héroïque et la plus tenace contribution.

La victoire voit nos deux peuples réunis dans le combat pour la même cause, comme ils l'avaient été dès le début de cette longue guerre, qui a, en vérité, commencé voici plus de trente ans. Les événements ont prouvé que rien ne pouvait rompre les liens qui nous unissent, du moment qu'il s'agit de faire triompher notre idéal.

Je forme, avec Votre Majesté, le vœu que nos deux peuples continuent leur chemin, dans la plus étroite amitié, vers les grands buts qui leur sont communs, pour le bien de tous les hommes.

Décisions prises au sujet de l'Indochine.

Paris, le 17 août 1945.

L'amiral d'Argenlieu est nommé haut-commissaire de France en Indochine.

Le général Leclerc fait l'objet d'un décret de nomination comme général commandant supérieur des troupes.

Le pouvoir et les attributions du haut-commissaire et de ses délégués (dont Leclerc) sont fixés par instruction du général de Gaulle en date du 16 août.

Les forces terrestres sont prêtes à partir en trois échelons, qui seront expédiés respectivement, en septembre, en octobre, en novembre. La Brigade de Madagascar est prête immédiatement. Les 60 000 hommes de la Métropole suivront. Parmi ceux-ci, partiront, en premier lieu, certains éléments de la 2e Division blindée et de la 9e Division coloniale. Les ordres de mouvement seront donnés par l'état-major de la Défense nationale.

Le premier échelon des forces aériennes, sous les ordres du colonel Fay, comprend :

— un groupe de transport (Dakotas),
— un groupe de chasseurs bombardiers,
— un groupe de Junkers (à transporter par mer)...

Les forces navales sont réparties en trois groupes :

— le premier, composé du « Richelieu », du « Triomphant » et ultérieurement de deux autres croiseurs, est placé sous le commandement de l'amiral Auboyneau ;

— le deuxième, qui relèvera directement du commandant de la Marine en Indochine, comprend des unités plus légères et des unités de servitude ;

— le troisième groupe, composé initialement du « Béarn » et du « Suffren », participe aux transports...

....

Ordre du général de Gaulle au général Juin,
chef d'état-major de la Défense nationale.

Paris, le 19 août 1945.

L'ambassadeur des États-Unis vient de me faire connaître, de la part de son gouvernement, que le représentant du commandement français était invité à participer à l'instrument de capitulation du Japon…

Je désigne le général Leclerc pour cette participation.

……………………………………………………………

Entretiens avec le président Truman, le 22 août 1945.

Deux conversations ont eu lieu, le 22 août, à la Maison-Blanche, entre le président Truman et le général de Gaulle. La première au cours de l'après-midi, la deuxième le soir après le dîner. Elles ont duré, la première une heure et demie, la deuxième deux heures. Y ont assisté, outre le président Truman et le général de Gaulle : MM. Byrnes, Bidault, l'amiral Leahy, MM. Caffery et Henri Bonnet.

Entretien de l'après-midi.

À l'initiative insistante du président Truman, cette conversation a été consacrée surtout à la situation dans le domaine des combustibles et au concours que les États-Unis pourraient apporter à la France à cet égard. Le Président s'est notamment enquis de la situation des charbonnages français. Il a dit les préoccupations que lui causait la situation générale en Europe à ce point de vue et rappelé les efforts de l'administration américaine pour les améliorer.

Le général de GAULLE a fait connaître les progrès déjà réalisés par les mines françaises, qui fournissent actuellement les deux tiers de leur production d'avant-guerre. Il a indiqué quelles difficultés on avait dû surmonter avant d'arriver à ce résultat : dispersion des mineurs ; défaut de matériel de boisement et de moyens de transport pour l'amener à pied d'œuvre ; situation alimentaire défectueuse de la population minière ; destructions d'outillages, etc. L'extraction du charbon a tendance à revenir vers la normale, mais, pour y parvenir, il faudra encore des mois d'efforts.

Le PRÉSIDENT et M. BYRNES firent ressortir le désir de l'Amérique d'aider la France à restaurer, le plus vite possible, et même à augmenter sa capacité de production ; ils déclarèrent que toute demande d'outillage pour les mines françaises obtiendrait une priorité absolue de la part des États-Unis.

Ils rappelèrent aussi que des ordres stricts avaient été donnés aux autorités militaires américaines en Allemagne, afin que tous les mineurs allemands disponibles fussent récupérés, là où cela dépendait des troupes américaines. Ceux qui étaient prisonniers de guerre aux États-Unis ont été déjà expédiés en Allemagne.

Le général de GAULLE a rappelé à ce propos que le gouvernement français avait donné son plein assentiment aux directives établies, il y a quelques mois, par le président Truman et envoyées au général Eisenhower, pour pousser aussi activement que possible l'exploitation des mines allemandes. Il exprima l'espoir que le gouvernement britannique se rallierait à ces propositions, ce qui n'était pas encore fait. Pour la France, il est vital de recevoir du charbon allemand au titre des réparations.

Le président TRUMAN a dit qu'il désirait attirer l'attention du général de Gaulle sur le mauvais effet produit en Amérique par certaines critiques portées dans la presse française contre les États-Unis. Il a mentionné également que des hommes d'affaires américains avaient été mal reçus à Paris, où ils s'étaient rendus pour établir une coopération avec les industriels…

Le général de GAULLE et M. BIDAULT ont répondu que les informations reçues en Amérique, au sujet d'attaques de presse contre les États-Unis, étaient très exagérées. Il ne fallait d'ailleurs pas s'étonner que la presse française, jeune et presque tout entière sortie de la Résistance, fût portée à la critique, notamment à l'égard de son propre gouvernement. La presse américaine a-t-elle toujours été bien disposée pour la France et pour les hommes qui la dirigent ? En tout cas, il existe en France un sentiment d'amitié profonde pour les États-Unis et un désir très vif de coopérer avec un pays dont on apprécie pleinement le concours.

Entretien de la soirée.

Les questions relatives à l'Allemagne ont été abordées. Le général de GAULLE a fait ressortir que les décisions prises à Yalta et à Potsdam, en l'absence de la France, faisaient craindre que le danger allemand, momentanément écarté par suite de la défaite écrasante de l'ennemi, pût renaître un jour. Alors qu'une portion importante du territoire a été enlevée à l'Allemagne à l'Est, rien dans le communiqué des Trois n'envisage quoi que ce soit en ce qui concerne l'Ouest. Or, le

Rhin représente pour la France ce que pourrait être un fleuve séparant les États-Unis d'une puissance aussi forte qu'eux et perpétuellement hostile. C'est par la Rhénanie que les invasions venues de l'Est ont toujours déferlé sur la France. Elle doit avoir la garantie qu'il ne pourra plus en être de même à l'avenir. C'est là, d'ailleurs, une nécessité psychologique pour que la France croie à la paix et, dès lors, puisse vivre dans l'équilibre et la sécurité.

D'autre part, des mesures ont été prises en Allemagne, dans le domaine administratif, par les Américains et par les Anglais. Ces mesures annoncent la reconstitution d'un pouvoir central. Les secrétaireries d'État envisagées seront réunies et établies à Berlin. Or, l'unité allemande, que l'on paraît vouloir recréer sous l'autorité d'un nouveau Reich, deviendrait, tôt ou tard, dangereuse. L'Allemagne, retrouvant l'impulsion et l'instrument de ses ambitions, finirait par s'allier un jour au puissant bloc slave constitué par les décisions de Yalta et de Potsdam.

Le président TRUMAN et M. BYRNES estiment, au contraire, qu'il ne faut pas s'exagérer le danger allemand. Ils viennent de constater de leurs propres yeux quelle est l'étendue des destructions à travers tout le pays. L'Allemagne a, d'autre part, subi des pertes humaines considérables. On ne rencontre plus d'hommes jeunes dans les rues des villes en ruine. Les hommes en état de travailler ont tous, semble-t-il, disparu de la zone russe. Les mesures prises à Potsdam assureront, d'autre part, la réduction de l'industrie allemande à un niveau où elle ne couvrira que les besoins immédiats du pays.

Le général de GAULLE, tout en tenant pour évident l'affaiblissement de l'Allemagne, a indiqué, qu'en dépit de la perte de la Silésie, une Allemagne unie conservera un grand potentiel industriel grâce à la Ruhr. Sans enlever le bassin à l'Allemagne, la France voudrait qu'il fût soumis à un régime international. Il a rappelé, d'autre part, qu'après la dernière guerre, des dispositions avaient été prises par les alliés pour assurer le désarmement de l'Allemagne et pour contrôler et prévenir la reconstitution de son appareil militaire. Des divergences de vues ne tardèrent pas à se produire entre les vainqueurs. Elles permirent au Reich d'éluder l'exécution des clauses du traité et de restaurer sa puissance d'agression. Rien ne nous garantit que l'Allemagne ne sera pas, de nouveau, en mesure de profiter des dissensions entre les puissances européennes…

Le président TRUMAN a déclaré que les alliés avaient, après la dernière guerre, commis une folie et que les États-Unis, pour leur part, étaient décidés à ne pas retomber dans les mêmes erreurs. Si les industries de guerre allemandes avaient pu renaître, c'était avec la complicité d'industriels aveugles de Grande-Bretagne, d'Amérique et même de France. Les dossiers de la Farbenindustrie, qui sont entre les mains des Américains, en apportent la preuve. Les États-Unis, d'autre part, ne financeront plus, comme ils l'avaient fait, les réparations allemandes. Aux yeux du Président, la France a une première garantie de sécurité dans l'amitié des États-Unis, qui veulent qu'elle redevienne forte et prospère. C'est en se consacrant à sa propre reconstruction qu'elle assurera son avenir. Tout le monde, au contraire, est d'accord pour maintenir l'Allemagne dans un état d'infériorité et pour qu'elle devienne un pays surtout agricole.

Tout en prenant acte des intentions formulées par le président des États-Unis, le général de GAULLE a insisté pour que la rive gauche du Rhin, comportant des pays divers, allemands, certes, et qui le resteront, mais qui constituent le boulevard des invasions germaniques, soit soustraite à l'autorité du Reich et rattachée à l'Ouest économiquement et stratégiquement. Il a répété que, suivant la France, la Ruhr devait être placée sous un régime international.

Le président TRUMAN et M. BYRNES ont, de leur côté, répété leur conviction que la sécurité du monde serait assurée par l'entente des alliés au sein d'une organisation internationale. Les États-Unis disposent d'une nouvelle arme, la bombe atomique, qui fera reculer n'importe quel agresseur. Ce dont le monde entier a besoin avant tout, c'est d'une restauration économique. Actuellement, toutes les puissances, y compris l'Angleterre et la Russie, demandent l'aide des États-Unis. Or, cette aide, la France est certaine de l'obtenir, aussi complète qu'il sera possible.

En ce qui concerne plus particulièrement la Ruhr, le Président et le secrétaire d'État ont été très frappés par le fait que, dans les derniers jours des conversations de Potsdam, l'Union soviétique a évoqué la question de l'internationalisation du bassin, avec participation des troupes russes à l'occupation. La délégation américaine a estimé que c'était là une prétention excessive… Elle s'est opposée, en conséquence, à ce que la question fût traitée plus avant. Mais on pourra la reprendre à la Conférence de Londres. Au total, MM. Truman et Byrnes estiment, qu'en ce qui concerne l'Allemagne, le plus sage est de s'en tenir, pour le moment, au régime de l'occupation tel qu'il est actuellement pratiqué.

Entretien avec le président Truman,
le 24 août 1945.

La conversation du président Truman et du général de Gaulle a eu lieu à 15 h 30, dans le bureau du président, à la Maison-Blanche. Y assistaient, outre le président et le général : MM. Byrnes, Bidault, Caffery, Henri Bonnet et Mathieu, interprète.

Le général de GAULLE a rappelé l'intérêt vital qui s'attache pour la France à voir régler le problème allemand d'une manière satisfaisante, notamment à ce que le bassin de la Ruhr soit placé sous un régime international et que les divers pays de la rive gauche du Rhin ne relèvent pas de la souveraineté du Reich. Il a aussi souligné la nécessité, pour la France, de recevoir une part importante du charbon allemand.

En ce qui concerne les autres problèmes politiques qui se posent immédiatement aux alliés, le général de Gaulle a déclaré qu'il désirait faire connaître au Président les vues d'ensemble de son gouvernement. Elles sont telles qu'elles doivent faciliter la coopération interalliée.

La France désire avoir, dans l'avenir, des relations d'amitié avec l'Italie. Elle ne demande donc pas que le traité de paix impose à cette dernière des conditions sévères. Pour le Val d'Aoste, la France, qui n'a jamais voulu l'annexer, est satisfaite des mesures prises par Rome pour donner l'autonomie à cette région. Tout ce à quoi la France prétend, c'est une légère rectification de frontière au sud. Cette rectification n'englobe que quelques communes, qui auraient dû être attribuées à la France en 1860 et pour lesquelles on peut, d'ailleurs, organiser un plébiscite. Nous ne réclamons pas Vintimille. Des conversations ont déjà eu lieu entre les deux gouvernements au sujet du nouveau tracé.

La France, d'autre part, n'appuiera pas des prétentions exagérées d'autres puissances au sujet des frontières italiennes, que ce soit dans le Haut-Adige (Tyrol du Sud) ou sur la frontière yougoslave. Tout en reconnaissant la légitimité de certaines revendications de Belgrade en Istrie, le gouvernement français est d'avis que le port de Trieste devrait rester aux mains des Italiens.

Pour ce qui est des possessions italiennes d'outre-mer, la France ne demande pas que l'Italie soit chassée de la Libye. Au contraire. Il n'y a pas, de l'avis du gouvernement français, d'avantage à chasser définitivement l'Italie de la Tripolitaine, ni même de la Cyrénaïque. Il semble qu'un mandat des Nations Unies, accordé à l'Italie pour un délai déterminé, pourrait être la meilleure solution.

Quant aux colonies italiennes d'Afrique orientale, la situation est plus délicate, en raison de leur proximité de l'Éthiopie. Mais le gouvernement français est prêt à se concerter avec ses alliés en vue d'arriver à une décision commune.

Reste le problème du Dodécanèse.

Le général de GAULLE croit que ces îles doivent revenir à la Grèce.

Le président TRUMAN déclare être du même avis.

Le général de GAULLE parle alors du destin des peuples naguère colonisés dans le monde. À son avis, le XXe siècle sera celui de leur indépendance. Mais celle-ci ne doit pas être, ou paraître, acquise contre l'Occident. À ce sujet, le Général évoque l'affaire du Levant et le caractère déplorable de l'intervention britannique. Il regrette que les États-Unis aient appuyé cette intervention.

Le président TRUMAN admet que les Anglais ont présenté leur thèse d'une telle manière que l'attitude des États-Unis en a été influencée. Mais il affirme que, pour ce qui est de l'Indochine, le gouvernement américain ne fera rien pour y contrarier le retour de la France.

Le GÉNÉRAL en prend acte. Il indique au président que, sans pouvoir définir dès à présent avec précision ce que sera le régime futur de l'Union indochinoise, la France a l'intention de le régler avec les différents pays qui la composent de telle sorte que soient satisfaits les désirs des populations.

Dans l'ensemble, la France espère, dans la période qui s'ouvre, coopérer en pleine entente avec ses alliés, au rétablissement de la paix, à l'œuvre de reconstruction économique et à l'instauration d'un régime international de sécurité.

Le président TRUMAN remercie le général de Gaulle. Il est heureux d'avoir pu entendre de lui-même quelle est sa manière de voir. Sur beaucoup de points, il partage ses vues et il lui semble qu'elles fournissent une base excellente pour les conversations qui vont continuer entre MM. Byrnes et Bidault, et, bientôt, pour la conférence des quatre ministres des Affaires étrangères à Londres.

Lettre à Léon Jouhaux
Secrétaire général de la C.G.T.

Paris, le 1er septembre 1945.

Monsieur le secrétaire général,

Je reçois votre lettre du 1er septembre, me demandant, pour vous-même et pour MM. Emile Kahn, Mazé,

Daniel Mayer et Jacques Duclos, un entretien portant sur le régime prévu pour les prochaines élections.

Je ne puis vous cacher que j'ai été surpris de cette démarche de la part du secrétaire général de la C.G.T., que sa nature d'association professionnelle, constituée en vertu et sous les garanties de la loi de 1884, ne saurait aux yeux du gouvernement placer sur le même plan que les représentants des partis politiques pour ce qui concerne, notamment, la discussion des modalités électorales.

Si je me félicite d'avoir, à toute occasion, l'avantage de m'entretenir avec vous de ce qui a trait aux intérêts professionnels que représente la C.G.T., je ne puis agir de même en matière d'élections politiques. Une conversation officielle qui aurait lieu à ce sujet entre vous-même et le Président du gouvernement ne paraîtrait pas s'accorder avec le caractère de la « Confédération », tel qu'il est défini par la loi, dont l'article 3 stipule que les « syndicats professionnels ont exclusivement pour objet l'étude et la défense des intérêts économiques, industriels, commerciaux et agricoles ».

Veuillez agréer, Monsieur le secrétaire général, l'assurance de ma haute considération.

Note établie par le cabinet du général de Gaulle,
au sujet de son entretien avec M. T. V. Soong,
président du Yuan exécutif
de la République chinoise,
le 19 septembre 1945.

Le général de Gaulle a reçu, le 19 septembre 1945, M. T. V. Soong, qui était accompagné de M. Tsien-Taï, ambassadeur de Chine à Paris.

Le général de GAULLE a engagé la conversation en disant à M. T. V. Soong combien il se réjouissait que la visite à Paris du président du Yuan exécutif de la République chinoise lui donnât l'occasion d'aborder certaines questions, auxquelles, dans les circonstances actuelles, le gouvernement français attache une importance capitale et immédiate.

La situation dans l'Indochine française et particulièrement dans le Tonkin se présente sous un jour assez confus. Il existe dans ces régions des organismes plus ou moins improvisés qui se parent du nom de gouvernements annamites. Ces organismes sont composés, notamment, de gens qui avaient partie liée avec les Japonais avant la capitulation japonaise, ainsi que de communistes qui, là comme ailleurs, se sont portés aux premières places après que le combat eut pris fin. Ces organismes se révèlent incapables de faire face à une situation économique très difficile, compromise par l'incurie des autorités en place, la désorganisation des communications et, d'une façon générale, les conséquences de l'occupation et des opérations militaires.

Cette situation se trouve compliquée aujourd'hui par l'attitude qu'adoptent le général Lou-Han et les troupes chinoises d'occupation. Cette attitude ne répond pas à l'idée que le gouvernement français pouvait se faire de la politique chinoise, à la suite des assurances données par M. T. V. Soong au général de Gaulle à Washington et par le maréchal Chiang-Kaï-Shek au général Pechkoff à Tchoung-King.

M. T. V. SOONG réplique qu'il partage complètement le point de vue du général de Gaulle. Les Chinois sont des gens de parole, et les engagements pris à l'égard du gouvernement français seront respectés. M. T. V. Soong a eu connaissance à Londres, par la presse, des difficultés faites au général Alessandri. Il en a saisi aussitôt le maréchal Chiang-Kaï-Shek. Ce dernier, par un télégramme du 19 septembre, dont M. T. V. Soong donne lecture, adressé à lui-même et à l'ambassadeur de Chine à Paris, vient de renouveler au général de Gaulle l'assurance formelle que le gouvernement chinois ne conteste en aucune manière les droits que la France détient sur l'Indochine. Le maréchal Chiang-Kaï-Shek pense que les délais apportés par le général Lou-Han à l'entrée des troupes françaises en Indochine tiennent probablement à la confusion créée par la désorganisation des communications dans la zone d'opérations des troupes du général Lou-Han. Il a prescrit à son chef d'état-major une enquête dont le résultat doit lui être communiqué d'extrême urgence.

M. T. V. SOONG, dans le courant de l'entretien, répétera à plusieurs reprises ces assurances, déclarant notamment que la Chine souhaite que la France demeure sa voisine en Asie, qu'il pense trouver à son arrivée à Tchoung-King une situation réglée dans le sens qu'attend le gouvernement français et que, dans le cas contraire, il s'emploiera personnellement à nous faire donner satisfaction.

Le général de GAULLE remercie M. T. V. SOONG de ses déclarations catégoriques et lui demande s'il est une question intéressant la politique internationale au sujet de laquelle il désirerait connaître particulièrement la position du gouvernement français.

M. T. V. SOONG réplique qu'il désirerait connaître les vues du général de Gaulle à l'égard du communisme.

Le général de GAULLE répond que le gouvernement français, à son retour en France, a jugé bon, la guerre n'étant pas terminée et des forces étrangères étant présentes sur le sol national, de constituer un gouvernement où tous les partis politiques français soient représentés. Depuis lors, il a fallu déposséder le parti communiste de positions exagérément acquises à la faveur de la libération du territoire et le remettre à sa place véritable. Les communistes, en France, n'ont de place dans l'État qu'au même titre et dans les mêmes conditions que les autres partis politiques. Le jeu des pronostics, en matière d'élections, est un jeu dangereux. Pourtant, le général de Gaulle se risque volontiers à prédire que le parti communiste ne sortira pas majoritaire de la prochaine consultation électorale.

M. T. V. Soong déclare entendre avec satisfaction ces propos. La Chine désire poursuivre avec la Russie, sa voisine immédiate, une politique de bon voisinage ; mais le gouvernement chinois est résolu à maintenir le parti communiste chinois à sa place.

Le général de GAULLE, faisant alors allusion à son voyage à Moscou, ajoute que, depuis cette époque, beaucoup d'événements sont intervenus. Le pacte franco-russe, dirigé spécifiquement contre le Reich, garde toute sa valeur, alors même que l'Allemagne se trouve provisoirement écrasée, comme un instrument de prévention et de répression de tout retour offensif du germanisme. D'une part, il s'est créé à l'est de l'Europe, en partie sous la contrainte, un groupement de puissances plus ou moins inféodées à la Russie. D'autre part, les États-Unis se sont assuré une puissance politique économique et même militaire, de premier ordre. Enfin, la Chine constitue une force dont les ressources potentielles sont immenses. La France, pour sa part, verrait volontiers se former à l'ouest de l'Europe une association d'intérêts qui ne présenterait en aucune matière le caractère d'un « bloc » agressif, mais qui introduirait une plus grande cohésion dans cette partie du monde, notamment en matière économique. Tout naturellement, une grande partie de l'Afrique viendrait s'agréger à ce complexe. Le général de Gaulle aimerait savoir si le gouvernement chinois verrait d'un bon œil cette évolution et, en particulier, s'il y trouverait certaines commodités sur le plan économique.

M. T. V. SOONG répond que le gouvernement chinois n'est pas en mesure d'accorder beaucoup d'attention aux difficiles questions européennes. Ce qui le préoccupe, c'est le développement économique de la Chine. De ce point de vue, le gouvernement chinois serait particulièrement heureux de renouer avec la France des relations économiques, qui, autrefois, ont été très confiantes. Le gouvernement français, en coopérant avec la Chine après l'entrée en guerre du Japon à la construction du chemin de fer de Kouang-Si, a donné la mesure de son esprit résolu de collaboration économique.

Le général de GAULLE demande alors à M. T. V. SOONG s'il a des propositions plus précises à formuler à cet égard. Ce que lui-même a en vue ce n'est pas tant un accord entre les groupements d'intérêts privés, tels que des groupes de banques, mais un accord général de coopération économique entre les deux gouvernements. Dans le cadre d'un tel accord, des arrangements particuliers de caractère privé, tels que ceux auxquels il est fait allusion plus haut, trouveraient facilement leur place.

M. T. V. SOONG répond que la conception du général de Gaulle correspond exactement à la sienne et qu'il ne doute pas que les mesures d'application pratique puissent être mises sur pied sans difficulté. Il suffira que, le plus tôt possible, notre ambassadeur à Tchoung-King, ou toute autre personnalité habilitée par le gouvernement français, vienne engager la conversation sur ce terrain.

M. T. V. SOONG fait encore allusion à des réalisations techniques récentes de l'armée allemande en matière de canons de campagne sans recul. Il désirerait savoir si l'état-major français a eu connaissance de ces innovations et si l'industrie française est déjà en mesure d'en tirer parti. Dans l'affirmative, il désirerait que le commandement français fasse profiter de son expérience l'armée chinoise, qui a un très grand besoin d'une artillerie très mobile.

Le général de GAULLE réplique que le commandement français prêtera tout son concours au commandement chinois dans ce domaine, mais qu'il ne pense pas que les perfectionnements techniques dont parle M. T. V. SOONG soient déjà entrés dans le domaine de l'exploitation pratique. L'industrie de guerre française, en tout cas, n'en est pas là.

L'entretien prend fin sur un échange de propos très cordiaux concernant l'avenir politique et économique de la France et de la Chine et des bienfaits que les deux pays peuvent attendre de l'énergie et de la résolution de leurs dirigeants.

Entretien avec M. de Gasperi, ministre des Affaires étrangères d'Italie, le 25 septembre 1945.

Le général de Gaulle a reçu cet après-midi M. de Gasperi qu'accompagnait l'ambassadeur, M. Saragat.

L'entretien a porté sur la situation faite à l'Italie par les délibérations de la Conférence de Londres, ainsi que sur la procédure de négociation d'un accord pour l'utilisation, par la France, de la main-d'œuvre italienne.

M. de Gasperi s'est montré très sensible aux assurances que le général de Gaulle lui a données à nouveau de notre désir de ne voir confier à aucun trusteeship international l'administration de la Libye. Il a insisté à plusieurs reprises sur l'impossibilité qu'il y aurait, d'après lui, à gouverner par un pareil procédé des colonies de peuplement telles que la Cyrénaïque et l'Érythréen, notamment la région d'Asmara.

Le général de Gaulle a fait une nette distinction entre les possessions méditerranéennes de l'Italie, qu'il envisagerait volontiers de voir confier dans le cadre d'un trusteeship à l'Italie elle-même (à l'exclusion d'un trusteeship international ou d'un mandat confié à la Russie soviétique), et l'Erythrée pour laquelle, a-t-on dit, « nous ne nous battrons pas ». Il a marqué que nous n'avions aucun intérêt à voir céder Assab au Négus, non plus qu'à voir pousser trop loin le désarmement naval, aérien ou militaire de l'Italie.

Il n'a pas été question du Dodécanèse, ni du Fezzan.

Pour ce qui est de la frontière yougoslave, M. de Gasperi s'est montré reconnaissant du concours que nous avons apporté à son pays dans l'essai de règlement de la question de Trieste. Il accepte certainement la solution envisagée. Il est fort soulagé de n'avoir pas, lui natif de Trente, à expliquer à l'opinion italienne la perte de Trieste. Son pays, dit-il, supporterait également très mal la perte du Tyrol autrichien, lequel n'est plus peuplé, d'ailleurs, de personnages romantiques dans le genre d'Andréas Hofer, mais bien de Nazis convaincus qu'il n'y a aucun intérêt à ajouter aux Autrichiens. Il a marqué, en passant, que mieux vaudrait, pour faire une Autriche viable, l'adjoindre à un État catholique bavarois.

Au sujet de la frontière italo-française, le ministre des Affaires étrangères d'Italie a fait entendre quelques gémissements. « Tende, a-t-il dit, est une affaire difficile à régler. »

Le général de GAULLE a marqué fermement qu'il fallait pourtant la régler ; que nous considérions Tende comme français ; que nos demandes de rectifications étaient des plus modestes ; que, si dès la libération de la Corse le chef du gouvernement provisoire, dans son premier discours, avait indiqué que rien dans l'avenir ne devrait séparer une Italie libérée et démocratique de la France, les Français ne pouvaient néanmoins oublier l'agression du fascisme italien et qu'il devait rester sur le sol des traces de la défaite militaire du fascisme.

M. SARAGAT, au sujet de l'immigration en France d'ouvriers italiens des deux sexes, prendra contact avec MM. Parodi, Lacoste et Dautry, afin de mettre sur pied un programme portant sur les spécialités envisagées, les nombres et les dates. Il a indiqué qu'il faudrait renoncer à l'idée d'envisager la création en Italie d'une commission exclusivement française de recrutement de main-d'œuvre.

Le général de GAULLE en a convenu et il a été envisagé de constituer une commission mixte franco-italienne composée de fonctionnaires et de représentants des deux Confédérations générales du Travail française et italienne, afin d'éviter toute susceptibilité de part et d'autre dans le monde des travailleurs à l'occasion de ces déplacements de main-d'œuvre.

L'entretien s'est terminé sur l'affirmation, par M. de GASPERI, de pouvoir rendre à l'Italie l'amitié renaissante de la France, l'admiration personnelle qu'il éprouve pour l'homme d'État clairvoyant et déterminé qui la dirige, ainsi que toute sa confiance dans les possibilités d'entente européenne qui peuvent se fonder sur la civilisation chrétienne.

Lettre à André Diethelm, ministre de la Guerre.

Paris, le 27 septembre 1945.

Mon cher Ministre,

Je suis saisi, par de multiples voies, de documents d'information concernant l'état physique et sanitaire d'un grand nombre de prisonniers de guerre allemands.

Cette question est capitale. Outre le point de vue simplement humain, que nous avons le devoir de respecter, il y va de notre réputation internationale, sans compter la perte de travail que représente pour notre pays une telle situation des prisonniers de guerre qui sont entre nos mains.

Je vous prie de prendre en main cette affaire sans aucun délai. Il s'agit, pour tous, d'alimentation et de soins médicaux et, pour ceux qui sont incurables, de rapatriement.

Veuillez agréer, etc.

....

Ordonnance du 4 octobre 1945
portant organisation de la Sécurité sociale.

Le Gouvernement provisoire de la République française,

....

Ordonne :

ARTICLE PREMIER. – Il est institué une organisation de la Sécurité sociale destinée à garantir les travailleurs et leurs familles contre les risques de toute nature susceptibles de réduire ou de supprimer leur capacité de gain, à couvrir les charges de maternité et les charges de famille qu'ils supportent.

L'organisation de la Sécurité sociale assure, dès à présent, le service des prestations prévues par les législateurs concernant les assurances sociales, l'allocation aux vieux travailleurs salariés, les accidents du travail et maladies professionnelles et les allocations familiales et de salaire unique aux catégories de travailleurs protégés par chacune de ces législations, dans le cadre des prescriptions fixées par celles-ci et sous réserve des dispositions de la présente ordonnance…

ART. 2. – L'organisation technique et financière de la Sécurité sociale comprend :

des caisses primaires de sécurité sociale ;

des caisses régionales de sécurité sociale ;

une caisse nationale de sécurité sociale ;

des organismes spéciaux à certaines branches d'activité ou entreprises ;

à titre provisoire, pour la période au cours de laquelle seront adaptés à leur mission les autres services prévus par la présente ordonnance, des organismes propres à la gestion des allocations familiales et de salaire unique.

ART. 3. –…

ART. 4. –… Sont affiliés à la caisse primaire tous les travailleurs soumis aux législations de la sécurité sociale et dont le lieu de travail se trouve dans la circonscription de la caisse…

ART. 5. – La caisse primaire de Sécurité sociale est administrée par un conseil d'administration comprenant :

pour les deux tiers, des représentants des travailleurs relevant de la caisse, désignés par les organisations syndicales les plus représentatives et parmi lesquels un ou deux représentants du personnel de la caisse, le tiers d'entre eux au moins devant être pères et mères de famille ;

pour un tiers, des représentants des employeurs désignés par les organisations les plus représentatives, des représentants des associations familiales constituées conformément à l'ordonnance du 3 mars 1945, et des personnes connues pour leurs travaux sur les assurances sociales et les accidents du travail ou par le concours donné à l'application de ces législations.

En outre, le conseil d'administration désigne, sur des présentations en nombre double des organisations professionnelles intéressées deux praticiens qui lui sont adjoints avec voix délibérative…

ART. 6 à 18. –

....

ART. 19. – La gestion des allocations familiales est assurée, pour la période mentionnée à l'article 2 ci-dessus, par des caisses d'allocations familiales, dont la circonscription et le siège sont fixés par arrêté du ministre du Travail et de la Sécurité sociale, compte tenu des circonscriptions territoriales des caisses primaires de Sécurité sociale.

ART. 20. – Sont affiliés à la caisse d'allocations familiales les travailleurs dont l'établissement se trouve situé dans sa circonscription ainsi que les travailleurs indépendants qui y exercent leur activité.

ART. 21 à 88. –

....

Fait à Paris, le 4 octobre 1945.

C. DE GAULLE.

Ordonnance relative à la formation, au recrutement et au statut de certaines catégories de fonctionnaires, instituant une direction de la fonction publique, un conseil permanent de l'administration civile et créant une École nationale d'Administration.

....

TITRE PREMIER

Des Instituts d'Études Politiques.

ARTICLE PREMIER. – Il sera créé par décret, pris après avis du Conseil d'État, des instituts d'université, dits « Instituts d'études politiques », destinés à compléter l'enseignement des sciences sociales, administratives et économiques donné dans les facultés de droit et des lettres.

Ces instituts pourront recevoir, dans la même forme, le statut d'établissement public.

ART. 2. – Un Conseil, nommé par le ministre de l'Éducation nationale et présidé par le recteur, sera placé auprès du directeur de chaque institut.

....

....

TITRE II

De l'École Nationale d'Administration.

ART. 5. – Il est créé une École nationale d'administration chargée de la formation des fonctionnaires qui se destinent au Conseil d'État, à la Cour des comptes, aux carrières diplomatique ou préfectorale, à l'inspection générale des Finances, au corps des administrateurs civils, ainsi qu'à certains autres corps ou services déterminés par décret pris après avis du Conseil d'État et contresigné du ministre intéressé et du ministre des Finances.

....

....

ART. 6. – L'École nationale d'administration est un établissement public. Elle relève du président du Gouvernement provisoire de la République française, en sa qualité de président du Conseil des ministres.

Elle est administrée par un directeur, assisté d'un conseil d'administration. Le conseil est présidé par le vice-président du Conseil d'État et composé, en parties égales, de recteurs d'académie ou professeurs d'université, de membres de l'administration et de personnes n'appartenant pas aux services publics. Le Directeur de la fonction publique siège en outre au Conseil ; il y a voix délibérative.

Le Directeur de l'École nationale d'administration et les membres du conseil d'administration sont nommés par décret pris en Conseil des ministres.

....

....

TITRE III

Du Centre des Hautes Études Administratives.

ART. 10. – Il est créé un Centre de hautes études administratives.

Il organise l'étude des problèmes relatifs à la France d'outre-mer.

Il complète la préparation à la gestion et à la surveillance d'entreprises industrielles et commerciales nationalisées ou contrôlées par l'État.

ART. 11. – Peuvent être admis au Centre de hautes études administratives, des fonctionnaires métropolitains ou d'outre-mer, des officiers des armées françaises, ainsi que, à titre exceptionnel, toute autre personne française ou étrangère.

....

....

TITRE IV

Du Statut de certains Fonctionnaires.

ART. 12. – Les fonctionnaires appartenant aux corps et aux services auxquels prépare l'École nationale d'administration sont soumis aux dispositions générales du statut de la fonction publique. Sous réserve des dispositions applicables au Conseil d'État et à la Cour des comptes, ils sont, en ce qui concerne la discipline et le licenciement, régis par des règles identiques. Ces règles seront fixées par un règlement d'administration publique.

ART. 13. – Les fonctionnaires provenant de l'École nationale d'administration et appartenant, soit aux administrations centrales, soit à certains services extérieurs déterminés par un règlement d'administration publique, forment le corps des administrateurs civils.

....

....

Ce corps compte cinq classes. Le passage de l'une à l'autre est indépendant de l'emploi exercé et a lieu exclusivement au choix.

....

....

ART. 14. – Il est créé un corps de secrétaires d'administration, dont la mission est d'assurer des tâches d'exécution et certaines fonctions spécialisées.

Ce corps est recruté par concours.

....

....

Les secrétaires d'administration sont soumis aux dispositions générales du statut de la fonction publique. Ils sont tous régis par des règles identiques en ce qui concerne le recrutement, l'avancement, la discipline et le licenciement. Ces règles seront fixées par un règlement d'administration publique.

....

....

TITRE V

De la Direction de la Fonction Publique et du Conseil Permanent de l'Administration Civile.

ART. 15. – Il est institué à la Présidence du gouvernement une direction de la fonction publique, qui est chargée :

1° De préparer les éléments d'une politique d'ensemble de la fonction publique ;

2° D'établir ou de faire établir une documentation et des statistiques d'ensemble concernant la fonction publique ;

3° D'étudier toute proposition tendant à :

a) Améliorer l'organisation des services publics ;

b) Coordonner les règles statutaires particulières aux divers personnels de l'État et des autres collectivités publiques ;

c) Aménager les principes de la rémunération et le régime de prévoyance de ces personnes.

....

....

ART. 16. –…

Fait à Paris, le 9 octobre 1945.
C. DE GAULLE.

Ordonnance instituant un bureau de recherches des Pétroles.

....

ARTICLE PREMIER. – Il est institué, auprès du ministre de la Production industrielle, un établissement public appelé bureau de recherches des Pétroles, doté de la personnalité civile et de l'autonomie financière, chargé d'établir un programme national de recherches de pétrole naturel et d'assurer la mise en œuvre de ce programme dans l'intérêt exclusif de la nation.

ART. 2. – Le bureau soumet à l'approbation du ministre de la Production industrielle, du ministre de l'Économie nationale et du ministre des Finances ses propositions en vue de l'exécution des recherches en France métropolitaine, en Algérie, dans les pays du protectorat, dans les territoires sous mandat et dans les colonies françaises…

ART. 3. – Les recherches sont effectuées par les organismes publics, privés ou mixtes, dont le bureau provoque au besoin la création…

ART. 4. –… Le bureau oriente la politique des divers organismes travaillant à la recherche du pétrole, notamment en ce qui concerne la meilleure utilisation des spécialistes et du matériel de forage.

Il contrôle l'emploi des fonds mis à la disposition de ces organismes…

ART. 5, 6, 7. –…

Fait à Paris, le 12 octobre 1945.

C. DE GAULLE.

Communiqué de la présidence du Gouvernement.

Paris, le 12 octobre 1945.

Accompagné du ministre des Affaires étrangères, le président du Gouvernement provisoire de la République est rentré ce matin à Paris, venant de Bruxelles, où, pendant deux jours, il a été l'hôte de Son Altesse Royale le Régent de Belgique.

Au cours de son séjour, le général de Gaulle a rendu visite à Sa Majesté la reine Élisabeth, au château de Laeken ; il a eu des entretiens répétés et utiles avec les membres du Gouvernement belge, notamment le président du Conseil, M. van Acker, et le ministre des Affaires étrangères, M. Spaak.

Il a, d'autre part, été reçu à l'Hôtel de Ville de Bruxelles par le bourgmestre et les autorités municipales, qui l'ont nommé citoyen d'honneur de leur ville. L'Université libre de Bruxelles, enfin, lui a conféré le diplôme de Docteur honoris causa.

Ces cérémonies, qui se sont déroulées dans le plus grand enthousiasme, ont permis au peuple belge d'acclamer longuement, dans les rues de leur capitale, le président du Gouvernement provisoire de la République et de manifester de façon éclatante la solidité de l'amitié franco-belge.

Allocution à la radio le 17 octobre 1945.

Sur la voie que suit la France, depuis l'abîme jusqu'au sommet, la consultation nationale de dimanche prochain va marquer le début d'une étape capitale. Tous les Français, toutes les Françaises doivent avoir conscience de cela. Tous et toutes doivent, à cette occasion, exprimer ce qu'ils veulent quant au choix de leurs représentants et quant aux deux questions qui leur sont posées. Tous et toutes doivent voter.

J'ai dit qu'à partir du moment où notre peuple aura fait connaître sa volonté par le suffrage commencera pour lui une étape nouvelle. Deux autres ont précédé celle-là. La première fut celle du combat, mené dans les terribles conditions où nous avait plongés le désastre de 1940 le terme en fut la victoire. La seconde a consisté à nous redresser à l'intérieur et à l'extérieur malgré les graves blessures que nous avions reçues. Nous sommes debout. Nous pouvons marcher.

Ah ! il est bien vrai, qu'il y a cinq ans, nos armées, mal préparées, volèrent en éclats sous la ruée mécanique allemande, que l'ennemi occupa notre pays pendant plus de quatre années, qu'il lui fit payer d'énormes contributions, qu'il le vida d'une grande partie de son outillage, d'une large fraction de son cheptel, de la totalité de ses stocks, qu'il tint en captivité 2 millions de jeunes Français, que des gouvernants indignes, après avoir capitulé, déchiré nos alliances, établi leur dictature, prirent ouvertement le parti de l'envahisseur, pratiquèrent la collaboration, tentèrent de dresser contre l'intérêt national tout l'appareil de l'État. Dans ces conditions et à partir de là, le redressement du pays dans la guerre n'était pas certain et ne fut pas facile. Pour refaire et mener à la bataille une armée, une flotte, une aviation, susciter la résistance, l'organiser, lui fournir des armes, rassembler et gouverner l'Empire, faire respecter par l'étranger les droits de la France sans perdre l'indépendance vis-à-vis d'aucun des alliés, le tout en partant de rien, c'est-à-dire sans pouvoirs, sans hommes, sans argent, sans traités, je ne contesterai pas qu'il a fallu quelque temps et quelques à-coups. Pourtant, il fut réalisé ceci : que jamais nos drapeaux ne quittèrent les champs de bataille, que l'unité nationale se refit autour de l'honneur, que la France prit, militairement, politiquement, moralement, aux grands combats de sa libération et de celle de l'Europe une part assez importante pour compter parmi les vainqueurs et sauver ainsi son avenir.

Mais, à mesure que notre peuple recouvrait la liberté, nous pouvions compter ses blessures. Nous étions, il y a un an, dans un état réellement piteux, quant au charbon, à l'électricité, aux transports, aux importations, au ravitaillement, avec nos mines à demi désertes, nos gares écrasées, nos ponts sautés, nos ports détruits, nos magasins vides, nos champs et nos bois encombrés par des millions de mines allemandes. Il fallait entreprendre un travail ardu et extrêmement compliqué de remise en ordre et en place, de démarrage de la production, de révision immédiate des prix et des salaires. Nous devions faire cela avec une administration bouleversée et désorientée par les événements inouïs qu'elle venait de traverser, hypertrophiée par les tâches excessives qui lui étaient imposées et avec un gouvernement formé de toutes pièces et dont les membres appartiennent à toutes les nuances de l'opinion française.

Je ne prétends aucunement que tout se soit aussitôt organisé parfaitement bien. Je sais, mieux que personne, quelles lacunes demeurent et quels obstacles sont encore à vaincre. Je n'ignore rien des ajustements qui restent à accomplir ; ce que la reprise économique nous permettra justement de faire, notamment sous le rapport des moyens d'existence de certains d'entre les Français et aussi des conditions de travail des entreprises, qu'elles soient industrielles, agricoles ou commerciales. Mais c'est un fait que la vie économique reprend, que l'alimentation s'améliore, que les navires arrivent, que les échanges extérieurs commencent, que les contraintes disparaissent peu à peu.

Je dois rendre hommage à l'ensemble de la nation, qui a subi les désagréments de cette période de transition, succédant à d'immenses malheurs, avec une patience et une bonne volonté généralement exemplaires. Je déclare que l'immense majorité des fonctionnaires qui servent l'État et des agents qui servent le public l'ont fait avec conscience, dévouement et efficacité. Je remercie les ministres, qui, je l'atteste, ont autour de moi solidairement déployé leur valeur et prodigué leurs peines pour la réussite de notre tâche nationale dans ce dur métier qui est celui du gouvernement.

Je sais bien que tels ou tels compétiteurs s'efforcent de nous représenter que les affaires du pays se trouvent gravement compromises. Mais leurs alarmes se manifestent au moment même où la France blessée entre en pleine convalescence.

Certains évoquent, par exemple, l'effondrement qui menacerait notre économie ; mais chaque jour qui passe nous montre, au contraire, de nouveaux signes de la reprise commencée. D'autres nous peignent l'horrible isolement dans lequel nous nous trouverions au milieu des autres peuples et le danger d'être privés des fruits de la victoire auquel nous serions exposés ; mais, dans le même temps, nous nous installons sur le Rhin et nous reprenons aux tables diplomatiques notre place de grande puissance. Ceux-ci se répandent en critiques amères contre une politique qui nous mènerait à perdre l'Empire ; mais, précisément, nous achevons de le recouvrer. Ceux-là, enfin, croient devoir voler au secours de la République ; mais c'est au moment même où, donnant la parole au peuple, nous achevons de la tirer de ses ruines.

Voici donc la troisième étape, celle du renouveau de la France. Ce renouveau doit, naturellement, commencer par en haut, c'est-à-dire par nos institutions. Celles-ci vont procéder des élections de dimanche et des réponses que vous ferez aux deux questions du référendum. De là l'importance essentielle des élections et des réponses. Mais, quelles que puissent être encore nos préoccupations quant au présent et à l'avenir et même, parfois, nos griefs au sujet des choses qui, telles qu'elles vont, pourraient aller mieux, je vous assure que vous pouvez voter en pleine sécurité. Car, après les épreuves inouïes où nous avons failli tout perdre et moins de six mois après que les bombes ont cessé d'écraser l'Europe, nos affaires sont en bonne voie.

Français, Françaises, au moment où vous allez voter, je m'apprête moi-même, avec tout le gouvernement et comme je m'y suis toujours engagé, à remettre entre les mains de la représentation nationale les pouvoirs exceptionnels que j'exerce depuis le 18 juin 1940, au nom de la République, pour le salut de l'État et au service de la patrie. Cette fois encore, je tiens pour mon devoir de faire connaître à chacun et à chacune de vous ce qui me paraît être l'intérêt national, le seul auquel je me sois jamais attaché.

Vous élirez vos représentants selon vos propres opinions, qui sont, assurément, variées, car le caractère même de notre pays, qu'il s'agisse de géographie, d'économie ou de politique, est l'équilibre dans la diversité. Je souhaite ardemment que vous les choisissiez objectifs, de bonne foi, dévoués par-dessus tout au service de leur patrie, car ce qui est à faire maintenant, c'est reconstruire et l'on ne reconstruirait pas dans une atmosphère de hargne, de sommations et de bataille.

Quant au référendum, dont l'importance est extrême pour l'avenir de nos institutions, je souhaite de toute mon âme que vous répondiez « oui » à la première et « oui » à la seconde question. D'une part, il est, suivant moi, absolument nécessaire que vous marquiez votre volonté d'avoir une République nouvelle, ce qui ne pourrait se faire si nous en revenions, au départ, à un régime dont la faiblesse fut éclatante dans la grande détresse du pays, et ce qui n'exclut en rien un système de deux assemblées. Votre premier « oui » en décidera. D'autre part, il est, suivant moi, absolument nécessaire que, pour éviter l'arbitraire et l'aventure, le fonctionnement des pouvoirs publics : Assemblée et Gouvernement, soit réglé pour l'essentiel, en attendant la Constitution qui devra être élaborée rapidement et soumise à l'approbation du peuple. Votre second « oui » assurera ces conditions.

Un édifice s'élève pierre à pierre. Les ouvriers qui le construisent ne discernent pas toujours quelle sera plus tard sa beauté. Mais, quand ils l'ont fini, ils l'admirent et ne regrettent pas leur peine. En présence du monde qui nous regarde, continuons de rebâtir la France !

Allocution à l'Arc de Triomphe de l'Étoile le 11 novembre 1945[1].

Morts pour la France, mais triomphants comme elle ; tombés sur tous les champs de bataille où, soit dans la lumière, soit dans l'ombre, s'est joué notre destin ; ramenés par tous les chemins de nos douleurs et de notre victoire ; voici donc ces morts revenus !

Symboliques de tant et de tant d'autres qui ont choisi la même gloire dans la même humilité ; groupés autour de celui-là, dont Dieu seul sait le nom et qui, sous la flamme sacrée, représente la fleur de notre race abattue dans les premiers combats de cette guerre de trente ans ; escortés par les ombres de tous ceux qui, depuis deux mille ans, donnèrent leur vie pour défendre le corps et l'âme de la patrie ; voici donc ces morts assemblés !

Mais, tandis que leur cortège fait monter les larmes à nos yeux et la fierté à nos cœurs, il faut que nous, fils et filles vivants de la France, nous entendions les leçons qu'ils viennent nous donner.

Il faut que nous comprenions combien demeure éternellement précaire le salut de notre pays, puisqu'il fallut, au long de son Histoire, tant de sacrifices pour

---

1. Le 11 novembre 1945, la patrie commémore les glorieuses victimes des deux guerres. À Paris, les corps de quinze combattants, morts pour la France dans la guerre qui vient de finir, sont portés solennellement à l'Arc de Triomphe de l'Étoile, où ils environnent la tombe du Soldat Inconnu avant d'être inhumés au Mont Valérien.

surmonter tant de dangers ! Il faut que nous reconnaissions que le bien de la patrie est toujours la loi suprême et que, dans la situation que lui font un monde dur et un temps difficile, tout, oui tout ! doit s'effacer devant le devoir de la servir.

Il faut que nous acceptions de nous unir fraternellement afin de guérir la France blessée. Fraternellement ! c'est-à-dire en taisant d'absurdes querelles, pour marcher sur la même route, du même pas, en chantant la même chanson !

Tandis que ces morts font halte avant de gagner le haut lieu d'où, pour toujours, ils veilleront sur la capitale, tandis qu'en tout point de nos territoires, en deçà et au-delà des mers, les hommes et les femmes qui vivent sous notre drapeau se recueillent dans le souvenir de notre gloire et de nos deuils, levons vers l'avenir les regards et les cœurs d'un grand peuple rassemblé.

Vive la France !

Déclaration, le 13 novembre 1945.

Les conditions dans lesquelles l'Assemblée Nationale Constituante vient d'élire le président du Gouvernement provisoire de la République ont une profonde signification.

Il y a là, d'abord, pour tout l'effort de résistance que la France a opposé à l'envahisseur et qui lui a valu la victoire, une solennelle consécration. Il y faut voir, aussi, l'expression du sentiment et de la volonté du peuple français, qui entend poursuivre dans la concorde nationale son œuvre de reconstruction et de rénovation.

Ai-je besoin de dire que, pour le citoyen que je suis, le vote de l'Assemblée Nationale est un honneur extrême ? C'est également l'invitation à une épreuve nouvelle pour le service du pays et de l'Union française dans des circonstances dont chacun sent la gravité.

Mais la situation dans laquelle se trouve notre patrie pour ce qui concerne tant son relèvement intérieur que sa position au-dehors et, au surplus, l'amplitude des problèmes mondiaux à résoudre par les grandes puissances victorieuses, dont nous sommes, imposent au gouvernement de la France les plus lourdes responsabilités.

Sans aucun doute, le pouvoir exécutif doit compte de son action à la représentation nationale. Il faut aussi que celle-ci accepte sa composition. Mais, en même temps, l'indépendance, la cohésion, l'autorité du gouvernement doivent être à la mesure de sa tâche. Je ne me croirais pas le droit de former, ni de diriger, un gouvernement qui ne serait pas assuré de cette autorité, de cette cohésion et de cette indépendance. C'est là une question de conscience.

On a beaucoup parlé de programme. S'il s'agit d'orientation, elle est fixée par l'accord international fondamental de tous les bons Français qui ont, dans la Résistance, tiré les leçons de nos malheurs et choisi la voie de notre renouvellement. Ces leçons, il faut les entendre, cette voie, il faut la suivre, ce renouvellement, il faut l'accomplir. Quant aux réalisations, les nécessités et les possibilités entrent évidemment en ligne de compte, et ce serait tout compromettre que de ne pas vouloir les regarder en face.

Or, les pouvoirs de l'Assemblée Nationale Constituante sont limités à trente semaines, dont une est déjà écoulée. Pendant cette courte période, la tâche capitale à remplir, et que le peuple lui-même a fixée à une majorité immense, c'est de faire la Constitution. D'autre part, il nous faut un budget et, quelles que soient les circonstances, ce budget doit être adopté avant la fin de cette année. Mais, ceci dit, plusieurs réformes essentielles concernant le crédit et l'énergie, ainsi que le système administratif, le statut de la magistrature et l'organisation militaire, doivent être proposées par le Gouvernement et pourraient être réalisées par l'Assemblée avant la fin de cette période. Autant qu'un programme, il faut donc un calendrier.

Ces exigences de force majeure impliquent, évidemment, que l'Assemblée, de son côté, se concentre avec une méthode rigoureuse sur son travail constituant et législatif, qu'elle ne s'en laisse pas détourner par des débats adventices et qu'elle se décharge délibérément de toutes les lois d'importance secondaire. Ne nous le dissimulons pas ! Nous allons faire l'épreuve décisive du régime représentatif.

Répondant à l'appel de l'Assemblée Nationale Constituante, je vais entreprendre de former et d'organiser le Gouvernement suivant les conditions indispensables et pour l'œuvre qu'il faut mener à bien. J'espère trouver de la part de tous un entier concours.

Nous avons trop à faire pour que l'on puisse, en ce moment, considérer autre chose que l'intérêt national.

Lettre au président
de l'Assemblée Nationale Constituante.

Paris, le 16 novembre 1945.

Monsieur le Président,

Pour répondre à l'appel que m'a adressé, le 13 novembre dernier, l'Assemblée Nationale Constituante, j'avais entrepris de former le Gouvernement.

Le vote unanime de l'Assemblée sur mon nom m'avait paru donner l'indication que le Gouvernement devait être constitué sur la base nationale avec la participation essentielle de personnalités appartenant à chacun des trois principaux partis politiques, indication que je considérais, d'ailleurs, comme répondant aux nécessités de la reconstruction et de la rénovation de la France, ainsi qu'à la gravité des circonstances extérieures.

J'estimais, d'autre part, indispensable que le Gouvernement, responsable devant l'Assemblée tout entière, disposât, vis-à-vis de tous, de l'indépendance, de la cohésion et de l'autorité adéquates à ses devoirs.

Certaines exigences, impérativement formulées par l'un des partis et concernant l'attribution à l'un de ses membres de tel ou tel Département ministériel déterminé, m'ont semblé incompatibles avec ces conditions d'indépendance, de cohésion et d'autorité du Gouvernement.

Dans une telle situation et étant donné l'impossibilité où je me trouve placé de constituer un Gouvernement d'unité nationale conforme à l'indication fournie par l'Assemblée et à mes propres intentions, j'ai l'honneur de remettre à la disposition de l'Assemblée Nationale Constituante le mandat qu'elle m'a confié.

Je dois insister auprès d'elle et en toute connaissance de cause sur l'urgence extrême que présente la formation du Gouvernement de la République française.

Veuillez agréer, etc.

Allocution à la radio, le 17 novembre 1945.

Dans les graves circonstances où nous sommes, je crois devoir vous expliquer à tous et à toutes de quoi il s'agit.

L'Assemblée Nationale Constituante, aux mains de laquelle j'avais remis mes pouvoirs le 6 novembre dernier, m'a, comme vous le savez, élu à l'unanimité, le 13 novembre, président du Gouvernement. En vertu de la loi que vous avez votée le 21 octobre par référendum, j'avais donc à former le Gouvernement de la France.

Mon désir était de le former à l'image de l'unanimité même qui s'était réunie sur mon nom et qui me paraît s'imposer pour la tâche vitale de reconstruction et de rénovation que nous avons à poursuivre tous ensemble. Dans le choix des ministres, comme dans l'œuvre nationale commune, je n'entendais exclure aucune des grandes tendances de l'opinion et, notamment aucun des trois partis qui ont obtenu, et de beaucoup, le plus de voix aux élections et le plus de sièges à l'Assemblée. Mais, naturellement, j'entendais attribuer moi-même les départements ministériels ou, comme on dit, les portefeuilles, d'une part suivant les aptitudes de chacun, d'autre part suivant la politique que représentent forcément, au-dedans et au-dehors, des hommes qui proviennent des partis. Si le chef du Gouvernement ne procédait pas ainsi, que signifierait sa fonction ?

Or, je me suis trouvé devant l'exigence des chefs d'un des trois partis principaux, lequel posait, pour la participation de ses hommes au pouvoir, une condition catégorique. Ce parti demandait que je donne à l'un de ses membres l'un des trois ministères suivants : Affaires étrangères, Guerre, Intérieur. Je n'ai pu accepter cette condition.

Autant j'étais disposé à associer largement à l'œuvre économique et sociale du Gouvernement les hommes provenant du parti dont il s'agit et à leur attribuer des ministères en conséquence, autant je ne croyais pas pouvoir leur confier aucun des trois leviers qui commandent la politique étrangère, savoir : la diplomatie qui l'exprime, l'armée qui la soutient, la police qui la couvre.

En agissant autrement, dans la situation internationale d'aujourd'hui, j'aurais risqué de ne pas répondre, ne fût-ce même qu'en apparence – mais, dans notre univers tendu, les apparences comptent pour beaucoup – à la politique française d'équilibre entre deux très grandes puissances, politique que je crois absolument nécessaire pour l'intérêt du pays et même pour celui de la paix. Il se trouvait, au surplus, que cette question qui m'était posée coïncidait, par le fait du hasard, mais coïncidait, néanmoins, avec un moment difficile des relations entre ces deux très grandes puissances et particulièrement grave pour l'avenir de la paix.

Dans mon attitude négative à l'égard de ce qui m'était réclamé il n'y avait là, vous le voyez, d'outrage pour personne, mais simplement un haut intérêt d'État. Je demande à tous les Français, à toutes les Françaises, de bien mesurer cela. Quant à moi, je me tiendrais pour indigne d'être le chef du Gouvernement de la France, si je méconnaissais, pour la commodité d'une combinaison, cette donnée de suprême intérêt national.

Quoi qu'il en soit, je me suis trouvé, par suite des exigences spécifiques d'un parti, dans l'impossibilité de former, comme je l'aurais voulu, un Gouvernement d'unanimité nationale. Dans cette situation, le juge est tout trouvé, c'est l'Assemblée Nationale Constituante. C'est elle, en effet, qui m'a chargé de former et de diriger le Gouvernement de la France et c'est elle qui m'a indiqué par son vote unanime le caractère qu'elle m'invitait à lui donner. C'est pourquoi, conformément aux principes du régime représentatif que nous avons voulu faire renaître et qui a le droit et le devoir de prendre ses responsabilités, je me retourne maintenant vers la représentation nationale et je remets à sa disposition le mandat qu'elle m'a confié.

Si sa décision doit être d'appeler quelqu'un d'autre que moi à diriger les affaires de la patrie, je quitterai sans aucune amertume le poste auquel, dans les plus graves périls de son Histoire, j'ai cherché à la bien servir depuis cinq ans et cinq mois.

Si, au contraire, l'Assemblée me confirme dans ma charge, je tâcherai de la porter encore au mieux des intérêts et de l'honneur de la France.

LA TENTATION DE PILATE[1]
par François Mauriac.

… À quoi bon se boucher les yeux ? L'Assemblée[2] a envisagé d'écarter l'homme dont l'ombre s'étend sur elle et l'empêche de respirer. Rendons justice à

1. *Le Figaro*, 20 novembre 1945.
2. Dans sa séance du 13 novembre 1945.

M. André Philip, compagnon de la première heure : il n'en est pas encore au lavement de mains, le coq n'a pas encore chanté pour lui. Il n'a pas renié son chef, mais déjà il lui donne un mandat impératif. Dieu veuille que j'aie tort : sur ce mot-là, « mandat impératif », j'ai failli perdre toute espérance.

On jurerait que l'Assemblée, aujourd'hui, a pris de loin ses précautions. Elle a beau ne pas avoir de fenêtres et demeurer fermée à l'air du dehors, les Français qui la composent, débarquent à peine de leur province, ils se dégagent à peine de ces foules anxieuses pour qui Charles de Gaulle incarnait la meilleure chance de la Patrie. Ils savent bien quelle vague de stupeur déferlerait sur ce pays recru de fatigue et de tristesse, si cet homme s'en allait… Mais l'essentiel pour les députés, c'est de pouvoir dire : « Il a voulu partir ; nous ne l'avons pas chassé. »

Alors, ce serait l'heure de Pilate. Alors, nous nous retrouverions entre nous, entre gens de la même taille. Il n'y aurait plus sur notre horizon, debout à son poste de vigie, ce personnage étrange qui n'est à la mesure de personne, ce type qui finissait par nous fatiguer avec sa « grandeur »…

Et si cela devait se passer ainsi (mais peut-être suis-je trop sombre) nous en serions réduits à nous consoler en songeant qu'il ne faut pas trop exiger du destin : nous aurions toujours eu ces quinze mois où, en dépit de tant de sang répandu, de tant de larmes versées, de tant de hontes subies, nous regardions Charles de Gaulle à qui la France doit d'être encore la France et qui parlait en notre nom au monde, et nous relevions notre tête humiliée.

Communiqué de la Présidence du Gouvernement.

Paris, le 21 novembre 1945.

Le général de Gaulle, président du Gouvernement provisoire de la République, a constitué comme suit le Gouvernement :

Ministres d'État : MM. Vincent AURIOL, Francisque GAY, Louis JACQUINOT, Maurice THOREZ.

Ministre de la Justice : Pierre-Henri TEITGEN.

Ministre de l'Intérieur : Adrien TIXIER.

Ministre des Affaires étrangères : Georges BIDAULT.

Ministre des Finances : René PLEVEN.

Ministre des Armées : Edmond MICHELET.

Ministre de l'Armement : Marcel TILLON.

Ministre de l'Éducation nationale : Paul GIACOBBI.

Ministre de l'Économie nationale : François BILLOUX.

Ministre de la Production industrielle : Marcel PAUL.

Ministre de l'Agriculture et du Ravitaillement : TANGUY-PRIGENT.

Ministre des Travaux publics et des Transports : Jules MOCH.

Ministre de la France d'outre-mer : Jacques SOUSTELLE.

Ministre du Travail : Ambroise CROIZAT.

Ministre des P. T. T. : Eugène THOMAS.

Ministre de la Santé publique et de la Population : Robert PRIGENT.

Ministre de la Reconstruction : Raoul DAUTRY.

Ministre de l'Information : André MALRAUX.

Déclarations à l'Assemblée constituante,
le 31 décembre 1945 et le 1er janvier 1946.

Première déclaration.

L'orateur que nous venons d'entendre[1] a posé parfaitement bien le problème qui se trouve soumis à l'Assemblée à l'occasion des crédits militaires.

Un jour ou l'autre, ce débat devait avoir lieu. Je ne sais pas quelle en sera la conclusion. Mais le Gouvernement n'est pas fâché de l'occasion qui lui est offerte de s'expliquer sur ce point.

Sur les grands principes que l'orateur a exposés fort éloquemment, le Gouvernement et, en particulier, son chef ne croient pas avoir rien à se reprocher.

Ces grands principes se résument en ceci : souveraineté nationale. Il ne semble pas qu'on puisse trouver, dans la conduite de celui qui vous parle, rien qui ait été jamais contraire à la souveraineté nationale.

L'Assemblée Nationale Constituante a tout le pouvoir législatif. Personne ne le conteste, et surtout pas moi. Elle a tout pouvoir de suivre le Gouvernement qui lui plaît et, s'il ne lui plaît pas, de le laisser partir ou de le faire partir.

Ces attributions de l'Assemblée Nationale Constituante ne sont en rien contestées et, dans mon esprit, elles ne sont nullement contestables.

Mais le fait est qu'il y a un Gouvernement ! Il a été constitué comme vous l'avez souhaité. Vous avez, tout récemment, marqué par votre unanimité que vous en

1. M. Albert Gazier.

approuviez la composition et, j'ajoute, le programme, qui a été développé de la façon la plus explicite devant vous.

Et cependant, aujourd'hui, vous venez dire que ce Gouvernement, tel qu'il est composé et tel qu'est son programme, vous heurte, vous qui avez bien voulu, d'une façon répétée, lui accorder votre confiance.

Il faut éclairer cette situation. Le Gouvernement qui est ici a-t-il votre confiance ou ne l'a-t-il pas ? Vous avez l'occasion de le dire, car le Gouvernement, lui, vous l'offre, en déclarant que les crédits qu'il vous a proposés il les considère en conscience comme nécessaires.

Ou bien vous les voterez, et alors vous lui aurez témoigné votre confiance, ou bien vous ne les voterez pas, et le Gouvernement sera obligé d'en tirer aussitôt toutes les conséquences. Il n'y a pas de voie plus démocratique. Si l'on veut lever tout ce qui peut sembler un voile tendu sur la réalité politique d'aujourd'hui, en voici l'occasion.

Levez le voile ! Dites si oui ou non, le Gouvernement a votre confiance.

À aucun moment, le Gouvernement ne considérerait qu'il a le droit de rester dans ses fonctions et de porter la charge qu'il assume s'il n'était pas assuré d'avoir la confiance de l'Assemblée Nationale Constituante…

J'ajouterai un mot après avoir entendu les explications de vote des orateurs des divers groupes. Ce mot n'est pas pour le présent. Il est déjà pour l'avenir. Le point qui nous sépare de certains d'entre vous, c'est une conception générale du Gouvernement et de ses rapports avec la représentation nationale.

Nous avons commencé à reconstruire la République. Vous continuerez de le faire. De quelque façon que vous le fassiez, après moi, je crois pouvoir vous dire en conscience – et sans doute est-ce la dernière fois que je parle dans cette enceinte – que, si vous le faites sans tenir compte des leçons de notre Histoire politique des cinquante dernières années et, en particulier, de ce qui s'est passé en 1940, si vous ne tenez pas compte des nécessités absolues d'autorité, de dignité et de responsabilité du Gouvernement, vous irez à une situation telle qu'un jour ou l'autre, je vous le prédis, vous regretterez amèrement d'avoir pris la voie que vous aurez prise.

Deuxième déclaration.

Je tiens à répondre à l'orateur qui vient de parler[1] en lui signalant à quel point le débat qui l'oppose à moi-même ainsi qu'au Gouvernement est un débat de fond.

Je me demande quelle étrange conception cet orateur se fait du Gouvernement de la République ! Il nous dit : « Dans la matière grave qu'est celle des crédits de la Défense nationale, le Gouvernement considère une chose comme nécessaire. L'Assemblée ne veut pas la reconnaître comme telle. Le Gouvernement n'a qu'à en prendre son parti. »

La même question s'est posée hier à propos des fonctionnaires et avant-hier à propos de la nationalisation du crédit. Elle se posera demain sur n'importe quelle autre question.

Or, ce régime d'une Assemblée qui gouverne elle-même – car, en dernier ressort, c'est bien cela que l'on

1. M. André Philip.

veut – ce régime est concevable, mais ce n'est pas celui que conçoit le Gouvernement. Je ne l'ai jamais caché en prenant les fonctions que vous avez bien voulu m'attribuer. Je ne vous ai pas caché dans quel esprit j'acceptais la responsabilité de former et de diriger le Gouvernement. Je vous en prends tous à témoin.

Oui, il y a deux conceptions. Elles ne sont pas conciliables.

C'est d'ailleurs là le débat qui va s'engager bientôt à l'Assemblée – dont je vais me trouver absent – et demain, devant le pays, à propos de la Constitution. C'est là la question qu'il faut résoudre.

Veut-on un Gouvernement qui gouverne ou bien veut-on une Assemblée omnipotente déléguant un Gouvernement pour accomplir ses volontés ? Cette deuxième solution, c'est un régime dont nous avons nous-mêmes fait parfois l'expérience, et d'autres aussi l'ont faite.

Personnellement, je suis convaincu qu'elle ne répond en rien aux nécessités du pays dans lequel nous vivons, ni à celles de la période où nous sommes et où les problèmes sont si nombreux, si complexes, si précipités, si brutaux, qu'il paraît impossible de les résoudre dans un tel cadre constitutionnel.

Alors, à quel formule devrait-on s'arrêter ? Je ne parle pas pour moi, bien entendu, je parle pour vous. Mais j'ai hâte de le faire pendant que cela m'est encore possible ici.

La formule qui s'impose, à mon avis, après toutes les expériences que nous avons faites, c'est un Gouvernement qui ait et qui porte seul – je dis : seul – la responsabilité entière du pouvoir exécutif.

Si l'Assemblée, ou les Assemblées, lui refusent tout ou partie des moyens qu'il juge nécessaires pour porter la responsabilité du pouvoir exécutif, eh bien ! ce Gouvernement se retire. Un autre Gouvernement apparaît. C'est d'ailleurs, me semble-t-il, ce qui va, justement, arriver…

Lettre au président de l'Assemblée Nationale Constituante.

Paris, le 20 janvier 1946.

Monsieur le Président,

Je vous serais reconnaissant de bien vouloir faire connaître à l'Assemblée Nationale Constituante que je me démets de mes fonctions de président du Gouvernement provisoire de la République.

Depuis le jour même où j'ai assumé la charge de diriger le pays vers sa libération, sa victoire et sa souveraineté, j'ai considéré que ma tâche devrait prendre fin lorsque serait réunie la représentation nationale et que les partis politiques se trouveraient ainsi en mesure d'assumer leurs responsabilités.

Si j'ai accepté de demeurer à la tête du Gouvernement après le 13 novembre 1945, c'était à la fois pour répondre à l'appel unanime que l'Assemblée Nationale Constituante m'avait adressé et pour ménager une transition nécessaire. Cette transition est aujourd'hui réalisée.

D'autre part, la France, après d'immenses épreuves, n'est plus en situation d'alarme. Certes, maintes souffrances pèsent encore sur le peuple français et de graves problèmes demeurent. Mais la vie même des Français est pour l'essentiel assurée, l'activité économique se relève, nos territoires sont entre nos mains, nous avons repris pied en Indochine, la paix publique n'est pas troublée. À l'extérieur, en dépit des inquiétudes qui subsistent, l'indépendance est fermement établie, nous tenons le Rhin, nous participons au premier rang à l'organisation internationale du monde et c'est à Paris que doit se réunir au printemps la première conférence de la paix.

En me retirant, j'exprime le vœu profondément sincère que le Gouvernement, qui succédera à celui que j'ai eu l'honneur de diriger, réussisse dans la tâche qui reste à accomplir pour assurer définitivement les destinées du pays.

Veuillez agréer, Monsieur le Président, l'assurance de ma haute considération.

Discours à Bayeux, le 16 juin 1946.

Dans notre Normandie, glorieuse et mutilée, Bayeux et ses environs furent témoins d'un des plus grands événements de l'Histoire. Nous attestons qu'ils en furent dignes. C'est ici que, quatre années après le désastre initial de la France et des Alliés, débuta la victoire finale des Alliés et de la France. C'est ici que l'effort de ceux qui n'avaient jamais cédé et autour desquels s'étaient, à partir du 18 juin 1940, rassemblé l'instinct national et reformée la puissance française tira des événements sa décisive justification.

En même temps, c'est ici que sur le sol des ancêtres réapparut l'État ! l'État légitime, parce qu'il reposait sur l'intérêt et le sentiment de la nation ; l'État dont la souveraineté réelle avait été transportée du côté de la guerre, de la liberté et de la victoire, tandis que la servitude n'en conservait que l'apparence ; l'État sauvegardé dans ses droits, sa dignité, son autorité, au milieu des vicissitudes du dénuement et de l'intrigue ; l'État préservé des ingérences de l'étranger ; l'État capable de rétablir autour de lui l'unité nationale et l'unité impériale, d'assembler toutes les forces de la patrie et de l'Union française, de porter la victoire à son terme, en commun avec les Alliés, de traiter d'égal à égal avec les autres grandes nations du monde, de préserver l'ordre public, de faire rendre la justice et de commencer notre reconstruction.

Si cette grande œuvre fut réalisée en dehors du cadre antérieur de nos institutions, c'est parce que celles-ci n'avaient pas répondu aux nécessités nationales et qu'elles avaient, d'elles-mêmes, abdiqué dans la tourmente. Le salut devait venir d'ailleurs.

Il vint d'abord, d'une élite, spontanément jaillie des profondeurs de la nation et qui, bien au-dessus de toute préoccupation de parti ou de classe, se dévoua au combat pour la libération, la grandeur et la rénovation de la France. Sentiment de sa supériorité morale, conscience d'exercer une sorte de sacerdoce du sacrifice et de l'exemple, passion du risque et de l'entreprise, mépris des agitations, prétentions et surenchères, confiance souveraine en la force et en la ruse de sa puissante conjuration aussi bien qu'en la victoire et en l'avenir de la patrie, telle fut la psychologie de cette élite partie de rien et qui, malgré de lourdes pertes, devait entraîner derrière elle tout l'Empire et toute la France.

Elle n'y eût point, cependant, réussi sans l'assentiment de l'immense masse française. Celle-ci, en effet, dans sa volonté instinctive de survivre et de triompher, n'avait jamais vu dans le désastre de 1940 qu'une péripétie de la guerre mondiale où la France servait d'avant-garde. Si beaucoup se plièrent, par force, aux circonstances, le nombre de ceux qui les acceptèrent dans leur esprit et dans leur cœur fut littéralement infime. Jamais la France ne crut que l'ennemi ne fût point l'ennemi et que le salut fût ailleurs que du côté des armes de la liberté. À mesure que se déchiraient les voiles, le sentiment profond du pays se faisait jour dans sa réalité. Partout où paraissait la Croix de Lorraine s'écroulait l'échafaudage d'une autorité qui n'était que fictive, bien qu'elle fût, en apparence, constitutionnellement fondée. Tant il est vrai que les pouvoirs publics ne valent, en fait et en droit, que s'ils s'accordent avec l'intérêt supérieur du pays et s'ils reposent sur l'adhésion confiante des citoyens. En matière d'institutions, bâtir sur autre chose ce serait bâtir sur du sable. Ce serait risquer de voir l'édifice crouler une fois de plus à l'occasion d'une de ces crises, auxquelles, par la nature des choses, notre pays se trouve si souvent exposé.

Voilà pourquoi, une fois assuré le salut de l'État dans la victoire remportée et l'unité nationale maintenue, la tâche par-dessus tout urgente et essentielle était l'établissement des nouvelles institutions françaises. Dès que cela fut possible, le peuple français fut donc invité à élire ses constituants, tout en fixant à leur mandat des limites déterminées et en se réservant à lui-même la décision définitive. Puis, une fois le train mis sur les rails, nous-mêmes nous sommes retiré de la scène, non seulement pour ne point engager dans la lutte des partis ce qu'en vertu des événements nous pouvons symboliser et qui appartient à la nation tout entière, mais encore pour qu'aucune considération relative à un homme, tandis qu'il dirigeait l'État, ne pût fausser dans aucun sens l'œuvre des législateurs.

Cependant, la nation et l'Union française attendent encore une Constitution qui soit faite pour elles et qu'elles aient pu joyeusement approuver. À vrai dire, si l'on peut regretter que l'édifice reste à construire, chacun convient certainement qu'une réussite quelque peu différée vaut mieux qu'un achèvement rapide mais fâcheux.

Au cours d'une période de temps qui ne dépasse pas deux fois la vie d'un homme, la France fut envahie sept fois et a pratiqué treize régimes, car tout se tient dans les malheurs d'un peuple. Tant de secousses ont accumulé dans notre vie publique des poisons dont s'intoxique notre vieille propension gauloise aux divisions et aux querelles. Les épreuves inouïes que nous venons de traverser n'ont fait, naturellement, qu'aggraver cet état de choses. La situation actuelle du monde où derrière des idéologies opposées, se confrontent des puissances entre lesquelles nous sommes placés, ne laisse pas d'introduire dans nos luttes politiques un facteur de trouble passionné. Bref, la rivalité des partis revêt chez nous un caractère fondamental, qui met toujours tout en question et sous lequel s'estompent trop souvent les intérêts supérieurs du pays. Il y a là un fait patent, qui tient au tempérament national, aux péripéties de l'Histoire et aux ébranlements du présent, mais dont il est indispensable à l'avenir du pays et de la démocratie que nos institutions tiennent compte et se gardent, afin de préserver le crédit des lois, la cohésion des gouvernements, l'efficience des administrations, le prestige et l'autorité de l'État.

C'est qu'en effet, le trouble dans l'État a pour conséquence inéluctable la désaffection des citoyens à l'égard des institutions. Il suffit alors d'une occasion pour faire apparaître la menace de la dictature. D'autant plus que l'organisation en quelque sorte mécanique de la société moderne rend chaque jour plus nécessaires et plus désirés le bon ordre dans la direction et le fonctionnement des rouages. Comment et pourquoi donc ont fini chez nous la Ire, la IIe, la IIIe République ? Comment et pourquoi donc la démocratie italienne, la République allemande de Weimar, la République espagnole, firent-elles place aux régimes que l'on sait ? Et pourtant, qu'est la dictature, sinon une grande aventure ? Sans doute, ses débuts semblent avantageux. Au milieu de l'enthousiasme des uns et de la résignation des autres, dans la rigueur de l'ordre qu'elle impose, à la faveur d'un décor éclatant et d'une propagande à sens unique, elle prend d'abord un tour de dynamisme qui fait contraste avec l'anarchie qui l'avait précédée. Mais c'est le destin de la dictature d'exagérer ses entreprises. À mesure que se font jour parmi les citoyens l'impatience des contraintes et la nostalgie de la liberté, il lui faut à tout prix leur offrir en compensation des réussites sans cesse plus étendues. La nation devient une machine à laquelle le maître imprime une accélération effrénée. Qu'il s'agisse de desseins intérieurs ou extérieurs, les buts, les risques, les efforts, dépassent peu à peu toute mesure. À chaque pas se dressent, au-dehors et au-dedans, des obstacles multipliés. À la fin, le ressort se brise. L'édifice grandiose s'écroule dans le malheur et dans le sang. La nation se retrouve rompue, plus bas qu'elle n'était avant que l'aventure commençât.

Il suffit d'évoquer cela pour comprendre à quel point il est nécessaire que nos institutions démocratiques nouvelles compensent, par elles-mêmes, les effets de notre perpétuelle effervescence politique. Il y a là, au surplus, pour nous une question de vie ou de mort, dans le monde et au siècle où nous sommes, où la position, l'indépendance et jusqu'à l'existence de notre pays et de notre Union française se trouvent bel et bien en jeu. Certes, il est de l'essence même de la démocratie que les opinions s'expriment et qu'elles s'efforcent, par le suffrage, d'orienter suivant leurs conceptions l'action publique et la législation. Mais aussi, tous les principes et toutes les expériences exigent que les pouvoirs publics : législatif, exécutif, judiciaire, soient nettement séparés et fortement équilibrés et qu'au-dessus des contingences politiques soit établi un arbitrage national qui fasse valoir la continuité au milieu des combinaisons.

Il est clair et il est entendu que le vote définitif des lois et des budgets revient à une Assemblée élue au suffrage universel et direct. Mais le premier mouvement d'une telle Assemblée ne comporte pas nécessairement une clairvoyance et une sérénité entières. Il faut donc attribuer à une deuxième Assemblée, élue et composée d'une autre manière, la fonction d'examiner publiquement ce que la première a pris en considération, de formuler des amendements, de proposer des projets. Or, si les grands courants de politique générale sont naturellement reproduits dans le sein de la Chambre des Députés, la vie locale, elle aussi, a ses tendances et ses droits. Elle les a dans la Métropole. Elle les a, au premier chef, dans les territoires d'Outremer, qui se rattachent à l'Union française par des liens très divers. Elle les a dans cette Sarre à qui la nature des choses, découverte par notre victoire, désigne une fois de plus sa place auprès de nous, les fils des Francs. L'avenir des 110 millions d'hommes et de femmes qui vivent sous notre drapeau est dans une organisation de forme fédérative, que le temps précisera peu à peu, mais dont notre

Constitution nouvelle doit marquer le début et ménager le développement.

Tout nous conduit donc à instituer une deuxième Chambre, dont, pour l'essentiel, nos Conseils généraux et municipaux éliront les membres. Cette Chambre complétera la première en l'amenant, s'il y a lieu, soit à réviser ses propres projets, soit à en examiner d'autres, et en faisant valoir dans la confection des lois ce facteur d'ordre administratif qu'un collège purement politique a forcément tendance à négliger. Il sera normal d'y introduire, d'autre part, des représentants des organisations économiques, familiales, intellectuelles, pour que se fasse entendre, au-dedans même de l'État, la voix des grandes activités du pays. Réunis aux élus des assemblées locales des territoires d'Outre-mer, les membres de cette Assemblée formeront le Grand Conseil de l'Union française, qualifié pour délibérer des lois et des problèmes intéressant l'Union : budgets, relations extérieures, rapports intérieurs, défense nationale, économie, communications.

Du Parlement, composé de deux Chambres et exerçant le pouvoir législatif, il va de soi que le pouvoir exécutif ne saurait procéder, sous peine d'aboutir à cette confusion des pouvoirs dans laquelle le Gouvernement ne serait bientôt plus rien qu'un assemblage de délégations. Sans doute aura-t-il fallu, pendant la période transitoire où nous sommes, faire élire par l'Assemblée Nationale Constituante le président du Gouvernement provisoire, puisque, sur la table rase, il n'y avait aucun autre procédé acceptable de désignation. Mais il ne peut y avoir là qu'une disposition du moment. En vérité, l'unité, la cohésion, la discipline intérieure du Gouvernement de la France doivent être des choses sacrées, sous peine de voir rapidement la direction même du pays impuissante et disqualifiée. Or, comment cette unité, cette cohésion, cette discipline, seraient-elles maintenues à la longue, si le pouvoir exécutif émanait de l'autre pouvoir, auquel il doit faire équilibre, et si chacun des membres du Gouvernement, lequel est collectivement responsable devant la représentation nationale tout entière, n'était, à son poste, que le mandataire d'un parti ?

C'est donc du Chef de l'État, placé au-dessus des partis, élu par un collège qui englobe le Parlement mais beaucoup plus large et composé de manière à faire de lui le président de l'Union française en même temps que celui de la République, que doit procéder le pouvoir exécutif. Au Chef de l'État la charge d'accorder l'intérêt général quant au choix des hommes avec l'orientation qui se dégage du Parlement. À lui la mission de nommer les ministres et, d'abord, bien entendu, le Premier, qui devra diriger la politique et le travail du Gouvernement. Au Chef de l'État la fonction de promulguer les lois et de prendre les décrets, car c'est envers l'État tout entier que ceux-ci et celles-là engagent les citoyens. À lui la tâche de présider les Conseils du Gouvernement et d'y exercer cette influence de la continuité dont une nation ne se passe pas. À lui l'attribution de servir d'arbitre au-dessus des contingences politiques, soit normalement par le Conseil soit dans les moments de grave confusion, en invitant le pays à faire connaître par des élections sa décision souveraine. À lui, s'il devait arriver que la patrie fût en péril, le devoir d'être le garant de l'indépendance nationale et des traités conclus par la France.

Des Grecs, jadis, demandaient au sage Solon : « Quelle est la meilleure Constitution ? » Il répondait : « Dites-moi, d'abord, pour quel peuple et à quelle époque ? » Aujourd'hui, c'est du peuple français et des peuples de l'Union française qu'il s'agit, et à une époque bien dure et bien dangereuse ! Prenons-nous tels que nous sommes. Prenons le siècle comme il est. Nous avons à mener à bien, malgré d'immenses difficultés, une rénovation profonde qui conduise chaque homme et chaque femme de chez nous à plus d'aisance, de sécurité, de joie, et qui nous fasse plus nombreux, plus puissants, plus fraternels. Nous avons à conserver la liberté sauvée avec tant et tant de peine. Nous avons à assurer le destin de la France au milieu de tous les obstacles qui se dressent sur sa route et sur celle de la paix. Nous avons à déployer, parmi nos frères les hommes, ce dont nous sommes capables, pour aider notre pauvre et vieille mère, la Terre. Soyons assez lucides et assez forts pour nous donner et pour observer les règles de vie nationale qui tendent à nous rassembler quand, sans relâche, nous sommes portés à nous diviser contre nous-mêmes ! Toute notre Histoire, c'est l'alternance des immenses douleurs d'un peuple dispersé et des fécondes grandeurs d'une nation libre groupée sous l'égide d'un État fort.

CARTES

CHINE
YUNNAN
BIRMANIE
Fl. Rouge
R. Claire
Riv. Noire
TONKIN
Bao Lac
Ha Giang
Cao Bang
Lao Kay
That Khé
Lai Chau
Yen Bay
Long Son
Dien Bien Phu
Santay
Mon Cay
Hanoï
Haiphong
Ninh Binh
Golfe du Tonkin
HAINAN
Mékong
Louang-Prabang
Xieng Khouang
Xieng May
Vinh
Vientiane
Thakhet
Dong Hoi
Quang Tri
Savannakhet
Hué
Tourane
16° parallèle
SIAM
Korat
Bangkok
Sisophon
Angkor
Stung Treng
CAMBODGE
Battambang
Tonlé Sap
Pursat
Kratié
Qui Nhon
Nha Trang
Dalat
Baie de Cam Ranh
Golfe de Siam
Pnom Penh
Saigon
Cholon
Phan Thiet
Cap St Jacques
Vinh Long
COCHINCHINE
MER DE CHINE
Territoires cédés aux Siamois (1941-1946)

L'INDOCHINE

Londres
DU
ANGLETERRE
Calais
Boulogne
PAS
LA MANCHE
Dieppe
Cherbourg
COTENTIN
St Laurent-s M.
Arromanches
Le Havre
Rouen
Caen
Coutances
St Lô
MANCHE
Lisieux
le Neubourg
Evreux
Mantes
Versailles
Villedieu
Avranches
Flers
Mortain
NORMANDIE
ORNE
Brest
St Brieuc
BRETAGNE
Alençon
Quimper
Rennes
Le Mans
Lorient
Vannes
St Nazaire
Nantes
Angers
Tours
Loire
TOURAINE
Poitiers
VIENNE
OCÉAN
ATLANTIQUE
I de Ré
La Rochelle
Aigrefeuille
Thairé
I d'Oléron
Rochefort
Saintes
la Coubre
Royan
P. de Grave
SAINTONGE
Gironde
Oradour-s
Limoges
LIMOUSIN
CORRÈZ
DORDOGNE
Dordogne
Bordeaux
Garonne
AQUITAINE
TARN ET GARONNE
GERS
Toulou
Tarbes
le Pourtalet
ARIÈGE
PYRÉNÉES
ESPAGNE
Îlot de résistance allemande
Situation de 25 août 1944
Marche de la Première Armée Française

BATAILL

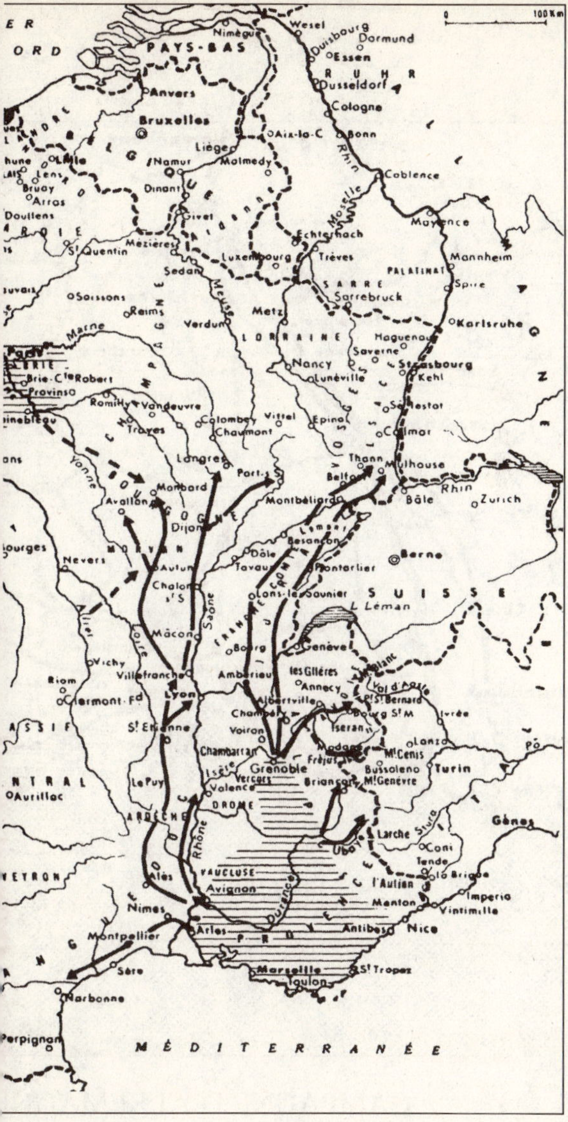

DE FRANCE

CAMPAGNE D'ALLEMAGNE

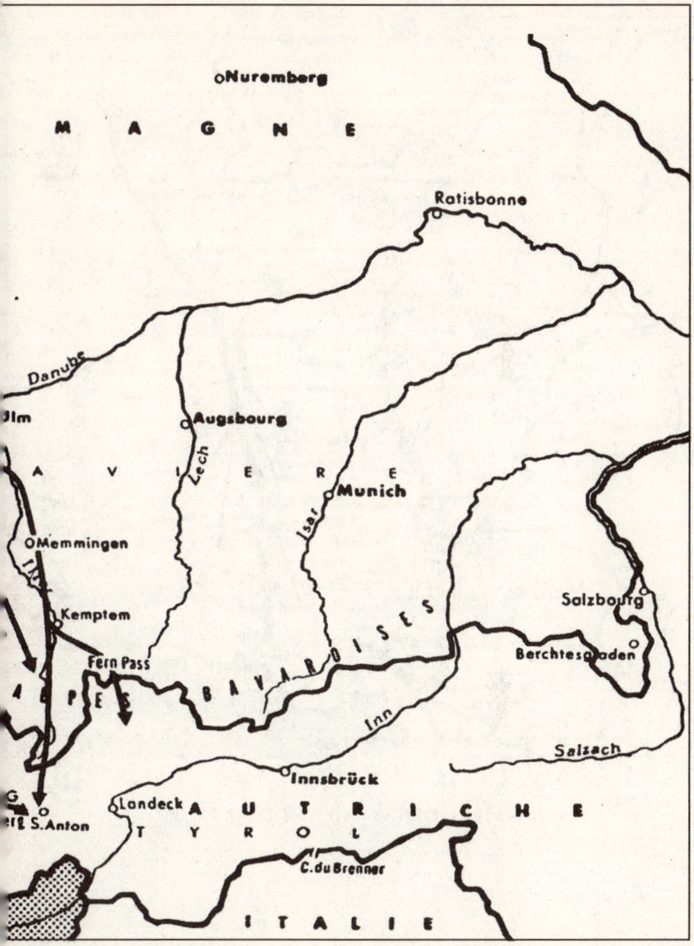

ET D'AUTRICHE

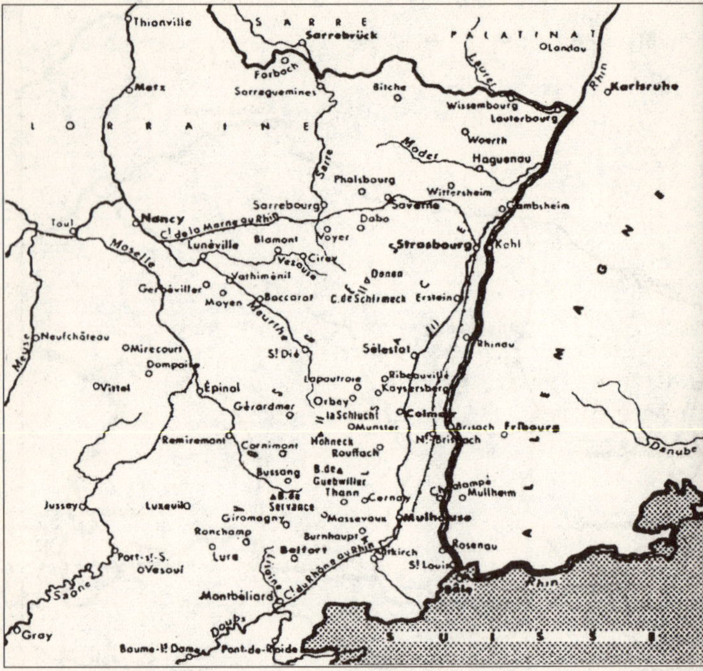

BATAILLE DES VOSGES ET D'ALSACE

TABLE DES MATIÈRES

Composé par Nord Compo
à Villeneuve-d'Ascq (Nord)

GGP Media GmbH, Pößneck
imprimé en septembre 2011

POCKET – 12, avenue d'Italie – 75627 Paris cedex 13

Dépôt légal : juin 2010
Suite du premier tirage : septembre 2011
S22294/04